中国地质调查局地质调查项目
"华东地区脉石英晶质石墨等重要非金属矿综合利用评价"
（项目编号：DD20190186）

矿产资源基地技术经济评价
理论、方法及实践

张 亮 冯安生 赵恒勤 等著

北 京

冶 金 工 业 出 版 社

2022

内 容 提 要

本书对矿产资源基地技术经济评价的理论、方法、程序等进行了探讨，并以青海祁漫塔格矿集区为例，从矿产资源基地外部开发条件、开发利用技术条件、市场条件、经济社会效益、区域环境影响、区域风险识别与分析以及矿产资源基地的竞争力等方面进行了实证研究。本书对开展矿产资源基地技术经济评价、区域矿产资源评价、区域矿产资源规划等工作具有重要参考意义。

本书可供地质调查工作者、矿产资源规划研究工作者、矿产资源技术经济研究工作者及地矿专业相关高校师生阅读参考。

图书在版编目（CIP）数据

矿产资源基地技术经济评价理论、方法及实践/张亮，冯安生，赵恒勤等著 . —北京：冶金工业出版社，2021. 11 （2022. 7 重印）
ISBN 978-7-5024-8525-2

Ⅰ.①矿…　Ⅱ.①张…　②冯…　③赵…　Ⅲ.①矿产资源—资源开发—技术经济—经济评价—研究　Ⅳ.①F407.1

中国版本图书馆 CIP 数据核字（2020）第 095627 号

矿产资源基地技术经济评价理论、方法及实践

出版发行	冶金工业出版社	电　话	（010）64027926
地　址	北京市东城区嵩祝院北巷 39 号	邮　编	100009
网　址	www. mip1953. com	电子信箱	service@ mip1953. com

责任编辑　王　颖　美术编辑　彭子赫　版式设计　孙跃红
责任校对　王永欣　责任印制　李玉山
北京建宏印刷有限公司印刷
2021 年 11 月第 1 版，2022 年 7 月第 2 次印刷
710mm×1000mm　1/16；21.75 印张；428 千字；340 页
定价 299.00 元

投稿电话　（010）64027932　投稿信箱　tougao@cnmip.com.cn
营销中心电话　（010）64044283
冶金工业出版社天猫旗舰店　yjgycbs.tmall.com
（本书如有印装质量问题，本社营销中心负责退换）

前　言

　　矿产资源是人类社会存在与发展的重要物质基础，在经济社会发展中占有举足轻重的地位。矿产资源基地资源的勘查开发利用对区域产业格局、能源资源供给保障以及国民经济社会发展等具有重要意义。开展矿产资源基地技术经济评价工作，有利于全面认识和掌握区域矿产资源的社会效益和经济效益，识别评估资源基地资源开发面临的潜在风险，综合评价矿产资源基地的竞争力，为制定区域经济发展规划，开展区域矿产资源勘查、开发利用和保护决策提供科学依据，具有重大的理论和实践意义。

　　矿产资源基地技术经济评价是一项综合性研究工作，主要工作内容有外部开发条件调查评价、开发利用技术条件调查评价、市场条件调查评价、经济社会效益评价、区域风险识别与分析、区域资源竞争力分析等。过去我国针对资源基地进行的区域技术经济评价的工作相对较少，仅有少量学者做过初步的研究和探索。近年来，随着国家对能源资源基地开发建设和生态文明建设重视程度的提高，传统地质调查工作也面临着由注重数量突破向注重数量、质量、环境三个方面协调发展转变的新要求。中国地质调查局积极转变传统的资源调查方式，加强创新，加快调整，率先在矿产资源基地开展地质资源潜力调查评价、技术经济调查评价和环境影响调查评价的"三位一体"综合调查工作，取得了较好的成绩和效果。

　　本书是在"矿产资源节约与综合利用调查工程"下设的"三位一体"地质调查项目"华东地区脉石英晶质石墨等重要非金属矿综合利用评价"（项目编号：DD20190186）和"青海祁漫塔格金属矿集区综合地质调查"（项目编号：DD20160073)研究成果的基础上编写而成的，主要介绍了矿产资源基地技术经济评价的基础理论、工作程序、评价内容与方法等，并以青海祁漫塔格金属矿集区为例，对祁漫塔格金属矿集区的外部条件、主要矿种的市场情况、开发利用技术条件、经济社会效益、矿集区资源开发面临的潜在风险及矿集区资源的竞争力进行了评价，提出了相应的开发利用对策和建议。本书一方面介绍了项目组在矿产资源基地技术经济评价方面取得的成果，促进相关评价方法的推广应用；另一方面可为矿产资源基地技术经济评价工作提供相应的工作借鉴和参考。

本书由中国地质科学院郑州矿产综合利用研究所牵头，中国地质大学（武汉）、吉林大学共同参与编写。本书主要作者有张亮、冯安生、赵恒勤、李世祥、谭秀民、刘磊、杨卉芃、柳林、曹进成、赵军伟、郭敏、吕振福、王盘喜、曹耀华、张永康、李良、罗桥。本书在编写过程中，得到了张生辉、陈丛林、王文、燕长海、郭保健、鹿爱莉、崔先万、褚洪涛、潘东、李碧乐、钱烨、张爱奎、杜国银等专家的悉心指导和帮助；得到了中国地质调查局资源评价部、中国地质调查局发展研究中心、中国自然资源经济研究院、中国地质大学（北京）、青海省自然资源厅、青海省地质矿产勘查开发局、长沙矿山研究院、中冶长天国际工程有限责任公司、北京斯罗柯资源技术有限公司（SRK 中国）等单位的大力支持，并获取了大量的实际资料和数据。对他们的支持和帮助一并表示诚挚的谢意！

由于矿产资源基地技术经济评价还未形成一套系统、成熟的理论与方法，很多方面还处于探索阶段，有待进一步研究与深化，本书在编写过程中虽然进行过多次的专家研讨，但书中难免存在不足之处，敬请读者和专家指正并提出宝贵意见。

作　者
2021 年 10 月

目　　录

1 绪 论

1.1 矿产资源与经济发展

自然资源是人类可以直接或间接利用的存在于自然界的物质或环境，与人类生存发展直接相关的自然资源有土地资源、矿产资源、水资源、气象资源、森林资源、草地资源、海洋资源、湖泊资源等。矿产资源是指经过地质成矿作用而形成的，天然赋存于地壳内部或地表，呈固态、液态或气态，并具有开发利用价值或潜在开发利用价值的矿物或有用元素的集合体，矿产资源属于非可再生资源。"可利用"和"潜在开发利用"是成为矿产资源的前提条件，首先它要求人类能够在当前技术条件或者通过技术改进将目的矿产品采掘并提取出来，其次在现有或潜在的经济条件下能够为生产者提供潜在价值或盈利。矿产资源是随市场条件、外部环境、技术条件等动态变化的，在通常的市场经济条件下，矿产资源通过现行技术条件进行经济开发实现盈利。

矿产资源是人类社会存在与发展的重要物质基础，人类对矿产资源的开发利用有力地支撑了经济社会发展和社会的文明进步，从旧石器时代、新石器时代到青铜器时代、铁器时代，再到蒸汽时代，直到今天的电子信息时代，人类社会的每一个发展阶段都与矿产资源的开发利用密切相关。在现代社会生产生活中，煤、石油、天然气、铁、铝、铜、铅、锌、石墨、石英等一系列矿产品已成为社会运行发展必不可少的基础资源，其一次性产品或深加工制品，被广泛应用于人们的衣、食、住、行、通信、娱乐等各个方面；在国民经济发展中，重要工业部门如冶金、化工、电力、建材、机械、轻工、交通等，以矿产品为其燃料和原料，或以矿产品为其主要产品。1995 年世界银行统计标准中规定，任何国家的财力均由人力财产、自然财产、创造财产三部分组成，其中自然财产包括土地资源、森林资源、矿产资源等，并且创造财产中也无处不显示出矿产资源的影子，全球最大的矿业公司之一英美黄金阿散蒂公司首席执行官马克 Cutifani 先生指出，全球矿业直接和间接带动的行业对全球 GDP 的贡献率超过了 45%。综上所述，矿产资源在经济社会发展中占有举足轻重的地位，矿业是国民经济发展的基础产业。

目前我国已发现矿产 172 种，其中，探明资源储量的有 162 种，矿产资源品种较为齐全。根据矿产资源在国民经济发展中的用途不同，可以将其划分为 9 类。

1

（1）能源矿产：煤、石油、天然气、铀等。

（2）黑色金属矿产：铁、锰、铬、钒、钛等。

（3）有色金属矿产：铜、铝、铅、锌、镍、钴、锡、钼等。

（4）稀有金属矿产：锂、铍、钛、锗、铌、钽、稀土等。

（5）贵金属矿产：金、银、铂、钯、锇、铑、铱等。

（6）冶金辅助原料：耐火黏土、普通萤石、菱镁矿、冶金用石英岩等。

（7）化工原料：硫铁矿、磷、钾盐、芒硝、重晶石、硼、化工用灰岩等。

（8）建材及其他：滑石、高岭土、石墨、硅灰石、饰面用花岗岩、石棉、石膏、方解石等。

（9）水气矿产：地下水、二氧化碳等。

1.2　矿产资源基地综合地质调查

矿产资源基地是矿产资源大规模集中赋存区，其区域内往往成矿地质条件有利，已发现的矿产资源数量大、质量好且具有进一步找矿潜力，现阶段具有规模开采产能（已规划规模开采产能或预期可迅速形成规模开采产能），区内矿产资源勘查开发能对区域产业格局、区域资源供需态势、国家能源资源保障以及国民经济社会发展等方面产生重大影响。矿产资源基地的勘查开发在国家经济发展中具有重要地位。《全国矿产资源规划（2016—2020 年）》指出：综合考虑资源禀赋、开发利用条件、环境承载力和区域产业布局等因素，建设 103 个能源资源基地，作为保障国家资源安全供应的战略核心区域，大力推进资源规模开发和产业集聚发展。至 2015 年年底，全国共有 107 个国家级整装勘查区分布在 23 个省（市、自治区），涉及矿种有铀、铁、铜、铝土矿、金、铅、锌、锰、钾盐、钨、锡、钼、镍、金刚石、磷、石墨、锂等，不少整装勘查区均具备形成大型资源基地的潜力。由于矿产资源基地资源勘查开发对经济社会具有重要意义，随着经济社会的发展，地质调查工作也由以往的注重数量逐步转变为注重数量、质量、环境三个方面，传统的单一地质调查模式已经不能满足国家发展的需要，因此，对资源基地的调查也应改变传统以单一地质资源潜力调查为主的调查模式，在资源基地同时开展地质资源潜力调查评价、技术经济调查评价和环境影响调查评价的"三位一体"综合调查。通过开展矿产资源基地综合地质调查，评价区域矿产地质资源潜力、资源开发环境影响及资源开发的经济社会效益及可行性，评估区域矿产资源对国家和地区发展的资源保障作用，为区域矿产资源经济合理开发、布局提供建设性建议，对于合理、有序、高效、集约、生态地开发资源基地矿产资源，提高矿产资源的开发利用效率、资源配置效率和资源保障能力，实现从资源基地到产业基地的转变，推动区域经济社会发展具有重要意义。

　　技术经济调查评价是矿产资源基地综合地质调查的重要环节，通过在矿产资源基地开展外部开发条件（自然条件、政策、水电、基础设施等）调查评价、开发利用技术（成矿潜力、开采条件、矿石加工条件、环境影响等）调查评价、市场条件调查评价、经济社会效益评价、区域环境影响评价、区域风险识别与分析以及矿产资源基地的竞争力分析等工作，评价矿产资源基地资源开发的经济社会效益及基地性，分析资源基地的竞争力，提出合理的开发利用发展战略及对策建议，降低后续矿产勘查或矿山开发风险，提高后续勘查或开发的可靠性和合理性，为区域矿产资源的规划、开发提供合理参考。

2 基础理论

2.1 矿产资源开发利用

2.1.1 矿产资源开发利用技术现状概述

2.1.1.1 采矿技术

采矿是矿产资源开发过程中重要的生产环节之一，随着经济的不断发展，对矿产资源的需求也越来越大，为满足社会经济发展需求，采矿作业就必须在确保矿产资源充足的基础上提高经济效益，减少劳动力，加快采矿速度，不断向机械化、标准化、大型化发展，只有这样，才能为工业及其他行业的发展提供充足的矿产资源。

A 露天采矿

在我国，露天采矿技术主要应用于非金属矿产资源（如砂石、磷矿、花岗岩等）的开发利用中，金属矿产资源以井下开采为主，少量为露天开采。在露天采矿过程中，爆破技术、陡帮开采技术、排水防水技术等是露天开采的重要技术环节。

（1）爆破技术：无论是井下开采还是露天开采，爆破技术是采矿工序中的重要环节，在矿山开采中起着重要作用，如挤压爆破、微差爆破等工艺。爆破技术在露天采矿中的应用极为普遍，但爆破过程中，一些常见难题如难爆破岩石的破碎问题、爆破过程中的减震等影响露天采矿作业的安全进行。随着科学技术的不断成熟，新型炸药、爆破辅助器材、爆破方法等使得爆破精度大大提高，不仅可以达到精准爆破的效果，还可以有效地避免爆破过程中震动剧烈而导致陡帮坍塌等问题。此外，新型炸药、爆破辅助器材、爆破方法等的安全性较之以前也大有保障。随着保护生态环境的作用越来越凸显，控制爆破过程中噪声、粉尘、废气等的环境友好型爆破技术也成为新的发展方向。总体来说，采矿过程中的爆破技术正处于不断发展的阶段，为露天采矿技术的整体提升起到了重要的推动作用。

（2）陡帮开采技术：妥善地处理好陡帮开采作业意义重大，其直接关系着露天矿的采矿效益。自新中国建立以来，随着大规模的采矿工程普遍展开和露天矿产资源的不断开发，我国大型露天矿山的开采普遍进入深凹开采阶段。深凹开采不仅使得采矿工作环境恶化，而且也会逐步导致工作效率变低。随着陡帮开采技术和相关采矿设备仪器的不断发展，使得该技术逐渐应用于露天采矿中，该技术因具有剥离量小、基建工程量小的特点，具有广阔的应用前景。

（3）排水防水技术：露天采场由于暴露于自然环境下，所有的采矿作业均处于自然暴露状态，其工作受自然天气变化（如雨雪等）影响较大，在露天采矿过程中，排水、防水问题成为限制采矿效率的又一关键因素。目前，露天矿山排水防水技术主要是防止地表水和地下水涌入采坑，常通过布设截水沟、防洪堤坝以及河流改道等措施防治地表径流水体和地下水体，将地表径流水体通过疏导的方式排出，不仅可以防治地表水体汇入采坑中，还可以避免汛期影响正常采矿作业。

B 地下采矿

在我国，地下采矿技术主要用于金属矿山，常见的地下采矿技术有崩落采矿技术、空场采矿技术、充填采矿技术等。

（1）崩落采矿技术。在地下采矿方法中，崩落采矿法是一种使用频率非常高的开采方法。崩落采矿法是指在矿山开采过程中，通过一定的方式将采空区域崩落，将价值不高或者没有价值的废石或围岩回填至采空区，从而对采空区进行填充，是一种高效而且安全的采矿方法，该法常用在矿体地质构造不稳的矿区。在实际的矿山开采过程中，该技术可以有效管理采空区，进而对采矿过程中出现的坍塌事故进行有效的预防和控制。与其他的采矿技术相比，崩落采矿法具有成本较低、使用安全、生产效率高的特点。在崩落采矿法主要有三种常用的方法，分别为自然崩落法、有底柱分段崩落法及无底柱分段崩落法。

（2）空场采矿技术。空场采矿法（自然支撑采矿法）是指在采矿的过程中，无须对矿场采空区进行回填等操作，而是通过岩石自身的支撑及部分保留矿柱来对采空区进行支撑的方法。该方法不仅能够保持采矿高效进行，同时还能够有效地解决在采矿中面临的各类问题，如采坑过深、矿场过大等，但空场采矿法往往需要有大型的机械设备辅助，同时还需要有一个确定的回采顺序和严格的操作方法（通常首先要划分矿块，把矿块分为矿房和矿柱，然后先开采矿房，再开采矿柱）保证采矿安全有效地进行。根据矿体的结构及回采的特点，空场采矿技术可分为房柱采矿法、全面采矿法、留矿法、阶段矿房采矿法等。

（3）充填采矿技术。充填采矿法主要是在矿场进行搬运和落矿时，利用相关填充材料对采空区进行填充，形成相应的支撑体系，从而达到对整个采空区支撑保护的作用。在实际开采过程中，充填采矿技术主要包括上向进路充填采矿法、上向水平分层充填采矿法、下向分层进路充填采矿法等，其比较适合于复杂的矿山，在工作的过程中需要合理选择机械设备，才能完全发挥它本身的特点。充填采矿法的优点是可以达到大型机械化的采矿效果，能够很好地回收地下的矿产资源，同时也不会对当地的生态环境产生太大的影响。缺点是实际开采过程中成本高、工艺流程复杂、设备投入大等。

随着经济社会的发展和对生态环境保护的要求，在采矿过程中要针对不同的矿床开采地质条件选择合适的采矿工艺技术和设备，以使得采矿过程更加高效化、经济化、环保化。因此，采矿技术的研究正向着自动化、智能化的方向发展，研究更高效、更安全、更环保的采矿技术，采用更加大型化、自动智能化、低能耗的采矿设备正成为矿山采矿技术的发展趋势。

2.1.1.2 选矿技术

随着经济社会的发展，选矿技术也在不断进步，矿山企业为了进一步提高企业核心竞争力，不断采用新工艺、新技术、新方法，选矿技术正朝着规模化和设备大型化、生产过程控制自动化、系统化的方向发展。

A 黑色金属

我国铁、锰等矿产资源赋存条件差，贫、细、杂问题突出，选矿加工难度大。通过多年特别是近些年选矿科技攻关，我国黑色金属矿选矿工艺水平已经居国际先进水平，尤其是在贫赤铁矿、褐铁矿、菱铁矿等复杂难处理铁矿选矿技术方面处于世界领先水平。针对我国铁矿、锰矿等资源禀赋特点，除较常见的重选、磨矿—磁选、反浮选脉石矿物等常规手段，行业还开发出了预选、高压辊磨—立磨、细磨—细筛分级、弱磁—强磁—阴（阳）离子（反）浮选、阶段磨矿—阶段选别、闪速磁化还原焙烧—弱磁选—浮选、预富集—悬浮磁化焙烧—磁选（PSRM）等工艺流程。同时还研制出了干式磁选机、高压辊磨机、高频细筛、高梯度磁选机、组合式湿式强磁选机、磁筛、磁选柱、浮选柱、精选淘洗机、磁浮选柱、陶瓷过滤机等新型高效选别设备。这些技术和设备在破磨节能、高效分选和干堆输送等方面取得明显突破，大大提高了黑色金属的选矿效率。

B 有色金属

有色金属矿种众多，赋存状态复杂且多以共伴生矿为主，因此有色金属选冶利用技术方向众多，浮选、重选、磁选、生物选矿、选冶联合等在矿山广泛应用，创新领域主要集中在选矿工艺、药剂研究以及设备创新等。选矿工艺方面，以碎代磨、以自磨和半自磨及高压辊磨机代替传统的碎磨工艺、预选抛尾、各种能场预处理、闪速浮选、无氰浮选、电化学控制浮选、原生电位调控浮选、光电技术、X衍射分析、选冶联合流程等技术受到广泛重视并推广应用；选矿药剂正向着低成本、高效率、无毒无污染方向发展，高效低毒选矿药剂、复配药剂、混合用药等正在推广应用；选矿设备方面，大规格高效节能破碎磨矿设备、耐磨材料、"多种力场"联合作用的分选技术与装备、自动化智能设备、超大型浮选机等正在广泛应用。

C 非金属

我国非金属矿储量丰富，随着我国科学技术不断发展，非金属矿选矿技术也在高速发展，非金属矿产品种不断增加，我国成为世界上种类最为齐全的国家之一。随着非金属矿工业不断发展以及应用领域的扩大，我国非金属产品已经涉及各个经济领域。我国非金属矿加工业从粗加工逐步向精加工、深加工以及制品高值化等方向转变，非金属矿物加工技术则向资源利用高效化、能耗材耗低、产品质量高、产品技术含量高、更加绿色环保和废弃物的综合利用等方面发展，特别是在实现非金属矿物超细化、高纯化、表面改性、复合化和功能化等精细加工方面不断取得进步；开发了适用于不同非金属矿石性质的专用选矿技术和设备，提高了选矿效率，降低了能耗材耗，提高了产品质量，开发了系列化产品；超细粉碎和精细分级技术向高效节能、提高产品质量方向发展，出现了流化床逆向对喷式气流磨、采用卧式盘式搅拌器的高能量密度型搅拌磨机、新型管式振动磨、旋转腔式振动磨、高压辊磨机、离心力转子式分级机、超细分级机、穿透式微粉收集器、惯性分级机、射流分级机、水力旋流器和水力旋流器组；表面改性实现了生产的连续化。

　　D 金

　　金选矿中常用选别技术包括重选、浮选、氰化浸出、炭浆法、硫脲法等，使用较多的方法为重选法、浮选法、氰化浸出法。

　　（1）重选法。重选法在砂金生产中占有十分重要的地位，在岩金矿山多作为辅助工艺，在磨矿回路中回收粗粒金，为浮选和氰化工艺创造有利条件，改善选矿指标，提高金的总回收率，对增加产量和降低成本发挥了积极的作用。山东省有 10 多个选金厂采用了重选工艺，平均总回收率可提高 2%~3%，每年可得数百万元的利润。河南、湖南、内蒙古等省（市、自治区）也取得了好的效果，采用的主要设备有尼尔森、法尔肯、溜槽、摇床、跳汰机和短锥旋流器等。从我国多数黄金矿山来看，浮—重联合流程（浮选尾矿用重选）适于采用，今后应大力推广阶段磨矿阶段选别流程，提倡能收早收的选矿原则。

　　（2）浮选法。浮选法是岩金矿山广为运用的选矿方法，我国 80% 左右的岩金矿山采用浮选法选金，通常有优先浮选和混合浮选两种工艺。近年来，浮选工艺流程的革新改造以及科研成果很多，效果明显。阶段磨浮流程、重—浮联合流程等是目前我国浮选工艺发展的主要趋势。如湘西金矿采用重—浮联合流程，进行阶段磨矿阶段选别，获得较好指标，回收率提高 6% 以上；焦家金矿、五龙金矿、文峪金矿、东闯金矿等也取得一定的效果。当然，浮选法和其他方法一样不是万能的，不可能对所有含金矿石都有效，主要还要考虑矿石性质，在选择工艺流程时，需要进行多方面论证和试验。

　　（3）氰化浸出法。氰化浸出法至今已有近百年的生产实践历史，工艺比较成熟，回收率高，对矿石适应性强，国内使用氰化浸出的典型企业有紫金矿业等。

2.1.2　典型矿种全球开发利用指标

　　本书介绍了铁、锰、铜、铅、锌、镍、磷等主要矿种国内外典型大型和超大型矿床（资源基地）的资源储量、平均开发品位、开采方式、矿石类型、选矿工艺、选矿回收率等开发利用指标（见表 2-1~表 2-23），结合中国地质调查局

表 2-1　全球典型铁矿床矿开发利用指标

矿山（国家）	所属公司	资源储量/Mt	Fe品位/%	Fe精矿品位/%	精矿产量/Mt	矿石性质	采矿方式	回采率/%	选矿工艺	入选品位/%	选矿回收率/%
Kaunisvaara（瑞典）	Northland Resources AB	176.00	32.53	69.00	4.74	磁铁矿	露采	95	磁选	32.53	83.78
Duncan Lake（加拿大）	Century Iron Mines Corporation	1050.50	24.42	67.02	12.00	磁铁矿	露采		磁选	24.42	75.69
Shymanivske（乌克兰）	Black Iron Inc	372.70	31.40	67.00	7.30	赤铁和磁铁混合矿 18.77%	露采		弱磁强磁	31.7	62.6
Kamistiatusset（加拿大）	Alderon Iron Ore Corp.	668.50	29.50	65.20	8.00	磁铁矿	露采		重选、磁选	29.5	77.7
Kallak（瑞典）	Beowulf Mining Plc	150.00	39.80	68.00	4.98	磁铁矿	露采		磁选	39.8	85.1
Bending lake（加拿大）	Bending Lake Iron Group	185.20	29.59	69.00	2.00	磁铁矿	露采		磁选	23	90
Buena Vista（美国）	Nevada Tron Limited	111.20	18.60	68.10	1.78	磁铁	露采	98	磁选	18.6	75.5
Roche Bay（加拿大）	AEI	314.80	26.25	65.00	5.50	磁铁	露采	97	干磁、磁选、浮选	32.36	66.19
Grifith（加拿大）	Northern Iron Corp.	120.00	29.00	68.80	1.50	磁铁	露采		磁选	29	86.28
Lake Giles（澳大利亚）	MACARTHUR MINERALS	1050.70	28.30	64.50	10.00	磁铁	露采		磁选	28.3	64.67
Extension Hill（澳大利亚）	Aisa Iron Australia	439.00	38.38	67.50	10.00	磁铁	露采		磁选	38.38	79.14
Marampa（塞拉利昂）	Cape Lambert Resources Limited.	261.00	28.70	65.00	10.00	磁铁矿	露采		重选、磁选	28.7	87

续表 2-1

矿山（国家）	所属公司	资源储量/Mt	Fe品位/%	Fe精矿品位/%	精矿产量/Mt	矿石性质	采矿方式	选矿工艺	入选品位/%	选矿回收率/%
Tonkolili（塞拉利昂）	African Minerals Ltd.（AML.）	126.50	58.10	59.50	13.10	赤铁矿块矿	露采	破碎、筛分	58.1	87.05
		107.40	46.90	64.30	7.00	赤铁矿粉矿	露采	螺旋重选	46.9	50.7
Minas Rio（巴西）	Anglo American	6100.00	29.50	67.60	47.27	磁铁	露采	磁选、反浮选	29.5	66.54
		1297.00	33.70	68.50	26.50	赤铁矿	露采	浮选	33.7	82

表 2-2 国内铁矿平均开发利用指标 (%)

矿种	地质品位	入选品位	回采率	选矿回收率	精矿品位
铁	30.83	25.7	91.36	77.7	66.47

表 2-3 全球典型锰矿床开发利用指标

矿山（国家）	所属公司	资源储量/Mt	Mn品位/%	产能/万吨·a⁻¹	矿床	采矿方式	选矿工艺	选矿回收率/%
GEMCO（澳大利亚）	South32	8960	44.39	490（47.7%精矿）	沉积型	露采	破碎、筛、擦洗	58
Wessels（南非）	South32	9000	42.2	60（41.4%精矿）	变质型	地采	破碎、筛分	88
Mamatwan（南非）	South32	6210	36.7	230（41.4%精矿）	变质型	露采	破碎、洗矿、筛分	96
Azul（巴西）	Vale	4360	29.3	170.6（40%精矿）	沉积型风化型	露采	破碎、筛、擦洗	54
Morro da Mina（巴西）	Vale	860	30.6	25（40%精矿）	沉积型	露采	破碎、筛、洗、重介	58
Urucum（巴西）	Vale	1120	46.4	73.5（48%精矿）	沉积型	地采	破碎、擦洗	83
Matthews Ridge（圭亚那）	Reunion Gold Corporation	2630	14.2	75（36%~40%精矿）	沉积型红土型	露采	破碎、擦洗、筛分、跳汰	73

续表 2-3

矿山（国家）	所属公司	资源储量/Mt	Mn品位/%	产能/万吨·a⁻¹	矿床	采矿方式	选矿工艺	选矿回收率/%
Woodie Woodie（澳大利亚）	Consolidated Minerals	2180	30.2	128.5（40%精矿）	沉积型	露采	破碎、筛、擦洗、重介	76
Tshipi Borwa（南非）	Tshipi é Ntle Manganese Mining Pty Ltd.	6200	37.9	240（33%~36%精矿）	沉积型碳酸锰	露采	破碎、筛、擦洗	97
Woodstock（加拿大）	Canadian Manganese Company Inc	4477	9.85	66.6（15.6%精矿）	变质型碳酸锰	露采	破碎、筛、擦洗、重介、高梯度磁选	86
Nikopol（乌克兰）	NA	105600	20~27	228（30%~44%精矿）	沉积型	露采	破碎、擦洗、跳汰、磁选	75~85

表 2-4　国内锰矿山平均开发利用指标　　　　　　　　（%）

矿种	地质品位	入选品位	回采率	选矿回收率	精矿品位
锰	21.67	18.81	85.93	86.15	25.34

表 2-5　全球典型铜矿床开发利用指标

矿山（国家）	所属公司	资源储量（Cu金属）/Mt	品位/%	产量（Cu金属）/t·a⁻¹	矿石性质	采矿方式	选矿工艺	回收率/%
Kansanshi Mine（赞比亚）	第一量子公司	5.59	硫化矿0.8、氧化矿2.2、混合矿1.2	270724	硫化矿	露采	浮选	硫化矿92、氧化矿86、混合矿71
Kevitsa（芬兰）	第一量子公司	0.644	0.3	14775	硫化矿/氧化矿	露采	浮选	83

续表 2-5

矿山（国家）	所属公司	资源储量（Cu金属）/Mt	品位/%	产量（Cu金属）/t·a⁻¹	矿石性质	采矿方式	选矿工艺	回收率/%
The Las Cruces Mine（西班牙）	第一量子公司	0.768	6.2	69304	硫化矿	露采	浸出	89
Neves-Corvo（葡萄牙）	Lundin Mining	0.707	2.6	56544	硫化矿	地采	浮选	84.5
Aguablanca（西班牙）	Lundin Mining	0.005	0.4	6242	硫化矿	露采	浮选	93.8
Andina Division（智利）	Codelco	18.5	0.72	236715	硫化矿	露/地采	浮选	82.6
Cerro Verde（秘鲁）	Freeport-McMoRan53%	2.26	0.49	181440	硫化矿	露采	浮选	90
Collahuasi（智利）	Xstrata Plc Anglo American	18.04	0.82	539000	硫化矿/氧化矿	露采	浮选/堆浸	76%~85% 浮选
Chuquicamata（智利）	Codelco	80	0.99%~1.38%	500000	硫化矿	露采	浮选	90
Olympic Dam（澳大利亚）	BHP	32	1.6	184400	硫化矿	地采	浮选	Na

表 2-6　国内铜矿山平均开发利用指标　　　　（%）

矿种	地质品位	入选品位	回采率	选矿回收率	精矿品位
铜	0.6	0.48	92.45	89.1	21.66

表 2-7　全球典型铝土矿矿床开发利用指标

矿山（国家）	所属公司	资源储量/Mt	化学成分/%						矿石性质	产能/万吨·a⁻¹	其他
			Al_2O_3	SiO_2	Fe_2O_3	TiO_2	A/S	Avl/R_x			
Weipa（澳大利亚）	Rio Tinto Alcan	1485	52.5	4.5	6.9	2.5	11.7	16	三水铝石 55%，一水软铝石 14%	2600	露采，矿体平均厚度 2.1m
Gove（澳大利亚）	Rio Tinto Alcan	146	49.4	3.7	17	3.1	13.4	14.8	三水铝石，一水软铝石 2%	820	露采，矿体平均厚度 3.7m

续表 2-7

矿山（国家）	所属公司	资源储量/Mt	化学成分/%						矿石性质	产能/万吨·a^{-1}	其他
			Al_2O_3	SiO_2	A/S	Fe_2O_3	TiO_2	Avl/R_x			
Sangaredi（几内亚）	CBG, Rio Tinto Alcan	278	49.4AvAl_2O_3 39.1	2.1$R_x SiO_2$ 1.1	23.5	25.1	不详	35.5	三水铝石 水软铝石	—	1400	露采，矿体平均厚度25m
Darling Range Mines（澳大利亚）	Alcoa	164.4	37AvAl_2O_3 33.1	26.5$R_x SiO_2$ 0.91	不详	16.4	1.1	36.4	三水铝石 水软铝石	—	3140	露采
Juruti（巴西）	Alcoa	46.3	AvAl_2O_3 48.1	$R_x SiO_2$ 4.3	不详	不详	不详	11.2	三水铝石	—	390	露采
Boké（几内亚）	Alcoa CBG	68.5	50.7	1.7	29.8	7.5	3.7	不详	三水铝石 水软铝石	—	340	露采
Al Baitha（沙特）	Alcoa Maaden Company	55.2	56 Av$Al_2O_3$47.2	9.8	5.7	10.6	不详	不详	三水铝石 水软铝石	—	400	露采
Boddington（澳大利亚）	South32	400	37 AvAl_2O_3 31.9	4.4 $R_x SiO_2$2.3	8.4	20~30	3	13.86	三水铝石	—	1660	露采
Paragominas（巴西）	Hydro	881.4	55 AvAl_2O_3 50	7.7 $R_x SiO_2$4	7.1	8.9	2.1	12.5	三水铝石	—	990	露采，矿体平均厚度2.2m
Panchpatmali（印度）	NALCO	314	46	2.32	19.8	不详	不详	不详	三水铝石		680	露采，矿体厚度3.3~31m
Bel Air（几内亚）	Alufer Mining Limited	146	44 AvAl_2O_3 38	$R_x SiO_2$ 1.7	不详	不详	不详	22.4	三水铝石		预计1030	露采，计划2016年投产
Koumbia（几内亚）	Alliance Mining	305	AvAl_2O_3 48.1	$R_x SiO_2$ 1.7	不详	不详	不详	28.2	三水铝石		预计1000	露采，矿体厚度大于10m，资源量22亿吨

注：AvAl_2O_3 为有效 Al_2O_3；$R_x SiO_2$ 为可溶 SiO_2。

表 2-8 国内铝土矿矿山平均开发利用指标 （%）

矿种	回采率	回收率	精矿品位
铝土矿	83.91	84.99	64.75

表 2-9 全球典型铅锌矿矿床开发利用指标

矿山（国家）	所属公司	资源储量/Mt	品位/%	选矿工艺	入选品位/%	回收率/%
Zinkgruvan（瑞典）	Lundin Mining	铅：0.389 锌：1.541	铅：4.2 锌：8.5	浮选	铅：4.2 锌：8.5	铅：89.9 锌：90.7
Red Dog Zinc Mine（美国）	Teck Cominco	铅：1.86 锌：7.17	铅：15.8 锌：4.1	浮选	铅约4 锌约16.6	铅88 锌87
Ozerny（俄罗斯）	MBC	铅：1.52 锌：8.03	铅：1.18 锌：6.26	浮选	铅：1.18 锌：6.26	铅：70 锌：85
Greens Creek（加拿大）	Hecla	铅：0.256 锌：0.678	铅：3.3 锌：8.7	浮选	铅：3.3 锌：8.7	铅：68 锌：74
Brunswick（加拿大）	Brunswick Xstrata	铅：0.29 锌：0.71	铅：3.4 锌：8.4	浮选	铅：3.4 锌：8.59	铅：65.36 锌：88.43
Cannington（澳大利亚）	BHP Billiton	铅：1.99 锌：0.94	铅：8.3 锌：3.9	浮选	铅：10.9 锌：3.9	铅：89 锌：72

表 2-10 国内铅锌矿矿山平均开发利用指标 （%）

矿种	地质品位	入选品位	回采率	回收率	精矿品位
铅矿	3.34	3.64	86.85	84.69	52.89
锌矿	6.19	4.53	89.15	88.75	49.75

表 2-11 全球典型镍矿床开发利用指标

矿山（国家）	所属公司	资源储量（Ni金属）/Mt	品位/%	年产量/万吨	选矿工艺	入选品位/%	回收率/%
Sudbury（加拿大）	Vale	18.58	1.2	760	磁浮联合	0.91~1.5	克拉拉伯尔选（Clarabelle）矿厂：71%；弗鲁特－斯托佩（Frood Stobie）选矿厂：89%；铜崖选矿厂（Copper Cliff）：80%
Norilsk（俄罗斯）	诺里斯克公司	3.39亿吨（矿石量）	1.33	800	浮选	1.3	80~85
金川镍矿（中国）	金川公司	5	1.07	15（镍金属）	浮选	约1	82左右
Wedabay（印度尼西亚）	EramettSA, Mitsubishi Corp、Aneka Tambang Tbk	9.3	1.5	3（镍金属）			
PTVI（印度尼西亚）	Vale	2.24	1.79	8（镍金属）	干燥－煅烧－还原熔炼－吹炼	1.79	
Mt Keith（澳大利亚）	BHP	53.70	0.6	1100	浮选	0.6	78
Murrin Murrin（澳大利亚）	Glencore	1.86	0.97	3.75（镍金属）	浮选	0.97	

表 2-12 国内镍矿山平均开发利用指标 　　　　　　　　　　（%）

矿种	地质品位	入选品位	选矿回收率	回采率	精矿品位
镍	0.9	0.92	80.82	92.37	6.96

表 2-13　国外典型钼矿床开发利用指标

国家	矿山	资源储量（钼金属）/t	品位/%	金属产量/t·a⁻¹	矿石性质	开采方式	选矿工艺	入选品位/%	回收率/%
加拿大	Endako	129820.32	0.077	3157.06	斑岩型钼矿、辉钼矿	露采	破碎、浮选	0.077	79
美国	Climax Mine	227500	0.165	13650	斑岩型钼矿	露采	浮选	0.165	88
美国	Thompson Creek	123849	0.081	8151.03	斑岩型钼矿（climax型）	露采	破碎、磨选、浮选	0.081	89.4
加拿大	RUBY CREEK	91454.4	0.058	4408	斑岩型辉钼矿	露采	破碎、磨矿、浮选	0.084	90
智利	Los Pelambres	Mo: 282511 / Cu: 966485	Mo: 0.019 / Cu: 0.065	Mo: 8700 / Cu: 326700	斑岩铜钼矿床	露采	球磨、浮选	Mo: 0.019 / Cu: 0.065	Mo: 61.5 / Cu: 89.9
加拿大	Chu Molybdenum Mine	218725.92	0.08		斑岩钼矿床	露采	浮选	0.084	82

表 2-14　国内钼矿山平均开发利用指标 (%)

矿种	回采率	选矿回收率	入选品位	精矿品位	地质资源品位
钼矿	96.74	86.93	0.11	45.25	0.068

表 2-15　全球典型钨矿床开发利用指标

矿山（国家）	公司	储量（WO₃）/万吨	品位（WO₃）/%	选厂规模/万吨·a⁻¹	矿石性质	开采方式	选矿工艺	入选品位/%	回收率/%	精矿品位（WO₃）/%
Cantung（加拿大）	North American Tungsten	3.72	0.97	72	矽卡岩型白钨矿	地采 充填法	重、浮	1.17	79.5	重: 65 浮: 45
Mactung（加拿大）	North American	12.81	1.19	73	矽卡岩型白钨矿	地采 充填法	重、浮	1.25	81.7	重: 67 浮: 55

15

续表 2-15

矿山（国家）	公司	储量（WO₃）/万吨	品位（WO₃）/%	选厂规模 /（万吨·a⁻¹）	矿石性质	开采方式	选矿工艺	入选品位 /%	回收率 /%	精矿品位（WO₃）/%
Dolphin（澳大利亚）	King Island Scheelite	2.29	0.73	30	矽卡岩型白钨矿床	露采 采剥比 1：9.7	浮选	0.77	90	65
Nui Phao（越南）	Masan Group	14.98	0.23	350	矽卡岩型白钨多金属	露采 采剥比 1：1.5	重选	0.23	67	60
Sangdong（加拿大）	Almonty	1.99	0.42	70	矽卡岩型白钨多金属	地采 充填法	浮选	0.69	81	65
Hemerdon（英国）	Wolf Minerals	6.43	0.18	300	石英脉黑钨矿、锡矿	露采	重、磁	0.19	65.5	65
Sisson（加拿大）	Northcliff Resources	22.2	0.066 Mo：0.021	1050	斑岩型白钨硫化钼矿	露采	浮选	0.098	W：77 Mo：82	WO₃：60 Mo：53

表 2-16 国内钨矿矿山平均开发利用指标 (%)

矿种	地质品位	入选品位	回采率	选矿回收率	精矿品位
钨	0.46	0.36	89.92	75.8	62.42

表 2-17 全球典型钾公司开发利用指标

公司	地区	矿石资源储量（矿石量）/Mt	品位（K₂O）/%	矿物量（K₂O）/Mt	产量（KCl）/Mt	主要产品	其 他
Potash Corp	加拿大	1716	23.3	400.2	9.1~19.1	钾肥、磷肥、氮肥	六座矿山和加工厂
Mosic	美国	2022	21.1	426.6	8.4~12.6	钾肥、磷肥	四座矿山和四个加工厂
Uralkali	俄罗斯	1102	17.1	188.4	10.4	钾肥	五座矿山、六个钾肥厂和一个光卤石加工厂

续表 2-17

公司	地区	矿石资源储量（矿石量）/Mt	品位（K₂O）/%	矿物量（K₂O）/Mt	产量（KCl）/Mt	主要产品	其他
JSC Belaruskali	白俄罗斯	1989	20.9	415	10.3~12.6	钾肥、复合肥、氯化钠	六座矿山、四个加工厂
青海盐湖股份有限公司	中国	30647	8.5	260.5	3.9	钾肥、镁产品、氮肥	盐湖卤水、盐田、加工厂
国投罗钾	中国	15058	1.08	162.62	1.7+1.47 K_2SO_4	钾肥	盐湖卤水、盐田加工厂
ICL	以色列死海	5000	0.8	40	4.2	钾肥、镁制品、溴化合物	死海钾盐矿山
APC	约旦	5000	0.8	40	2.35~2.5	钾肥、镁制品、溴化合物	死海卤水、盐田、加工厂

表 2-18 全球典型金矿山开发利用指标

矿山（国家）	储量/t	品位/g·t⁻¹	矿石性质	产量/t	回收率/%	采矿方法	选矿工艺	产能/t·d⁻¹
Red Lake（加拿大）	Au 64.69	18.44	少硫化物石英脉金矿	11.68	96	地采（无填法）	重选、CIP、浮选	1769
Porcupine（加拿大）	Au 66.24	2.12	贫碳化钨石英脉金矿	8.53	90	地采（无填法）	重选、CIP	11000
Pueblo Viejo（多米尼加）	Au 185.67	4.94	低温热液高硫金属矿	11.87	87	露采	加压氧化、沉铜、CIL	20185
Penasquito（墨西哥）	Au 316.29	1.00	低温热液多金属矿	25.90	72	露采	浮选	107066
Cadia（澳大利亚）	Au 715.3	1.09	斑岩型铜矿	20.76	82	露采、地采	重选金、浮选铜金精矿	64592
Lihir（巴布亚新几内亚）	Au 870.8	2.47	低温热液高硫金矿	21.42	80.6	露采	浮选、加压氧化、CIL	18142
South Deep（南非）	1160.3	5.4	贫硫沉积型石英脉金矿	6.16	96.0	地采	CIP	4099
Tarkwa（加纳）	209.93	1.3	贫硫沉积型石英脉金矿	18.22	96.8	露采	CIL、堆浸	37041

表 2-19　国内金矿矿山平均开发利用指标

矿种	地质品位/g·t⁻¹	入选品位/g·t⁻¹	回采率/%	选矿回收率/%	精矿品位/g·t⁻¹
金	2.14	2.39	94.10	83.38	65.44

表 2-20　全球典型磷矿开发利用指标

矿山（国家）	所属公司	资源储量/万吨	品位(P₂O₅)/%	产量(P₂O₅)/万吨	矿石性质	采矿方式	回采率/%	选矿工艺	入选品位/%	回收率/%
Martison（加拿大）	Phos Can Chemical	4800	22.4	43.5	沉积型	露采	78.9	浮选	22.4	80.7
Bomfim Agro Mineral（巴西）	Eagle Star Minerals	1827	6.32	9.24	沉积型	露采			6.32	53
Farim（几内亚）	GB Minerals	9260	28.7	36.2	沉积型	露采		浮选	28.7	72
Lac à Paul（加拿大）	Arianne Phosphate	59020	7.13	115.8	岩浆型	露采		浮选	7.13	86.84
Três Estradas（巴西）	Aguia Resources	880	5.03	5.88	沉积型	露采	95	脱泥-浮选-磁选	5.03	60
Paris Hills Lower Zone（美国）	Stonegate Agricom	1670	29.53	26.67	沉积型	地采		不选	29.53	
Paris Hills Upper Zone（美国）	Stonegate Agricom	6030	22.7		沉积型	地采		擦洗-脱泥-浮选	22.7	70
Paradise North（澳大利亚）	Legend International Holdings	900	27.6	29.5	沉积型	露采		干法筛分	27.6	80
Paradise South（澳大利亚）	Legend International Holdings	19620	14.6	32.5	沉积型	露采		擦洗-浮选	14.6	

表 2-21　国内金矿矿山平均开发利用指标

（%）

矿种	地质品位	入选品位	回采率	选矿回收率	精矿品位
磷	22.79	19.4	82.7	89.97	29.05

表 2-22 全球典型石墨矿开发利用指标

矿山（国家）	所属公司	矿物类型	资源储量/万吨	品位/%	产量/万吨·a⁻¹	入选品位/%	选矿回收率/%	采矿方法	回采率/%	选矿工艺
Lac Knife（加拿大）	Focus Graphite	鳞片	493.8	15.76	4.7（含C 92%）	15.76	91.3（设计）	露采	95	阶段磨矿-浮选
Bissett Creek（加拿大）	Northern Graphite	鳞片	1897.7	1.89	1.6（含C 95%）	1.89	93.5（设计）	露采	90	阶段磨矿-浮选
Epanko（坦桑尼亚）	Kibaran Resources Ltd.	鳞片	1080	9.6	4（含C 94%）	9.6	96（设计）	露采	95	浮选
Kearney（加拿大）	Ontario Graphite	鳞片	110.2	2.14	1.2（含C 90%）	2.14	88	露采	90	浮选
Lac Guéret（加拿大）	Mason Graphite	鳞片	155	20.4	5（含C 93.7%）	27.4	96.6（设计）	露采	98	浮选
Grafitbergbau Kaiserberg（奥地利）	Grafitbergbau Kaiserberg	隐晶质	490	40~90	2.6	80		露采	98	浮选
鸡西柳毛石墨矿（中国）	鸡西柳毛石墨资源有限公司	鳞片	约2110	10.32	6.8	10.8	90	露采	98	浮选

表 2-23 国内石墨矿山平均开发利用指标

（%）

矿种	地质品位	入选品位	回采率	选矿回收率	精矿品位
石墨	12.99	8.12	93.29	85.11	90.41

"三率"调查工作，总结了国内铁、锰、铜、铅、锌、镍、磷等矿种的地质品位、开采回采率、选矿回收率等开发利用指标的平均水平，通过对国外矿产资源基地及国内相关矿种平均开发利用指标的总结，为矿产资源基地开展技术经济评价工作和开发提供了借鉴和参考。

2.2　矿产资源技术经济评价

2.2.1　概念及内涵

2.2.1.1　技术概念

矿产资源经济评价是指根据一定区域的社会经济发展状况和发展目标，从矿产资源勘查各阶段所获取的资料中，选取科学合理的技术经济参数，预计在矿床未来一段时期内矿产资源开发利用的技术可行性、经济价值和社会经济效益。在进行矿产资源基地的技术经济评价时，通常是综合技术、经济、生态环境、社会、开发条件等因素，概略评价资源基地的矿产资源开发时可能产生的经济社会效益，识别分析资源开发可能存在的潜在风险，提出风险防控措施，以及相应的开发利用对策建议。

2.2.1.2　内涵

A　矿产资源技术经济评价的目的

矿产资源技术经济评价的目的是在矿产不同勘查工作阶段所获取大量地质资料基础上，通过矿产勘查、开发所期望的经济效益进行技术经济分析，从而判定矿产勘查工作的经济效果及矿产开发产生的经济效益和社会效益，为进一步提高矿产地质勘查程度和开发决策提供科学依据。根据以上概念，矿产资源经济评价包括以下四层含义：一是评价对象是矿产资源的储量（潜在的和探明的）。矿产资源储量作为矿业生产的"中间产品"，其经济效益主要体现在生产的"最终产品"——矿产品。因此，矿产资源经济评价，必须根据矿产资源特点，着眼于矿产资源储量在未来工业开发中所预期获得的经济效益；二是矿产资源技术经济评价是在技术可行的基础上的一种经济效益评价。在评价时应当遵循经济效益原则，进行全面分析，综合评价，注重实效；三是矿产资源技术经济评价是以地质评价为基础，根据矿产工业开发利用的技术条件和经济条件进行评价，其评价结论必须遵守在地质上可能、技术上可行、经济上合理、社会上相统一的原则；四是矿产资源技术经济评价具有一定的时限性。即矿床工业开发利用的预期经济效益，不仅受矿山经济寿命和矿产勘查程度的制约，同时评价结论也将因矿床勘查程度的提高，矿床工业开发利用的技术工艺、经济条件的发展而变化，必然具有一定的时效性。

B 矿产资源技术经济评价的原则

矿产资源技术经济评价应坚持以下原则：第一，坚持使用价值及其与价值评价相结合的原则。在矿产资源经济评价工作中，为了最大限度地满足社会对矿产品的需求，尽可能获取矿产勘查与矿床开发的最大经济社会效益，必须坚持使用价值与价值评价相结合的原则，处理好经济利益与物质效果之间的关系，不仅要考虑矿山开发的经济利益增长，还要考虑提高矿产资源对社会需要的保证程度。矿产资源一般是不可再生的、耗竭性的、稀缺的自然资源，必须坚持矿山利益与资源的充分利用与合理保护相结合的原则。既不允许以牺牲资源为代价，片面追求矿山利润的极大化，也不应忽视矿山开发的经济利益，一味强调矿产资源的利用程度，科学合理的做法应是在最佳平衡中进行选择。该原则在解决综合勘查、评价、开发、利益问题时显得尤为重要。第二，坚持经济效益与社会效益相结合的原则。矿床的工业开发价值，取决于可能获取的经济效益，同时还受生态、环境、分配、就业、国防、政治等社会因素的影响。因而在进行矿床经济评价时，应遵循经济效益与社会效益相结合的原则，在进行全面平衡时，还要做出综合评价。第三，坚持局部利益与整体利益相结合的原则。在通常情况下，局部效益和整体效益之间，根本上存在着一致性，但也存在着一定的矛盾。在进行处理时，应当按全局与局部相结合的原则处理微观经济效益与宏观经济效益之间的关系，而不是单纯地从某个地区、某个部门、某个企业利益出发，这两者既是统一的，又是矛盾的。局部一定要服从全局，微观经济效益必须服从宏观经济效益。因此，国民经济的宏观控制、决策的最终依据应是国民经济宏观经济评价。

C 矿产资源技术经济评价的主要内容

矿产资源经济评价按其评价的广度和深度不同，分为区域（矿集区）矿产资源总体评价和单项矿种评价。前者对确定地区工业结构和工业布局、产业发展规划以及该地区在全国地域分工中的地位和特点有重大意义；后者为制定某一工业部门发展规划，以及矿山开发和工业布局提供依据。在进行矿产资源经济评价时，无论是总体或单项评价，都必须从矿产资源的资源储量、地质品位、矿石质量、埋藏条件、地区分布、共伴生矿种状况以及资源所处地区的自然、经济地理条件、开发利用技术条件、市场情况等方面进行综合分析。

评价内容包括：第一，资源储量大小及需求程度，着重搞清在当前技术条件下的可采储量和在适当开发强度下的服务年限、市场需求情况；第二，品种质量及其对用户的适合程度，着重搞清是否符合用户要求及其加工工艺特征；第三，开采条件的难易程度，着重查明矿床的水文地质条件、矿层埋藏条件及可采矿层的厚度等；第四，空间分布及其地域组合特征，着重搞清矿床在水平与垂直方向上分布的分散程度和不同品种、质量的矿产在地域上交错分布的特点；第五，矿产地与开发有关的建设条件，特别是自然地理与经济地理条件；第六，未来资源开发所面临的潜在风险要素。

2.2.2 基础理论及研究现状

2.2.2.1 资源价值理论

矿产资源资产是指赋存于地壳表层一定空间范围、能被提取和利用、能用货币计量和在被开发后提供经济效益、在我国属于国家所有的地质体。矿产资源具有实物形态，有一定数量、质量，是一种实物资产，但矿产资源不是长期投资，它是劳动对象而不是劳动资料，且其实物形态在生产过程中将逐渐消失，因此不是固定资产；它是劳动对象，与流动资产中的原料一样，但其数量巨大，不可能在一个营业周期内全部变现，因此也不宜当流动资产；它具有实物形态，显然不是无形资产；它不是费用，因此不是递延资产；矿山时时刻刻在动用矿产资源，故也难以归入"没有特殊情况时不能动用的特种储备物资"的其他资产，即便归入其他资产，也是一种特殊的其他资产。

矿产资源是资产，资产应该有价值，据此，矿产资源应该也有价值。但矿产资源又是自然产物，而不是人类劳动的产物，是否有价值，就成为学术界有争议的问题。不同观点可概括为以下几类：（1）矿产资源没有价值。这种理论观念认为矿产资源没有经过人类的物化劳动，仅仅是自然产物，而不是人类劳动的产物，所以从这个角度说矿产资源本身没有经济价值，这种理论偏重于劳动创造价值理论。经过人类的物化劳动及矿产勘查活动而探明储量的矿产资源，在找矿的过程中凝结了勘查技术人员的体力与脑力劳动，这样矿产资源才具有了经济价值。（2）矿产资源无价值，但有价格。马克思在《资本论》一书中讨论地租时指出，"一切地租都是剩余价值，是剩余劳动的产物"，"地租是土地所有权在经济上的实现"，"土地所有权并不创造那个转化为利润的价值部分"，"而是使土地所有者，有可能把这个超额利润从工厂主的口袋里拿过来装进自己的口袋。它不是使这个超额利润创造出来的原因，而是使它转化为地租形式的原因"。这就是说，未经开垦的土地资源、水体资源以及埋藏在地下的矿产资源，没有经过人类劳动，没有物化在上述资源上的人类劳动，因此按照马克思的劳动价值论的观点，自然状态下的矿产资源不具有价值。（3）矿产资源效用价值论。该观点认为矿产资源具有原有价值，源于其效用性和稀缺性以及由此而决定的资源的所有权和垄断。（4）矿产资源多重价值论。有的学者认为，矿产资源价值由潜在收益价值（即绝对矿租和第Ⅰ形态级差矿租）、勘查劳动创造的价值以及对矿业所致环境破坏的补偿价值三部分构成。有的学者认为，矿产资源价值由其自身价值、权益价值和勘查劳动创造的价值三部分构成。（5）矿产资源具有原有价值。

矿产资源不是人类劳动的产物，其原有价值无法用一般商品价值的衡量办法来衡量。矿产资源原有价值必然转入矿产品价值，所以可以从矿产品价格构成出发，反推矿产资源原有价值的构成。在不考虑特例的情况下，矿产品的市场价格应包括以下三大部分：

（1）在矿产资源勘查中所花费的社会必要劳动所创造的价值；

（2）在矿产资源开发过程中所花费的社会必要劳动所创造的价值；

（3）部分矿产资源的超额利润。

从以上第一和第二的两种社会劳动分析中可以看出，各种类型的劳动一起构成矿产资源总价值中的投资和成本，各种主体的利润所得是由剩余劳动组成的。在矿产资源勘查过程中所花费的社会必要劳动时间所创造的价值应当归矿产勘查劳动投入者。

根据马克思的地租理论，矿产资源的总价值中还应包括"地租"，即由于矿产资源的位置及丰度等而获得的以上利润之外的利润，也就是前文中表述的第三部分。"地租"要付给矿产资源的所有者，因为我国的法律规定矿产资源属于国家所有，因此"地租"应该属于国家所有。按照马克思地租理论，按社会平均技术、管理水平测算生产成本，则该超额利润由绝对矿租、第 i 形态级差矿租二者构成，它们来自矿产资源的原有价值。

虽然从某种程度上看矿床的禀赋优劣及区位的优势主要是由自然条件决定的，即可以体现为第 i 形态矿产资源级差"地租"的价值，但严格意义上来说，人类劳动特别是相关的技术与矿产资源的采、选、冶的先进技术决定了资源的可利用性与利用效率，而这种先进技术是由人类不断积累的；与此同时，矿山位置与主要交通线及需求市场的远近完全取决于前人对当地国土资源开发的程度等。这些是由前人的劳动所带来的矿产资源开发中的优势，从某种意义上说，是前人劳动凝结在矿产资源中的价值，其具体体现就是第 i 形态矿产资源级差矿租。

资产都要有收益，绝对矿租和第 i 形态级差矿租就是矿产资源资产的收益。因为矿产资源的原有价值不是今天的任何人的劳动创造的，具体体现在绝对矿租和第 i 形态级差矿租，当然不应当归任何个人或少数人所有，只能作为资产收益，归所有者，即国家所有。因此不但任何个人或少数人不能单独占有，我们当代人也不能单独占有矿产资源，在满足当代人对矿产资源需求的同时，不能破坏和浪费，而必须十分爱惜和保护矿产资源，以留给共同的所有者。

矿产资源为生产矿产品提供了必不可少的材料，显然为创造矿产品的使用价值做出了贡献，所以矿产资源为矿产勘查、开发劳动提供材料，矿产勘查、开发劳动把矿产资源转变为财富。国家作为矿产资源的所有者，当然应该按矿产资源为创造财富所做出的贡献参加矿产品销售收入的分配，即收取矿产资源所有者的收益。综上所述，矿产资源是自然产物，究竟矿产资源资产所有者的收益是来自矿产资源的原有价值，还是矿产资源的价格，还是因为矿产资源是创造矿产品使用价值（财富）的源泉之一，理应通过参与矿产品销售收入的分配获得收益，这应该是政治经济学解决的问题。总之，矿产品价格中，客观存在着一定数额的超额利润（按马克思地租理论，即绝对矿租和第 i 形态级差矿租）。所以谁占有矿产资源，也就占有了可用以获得超额利润的自然物质财富，但该超额利润又绝非都是今天的矿产勘查、开发劳动所创造，当然不能由矿业无偿占有，应该是矿产资源资产所有者的收益归国家所有，否则会造成矿业独占了本不是由其勘查和开发劳动所创造的价值。

2.2.2.2 技术经济评价理论

技术经济学是一门介于技术和经济之间的交叉学科，是研究人类社会生产过程中技术的经济问题的学科。具体来说，技术经济学是对为达到某种目的而可能被采用的各项不同的技术政策、技术方案、技术措施的经济效果进行计算、分析、比较和评价，从而选择技术上可行，经济上合理的最优方案的科学。技术经济学是研究技术实践的经济效果，寻求提高经济效果的途径与方法的科学；研究技术与经济的相互关系，探讨技术与经济相互促进、协调发展的途径；研究如何通过技术创新推动技术进步，进而获得经济增长。矿产资源基地技术经济评价是指用科学的方法，对各种技术方案的经济效益进行计算、分析和评价，判断其技术可行性、经济合理性，估算可能产生的经济社会效益，其目的是判断项目的可行性，给投资决策提供依据。

技术经济学在矿产资源领域中的应用很早之前就出现了。国外对矿产资源的开发利用进行经济评价已经有近 100 年的历史和成熟经验。我国在矿产资源经济评价理论和方法研究方面起步相对较晚，深入系统的研究应用仅有 20 多年的历史，自 20 世纪 80 年代以来，我国在矿产资源经济评价的理论、方法及实践方面有了长足的发展。目前我国矿产资源开发利用建设项目技术经济评价分为两个层次，即财务评价和国民经济评价。财务评价是按照现行财税制度规定，根据现行市场价格，仅仅计算项目财务上的收入和支出，而不考虑广泛的社会经济效果；国民经济评价是从国民经济整体的角度出发，站在国家的立场上使用影子价格、影子汇率、影子工资和社会折现率等国家经济参数，分析矿产资源开发利用项目需要国家付出的代价及项目对国家经济整体提供的效益，评价项目的经济合理性。

我国矿业技术经济评价对单个矿床的技术经济可行性评价相对成熟，发展时间较长，针对矿产资源基地的技术经济评价还处于起步阶段。我国矿业领域技术经济评价大致经历如下发展历程：

第一阶段，从中华人民共和国成立至 20 世纪 70 年代末。在这个阶段，我国矿床技术经济评价处于空白期，虽然当时我国有极少数的先行者对一些地质矿产生产中的技术经济问题进行了探索性研究（如徐涛等提出了矿石的"级差品位"的概念，这一概念早于苏联 7 年），但由于这方面研究人数很少，涉及面较窄，并且当时我国地质工作者在进行勘查工作过程中，往往更注重基础地质工作，找到矿化（矿点）不管矿石能否被利用，经常存在着"有矿就勘、一勘到底"的工作思路，因此这个时段的地质工作经常忽视客观的经济规律、缺少技术经济评价这一重要的环节，未从宏观上考虑国家当时的经济社会状况和承受能力，这就造成我国大量矿产探明储量和勘探资金积压、找到的很多矿属于"呆矿"等问题。

第二阶段，20 世纪 70 年代末至 90 年代末。党的十一届三中全会召开以后，国家计划发展委员会明确规定"把可行性研究作为建设前期工作中一个重要技术经济论证阶段，纳入基本建设程序"，并于 1983 年 2 月，颁发《建设项目进行可行性研究的试行管理办法》的通知，将可行性研究纳入基本建设项目决策程序的正式文件，就可行性研究编制程序、编制内容、预审和复审等方面提出了明确的要求。在此大形势下，地质工作者也逐渐认识到地质勘查工作不仅是纯粹的技术工作，同时也受到客观经济规律的制约。在地质找矿过程中，需要通过矿床的技术经济评价工作来降低勘查投资风险、选择较优的工作方案、为下一步矿产资源开发提供参考。原地矿部先后成立了"地质矿产部地质技术经济研究中心"和"中国地质经济与管理现代化研究会"。全国矿产储量委员会以《建设项目经济评价方法与参数》和《关于建设项目经济评价工作的暂行规定》为蓝本和依据，结合矿床技术经济评价自身的特点，于 1987 年联合国家计委、国家经委颁布实施了《矿产勘查各阶段矿床技术经济评价暂行规定》。《矿产勘查各阶段矿床技术经济评价暂行规定》指出进行矿山技术经济评价的目的是合理开发利用矿产资源，全面完成矿产勘查工作各阶段任务，保证矿产勘查各阶段工作择优进行，使矿产勘查工作与矿山建设紧密衔接，避免矿产勘查和矿山建设投资失误，提高矿产勘查和开发的经济、社会效益。要求在进行地质勘查工作时应分别从普查、详查、勘探三个方面有针对性地分别进行概略的矿床技术经济评价、初步的矿床技术经济评价和详细的矿床技术经济评价。以此为基础，地质行业相继出台了一系列的技术经济评价方面的实施细则，如地矿部制定了《普查、详查阶段矿床技术经济评价实施细则》，国家建材局制定了《非金属矿床技术经济评价的暂行规定》，石油天然气专业委员会也制定了《油（气）田（藏）储量技术经济评价规定》等。此后，在国家出台的一系列政策标准中，都提及对技术经济评价的研究，如 1992 年《固体矿产勘查报告编写规定》（DZ/T 0033）和同年《固体矿产普查规范总则》（GB/T 13687）中规定根据该地矿产资源在国家或地区经济发展中的需要，并依据 D+E 级储量和选冶加工试验条件，结合矿山外部建设条件对矿床做出技术经济概略评价，并提出详查的建议；1993 年《固体矿产勘查地质资料综合整理、综合研究规定》（DZ/T 0079）中对矿床技术经济评价做出了初步规定，要求"根据矿种、勘查阶段要求，确定评价的项目"，要求在地质勘查过程中，从资源形势、矿床地质评价及其勘查投资效果、矿床开采建设条件分析、矿床利用价值估算或未来开发经济效益分析、综合分析评价和国民经济评价等方面根据不同勘查阶段进行不同深度的研究。

在这一时期，矿床技术经济评价成为我国后期矿产资源开发技术经济评价研究的雏形。

第三阶段，1999~2010年。为了与国际资源/储量分类接轨，同时适应我国经济体制和扩大对外开放的需求，促进与国际交流，在参考《联合国国际资源储量/资源分类框架》、美国地调局、矿业局《1980年矿产资源和储量的分类原则》的基础上，结合我国实际国情，1999年国土资源部储量司、地质勘查司，国家冶金工业局，国家石油和化学工业局，国家有色金属工业局等单位联合起草，国家质量技术监督局发布了《固体矿产资源储量分类》（GB/T 17766），此后又发布了《固体矿产勘查规范总则》（GB/T 13908），上述标准规定了在不同的勘查阶段要进行相应的可行性研究的要求，并将技术经济可行性研究结果作为储量评价的依据，改变了过去只重视地质工作，忽略矿山经济效益、社会效益和风险的评估，使得评估出的资源/储量具有更高的经济意义和现实意义。上述标准的实施，标志着我国由实行了近50年的计划经济体制下单一矿产储量分类模式正式转入更符合市场规律的矿产资源/储量分类模式（三轴模式），也标志着矿产资源技术经济评价成为矿产资源勘查开发的重要内容。

第四阶段，2010年至今，区域矿产资源技术经济评价发展。随着地质行业的发展，国家能源资源基地建设，针对区域的技术经济评价工作也逐步建立，相关工作也逐步开展。

长安大学刘健朝、彭素霞等通过对吐鲁番市矿产资源现有资料的收集与整理，运用地质学、资源经济学、技术经济学、矿业经济学等相关学科知识，理论与实际地区情况相结合，对吐鲁番市部分优势矿产资源进行技术经济评价，并根据矿产的开发利用对环境的影响做了较为完整详细的论述，最后提出了加快该地区矿产资源合理开发与利用的意见。该评价系统地提出了吐鲁番市矿业经济发展中存在的主要问题，客观地概括了制约矿业经济发展的主要因素；较为系统地分析了吐鲁番市矿产资源勘查和开发利用现状，结合成矿地质等因素预测矿产资源在本地区具有良好的发展前景；从吐鲁番市矿产资源的实际情况出发，结合矿产资源赋存条件、规模与选冶条件等多个因素，综合考虑确定地区优势矿产（煤、铁、金、膨润土、花岗岩、蒙皂石等），并对优势矿产资源经济贡献现状做出了阐述；从市场、矿床的自然价值、经济地理和地质四个方面，对煤、铁、黄金、蒙皂石和花岗岩五种地区优势矿产资源的地质概况、储量、勘查现状、市场分析等方面进行较完整的论述，并各选一个典型的代表矿床进行资源技术经济初步评价，预测地区该矿产良好的发展前景及对西部和全国的重大意义，提出了可持续发展所须解决的关键问题并提出规划建议；根据吐鲁番市优势矿产的经济评价结论，针对金属和建材非金属矿产开发加工业等优势矿业的矿产勘查和开发，提出了合理的有地方特色的规划方案及建议和对策，以及对地区发展地方特色经济、充分发挥地方矿业优势提供了参考依据；通过对矿资源的开发和利用对环境影响的分析，提出了吐鲁番市实际情况的环保措施和矿山环境保护的对策与建议。

2010～2011 年，在开展鄂尔多斯盆地矿产资源勘查开发规划编制中设定的一个专题，由中国地质大学（北京）承担完成，研究运用经济学、资源经济学、管理学等理论，结合矿产资源开发的实践活动，根据完整性、科学性、可比性、动态性和可操作性等原则对矿产资源开发影响因素进行综合分析，选择资源条件、经济条件、社会条件、生态环境条件和政策条件 5 个方面 15 个指标，确定了矿产资源开发条件综合评价的指标体系。然后运用层次分析法确定每个指标的权重，将定性指标定量化，原始数据标准化处理后，根据调研的数据加权求和得到鄂尔多斯盆地内 21 个市的 93 个县在 5 个一级规划区、13 个二级规划区和 35 个三级区划的 13 种矿产资源综合评价得分。最后根据综合得分及指标得分分析比较每个矿产资源开发条件，为鄂尔多斯盆地内矿产资源开发条件的开发时序、空间布局和最佳开发规模提供参考。宋新华从矿产资源基础要素、开发利用要素、社会经济效益要素和市场要素出发，利用层次分析法（AHP 法）对宁北、宁东、宁西和宁南四个矿产资源经济区进行评价。结果显示，宁东矿产资源经济区是最优的，而后依次是宁南、宁北和宁西。并从各次级指标对 4 个矿业经济区进行了优劣势比较分析。

2012～2014 年，中国地质调查局发展研究中心王文等开展区域矿产资源开发利用技术经济综合评价工作，探索建立整装勘查区的技术经济评价的主要方法、评价理论，对整装勘查区的技术经济环境进行了研究，为整装勘查区后期的调查提供了示范和探索，并选取国内山东莱州—招远地区金矿整装勘查区、青海祁漫塔格地区铁铜矿整装勘查区、云南香格里拉地区铜多金属矿整装勘查区作为典型地区进行了初步的试评价，为后人开展该类工作提供了参考和依据。

2016～2018 年，中国地质调查局积极转变传统的资源调查方式，提出单一资源调查向地质资源潜力—技术经济条件—环境影响评价"三位一体"的综合地质调查转变，先后实施了青海祁漫塔格金属矿集区综合地质调查、川西稀有多金属矿综合地质调查、内蒙古赤峰有色金属基地综合地质调查、新疆东天山中段有色金属基地综合地质调查等工作，为矿产资源基地勘查开发优化布局提供建议，为找矿突破和绿色矿业发展提供支撑。在技术经济调查方面，青海祁漫塔格金属矿集区综合地质调查对青海祁漫塔格矿集区进行了区域经济评价，综合评价了该区资源开发的可行性、经济效益、社会效益、环境效益等内容，并建立了大型资源基地技术经济评价的指标体系，创建了基于资源储量、开采回采率、选矿回收率、产品规格等技术指标的经济效益评估模型和以社会经济、社会发展、自然与生态环境及国家能源资源安全影响程度为主要评价方向的社会效益评价模型，为后面开展类似工作提供了参考。

2017年，中国地质调查局组织矿产资源节约与综合利用调查工程相关人员编写了《矿产资源基地综合地质调查技术要求（初稿）》。《矿产资源基地综合地质调查技术要求（初稿）》对资源基地综合地质调查的技术经济评价从目的任务、工作内容、评价内容、技术要求等方面进行了详细的规定，极大地推动了我国资源基地技术经济评价工作的规范性和整体工作质量，为我国大型资源基地技术经济评价工作提供了重要参考。

2.2.2.3 矿产经济评价的复杂性

矿产经济评价的复杂性主要体现之一是矿业经济研究决策目标的复杂性，其涵盖的目标可能涉及以下几个方面：（1）经济效益目标，例如以矿产经济评价为手段进行矿床工业指标的优化决策中的静态指标（利润总额、投资回收期、投资利润率等）和动态指标（净现值、内部投资收益率等）等。在勘查项目的排序决策中，除这些目标外可能还要涉及单位探明资源储量的勘查成本、当地矿业开发政策与生态环境保护是否冲突等。（2）矿产资源回收效率目标，在矿床工业指标优化决策中所考虑的可利用资源总回收量的决策目标，这种目标常以可能回收的精矿量或金属量来衡量。（3）国土开发效益目标，在国土开发程度低的地区搞矿产勘查必然投资大，从经济效益目标来衡量是不利的，但是与社会文化的发展有密切关系。因此，这个目标也常要成为矿产经济决策中需要考虑的一个社会效益目标。（4）劳动就业效益目标，这个决策目标，不管是在买矿还是自己开矿的矿产经济决策问题上，体现最为突出。矿产开发行业既是资金密集型行业，又是劳动密集型行业，矿山开发尽管投资大，但却可能带来大量就业机会，同时不仅在新矿山增加就业机会，而且为矿山提供设备、材料和服务的其他部门也会增加就业机会。（5）矿产资源开发时环境效益目标，"绿水青山就是金山银山"的发展理念使得矿山在开发时越来越将环境保护作为企业竞争力的一部分作为企业的发展目标，企业在开发矿产资源时，采用更加合理的技术方法，努力扩大矿山资源开发的环境影响正效益，减少环境影响负效益。

目标的多样性决定矿产经济评价的复杂性：（1）所要考虑的决策目标多，越是宏观的矿产经济决策问题，涉及的决策层目标越多。（2）有些决策目标难以定量化。如环境保护、国土开发和科技进步等效益目标都难以定量化。（3）各决策目标的权重难以客观取值。在以上各决策目标中，不可能是同等重要的，要决策就要衡量各决策目标的重要程度，确定合理的权重，但这难以客观取值。（4）各决策变量之间存在着相关性，决策变量是指影响决策目标的各种参数。在品位指标多目标优化决策中，经济效益、单位产品能耗、资源回收量等是决策目标，而边界品位、工业品位、精矿品位、开采回采率、选矿回收率、综合利用率、收率等是影响决策目标的变量。这些变量时常存在着相互联系、互为变量、相互制约的关系，这样就更增加了多目标决策的复杂性。

经过几十年国内外广大地质技术经济专家的不懈努力和探索，矿产资源开发技术经济评价的理论和方法已得到不断完善和提高，并朝着科学化、规范化、系统化方向发展，主要体现在以下几个方面：

（1）计算机技术在矿床技术经济评价中得到广泛应用。电子计算机技术的迅速发展，在地质学领域也得到了广泛应用。矿床技术经济评价是一种地质、技术、经济等多学科指导的系统工程，要经过多个环节，其中包括矿体的圈定、资源/储量的计算、方案的确定、参数的选取、评价指标的计算等，致力于矿产资源开发技术经济评价方面软件的研发，对我国矿床技术经济评价工作评价水平的提高起到了推动作用。

（2）矿产资源开发经济评价成为资源资产评估、核算的重要手段。首先，矿产技术经济评价是确定资源资产评估对象的有力工具。作为资源资产评估和管理对象的应该是经过地勘部门勘查，经矿床技术经济评价确定为技术可行、经济合理并经储量管理部门批准的供矿山建设设计利用并能产生收益的那部分资源/储量。其次，矿床技术经济评价由单纯项目未来经济效益评估分析向经济效益与资源效益综合分析方向转变。矿产资源开发技术经济评价必须充分体现地质可能、技术可行、生态环保、经济合理即资源效益、经济效益、社会效益相统一的评价原则，不能单纯以利润极大化作为评价标准，而是在充分利用矿产资源的前提下优选最佳的经济效益作为评价标准。最后，数理统计、地质统计学等学科已渗透到矿床技术经济评价之中。矿产资源资产评估、核算等一些重大理论和方法正在探索之中，矿产资源开发技术经济评价在资源资产评估、核算中的地位和作用越来越重要。

（3）矿产资源开发的技术经济评价的广度与深度加强。由最开始的单个矿床的技术经济评价发展到如今对区域乃至整个国家矿产资源开发的技术经济评价，理论更加完善，方法更加科学。在引进和学习国外先进理念与方法的同时，更加注重全球矿产资源与科学技术对我国资源的可供性影响。如 2018 年国土资源部公开发布了《固体矿产勘查概略研究规范》征求意见稿，这是我国首个专门针对矿产资源技术经济评价的行业标准，极大地推动了地质行业的技术经济评价工作的进步。

2.2.3 经济效益评估

经济效益一般是指在经济活动中投入与产出的比较，即指在经济活动中获得的效益或者经济成果与投入的资源总量之比，投入资源包括人力资源、财力资源以及物力资源。因此将社会生产过程中总产出和总投入之间的差值作为经济效益，即总产出额大于所有生产要素投入额的差额，生产要素完全投入额包括其直接投入额以及各轮次间接投入额。

效益评估广泛涉及生产生活的各个领域，效益问题是每一领域、每一项目的主要矛盾之一。效益评估是对目标绩效与能耗付出的比较，矿产资源经济效益评估表明了企业或国家在矿业投资回报与政策、经营方向是否正确。经济效益评估的基本程序如图 2-1 所示。

| 确定评估依据和方法 | ⇨ | 收集相关数据 | ⇨ | 依据确定的方法进行评估 | ⇨ | 得出结论及展望 |

图 2-1　经济效益评估流程图

经济效益评估是对项目经济效益的分析，矿产资源经济效益评估主要包括进行静态和动态的分析和评估，通过一系列的财务指标体系进行计算分析，得出结论。

2.2.3.1　常用经济效益评估方法及指标

A　静态评估方法

静态分析法，也称为简单分析法。它没有考虑资金的时间价值，利用项目正常生产年份的财务数据对项目财务效益进行分析，不考虑矿产资源开发的经济寿命期，计算简便、指标直观、容易理解，但与动态评估相比较通常结论不够准确、全面。在资源基地的经济效益评估中，通常运用静态评估的方法。运用静态分析法计算的主要指标有投资利润率、投资利税率、资本金利用率、静态投资回收期、资产负债率、流动比率、速动比率及运用上述指标估算的一些衍生指标等。

针对矿产资源基地经济效益评估，常考虑的指标有资源基地潜在总值、资源基地潜在矿业产值、资源基地潜在矿业净值、典型矿床投资利润总额、典型矿床投资利润率等，其中，潜在总值、潜在产值与潜在净值的关系为：潜在总值是资源基地的资源整体价值高低的体现，其主要体现了该区已查明资源储量是否达到了一定的规模，具有多大的价值，是整个矿集区经济效益评价的基础。潜在矿业产值是结合现行技术条件和矿产资源基地资源情况下，能够从整体潜在总值中获得的那部分价值，是矿产资源基地所在地区行业技术水平、资源条件、开发利用水平高低的体现，例如当资源基地的资源潜在总值一定时，矿产资源基地整体的技术条件越好（如开采回采率、选矿回收率越高，所生产的矿产品规格参数越好），则其矿业产值越高，潜在矿业产值占整体潜在总值的比重也就越大。潜在总值和潜在矿业产值常常反映社会指标、GDP 带动率等宏观指标，常为政府等决策部门更为关心的数据。潜在净值主要反映的是矿产资源基地资源开发可获得静态利润的大小，反映矿集区整体开发的可行性，当矿集区的潜在矿业净值越大，其开发时产生的利润便越大，其可行度相对也就更高，当潜在矿业净值为负数时，这说明在目前情况下矿集区不适合开发。潜在矿业净值往往为投资者更为关心的数据，反映了投资获得利润情况。三个指标是互相联系的，在进行资源基地经济效益评估时应综合考虑三个指标，才能准确反映资源基地资源开发的实际情况。

a 资源基地潜在总值

资源基地潜在总值指矿产资源基地资源开发资源总的价值。资源基地潜在总值是理想情况下（资源全部利用，产品规格最好）矿产资源基地资源开发所能产生的最大价值。潜在总值主要受资源基地资源的多少和资源基地的地质勘查程度的影响。本书潜在价值估算加入了地质可信度系数计算指标，避免了以往在估算矿业潜在价值时估算数值过大，不能准确反映矿集区整体资源价值的弊端。

测算资源基地潜在总值时，除测算区内查明资源储量的潜在价值外，还必须测算其预测资源的潜在价值。因为对矿集区内矿产资源的经济评价，是规划区域经济发展的重要依据，特别是对产业经济的发展规划尤为重要，还应直接指导区域内地质勘查工作的方向和布局，以及矿山建设的长远规划。因此，矿集区内矿产资源的经济效益评价，必须建立在资源总量评估的基础上，对其探明资源储量和预测资源量均进行评估。

b 资源基地潜在矿业产值

资源基地潜在矿业产值指矿产资源基地资源开发时实际产生的价值，它是结合矿集区实际外部建设条件、资源基地资源条件和开发技术条件、主要矿种的市场条件而估算的经济产值。是反映矿产资源基地实际整体经济效益的指标，矿业产值可以作为估算税收、就业等社会效益指标的依据，常受生产技术水平（选矿收率、开采回采率等）、企业生产产品规格等影响。

c 资源基地潜在矿业净值

资源基地潜在矿业净值是扣除资源基地资源开发时的主要生产成本、总投资、税费等成本指标后的产值，是资源基地资源开发的整体静态利润。是反映资源基地资源开发经济可行性指标，常受税收政策、资源开发生产成本、资源品质、产品规格等因素影响。

资源基地潜在产值与潜在价值的比值反映资源基地的技术水平、产品深加工等。资源价值产出比越低说明资源基地的技术工艺、产品规格等提升空间越大。

d 投资利润率

投资利润率是指项目达到设计生产能力后的一个正常生产年份的年利润总额与项目总投资的比率，它是考察项目单位投资盈利能力的静态指标。对于生产期内的各年的利润总额变化幅度较大的项目，通常计算生产期内年平均利润总额与项目总投资的比率。

$$投资利润率 = \frac{年利润总额或年平均利润总额}{项目总投资} \times 100\%$$

在进行技术经济评价中，可将投资利润率与行业平均投资利润率对比，以判别资源基地的单位投资盈利能力是否达到本行业的平均水平。

e 静态投资回收期

投资回收期表示每年的净收入能偿还全部原始投资所需的时间，一般以年为单位，并从项目建设开始时算起，若从项目投产开始时算起的应予以特别注明。投资回收期短，表明投资回收快，抗风险能力强。

$$\sum_{t=1}^{p_t} (CI - CO)_t = 0$$

式中 CI——现金流入；

   CO——现金流出。

式中讨论参数均为静态参数。

f 投资利税率

投资利税率是指项目达到设计生产能力后的一个正常年份的年利税总额或项目生产期内的年平均利税总额与项目总投资的比率。其计算公式为：

$$投资利税率 = \frac{年利税总额或平均利税总额}{项目总投资} \times 100\%$$

在财务评价中，将投资利税率与行业平均投资利税率对比，以判别单位投资对国家积累的贡献水平是否达到本行业的平均水平。

B 动态评估方法

动态分析法又称现值法，它考虑资金时间价值和利息因素的影响，计算整个项目寿命期的财务数据，分析项目寿命期内各年的财务经济效益，并对各年的财务经济数据进行贴现，计算比较复杂，也比较精确。在财务效益评估中，运用动态分析方法计算的主要指标有财务净现值、财务内部收益率、动态投资回收期等。在进行矿产资源技术经济评价时，动态评价方法往往适用于资源基地内勘查程度较高的（详查或以上）的典型矿床的评价，其评价结果可供预可行性研究或可行性研究经济可行性评价参考或引用。

a 净现值

现值法中最常见的是净现值法。净现值（NPV）是指投资方案各年收入的现值总额与支出现值总额之差额。它表示投资项目在整个寿命周期内折算为起点的总纯经济收益，其公式为：

$$NPV = \sum_{t=1}^{n} (CI - CO)_t (1 + i_0)^{-t}$$

式中 CI——现金流入量；

　　CO——现金流出量；

（CI-CO）$_t$——建设项目第 t 年的净现金流量；

　　n——计算期，≤30 年；

　　i_0——基准收益率。

当 NPV 大于零或等于零时项目可行，反之项目不可行。

b　净年值

年值法包括净年值法和费用年值法，净年值（NAV）与净现值类似，是通过资金等值计算，将项目的净现值分摊到寿命期内各年的等额年值，即：

$$NAV = NPV\left(\frac{A}{P}, i_0, n\right) = \sum_{t=1}^{n} (CI - CO)_t (1 + i_0)^{-t}\left(\frac{A}{P}, i_0, n\right)$$

年值法适于比较不同开发生产寿命的矿山之间的比较。

c　现金流量法

贴现现金流量法，即 DCF（Discounted Cash Flow）法，其基本原理是将采矿权所指向的矿产资源开发作为一个现金流量项目系统，从项目系统角度看，凡是项目系统对外流入、流出的货币均为现金流量，同一时段现金流入量与现金流出量的差额为净现金流量（Net Cash Flow），项目系统净现金流量在分配给开发投资者的合理收益之后的剩余现金流量现值之和，即为采矿权评估价值。贴现现金流量法的主要特点是现金流量只计算现金收支即现金流出量（如固定资产投资、经营成本、税金等）和现金流入量（如销售收入），不计算非现金收支（如折旧、摊销等）；只考虑现金，不考虑借款利息；而折旧和摊销，则是系统内部的现金转移，不是系统对外发生的现金流出量。由此可见，现金流量反映了现金在某一些时期进入或拉开这个独立"系统"的实际情况。

贴现现金流量法的基本思想是，实现矿产储量的市场经济价值必须投资开发利用，然而运用投资在未来时间才能实现的经济价值必须考虑资金价值随时间推移的折现。因此，只有通过折现的现金流量所累计获得的净现值才能较合理地表示资源的市场价值。该评估方法是目前较为科学评价矿业权的方法，被广泛应用于矿山可行性研究、建设和生产阶段的矿业权评估。在使用贴现现金流量法进行计算的过程中，常受可采储量、品位、开采回采率、选矿回收率、矿山采选规模、基建投资、生产年限、矿产品价格、生产经营成本、税收和折现等参数的影响。这些因素或参数直接或间接影响到净现值的计算结果。因此，利用贴现现金流量法进行技术经济评价时必须合理考虑各种因素的影响，而针对不同影响因素的影响效果的研究也成了目前进行矿业权评估方法的研究重点。该方法是目前各国在评估采矿权时最常用的方法，其计算公式为：

$$W_p = \sum_{i=1}^{n}\left[(W_{ai} - W_{bi}) \times \frac{1}{(1 + r)^i}\right]$$

式中　　W_p——矿业权评估价值；

　　　　W_{ai}——年剩余利润额，

$$W_{ai} = E_{pi} - S_{ji} - Y_{bi} - Y_{sj} - Y_{qi}$$

　　　　W_{bi}——社会平均收益额，

$$W_{bi} = E_{pi} \times \delta$$

　　　　E_{pi}——年销售收入；

　　　　S_{ji}——年经营成本；

　　　　Y_{bi}——年资源补偿费；

　　　　Y_{sj}——年资源税金；

　　　　Y_{qi}——年其他税金；

　　　　δ——社会销售收入平均利润率；

　　　　r——贴现率；

　　　　i——计算年限（$i = 1, 2, 3, \cdots, n$）。

从上述计算公式可以看出，利用贴现现金流量法对矿业权进行评估时，公式中的三个参数对矿业权价值非常重要，其一是矿山服务年限；其二是贴现率；其三是净现金流量。若使现金流量法在矿业权评估中充分体现评估的科学性，就必须首先利用一些成熟的技术手段来确定矿山预期服务年限、贴现率和净现金流量，这也是研究 DCF 法在实际中的参数选择的重点。

d　动态投资回收期

$$\text{动态投资回收期} = \text{累计现金流量开始出现正值的年份} - 1 + \frac{\text{上年累计净现值的绝对值}}{\text{当年净现值}}$$

当计算所得方案的投资回收期小于等于相应的标准投资回收期时，方案可行。

e　内部收益率

内部收益率（IRR）是指项目寿命周期内一系列收入和支出的现金流量净现值等于零时的折现率。它反映资源开发项目所占用资金的盈利率，是考察资源开发经济评价的主要动态评价指标之一。其表达式为：

$$\sum_{t=1}^{n} (CI - CO)_t (1 + IRR)^{-t} = 0$$

式中　　CI——现金流入量；

　　　　CO——现金流出量；

　　（CI-CO）$_t$——第 t 年的净现金流量。

内部收益率大于或等于基准收益率时项目可行。

C 影子价格

影子价格实际上是运筹学中线性规划理论对偶问题的经济学解释。影子价格表示对某种资源一个单位的估价，它不是资源的市场价格，因为资源的市场价格是个已知数，而且相对稳定，而它的影子价格则有赖于若干资源的利用情况，是个未知数，由于企业生产任务、产品结构等情况发生变化，资源的影子价格也随之改变，影子价格是根据资源在生产中做出的贡献所做的估价。

资源的影子价格实际上是一种机会成本，它表示各种资源在最优产出水平时所具有的社会价值。资源的拥有者在完全市场经济条件下，可以通过比较资源的影子价格与市场价格的大小关系，决定买进或卖出该种资源。当资源的市场价格低于影子价格时，应买进该资源扩大生产；而当某种资源的市场价格高于影子价格时，则应把已有资源卖掉。随着资源的买进卖出，它的影子价格也随之发生变化，一直到影子价格与市场价格保持同等水平，才处于平衡状态，可见影子价格对市场有调节作用。

用影子价格还可给出线性规划问题单纯形法计算中检验数的经济意义，因为有：

$$\delta_j = C_j - Z_j = C_j - C_B B^{-1} P_j = C_j - \sum_{i=1}^{m} a_{ij} Y_{ji}$$

式中，C_j 为第 j 种产品的单位产值；$\sum_{i=1}^{m} a_{ij} Y_{ji}$ 为生产单位该系列产品所消耗的各种资源的影子价格的综合，即单位产品的隐含成本。当产品值大于隐含成本时，表明生产该种产品有利，应在计划中安排生产；当产品产值小于隐含成本时，则无利可图，宜用这些资源去生产别的产品。

影子价格可反映各种资源的稀缺程度，由对偶问题的互补松弛性可知，在生产过程中如果某种资源的拥有量 b_i 未得到充分利用时，该种资源的影子价格为零；而当该资源的影子价格不为零时，表明该种资源在生产中已耗费殆尽。换句话说，影子价格为零，表示资源富余，为长线产品，增加该种资源的投入，将不会带来利润的增加；影子价格大于零，则表示该资源稀缺，为短线产品，有影子价格的资源可增加其供应量，放宽其约束条件，即可取得更大的经济效果。可见影子价格是资源得到最优配置和利用时的价格。

影子价格的确定涉及国民经济各部门相互制约和影响的各因素。即使仅估计该项目的产出与投入对国民经济的影响，也需要实际掌握其与国民经济有关各部门相互联系的各种信息，如社会需求资源的可供应量，社会匹配效益等变量因素，这在目前的市场经济条件下很难做到。因此，在实际工作中对影子价格的确定需采用相应的计算和调整方法。

（1）市场均衡法：根据西方经济学的观点，如果经济社会处于一种无行政或人为干扰的理想的、纯粹的自由竞争状态，按照平均利润率的作用规律，资源也会趋向合理分配。此时，在理论上资源的影子价格近似等于其市场均衡价格。虽然完善的市场经济条件实际并不存在，但一般认为，只要排除少数国家的限制和人为干扰，市场经济不发达的国家可以用国际市场价格为基础进行调整、校正或近似地替代影子价格。

（2）机会成本分析法：某种资源的机会成本是指用于项目的该种资源若用于其他更好的替代机会所能获得的效益。当项目占用一定量的某种资源时，国民经济被迫放弃把该部门资源用于其他最好的替代用途的机会，从而被迫放弃了可由此替代用途产生的效益，也即国民经济为该项目占用部分资源而付出的代价。因此，机会成本代表项目占用该部分资源的影子费用（影子价格×占用量），反映着影子价格大小，机会成本分析法常用于土地的影子费用和劳动力的影子价格（影子工资）。

（3）消费者支付意愿法：主要用于确定非外贸货物的影子价格。若项目产出物有效增加了国内市场供应量，但供应量不足以大到引起国内市场价格下降，则消费者支付意愿的度量尺度就是市场价格本身，产出物的影子价格等于市场价格；若其供应量大到引起国内市场价格下降，则消费者支付意愿等于消费者实际支付加上消费者剩余；在项目产出物替代国内原生产企业的部分或全部生产时，其影子效益为原生产企业减产或停产向社会释放资源的价值，等于这部分资源消费者支付意愿。同理，在项目投入物来自挤占原用户供应量时，在项目投入物来自国内生产量增加时，其影子费用等于增加生产所消耗资源的价值，等于对这些资源消费者支付意愿。

（4）成本分解法：用成本分解法求非外贸货物的影子价格时，原则上应是对边际成本进行分解，但自实践中由于数据来源的困难，而用平均成本进行分解计算。对于必须用新增投资来增加所需投入物供应的，应按其全部成本（包括可变成本和固定成本）进行分解；对于能以发挥原有企业生产能力来满足供应的，则按其可变成本进行分解。

以矿产资源为例，我国矿产资源开发长期采用经验类比评价方法来确定矿床的相对价值、勘查计划和矿业发展计划，而矿床的货币价值评估权在矿山基建时由矿山设计人员完成，这种方法一是片面注重资源/储量增长，与市场需求严重脱节，形成许多呆矿，不能产生利润，造成极大浪费；二是行政干预过多，矿业建设决策盲目，生产计划不科学。为此，国家为了提高勘查和矿山建设的经济效益，要求在矿业开发过程中进行矿产资源评价。矿产资源评价按考虑角度可分为财务评价和国民经济评价。财务评价是根据国家现行财税制度和现行价格，分析测算矿产开发的效益和效用，考察其获利能力、借款清偿能力等财务状况，以判别其在财务上的可行性；而国民经济评价是从国家宏观、整体的角度考察矿床开发的效益的费用，用影子价格、影子工资、影子汇率和社会贴现等经济参数计算分析矿床开发给国民经济带来的净效益，评价其经济上的合理性。无论是财务评价还是国民经济评价，其效益、费用均是以货币来衡量的，更多的是通过投入物和产生物的价格来计量、计算反映的。国民经济评价则按照评价目标的含义使用的价格，应该是该项产出物或投入的经济价格，即符合其实际经济价值的价格——影子价格。影子价格是单位产出物或投入物为社会所做的贡献或社会为其所付出的代价，是为了正确估算矿山建设项目的投入、产出物的效益和费用时所使用的价格，并不是这些投入产出物的现行价格或市场价格，而是这些货物真实价格的量度。在我国现阶段市场经济仍不完善和不充分，一些商品的价格不能反映其真正的社会价值和经济价值，从而会导致项目财务效益的虚假性。所以必须在项目的国民经济评价中采用影子价格对财务价格进行修正，以真实地反映出消耗社会资源的价值量。

2.2.3.2　经济效益评估综合方法

综合评价是在企业经济评价和国民经济评价的基础上，从技术、经济、政治、社会、国防、资源等各个方面对评价对象进行全面系统的综合分析和论证，从而做出最后决策。本次列举了几种常用的矿产资源基地资源技术经济评价综合评价方法，为矿产资源基地技术经济评价提供理论研究基础和参考。

A　费用-效益分析法

费用-效益分析法是指基于折现的效益和费用的量值大小来评价项目的资源配置效率性的一种方法。经济学研究的目的是追求高效率的资源配置，经济学研究的基本问题是资源配置，即在资源稀缺的条件下，研究如何解决生产、生产什么、生产多少、为谁生产的问题。费用-效益分析法就是研究资源在不同公共项目上的配置效率问题的方法。

作为一种经济决策方法，费用-效益分析法主要是运用经济学、系统科学、数学知识，按照一定的程序和准则，分析和判断决策将会给社会带来的影响，以期为决策者提供科学的决策依据。具体地讲，在运用费用-效益分析法进行方案或项目决策过程中，根据政府确定的行动目标，提出实现各项目标的各种方案，分析比较各种方案的全部预期效益和费用，选择最优的方案。如果是在若干中确定一个或数个行动目标，费用-效益分析法就是几种方案取舍的经济决策方法。运用费用-效益分析法进行公共项目的选优简易步骤见表 2-24。

表 2-24　费用-效益分析法实施步骤

步骤	主　要　工　作
拟定备选项目和备选方案	根据国民经济和社会发展规划确定的目标，提出着眼于实现目标的备选项目，并组织有关方面的专家就每一个备选项目制定完成项目的备选方案。只有效益可用货币来计量的公共项目才能进行费用-效益分析
费用与效益的识别	费用-效益分析中所要分析的效益与费用包括实际的效益与费用和货币效益与费用两大类别。实际的效益与费用包括两个方面：（1）因项目而实际消耗的人力、物力、财力，以及对社会经济和人们生活造成的实际损失；（2）因项目而产生的更多的社会财富，以及社会经济的发展与人民生活水平的提高。货币的效益与费用也称金融的（虚假的）效益与费用，是指因项目而使某些商品或劳务的相对价格变化或供求变化，因此产生的效益和费用在国民经济内部的重新分配和转移，但整个社会总的效益和费用并未发生增减变化。因此，他们不能作为效益与费用，否则会导致重复计算，在经济分析中还应剔除转移支付。因为转移支付反映的只是控制权的转移，由一个部门或社会成员控制的资源转移到另一个部门或社会成员手中，但从整个社会角度看，花费在项目上的费用既不增加也不减少
费用与效益计量	在识别项目的费用和效益后，就可以核算费用与效益，这样才能在对比分析基础上进行项目或方案的优选工作。在完全竞争的市场条件下，市场供求均衡决定了市场价格，因此市场价格能够反映公共项目的边际费用和效益。此时，市场的投资准则和社会的效率准则是一致的，可以直接利用市场价格进行项目评价。但公共项目一般都具有公共物品和效果大、非边际等特点，完全竞争的市场价格足以表达项目的边际效益和费用，所以在衡量项目的效益和费用时，要考虑支付意愿和消费者剩余的变化
费用与效益的折现	许多项目的建设期和试用期都比较长，因此，相应的费用与效益就是在建设期和使用期内每年发生的费用或效益所形成的"费用流"与"效益流"，考虑到货币的时间价值因素，在计算公共项目的费用与效益时只能将每年的费用与效益简单加总，按一定的折现率，将未来发生的费用与效益折算成现时价值，这样才能对不同项目或方案的费用与效益进行分析比较

B　模糊层次综合评价法

模糊层次综合评价法（Fuzzy Comprehensive Evaluation，FCE 法），是一种基于模糊数学的综合评价方法。它由各种模糊因素构成评价体系，然后对评价对象按照模糊评价的方法加以评估，并最终对评价对象做出总体和综合的评估结果。其步骤如下。

（1）定义：$U = (u_1, u_2, \cdots, u_m)$；$V = (v_1, v_2, \cdots, v_5)$，将 U 称为指标集，将 V 称为评语集。

（2）设 R 为 m 个指标构成的评价矩阵，$\mathbf{R} = (r_{ij})_{m \times n}$，其中 $R_i = (r_{i1}, r_{i2}, \cdots, r_{im})$ 为相对于指标 U_i 的单因素模糊评价，它同时也是评语集 V 的一个模糊子集，其中 r_{ij} 是第 i 个指标对每个评语的隶属度。

$$R = \begin{Bmatrix} r_1 \\ r_2 \\ \vdots \\ r_m \end{Bmatrix} = \begin{Bmatrix} r_{11} & r_{12} & \cdots & r_{1n} \\ r_{21} & r_{22} & \cdots & r_{2n} \\ & \vdots & & \\ r_{m1} & r_{m2} & \cdots & r_{mn} \end{Bmatrix}$$

（3）选择适当的方法确定权重向量：

$$W = [w_1, w_2, \cdots, w_n]$$

它反映各项指标的相对重要程度，其中 a_i 称为指标 U_i 的权值，且必须有：

$$\sum a_i = 1 \quad a_i \geq 0 \quad （其中 i = 2、\cdots、m）$$

（4）再选择适当的合成算子得到综合评价：

$$B = W * R$$

这里 $*$ 表示模糊合成算子，广义上模糊合成算子有无穷多种，主要可以分为：会丢失信息的算子和不会丢失信息的算子，线性算子和非线性算子，还有组合算子等。常用的合成算法有两种：一种是加权平均法，一种是主因素突出法，大多评价者都是选择保留全部数据信息的线性算子（·，+），·表示普通乘法，+就是普通加法。

（5）评价结果处理，得出评价结论和决策方案。

模糊综合评价的模块设计流程如图 2-2 所示。

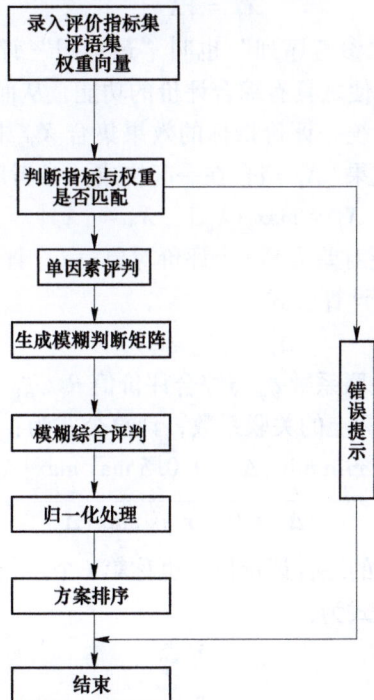

图 2-2　FCE 法的模块设计流程图

C 灰色关联综合评价方法

用于矿产资源经济综合评价的方法很多，如模糊数学分析法，但这些方法都存在一个权重的确定问题，权重是人为的，带有一定的主观性。采用灰色关联综合评价方法，避免了权重的确定问题，从而使评价结果更加客观化。灰色关联分析是灰色系统理论的一个重要内容，它通过参考序列与比较序列各点之间的距离分析来确定各序列之间的差异性和相近性，从而找出各因子之间的影响关系及影响系统行为的主要因子。

灰色关联综合评价方法是一种全新的系统分析方法，其具体步骤如下：

（1）第1步，评价数值标准化。由于评价数据是由不同量纲不同数量级组成，故要求进行标准化处理。其方法如下：

$$X_{ij'} = \frac{X_{ij}}{\sum\limits_{i=1}^{m} X_{ij}} \quad (i = 1,\ 2,\ 3,\ \cdots,\ m;\ j = 1,\ 2,\ 3,\ \cdots,\ n)$$

式中，X_{ij} 为第 i 个评价对象对第 j 个指标的效果；$X_{ij'}$ 为初值化处理后第 i 个评价对象对第 j 个评价指标的效果。

（2）第2步，构造评价对象序列。每一个评价对象所有指标的集合 $X_{i'}$ 为评价对象序列，构成方法为：

$$X_{i'} = \{X_{ij'}\}$$

（3）第3步，寻找"参考序列"也叫"最理想"评价对象序列。这是灰色关联度分析的一种改进，使之具有综合评价的功能，从而确定评价效果。具体做法是从每个评价对象属于统一评价指标的效果集合 $X_{ij'}$ 中找出"最有效果"$X_{i''}$。每一评价指标的"最有效果"$X_{i''}$ 组合在一起构成"参考序列"X_0。计算公式为：

$$X_{i'} = \max_i \{X_{ij'}\}\ ,\ X_0 = \{X_{i'}\}$$

（4）第4步，计算绝对差为第 i 个评价对象第 j 个评价指标与参考序列中第 j 个指标的差的绝对值。其计算公式为：

$$\Delta_{ij} = |X_{ij'} - X_{0j'}|$$

（5）第5步，计算关联系数 ζ_{ij} 与综合评价值 R_i。ζ_{ij} 为第 i 个评价对象序列的参考序列在第 j 个评价指标上的关联系数，计算公式为：

$$\zeta_{ij} = \frac{\min\limits_i \min\limits_j \{\Delta_{ij}\} + 0.5 \max\limits_i \max\limits_j \{\Delta_{ij}\}}{\Delta_{ij} + 0.5 \max\limits_i \max\limits_j \{\Delta_{ij}\}}$$

R_i 为第 i 个评价对象的综合评价值，也称第 i 个评价对象与最理想评价对象的关联程度值，其计算公式为：

$$R_i = \frac{1}{m} \sum_{j=1}^{m} \zeta_{ij}$$

根据 R_i 值的大小，确定优劣顺序。

2.2.4 社会效益评估

社会评价研究，其源头可以追溯到文化（社会）人类学的起源与传统。文化人类学最初为了解殖民地人民的生产生活与风俗习惯，开始了殖民地文化的研究，并逐渐演变为对异国文化的研究，进而关注和研究本文化。社会评价研究在某种程度上承袭了社会人类学的基本做法。世界银行在项目中开展的社会评价（Social Assessment）实践具有一定的代表性，世界银行在项目中进行社会学研究的时间并不长。1974年，社会学家和人类学家在世界银行仅处于实验性部门的初级职员位置，他们在世界银行从事处于边缘地位的有关社会学工作。20世纪80年代中期，出台了有关非志愿移民方面的导则OD4.30 Involuntary Resettlement之后，在涉及土著居民（少数民族）方面又出台了OD4.20 Indigenous Peoples。到20世纪90年代后期，世界银行贷款项目的社会学研究得到了进一步的重视。从1998年起，世界银行视社会评价与技术分析、财务评价、环境评价等具有同等重要的、在项目准备阶段必做的内容，从此社会学研究被制度化。

国内与项目相关的社会学研究主要有三方面：第一，费孝通在有关西部的研究中已涉及了这方面的问题，如关于三线企业与当地经济发展问题、资源开发与地方发展问题等；第二，国内重大工程项目近几年开始了社会学研究，如三峡项目和前期准备中的南水北调项目都有一些社会学家在参与；第三，国内学者从事世界银行贷款项目、亚洲开发银行贷款项目中的社会学研究或社会评价研究。由于社会评价是与项目结合起来进行的，所以对大部分社会学工作者来说还比较陌生。在项目实践中真正从社会学学科视角去分析、阐述的并不多见。

社会效益评估是以国家各项社会政策为基础，对项目实现国家和地方发展目标所做贡献和产生的影响及其与社会相互适应性所做的系统分析评估。通常，社会发展目标应包括经济、政治、文化、艺术、教育、卫生、安全、国防、环境等各个社会生活领域的目标。而投资的矿山项目要实现的社会发展目标主要是指经济增长速度、收入公平分配、自力更生能力、劳动就业程度、基础设施建设、科技进步及其他社会变革等，其中最主要、最根本的还是经济增长和收入公平分配的目标。矿产资源开发项目社会评价包括矿产资源开发社会效益与影响评价和矿产资源开发项目与社会相互适应性分析。目前，针对矿产资源基地开发的社会效益评估还处在探索阶段，对评估的指标、体系及评估的方法与模型还未形成一个具体范式，矿产资源开发项目社会评价的宏观性、定量化和货币化难度大等特点，需要坚持科学性与实用性相结合、定性指标与定量指标相结合、系统性与层次性相统一、通用指标与专业指标相结合的原则，建立矿产资源开发项目社会评价指标体系。矿产资源开发社会效益是指利用资源所带来的除包含经济效益之外的价值量，即对人们生活质量提高、物质、文化、生态方面做出的贡献大小。因此，矿产资源基地开发社会效益主要是指矿产资源开发以后为基地所在区域带来的物质生活条件、经济社会发展、生态环境改善及资源安全保障等方面的变化量。矿产资源开发过程中社会效益评价的通常指标有带动就业、促进区域经济发展、资源对国家资源供给的保障、财税、扶贫减贫、促进社会稳定及改善基础设施建设等。社会效益评价是社会学理论与方法在项目实践中的具体应用。

2.2.4.1 社会效益评价的主要功能

矿产资源社会效益评价要求把矿产资源未来开发时的情景放到社会系统中去分析和考虑，既要考虑矿山自身的效益，也要考虑矿产资源开发对所在地区的社会经济发展的影响。概括起来社会评价有以下几方面的功能。

A 给出项目是否能成立的基本判断

项目可行性研究的一般思路是：先要考虑技术方面的可行性，其次考虑经济上是否合理，然后再考虑其他方面的因素。但针对矿山项目，尤其是矿产资源基地评价，技术可行、经济合理的项目，在社会影响方面可能存在隐患。如某地区的一个大型矿业项目，由于在可行性研究时没有考虑当地居民排斥问题，在建设时出现了当地居民和项目建设方冲突，最后不得不停建，损失惨重。社会效益评价在某些方面实际上反映了社会风险因素。如果不能成立，矿业投资者可尽早退出项目，避免风险；如果项目可以成立，则将提供相关的建议，使项目得以完善。

B 实现矿业开发与社会发展目标一致，防止单纯地追求经济效益

通过社会效益评价，实现项目的社会发展目标。如西北某矿业项目建成后带动了当地及周边的发展，并依托该矿山项目发展起来了一座矿业城市，为国家和地方带来了巨大税收。如果在项目实施前能够正常地开展社会评价研究，对预期的社会效益进行一个预评估，能够很好地反映该项目的社会推动作用。实践证明，矿业开发与社会发展协调配合，是促进经济发展目标和社会目标实现的前提，是建设和谐社会的基本要求。通过社会效益评价，也可以鼓励那些具有重大社会效益而经济效益不是特别突出的矿业项目进行开发，例如某些稀缺矿产的开发，虽然经济效益不是特别突出，但由于其对国家的战略作用特殊，具有一定的社会效益，因此，这类矿业开发项目也可进行相应开发。

C 提高资源开发的回报率

社会效益评价能够提前了解哪些社会效益指标更突出，哪些指标相对差一些，有助于协调各方面的利益关系，消除潜在隐患，降低项目风险，因而使项目产生稳定的、良好的经济效益。世界银行的一项统计表明，对项目进行社会学研究大大提高了项目的经济回报率。它对已完成的 57 个项目进行了统计：30 个项目进行过某种形式的社会分析，平均获得 18.5% 的经济回报率，27 个项目没有或几乎没有社会分析，经济回报率低于 9%。

D 增强矿山企业的社会责任

国内从事矿产资源开发的管理工作者、矿业勘查人员及决策者大部分有工程的背景，少量有经济学的背景，一般看重可计算的"硬"实力，涉及社会方面的难以量化的软内容容易被忽视。社会效益评价有助于推动管理者和矿山企业更加注重社会影响，既看重矿产资源开发时带来的经济效益，又兼顾矿业开发对经济社会发展的影响。进行社会效益评价后，企业也能够更好地担负起企业的社会责任，在矿业开发时努力达到社会效益"目标"，推动矿产资源基地和谐发展。

E 保证资源开发与国家发展的一致性

通过开展社会效益评估，对矿产资源开发过程中产生的就业、城镇化水平、对当地经济发展的带动效益、资源储量效益等指标的分析，判断矿产资源基地资源的开发是否与国家的发展政策一致、资源基地的矿产资源能否对国家提供更好的保障，从而更好地为经济社会发展服务。

2.2.4.2 常用指标

社会效益评价通常涉及社会经济、社会发展、自然与生态环境、国家能源资源安全等方面内容。在进行社会效益各项指标评价时，常运用定量与定性相结合的方式，能够定量评价的尽量定量评价，无法定量评价的定性评价。在进行评价时，常可综合运用专家意见法、主要成分分析法、多指标综合评价、满意度评价法及层次分析法等对各个指标进行综合评价。社会效益评价指标体系见表2-25。

表 2-25 社会效益评价指标体系

一级指标	二级指标	指标量化	评价内容
社会经济	城镇化水平	城镇化率	矿山开发引致的城镇人口变化
	就业状况	就业规模	矿山开发容纳人数
		就业弹性系数	就业增长率/GDP 增长率
	工业化	经济带动效应	根据投入产出理论，估算投资乘数效应
	扶贫减贫效果	减贫效应	矿山开发带来的人均收入增长率；可支配收入的增长
	财税		国家及地方的税收收入
社会发展	基础设施	五通一平变化率	评估矿产资源开发带来的通路、通水、通电、通信、通电的数量以及场地平整的面积
	社会保障	教育及医疗等	对当地教育、医疗、养老等的带动
自然与生态环境	生态环境改善作用	生态修复面积	矿山开发对周边的绿化、环境改善的程度
国家能源资源安全	资源供给	矿产资源基地资源储备与国家资源储备的比较	评价资源开发对国家矿产资源保障程度

A 就业

矿集区矿产资源开发利用后带来的最直观的社会效益就是就业人数的增长。就业效果的评估方法目前一共有三种，包括直接就业效果、间接就业效果、就业弹性系数。其中直接就业效果是用矿产资源开发利用项目提供的直接就业人数除以项目总投资；间接就业效果运用的是项目相关项目和关联产业的新增人数除以项目相关项目和关联产业的投资；就业弹性系数根据劳动力就业的增长率除以经济增长率，首先预测矿产资源开发可能带来的经济增长率，再预测就业增长速度和增长量。

结合矿集区资源未来开发实际情况，矿集区资源开发就业估算时存在多影响因素（规模化生产、矿山自动化、大小型矿山劳动生产率不同等）和不确定性（资源储量不确定性、矿山矿石采选难度不确定性等），导致其估算存在一定的复杂性，结合矿业开发的特点，可以运用矿区的矿石总量/每人每年的矿石产出量/开采年限进行预测评估直接就业人数。

在估算就业弹性系数时，可参照约翰·布仑登等人员估计，金属矿产在矿山建设阶段关于就业和收入方面的乘数系数在 1.3~1.4 之间，矿山生产阶段关于就业和收入方面的乘数系数在 1.6~1.7 之间，进行估算。

B 城镇化

一般而言，城镇化水平是利用城镇化率来表示，即计算城镇人口占常住总人口的比重予以呈现。但是，城镇化水平衡量的是一个国家或者一个地区的经济社会发展水平，根据对于单个矿床或者单一的矿产资源基地而言，统计数据存在一定的难度，将矿床或矿产资源基地所在区域的农村人口、城镇人口、常住人口进行简单计算从理论上讲也无法有效衡量工作区在开发利用之后带来的城镇化水平。此外，根据城镇化水平与经济增长之间的关系（城镇人口每提高一个百分点，GDP 增长 1.5 个百分点；城镇化率每递增 1%，经济就增长 1.2%），目前只能根据城镇化率的变化推导经济增长状况，因此该评估方法尚不可行。鉴于此，本研究结合相关理论与实践内容，认为可以在定性描述基础上采用矿产资源开发利用带来的新增就业人数占总人口的比重反映城镇化率。

C 减贫扶贫

由于矿产资源开发能带来新的就业岗位，以及新增城镇化率，对于资源所在基地的扶贫减贫工作无疑具有较好的带动作用。因此，在对矿集区矿产资源开发利用社会效益评估中，将扶贫减贫的社会效益纳入评估指标体系中。但是矿产资源开发利用对于扶贫效果的影响是间接的，是通过就业和经济发展所带来的正效益实现的。因此，在对矿产资源基地扶贫效果进行评价的时候，可参照新增就业人数、农业总人口（农牧区劳动力转移就业人数）、当地矿业收入水平等要素进行评价。

D　五通一平

矿产资源基地对矿产资源开发利用带来的通路、通电、通水、通信、通邮及土地平整方面的社会效益评估，主要是依托矿产资源基地所处地区这五大基础设施条件的有无和可能优化的矿区进行预测评估。根据当地的实际情况，对其五大基础设施条件状况进行整理总结，得到定性的描述。再根据基础设施条件的有无和基本状况，对各工作区"五通一平"基础设施条件逐一进行综合等级量化评估，根据等级分类划分，得出一个预测评估值。

E　资源安全保障

矿产资源是能源、制造、通信和建筑工业等行业的基础，也是现代农业的基础，但由于矿产资源的非再生性，使人类一直担忧这些资源的消耗和枯竭，尤其是能源资源、重要固体矿产资源、贵金属、稀有矿产等。许多国家从国家的层面上，提出和确定了一些"战略矿产"和"急缺矿产"，这些关键性矿产资源如果供应中断，会导致国防体系和经济体系变得很脆弱。因此，矿产资源开发对国家资源保障和安全的影响作用应当被充分考虑。在进行资源基地的资源保障分析时应重点考虑资源基地的可采资源储量占全国的资源储量比例及其开发对当地和全国经济发展的重要意义。

F　财税

矿产资源归国家所有，按照法律的规定在进行矿产资源开发时，需要缴纳一定数量的税费作为国家或地方的财政收入。在进行矿业财税评价时，常结合不同矿种的税率，结合矿业产值和利润计算各项资源税、增值税、所得税等。

2.2.4.3　社会效益评价常用方法

由于社会效益评价往往掺杂了定性评估和定量评估，因此在实际操作中将这两种评价糅合到一起存在较大难度，需要运用一定的综合方法将各个社会效益指标进行综合评定，本次研究总结了常见的评价方法。

A　专家意见法

专家意见法，又称德尔菲法，这一方法起源于德尔菲古都的希腊先哲，而现代专家意见法则是国防研究的衍生品。1964年，美国兰德公司的赫尔默（Helmer）和戈登（Gordor）发表了"长远预测"研究报告，首次将专家意见法运用于技术预测中，随后迅速推广到其他国家。专家意见法可以用于广泛的研究领域，如军事预测、人口预测、医疗保健预测、经营和需求预测、教育预测等。此外，还可用来进行评价、决策和规划工作，并且在长远规划者和决策者心目中采用。

专家意见法是为避免集体讨论存在的屈从于权威或盲目服从多数的缺陷而

提出的一种定性预测的情报分析方法。其基本方法是由一个专家组就议题的未来状态给出一套假设，然后这些假设结论被传递给所有参与讨论的人员，参与人员提供个人观点意见，将这些意见综合起来，用于修正初始假设，修改后的假设结论再次被传递给参与人员，这个过程反复循环，直到所有参与人员针对议题假设达成最终的一致意见。专家意见法通过"专家意见形成—统计反馈—意见调整"的多次与专家交互的良性循环过程，促使分散的意见逐次收敛在协调一致的结果上，充分发挥了专家信息反馈和信息控制的作用。专家意见法主要用于绩效评价指标权重的确定，为了消除专家之间的相互影响，参加的专家可以互不了解，采取匿名方式反复多次征询意见和进行"背靠背"式的交流，以充分发挥专家们的智慧、知识和经验，最后汇总得出一个能反映大多数人意志的预测结果。

专家意见法的基本流程如图 2-3 所示。

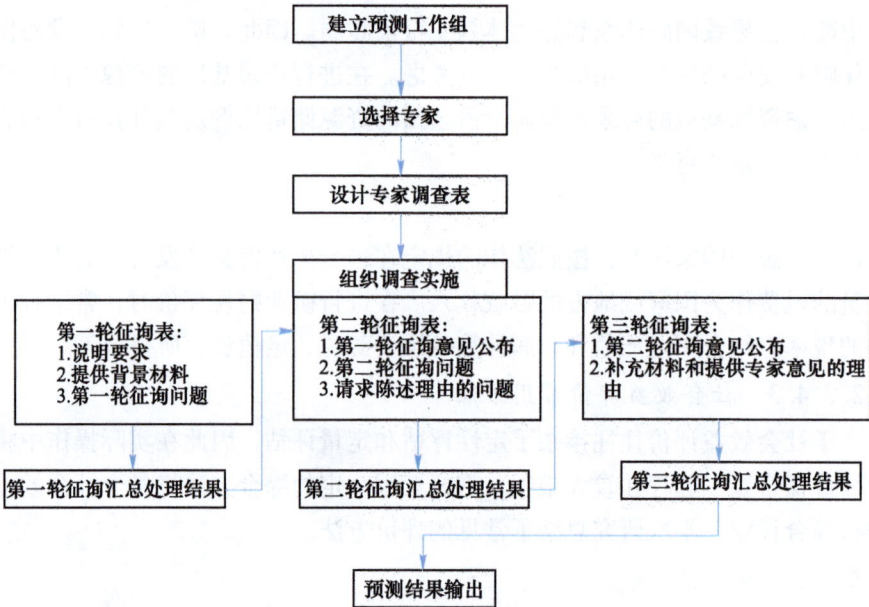

图 2-3　德尔菲法流程图

运用专家意见法确定指标体系权重的主要流程是：根据指标对考评结果的影响程度，采取专家调查问卷等方式，由相关专家结合自身经验和分析判断来确定指标的权重，将问卷回收并进行统计运算，然后将运算结果再次征求专家意见，最后确定出每个指标的权重。专家意见法的主要步骤可以用轮次来说明，在每一轮中，组织者与专家都有各自不同的任务。专家意见法的具体实施步骤见表 2-26。

表 2-26 专家意见法实施步骤

轮次	主 要 工 作
第一轮	组成专家小组。按照所需要的知识范围，人数的多少，可根据预测课题的大小和涉及面的宽窄而定，专家一般不超过 20 人
第二轮	由组织者向专家发放开放式调查表，向所有专家提出所要预测的问题及有关要求，并附上有关这个问题的所有背景材料，同时请专家提出还需要什么材料，由专家做出书面答复。各位专家根据他们所收到的材料，提出自己的意见，并说明自己是怎样利用这些材料并提出预测值的
第三轮	组织者要对专家填好的上一轮发放的调查表进行汇总整理，进行对比，并作为第二次调查表发给专家，让专家比较自己同他人的不同意见，修改自己的意见和判断
第四轮	将所有专家的修改意见收集起来，汇总整理，再次分发给各位专家，以便做第二次修改。专家对第二次调查表所列的每个时间做出评价
第五轮	组织者收到上一轮反馈的专家意见后，对专家意见做出统计处理分析（收集意见和信息反馈可反复进行，直至达到理想的或必要的稳定的结果）。收集意见和信息反馈一般要经过三四轮，但可能有的事件在第二轮就达成一致。在向专家进行反馈的时候，只给出各种意见，说明发表各种意见的专家的具体姓名。这一过程重复进行，直到每一个专家不再改变自己的意见为止
第六轮	最后，对专家的意见进行综合处理。需要注意的是，专家意见法中的调查表与通常的调查问卷有所不同。通常的调查问卷只向被调查者提出问题，要求回答，而专家意见法的调查表不仅提出问题，还兼有向被调查者提供信息的责任，它是专家们交流思想的工具

由于矿产资源开发项目所具有的复杂性，虽然部分评价指标能够用定量的方式加以判定，但一些真正能够反映社会效益的属性无法以量化的形式出现。因此，对矿产资源开发的经济社会效益评价，定性描述是不可缺少的，必须通过专家打分法，定量与定性相结合加以评价。

B 主成分分析法与多指标综合评价

a 主成分分析

假设有 p 个指标，即 p 个随机变量，记为 X_1，X_2，$\cdots$，X_p。主要成分分析就是要把这 p 个指标的问题，转变为讨论 p 个指标的线性组合的问题，而这些新的指标 F_1，F_2，$\cdots$，$F_k(k \leq p)$，按照保留主要信息量的原则充分反映原指标的信息，并且相互独立。这种由讨论多个指标降为少数几个综合指标的过程在数学上就叫作降维。主要成分分析通常的做法是，寻求原指标的线性组合 F_i。其中 X_i 是经过标准化后的变量，即

$$F_i = u_{1i}X_1 + u_{2i}X_2 + \cdots + u_{pi}X_p \quad (i = 1, 2, \cdots, p)$$

新生产的 F_1，F_2，$\cdots$，F_p 满足如下条件：

(1) 每个主成分的系数平方和为 1，即

$$u_{1i}^2 + u_{2i}^2 + \cdots + u_{pi}^2 = 1$$

（2）主成分之间相互独立，无重叠的信息。即

$$\mathrm{Cov}(F_i,\ F_j) = 0 \quad (i \neq j,\ ij = 1,\ 2,\ \cdots,\ p)$$

（3）主成分的方差依此递减，重要性依此递减，即

$$\mathrm{Var}(F_1) \geqslant \mathrm{Var}(F_2) \geqslant \cdots \geqslant \mathrm{Var}(F_p)$$

b　多指标综合评价

通过主成分分析，选择 m 个主成分 y_1，y_2，$\cdots$，y_m 以每个主成分 y_i 的方差贡献率 α_i 作为权数，构造综合评价函数：

$$Z = \alpha_1 y_1 + \alpha_2 y_2 + \cdots + \alpha_m y_m$$

其中，y_i 为第 i 主成分的得分，把 m 个主成分得分带入 Z 函数后，即可得到每个样本的综合评价函数得分，以得分的大小排序。

C　满意度评价法

满意度评价法是它以系统动力学为基本原理，通过对系统功能和结构的模拟，建立起系统动力学结构模型。然后，利用各因素之间的关联关系、系统内部的反馈机制和动态性，对系统进行模拟，从而对系统进行预测和评价。权重分配采用群体构权，指标量化采用应用统计数据，指标合成则利用计算机动态模拟。利用令人满意原则来确定最佳方案，可以考虑计算满意方案的评价值，然后由评价值的大小来确定最佳方案。其优点在于可以动态地、合理地反映系统的功能和结构，评价结果比较准确，信息丰富；通过参数和外生变量的设置，可以得到不同状况下的评价结果。

满意综合评价模型：设待评价的方案有 n 个，记为 $X^{(1)}$，$X^{(2)}$，$\cdots$，$X^{(n)}$，评价指标有 m 个，记为 Q_1，Q_2，$\cdots$，Q_m。对于某一个方案 X^j，可得其评价指标值向量为 $q^{(j)} = \left[q_1^{(j)},\ q_2^{(j)},\ \cdots,\ q_m^{(j)} \right]$，其中 $q_k^{(j)}$ 是待选方案 X^j 在评价指标 Q_k 下的取值。对于评价指标 Q_k，对应于在一定的满意标准 C_k 下有满意度 $S_k(q_k)$（$k = 1$，2，$\cdots$，m）。用来衡量决策者对备选方案 m 个指标的满意标准 C_k 可以是模糊的，也可以是精确的，通常由决策者根据对具体指标的侧重点不同加以确定。对于评价指标 Q_k（$k = 1$，2，$\cdots$，m），可分别给出其满意度函数 $g_k: R \rightarrow [0,\ 1]$，记：

$$s_k = h_k(q_k) \quad (k = 1,\ 2,\ \cdots,\ m)$$

s_k 反映出决策者对评价指标 Q_k 所反映的待选方案的该项属性指标的满意程度，实际上是以函数值的形式反映出决策者对该项评价指标 Q_k 的要求。

记 $s = [s_1,\ s_2,\ \cdots,\ s_m]$ 为满意度函数向量，显然，$s \in [0,\ 1]^m$。对于某一个方案 $X^{(j)}$，设其指标满意度向量为 $s^{(j)} = \left[s_1^{(j)},\ s_2^{(j)},\ \cdots,\ s_m^{(j)} \right]$。显然对于每个方案的指标满意度是为多维向量，设对每个方案最后求得综合满意度值为

$sw^{(j)}(j=1, 2, \cdots, n)$，求 $\max sw^{(j)}(j=1, 2, \cdots, n)$ 来确定最佳方案。

2.2.5 环境影响及承载力评价

国外早期环境问题的定量估算始于对环境价值的评估，1925 年比利时学者 Drumarx 首次以野生生物游憩的费用支出来计算野生生物的经济价值。1941 年美国学者 Gsfdon 首次以费用支出法核算森林和野生生物的经济价值。"水资源委员会（Committee on Water Resources）" 1951 年发表的报告《流域经济分析的实践建议（Proposed Practices for Economic Analysis of River Basin Projects）》系统讨论了生态系统服务的经济价值。

20 世纪 70 年代，由于人类活动对自然资源消耗速度的加快和生态破坏、环境污染的加重，人们对环境成本的外部性认识越来越深刻，试图建立一套合理的核算指标和方法，客观合理地核算经济活动的环境成本和反映其对环境影响的大小，以避免国民经济核算失真。为此，发达国家展开了环境污染经济损失的研究，即环境评价影响的前身。

资源开发利用的环境影响评价是近年来理论与实践研究持续关注的焦点，其研究内容以资源开发带来的经济效益为主，以环境影响为辅进行具体分析。但是，随着资源开发带来的人口激增、区域发展不平衡、资源过度消耗等问题日益凸显，资源开发利用的社会效益也日益成为人们评价的焦点。近年来，经济的高速发展极大提高了社会生产力，物质财富得到了前所未有的发展。习近平同志在党的十九大报告中指出："中国特色社会主义进入新时代，我国社会主要矛盾已经转化为人民日益增长的美好生活需要和不平衡不充分的发展之间的矛盾。"该论断充分说明，随着经济基础的不断夯实，文明发展进程日益推进，人们对生存环境、生活质量的要求越来越高，这样的需求促使环境影响评价由经济效益研究为主，转向经济效益、社会效益、环境效益三者协同发展。与此同时，生态环境部、自然资源部的成立也充分揭示了我国对资源环境综合治理与管理的坚定决心。

国家战略规划及大政方针的政策导向、需求与关注视角的转化、绿色可持续发展理念的不断深化、生态系统研究方法与研究领域的逐步拓展与融合等均为资源开发综合利用创造了新的历史条件，也赋予了新的挑战与机遇。因此，对资源开发综合利用的评价不能再以传统的经济效益、社会效益评价为重点，而是以生态为重点，评价资源开发综合利用的生态承载力。生态承载力作为评价可持续发展能力基础支持系统的方法之一，其理论及研究方法备受可持续发展研究者的关注，成为生态学、地理学与环境学等研究的交叉前沿领域。由于生态承载力受众多因素和不同时空条件制约，目前的相关研究工作尚处于起步阶段，没有形成完整的理论体系，对于生态承载力的定义学术界也存在争议。

生态承载力在早期国外文献多称为"Ecological Resilience"，Holling（C S Holling，1973）是较早提出生态承载概念的学者，他对生态承载力的定义是：生态承载力是生态系统抵抗外部干扰，维持原有生态结构和生态功能及相对稳定性的能力。国外在对生态环境影响的研究中，多与可持续发展的思想结合起来，同时又关注对生态风险的研究，制定生态风险阈值和评价指数，但更偏向于管理和立法保护。在对土壤资源承载力研究中，比较有影响的是由联合国粮农组织主持的土地资源人口承载力研究，Nakayama 等定义的水环境承载力为实现当地社会经济和水环境承载力可持续发展，当地水资源和水体环境所能供养的最大人口和最大社会经济规模。对水环境承载力的研究方法有背景值分析法、人工神经网络法，但是背景值分析法的缺陷是没有把社会、资源及生态环境考虑进去，人工神经网络法的缺点是很难对评价结果进行量化。

在矿产资源利用的生态承载力评价中，国外主要从矿产资源开发对生态环境的影响、矿产资源综合利用政策和矿产资源综合开发利用与环境治理角度进行研究，但是研究主要还是基于矿业权设置。另外国外也比较关注对社会生态系统的研究，注重人与自然之间的相互关系。目前国内对生态环境承载力的分支领域（如大气环境承载力、水环境承载力、土壤环境承载力、矿产资源环境承载力等）研究较多，且普遍采用阈值来对所研究的目标进行量化。

目前，国内外资源环境承载力的研究方法主要有生态足迹法、状态空间法和综合评价法等。

生态足迹法认为人们在生产、生活中消费的资源及产生的各种废弃物总和可用土地面积或水域面积表示。该方法的特点是将资源消耗和环境影响的综合结果由统一的面积指标来衡量，使不同地区或国家的可持续发展程度真正具有可比性。状态空间法本质上是一种时域分析方法，在描述了系统的外部特征的同时，也揭示了系统的内部状态与性能。

状态空间法是基于欧氏几何空间原理、定量描述和测度区域资源环境承载力与承载状态的方法。它是利用区域人口及其经济社会活动作为承载对象，资源、环境作为承载媒体组成三维状态空间模型，通过模型的承载状态点，可表示一定时间尺度内区域的不同承载状况。

综合评价法是由高吉喜（2001）在探索黑河流域生态承载力的过程中提出的。他从承载媒体与承载对象的关系出发，提出生态承载递阶原理，认为区域生态承载力可分为三级评价生态系统弹性度评价、资源环境承载力评价及综合承载力评价。其中生态系统弹性度是一级评价，主要反映区域生态系统的自然潜在承载能力资源环境承载力是二级评价，主要反映区域资源环境对社会经济子系统的支撑能力。综合承载力是三级评价，主要反映区域综合承载力与承载对象之间的关系。

在上述承载力评价方法当中,生态足迹法偏重于自然条件对生态环境的作用,而忽略了人类活动的不确定因素对生态环境的影响,只能简单地判断生态系统是否超载,不能对超载的原因做出准确的判断,对区域生态系统的超载状况做出相应的补救措施的指导性较差。状态空间法定量分析的结果涵盖范围广、综合性强,但其计算过程复杂,所需资料较多,不易构建承载力三维曲面模型。综合评价法的主要优点在于包括的内容更全面、数据也易于收集、便于计算,同时评价的结果也更简单明了,便于操作实现,更具有针对性。

2.2.6 风险识别与评估

2.2.6.1 矿业开发风险要素

风险指的是未来发生不利事件的概率或可能性,风险分析是通过对风险因素的识别,采用定性或定量分析的方法估计各风险因素发生的可能性及对项目的影响程度,揭示影响项目成败的关键风险因素,提出项目风险的预警、预报和相应的对策,为开发利用决策服务。风险评价最早起源于 20 世纪 50 年代的生产实践中,它是风险管理的一个重要步骤,随着风险管理的逐步成熟,风险评价也开始受到人们的广泛关注。20 世纪 80 年代后期,我国展开了对风险评价及风险管理的运用及研究。早期风险评价及风险管理主要运用于企业经营领域,并在该领域受到了广泛的好评。随着后期的发展,风险评价和风险管理理论开始运用于项目建设及矿产资源开发领域,成为可行性研究的一个重要组成部分。

矿业是高投入、高风险、长周期、高回报的行业,对矿产资源开发进行风险识别和分析可以提前判断未来矿床资源在开发时可能面临的不确定因素,提前制定相应的对策,降低矿业开发过程中的各类风险。通过对矿产资源开发过程中各种风险发生概率和影响的进一步估计,对项目的风险水平进行判断。项目的整体风险等级将用于支持各矿产资源开发时各类资源的投入策略及矿业项目进行或取消的决策。

矿产资源开发利用过程中常见的风险要素构成较为统一,常见的风险因素包括资源风险、地质风险、市场风险、政策风险、环境风险、项目建设风险、维检风险、安全风险、财务风险、人事风险、管理风险等。本次研究总结了矿业开发利用中常见风险因素的识别,见表2-27。一般的矿产资源开发时潜在风险主要可分为内部环境风险和外部环境风险,其中内部环境风险主要指与矿产资源开发本身有关的风险因素,主要包括技术风险、生产风险、地质风险、管理风险、财务风险等,与之相对的便构成外部风险,如政治风险、市场风险、社会风险、自然风险、金融风险等。在进行资源开发风险识别时应识别各类风险并重点提出如何规避或通过替代方法规避潜在风险,增强矿业开发应对风险的"灵活性"。

表 2-27　矿业投资风险因素识别表

类别	风险内容	影响风险的因素
政治政策风险	政权更迭	战争、内乱
	矿业法律法规	矿业相关法律法规及其更迭频率、政府鼓励开发利用的政策、环境保护政策等
	税费制度	所得税
	政府管理	管理的效率、廉明程度
	许可风险	采矿权等可获得性证照的
地质风险	地质资料数据可靠性	已掌握的地质资料数据库情况
	水文地质条件	矿区地下开采时地下水的埋藏与分布、涌水量大小及排泄等情况
	矿体围岩的稳定性	矿体围岩硬度
	资源储量风险	资源储量可靠性、品位矿石的可选性等
生产管理风险	开发利用工艺	工艺对成本影响，与本矿床的适应性，有没有可能产生影响的杂质或伴生矿物等
	企业的经营管理水平	企业高管的经营管理经验或业绩表现
经济风险	经济现状	GDP 平均增长率、通货膨胀率、汇率及其稳定性、外债
	开发利用现状	矿业开发利用所占比重、矿业公司开发利用数目等
	市场现状	矿产品市场价格的变化、趋势及其稳定性、供需稳定性等
	融资风险	银行等贷款机构对矿山企业的信用评定等级
	劳动力成本	该国劳动力协议上规定的劳工所得工资水平
社会风险	基础设施	交通、电力、水力、通信设施、教育现状、劳工技能等
	技术现状	该国的技术开发水平与该国的开放程度有关
自然风险	自然灾害	地质灾害发生最可能频率、级别和种类
	生态环境破坏	该国的生态环境现状、开发技术水平、管理水平
	自然地理	地理风险、气候

2.2.6.2　常用风险评估方法

在进行风险评估时常用方法主要有以下七种：专家调查法、外推法（Extrapolation）、故障树分析法（FTA）、蒙特卡罗模拟方法、层次分析法、CIM 模型（Controlled Interval and Memory Model）、影响图（Influence Diagram）。

A　专家调查法

专家调查法是目前风险分析中常使用的基本方法。由于专家是各自领域内的专业代表，具有该领域专业方面的理论知识与丰富的实践经验。所以，从专家那里征询风险信息来源，然后运用一些统计方法进行信息处理，得出风险发生的可能性结果，供决策机构研究。由于矿产资源开发往往不同地域和不同矿床面临的风险千差万别，且多面临定性评估风险，因此，在进行矿产资源开发时运用专家调查法是较为有效的风险评估办法。专家调查法有若干种，但以智暴法和德尔菲法最为常用，用途也最广。

（1）智暴法。智暴法是一种刺激创造性，产生新思想的技术。该技术是由美国人奥斯本于 1939 年首创。它通过邀请智暴专家，给定风险议题，专家利用自己的经验知识相互交流；或自己单独在头脑中就议题作没有限制的智力碰撞，提出个人的思想结果。最后使专家着眼点不断集中和升华，得出专家风险分析的结果。智暴法作为一种创造性的思维方法在风险分析中得到广泛的应用。智暴法一般以专家小组会议的形式进行，只有五六个人参加，就某一具体问题发表个人意见，最好直接领导人不参加该活动，做到畅所欲言，没有任何限制。

（2）德尔菲法。德尔菲法是美国著名咨询机构兰德公司于 20 世纪 50 年代初发明的。该方法是以匿名方式发函询问所选专家的意见，可以是邮寄问题函，或者在网上询问，或者在会议上散发询问函，专家独立思考回答。组织机构对每个专家意见进行汇总整理，得出问题再发给各专家。德尔菲法是一种专家群决策法，它比单个专家的意见更准确。该方法能够对未来事件发生的各种可能性做出概率估计，因此可为决策机构提供多方案的选择。

B 外推法

外推法是进行项目风险评估和分析的一种十分有效的方法，它分为前推、后推和旁推三种类型。前推是根据历史的经验和数据推断出未来事件发生的概率及其后果。如果历史数据具有明显的周期性，可据此直接对风险做出周期性的评估和分析；如果历史记录中看不出明显的周期性，可用曲线或分布函数来拟合这些数据，进行外推，使用此法时必须注意历史数据的不完整和主观性。后推是在手头没有历史数据可供使用时所采用的一种方法，由于工程项目的一次性和不可重复性，所以在项目风险评估时常用后推法。后推是把未知的事件及后果与已知事件及后果联系起来，把未来风险事件归结到有数据可查的造成这一风险事件的初始事件上，从而对风险做出评估和分析。旁推法是利用类似项目的数据进行外推，在充分考虑新环境各种变化的基础上，用某一项目的历史记录对新的类似项目可能遇到的风险进行评估和分析。这三种外推法已广泛运用于项目风险评估和分析中。

C 故障树分析法

该方法是利用图表的形式，将大的故障分解成各种小的故障，或对各种引起故障的原因进行分析。进行故障树分析的一般步骤如下：（1）定义工程项目的目标，应将影响项目目标的各种风险因素予以充分的考虑；（2）做出风险因果图；（3）全面考虑各个风险因素之间的关系，从而研究对工程项目风险所应采取的对策或行动方案。故障树法经常用于直接经验较少的风险识别，该方法的主要优点是比较全面地分析了所有的风险因素，并且比较形象化，直观性较强。

D 蒙特卡罗模拟方法

蒙特卡罗模拟方法又称随机抽样法或统计试验法，它是评价工程风险常用的一种方法。它利用随机发生器取得随机数，赋值给输入变量，通过计算机计算得出服从各种概率分布的随机变量，再通过随机变量的统计试验进行随机模拟，达到求解复杂问题近似解的一种数字仿真方法。此法的精度和有效性取决于仿真计算模型的精度和各输入量概率分布估计的有效性，此法可用来解决难以用解析方法求解的复杂问题，具有极大的优越性。

E 层次分析法

当研究一组不确定因素的未来发展趋势时，必须考虑各因素之间存在的相互作用和潜在影响。由于影响经济评价指标的各个不确定因素可以分为若干层次，而每一层次又由若干要素组成，其结构恰似多级递阶结构，可以利用层次分析法来判断各个不确定因素对目标的相对重要度，即出现概率。应用层次分析法建立数学模型可分为四个步骤，即：（1）建立问题的递阶层次结构模型；（2）对同一层次的要素以上一级的要素为准则进行比较，并根据评定尺度确定其相对重要程度，据此构造判断矩阵；（3）计算各要素的相对重要度；（4）计算综合重要度，为决策者提供科学的决策依据。矿产资源概略评价过程中往往需要对面临的潜在风险进行一个定性的等级划分，大致了解某些风险发生的概率大或小，造成的损失大或小，从而进行一个定性的判断，而不需要准确的评判风险发生的具体概率和损失程度。因此，可以将专家调查法和层次分析法合并，构建风险评价矩阵，用来评价风险的等级，这在本文后面会有详细介绍。

F CIM 模型

CIM 模型是对概率或概率分布进行叠加的控制区间和记忆模型的简称。这种方法用直方图代替变量的概率分布，用和代替概率函数的积分。根据变量的串联和并联连接关系，CIM 模型又分为串联响应模型和并联响应模型，它们分别是进行串联、并联连接变量的概率分布叠加的有效方法。当有两个以上的变量需要进行概率分布叠加时，计算就需要"记忆"，即把前两个概率分布叠加的结果记忆下来，再用控制区间即 CIM 方法与下一个变量的概率分布叠加，如此下去，至叠加完最后一个变量为止。

G 影响图

随着决策理论的进一步发展，20 世纪 80 年代初新兴起一门决策分析科学，即影响图。它作为有效的建模工具和分析方法，既适合决策者思考问题的方式，又能达到决策分析所应具有的准确性，是表达不确定变量和决策的一种图形方法。影响图是由一个有向图构成的网络。它用直观紧凑的图形表示出问题中主要变量间的相互关系，可以清楚地揭示出变量间存在的相互独立性及进行决策所需的信息流。它既可以作为一般直观的定性分析工具，又可以研究成为由计算机实现的正规数量化分析的手段。在实际工作中风险因素之间存在着一种必然的联系与相互作用，如外汇波动的风险与通货膨胀之间存在着客观的联系并相互影响。而这种风险因素之间的影响在以往的评价中隐藏在专家评价过程中近似地处理了。影响图技术的提出正好弥补了这一空白。在构造出的影响图中，由节点和弧度表示这种因素间的影响，方便简捷。影响图是近年来发展起来的一门新兴决策分析方法。目前影响图的应用实例较少，关键在于影响图的定义的扩展以及影响图的运算的简化等问题还没有得到解决，不过此方法为风险评价提供了一种解决问题的新思路。

风险估计与评价的方法还有很多，如灰色理论系统、模糊分析法、效用理论和图形评审技术（GERT）等，总的来说这些理论和方法各有所长，进行资源基地风险分析时必须根据实际情况进行选择。

3　矿产资源基地技术经济评价内容及方法

矿产资源基地技术经济评价是以矿产资源基地的已查明矿产资源及潜在的矿产资源为基础，综合技术、市场、生态环境、社会等因素，应用定量与定性相结合的手段，对区域内的主要矿产资源在开发时的经济社会效益做出的综合性评价，为矿产资源基地所处区域的经济发展规划、区域矿产资源勘查、开发利用和保护决策提供依据。在进行矿产资源基地技术经济评价时，为保证评价的客观准确，可以采用点面结合的方式，对区内典型矿床和矿产资源基地整体进行评价。

3.1　影响矿产资源基地技术经济评价因素

由于矿产资源技术经济评价具有复杂性（如本书第 2.2 节），影响矿产资源技术经济评价的因素有很多，归纳总结如下。

3.1.1　矿产资源基地的外部开发条件因素

矿产资源基地的外部开发条件因素是矿产资源基地技术经济评价的重要因素，主要包括自然地理条件（气候、地理位置等）、生态环境条件（土地类型、植被类型等）、供水、供电、交通、生活材料及燃料供应、劳动力供应等，这些因素直接影响着未来资源基地建设的难易。

3.1.2　矿产资源基地的资源开发条件因素

矿产资源基地的资源开发条件因素又包括资源因素和可利用性因素两大类，二者是紧密结合的。资源因素是矿产资源基地技术经济评价的基础因素，主要指矿产资源基地已探获资源储量的规模、潜在资源储量的规模（有利成矿地质条件及找矿远景）、已探获资源储量在全国的地位；可利用性因素主要指矿产资源基地矿石的质量、平均品位、资源的开采技术条件、矿石加工选冶技术条件等。

3.1.3　市场条件因素

市场因素是影响矿产资源基地矿产资源经济价值的重要因素之一，主要包括矿产资源基地所处区域矿产资源的主要矿产品的规格、矿产品价格、供需情况、矿产品的潜在销售对象等。

3.1.4　政策因素

合理的矿业开发政策是矿产资源基地资源开发的必要条件，鼓励、限制或禁采的矿业政策将对当地资源开发产生重大影响。

3.1.5　其他

其他对矿产资源经济评价产生影响的因素，如少数民族地区因素需要考虑矿业开发时与少数民族和谐相处、维护民族团结；矿业开发技术水平因素直接影响着矿产资源的收率及工作效率；限采因素，包括自然保护区、国家公园、自然公园、生态保护红线、水源地、永久基本农田等。

3.2　矿产资源基地技术经济评价程序

进行矿产资源基地技术经济评价的一般程序为：

（1）明确调查评价的地区和对象，进行前期的踏勘调查和预研究；

（2）调查资源基地的技术经济外部开发条件、市场条件及开发利用技术条件，收集整理分析影响经济评价的各因素（条件）资料，进行相应的初步试验及野外实地调查研究；

（3）构造评价体系及经济社会效益评估模型，对矿产资源基地资源开发进行相应评价；

（4）识别资源基地矿产资源开发时的各类风险，并对风险进行相应分析，提出相应应对措施；

（5）综合各类调查评价结果，对矿产资源基地资源开发进行区域竞争力分析，提出相应开发利用规划建议。

3.3　矿产资源基地技术经济评价的主要调查评价内容

矿产资源基地技术经济评价主要包括外部开发条件调查评价、开发利用技术调查评价、市场条件调查评价、经济社会效益评价、区域风险识别与分析、区域竞争力分析及建议等内容。矿产资源基地技术经济评价工作流程如图3-1所示。

3.3.1　外部开发条件调查评价

外部开发条件调查时矿产资源基地技术经济评价工作首要内容，通过调查评价矿产资源基地的外部开发条件，论述该区资源是否具备开发利用的基础条件、经济社会环境及政策环境。该部分工作通常需要查明工作区的地理位置、自然地

```
                        ┌──────────────┐
                        │   预研究      │
                        └──────────────┘
          ┌─────────────┬──────────────┬──────────────┐
          ▼             ▼                             ▼
      ┌────────┐    ┌────────┐                   ┌────────┐
      │ 收集    │    │ 专家    │                   │ 实地    │
      │ 资料    │    │ 咨询    │                   │ 调研    │
      └────────┘    └────────┘                   └────────┘

                        ┌──────────────┐
                        │  技术经济调查  │
                        └──────────────┘
   ┌─────────────────┬──────────────────┬─────────────────────┐
   ▼                 ▼                                        ▼
┌──────────┐   ┌──────────────┐                      ┌──────────────┐
│外部条件   │   │开发利用技术    │                      │市场条件       │
│调查评价   │   │条件调查评价    │                      │调查评价       │
└──────────┘   └──────────────┘                      └──────────────┘

┌────┬────┬────┬────┬────┬────┬──────┬────┐  ┌──────┬──────┐
│经济 │基础 │政策 │资源 │技术 │开采 │矿石加工│环境 │  │产品  │矿产品 │
│社会 │设施 │法规 │储量 │条件 │条件 │选冶条件│影响 │  │市场  │价格  │
│条件 │    │    │规模 │现状 │    │      │    │  │趋势  │      │
└────┴────┴────┴────┴────┴────┴──────┴────┘  └──────┴──────┘

                        ┌──────────────┐
                        │ 经济社会效益评价│
                        └──────────────┘
      ┌────────┬────────┬────────┬────────┐
   ┌──────┐ ┌──────┐ ┌──────┐ ┌──────┐
   │经济   │ │社会   │ │环境   │ │典型矿 │
   │效益   │ │效益   │ │效益   │ │床评价 │
   └──────┘ └──────┘ └──────┘ └──────┘

                        ┌──────────────┐
                        │  风险识别评估  │
                        └──────────────┘
      ┌────────┬────────┬────────┐
   ┌──────┐ ┌──────┐ ┌──────┐
   │潜在风险│ │风险级别│ │防范   │
   │因素   │ │分析   │ │建议   │
   └──────┘ └──────┘ └──────┘

                 ┌──────────────────┐
                 │ 资源基地资源区域竞争力│
                 │ 分析及开发利用规划对策建议│
                 └──────────────────┘
```

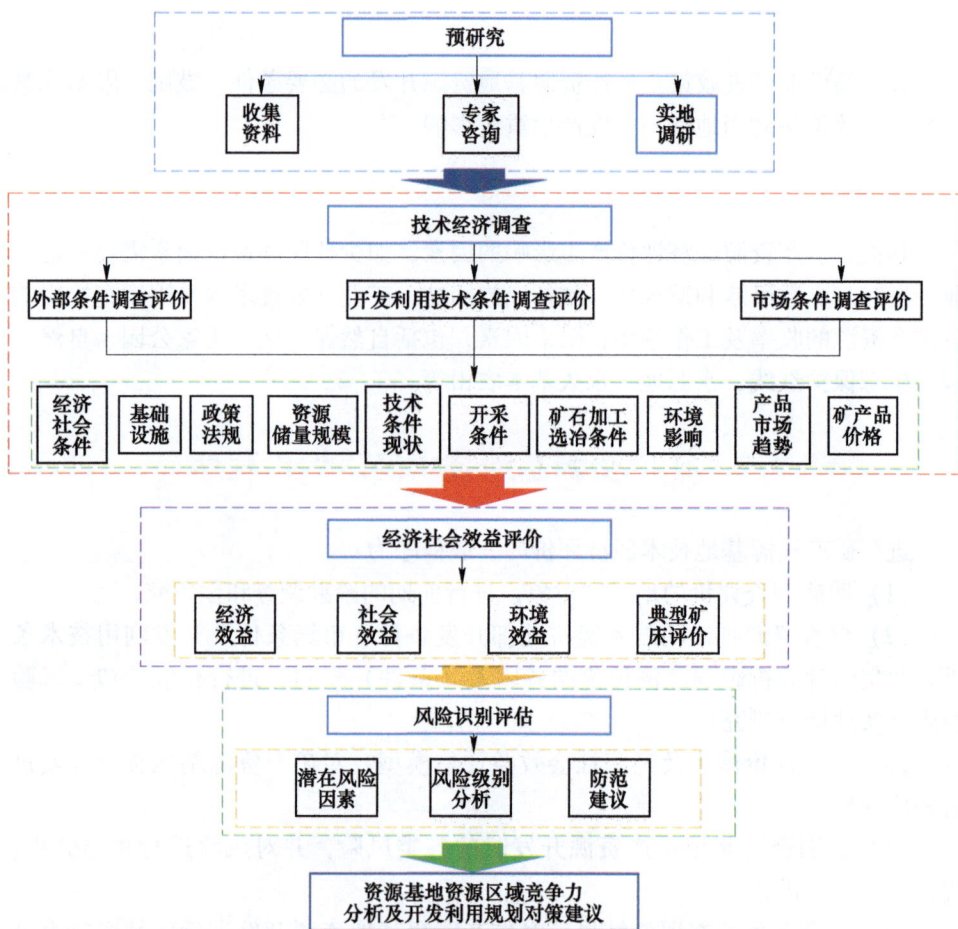

图 3-1　矿产资源基地技术经济评价工作流程

理条件、环境条件、供水、供电、交通、生活材料、燃料、劳动力供应、当地经济社会发展现状、国家对矿产资源的需求程度及当地开发利用矿产资源基地矿产资源的政策法规、规划等情况，分析上述因素是否满足资源开发的需要，以及对未来矿山建设投资和生产成本费用的影响。在进行外部开发条件调查时，矿山实地调研、市场调研、资料收集等是常用的工作手段。

3.3.1.1　自然地理条件

自然地理条件调查是外部开发条件调查的基础工作，该项工作通常可以给人一个直观的描述，包括矿产资源基地的位置、行政区划、当地气候等，该类工作通常在项目早期调研踏勘工作阶段就可以完成。通过地理位置及自然地理条件调查，需要解决的问题有：确定矿产资源基地的位置、行政区划、土壤植被、气候条件、主要河流、地形地貌等要素。通过这些要素的调查，可以基本确定将来资源基地矿产资源生产时每年可能生产运行天数、主要的植被条件、河流的分布、当地地形的复杂程度等，这些可能是后期进行评价时的工作依据，例如每年可能生产运行的天数在东部地区和西部高海拔地区是有区别的，东部地区可以达到280 天以上，而有的西部高寒高海拔地区生产天数甚至达不到 200 天，而且在寒冷条件下对选矿药剂产生影响、需要供暖保证生产，这都大大提高了生产成本，对经济效益评价结果都会有影响。

3.3.1.2　水电交通

在各项外部条件的调查中，供水、供电、交通、选（冶炼）厂、相关政策等情况通常是需要考虑的因素。因为矿业为高耗能的行业，在采矿选矿过程中水资源也是生产的必备要素，因此对电力和水的可获得性和单位成本是需要着重考虑的。交通运输显然也是制约资源能否开发的关键之一。例如：在西部偏远地区发现铁矿，那么此时交通运输就是重要影响因素，因为交通运输关系着将来生产时矿产品能否成功的运出去，而且对于铁矿运输而言，长距离运输显然会提高生产成本。

3.3.1.3　矿业政策及发展规划

矿业政策调查评价主要是通过研究收集相关的资料、政策文本、相关规定等，论述发现矿体矿业开发与当地矿业政策（鼓励、限制或禁采）是否有冲突，如矿业开发区处于自然保护区，显然该区的资源开发利用是不被允许的。通过了解矿产资源基地所处行政区的发展规划，对后期提出矿产资源基地的开发利用建议也具有一定的参考意义。

3.3.1.4　经济社会发展现状

经济社会发展现状主要查明各种社会经济因素，当地经济社会发展情况等。通过对经济社会现状调查，确定当地的平均工资情况、劳动力供应情况、物资供给、技术水平、当地产业发展布局、矿业开发制约因素等情况，为后期资源的经济评价提供依据。

3.3.1.5　外部环境条件

在进行外部条件调查时还需要对工作区周边环境进行相应调查，查明对该区资源开发潜在的影响因素，如工作区及周边矿业权设置情况，是否存在耕地、自然保护区、风景名胜区（包括规划建设的），是否有禁采、限采的区域（如军事管理区、高压线路、铁路、重要设施等）等。如果有上述影响因素，则需要慎重论证是否还能开展进一步的工作。通常应评述工作区的地理位置、自然地理条件、环境条件、供水、供电、交通、生活材料、燃料以及劳动力供应、当地经济社会发展现状及当地政府对开采该矿产资源的政策法规等情况。

3.3.2 开发利用技术调查评价

矿产资源基地开发利用技术条件通常包括地质资源条件、开采条件、矿石选冶加工条件、可能的废弃物处理等方面内容。工作基础通常是基于区域地质勘查工作及矿石加工选冶试验、同类型矿山的类比、区域资料收集整理等。

3.3.2.1 地质资源条件

地质资源是矿产资源基地技术经济评价的基础，只有通过地质工作找到相应的矿产，才有后续相应的评价开发工作。该部分工作需要总结区域上整体矿产资源的资源储量、潜在的矿产资源量、矿权分布、区域成矿特点、成矿有利区段、矿化特征、矿石质量、共伴生资源情况、主要矿床类型、大中小型矿山的数量等地质特征。为后期技术经济评价中资源储量、生产成本、勘查开发规划建议等工作奠定基础。

3.3.2.2 开采条件

开采条件调查的目的是确定矿产资源基地整体上资源的开采难易程度，为资源的整体开采的成本的高低提供参考。由于矿产资源基地涉及的工作面积较大，因此矿产资源基地的开采条件评价主要以区域上整体的水文地质、工程地质、环境地质为基础，结合已有的在产矿山和典型矿床的水工环开采条件进行类比分析，从宏观上对区域和区内典型矿床的开采条件、开采难易程度进行分析评价；对于评价目标为单一超大型矿床的矿产资源基地，还应通过类比和已有工作经验，对未来矿山的开采方式、开采回采率、矿山生产规模及服务年限、可能的采矿方法及开拓方案做出初步大致判断。

3.3.2.3 矿石选冶加工条件

该部分内容通常需要专业选矿人员的参与完成，主要是结合区内典型矿山典型矿石的初步工艺矿物学研究结果、矿石加工选冶技术性能试验或矿石选冶加工性能类比资料，评述矿产资源基地矿石的质量及可选性；研究区域上适于该资源基地典型矿石的选矿工艺流程或技术，为该区资源开发提供参考；综合分析或类比同类型矿山，结合市场调查结果，合理确定产品方案，推荐区域上主要有用组分的选矿（选冶）回收率、综合利用率及回收率；对区内典型矿山、矿石类型以及低品位难选冶矿石，开展矿石加工选冶试验研究，制定相应矿石选矿工艺流程和综合利用方案，判断这类矿石的可利用性。

由于在评估过程中本身已经有一定风险，因此本书认为，在矿山采选评价时，除非某项技术或工艺流程对项目的实施必不可少，否则尽量少采用未经测试的方法和设备，而是采用相对成熟的技术工艺流程评价。

3.3.2.4 环境影响分析

矿产资源基地对环境影响分析调查主要是通过同类型矿山类比结合已有工作

经验，大致分析未来矿山开发是否会对生态环境产生不利影响、可能影响的程度、废石、尾矿的排放情况，同时分析探获矿体在开发时是否与国家或当地的环境保护政策存在冲突，在此基础上判断是否会影响将来资源的正常开发；对于典型矿山，通过类比同类型矿山（或依据试验结果），分析是否会对生态环境产生影响，推荐废弃物（废水、废石、废渣等）及尾矿可能的处理工艺。如果存在有毒、有害、危险废弃物，应说明可能的应对方案及依据。

3.3.3　市场条件调查

进行市场条件的研究主要是为了确定发现矿产资源基地相关资源将来开发时的销售情况、市场需求情况、可能的产品价格、相应的生产运营成本、建设成本、对国民经济建设的作用等。在进行市场条件研究时，简述区内矿产资源近期在国内外市场的供需状况及趋势、资源储量情况、可能的矿产品及市场价格等方面内容，区内优先开发的矿产资源应当是适应当前或近期市场需求（或保障国家特殊需要）。

在各类要素中，可能的矿产品价格是能够直接影响矿产资源基地经济评价结果的因素，矿产品价格的高低，直接决定着矿产资源基地资源价值的大小。而且在进行矿产品价格选取时，往往容易掺入主观因素或受认为控制，因此需要特别注意。为保证选取合理的矿产品价格，在进行价格调查选取时，应考虑产品规格、信息来源、市场的波动等方面。

3.3.3.1　产品规格相符

在确定矿产品价格时，首先应确定未来可能的矿产品规格，因为不同的矿产品规格往往对应着不同的价格水平，如资源基地内矿山未来生产铜矿石、20%铜精矿、铜金属三种规格的产品，其相应的产品价格水平和生产时的成本水平是不一样的，在进行研究时应按市场惯例的计价方式，根据区内矿山实际情况，选择或调整与产品质量、规格口径一致的价格。

3.3.3.2　价格信息的来源

在获取产品价格时，产品销售价格应通过可靠、合法渠道结合矿床所处的区域的实际情况（如价格是否含税、产品价格受地区影响大小、价格中是否包含运费、该区产品价格是否比其他地区高或低等）获取相应矿产品价格信息资料，确定的矿产品应是通俗市场价格，不应是个例，应考虑价格信息资料的代表性及适用性。本书列举了几种矿产品价格信息的来源：

（1）区内矿山企业会计核算资料、产品销售合同、产品销售发票等；

（2）矿产资源基地所在地区相关部门发布（公开）的价格统计资料；

（3）产品交易所、权威媒体等公开的价格统计资料；

（4）专业数据机构的价格信息资料。

　　在获取相应信息资料时，应注意价格与产品规格的一致性、产品计价方式与国家产品计价标准（或市场通用）的一致性。选取矿产品价格后，还应对选取价格的合理性进行论述说明。

3.3.3.3　矿产资源价格变化周期性

　　由于矿业投资具有长周期、高风险和高回报等特点，相应的矿产品的价格也往往有较大的周期性，因此在进行产品价格调查及市场供需工作时，充分了解矿产品的市场情况，慎重地选择合理的矿产品价格来评价项目的可行性。

　　通常，矿产品（金、银等除外）价格总体呈现出周期性波动并在波动中不断上升的特征。本书统计了美国地调局 2017 年公布的截至 2015 年，全球铁、铜、铅、锌、镍、铝、锰等矿产资源产品过去 50 年价格变动趋势，如图 3-2 所示，从图中可以明显地看出，矿产品价格变动具有明显的周期性，其波动周期大致为 10 年一个周期，至 2016 年全球矿产资源产品刚刚经历了一个历史高峰期，处于波谷阶段。全球矿产资源在波动过程中，铜、铅、锌等有色金属受市场影响更加明显，钢铁、锰等黑色金属其价格变化要滞后于铜铅锌等有色金属，钢铁、锰等黑色金属总是在铜、铅、锌等有色金属价格上涨（或下降）后随之进行相应波动。根据变化趋势，2016 年之后，全球矿业逐渐走出低谷期，矿产品价格将逐渐回升，并且变化趋势为铜铅锌等有色金属价格首先变动，铁锰等黑色金属随之上涨。据此规律，如果在 2017 年上半年评价某铁矿山，通过对铁的价格变化周期和趋势研究发现，铁正处于价格的低谷期，并且此时，其余有色金属价格均已开始上涨，结合铁的市场形势，则可以判断铁的价格应会逐步回升，市场前景相对乐观；反之，在 2011 年左右投资铁矿做技术经济评价时，应结合当时市场形势慎重考虑铁矿价格下降时的风险应对。

　　在进行价格确定及供需变化研究时应充分了解评价矿种矿产品的价格变化周期及特点，结合市场形势和供需形势，充分判断矿产品的价格变化和市场趋势。如，判断铜的市场情况时，美国地质调查局统计过去 50 年铜价格变化趋势，铜价在过去 50 年一直在重复波动中逐步上涨，2016 年铜价跌至周期内谷底。结合过去 50 年价格变化周期和本书统计过去 5 年铜精粉变化情况如图 3-2 和图 3-3 可知，2017 年开始铜价可能逐步走出谷底开始复苏。市场方面，铜的用途广泛，过去一段时间市场对铜的需求一直保持一个比较稳定的增长态势，目前全球铜资源供给充分，铜的供给能够满足全球对铜的需求。但近几年在中国经济初步企稳的背景下，中国铜的需求进入矿业平台期，虽然铜的需求总量还在增加，但铜的需求增速逐步下降，且短时间内很难有能够补充中国铜需求缺口的国家出现，因此铜资源供应相对过剩的局面仍将存在。因此，综合铜的价格变化周期和铜的市场，铜价会逐步走出低谷，价格逐步向好，但由于铜的市场供应量充足，价格大幅度提升可能性较小。

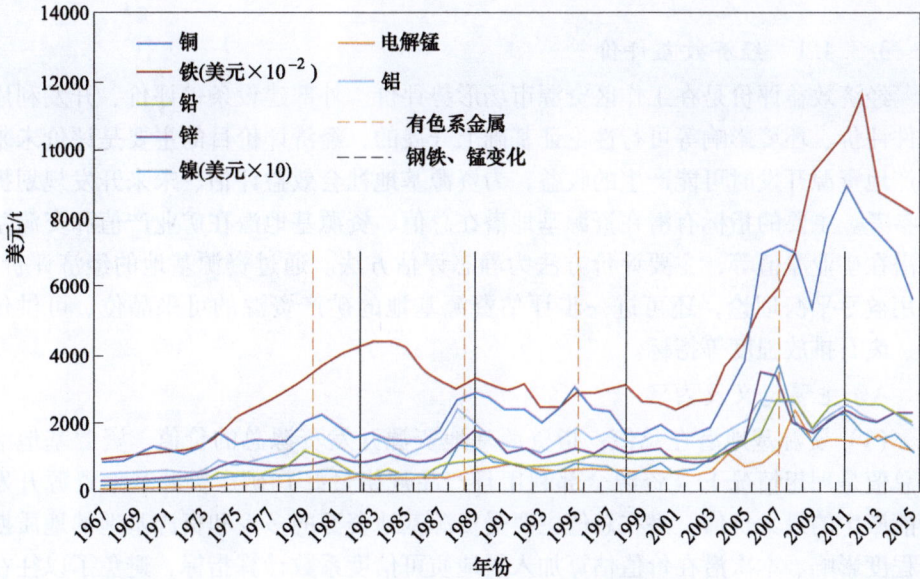

图 3-2　过去 50 年全球矿产资源价格变化趋势（数据来源：USGS，2017）

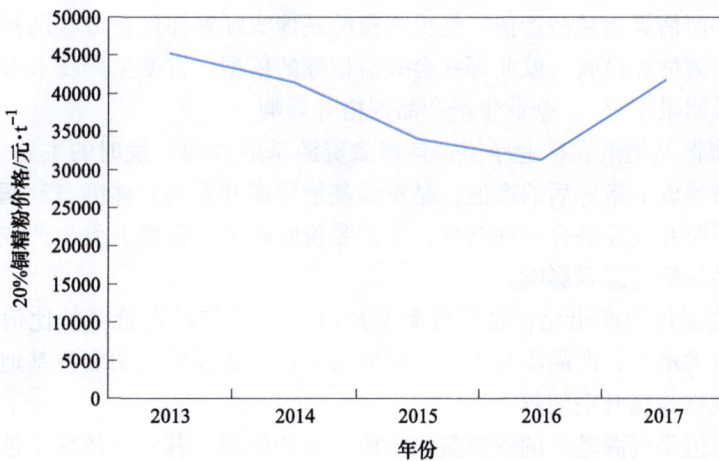

图 3-3　过去 5 年 20%铜精粉价格变化趋势（数据来源：中国有色金属网）

鉴于矿产资源基地经济评价估算经济指标主要为静态指标，因此建议采用一段时期（例如 5 年）历史价格的算术平均值定量判断矿产品价格。只有充分结合资源的实际市场变化趋势，才能使评价更加合理。

3.3.4 经济社会效益评价

3.3.4.1 经济效益评价

经济效益评价是在工作区资源市场形势评价、外部建设条件评价、开发利用条件评价、环境影响等可行性论证基础上开展的，经济评价目的主要是评价未来矿产地资源开发时可能产生的收益，为资源基地社会效益评估、未来开发规划提供参考。主要的指标有潜在资源基地潜在总值、资源基地潜在矿业产值和资源基地潜在矿业净值等，主要评价方法为静态评估方法。通过资源基地的经济评价，运用盈亏平衡理论，还可进一步评估资源基地的矿产资源的可采品位、可供价格、废石排放强度等指标。

A 主要定义及内涵

（1）资源基地潜在总值：指资源基地资源开发资源总的价值。资源基地潜在总值是理想情况下（资源全部利用且产品规格最好）矿产资源基地资源开发所能产生的最大价值。潜在总值主要受资源基地资源的多少和资源基地的地质勘查程度影响。本次潜在价值估算加入了地质可信度系数计算指标，避免了以往在估算矿业潜在价值时估算数值过大，不能准确反映矿集区整体资源价值的弊端。

（2）资源基地潜在矿业产值：指资源基地资源开发时实际产生的价值，它是结合矿集区实际外部建设条件、资源基地资源条件和开发技术条件、主要矿种的市场条件而估算的经济产值。是反映资源基地实际整体经济效益的指标，矿业产值可以作为估算税收、就业等社会效益指标的依据，常受生产技术水平（选矿收率、开采回采率等）、企业生产产品规格等影响。

（3）资源基地潜在矿业净值：是扣除资源基地资源开发时的主要生产成本、投资、税费等成本指标后的产值，是资源基地资源开发的整体静态利润。是反映资源基地资源开发经济合理性指标，常常受税收政策、资源开发生产成本、资源品质、产品规格等因素影响。

（4）资源价值产出比：是指资源基地潜在产值与潜在价值的比值。反映资源基地的技术水平、产品深加工等。资源价值产出比越低说明资源基地的技术工艺、产品规格等提升空间越大。

潜在总值是资源基地的资源整体价值高低的体现，其主要体现了该区已查明资源储量是否达到了一定的规模，是整个矿集区经济效益评价的基础。潜在矿业产值是结合现行技术条件下能够从整体潜在总值中能够获得的那部分价值，是矿集区技术水平、资源条件、开发利用水平高低的体现，例如当资源基地的资源潜在总值一定时，矿集区整体的技术条件越好（如开采回采率、选矿回收率高，所生产的矿产品规格参数好），则其矿业产值越高，潜在矿业产值占整体潜在总值的比重也就越大。潜在总值和潜在矿业产值常常反映社会指标、GDP带动率等宏观指标，常为政府等决策部门更为关心的数据。潜在净值主要反映的是矿集区可获得静态利润的大小，反映矿集区整体开发的可行性，当矿集区的潜在矿业净值越大，其开发时产生的利润便越大，其可行度相对也就更高，当潜在矿业净值为负数时，这说明在目前情况下矿集区不适合大规模开发。潜在矿业净值往往为投资者更为关心的数据，反映了投资获得利润情况。三个指标是互相联系的，在进行资源基地经济效益评估时应综合考虑三个指标，才能准确反映资源基地资源开发的实际情况。

（5）废弃物排放强度：指资源基地矿产资源产生单位的矿业产值时，所产生的矿业废弃物的总量。

（6）可采品位：矿产资源基地内资源可以被经济合理开采出来的平均最低品位，实际上为矿山建成生产时的盈亏平衡点。

（7）可供价格：矿产资源基地内资源被开发生产时能够盈利产生经济效益的情况下相应资源的矿产品的最低价格。

B　评价原则

为了能够准确客观地反映资源基地资源开发的整体经济效益，在进行矿产资源基地经济效益评估时，坚持客观性、准确性、实用性、宏观性以及综合性的原则进行评估。

（1）客观性：客观性指工作人员应该客观地评估资源基地的经济效益。在评估过程中，工作人员应多通过数据支撑并降低主观因素影响（如个人偏见）以保持客观性。关键数据如相关回收率（选矿回收率、采矿回收率等）、资源储量等获取应通过相关试验（如选冶试验）或正规数据来源（如三率数据库、国土厅储量报告）获得。工作人员应到资源基地现场进行实地调查研究，保证对资源基地的实际情况准确掌握。

（2）准确性：为保证评估模型能够准确评估矿集区的资源经济效益，尽量运用不同的途径对构建评估模型的准确性进行验证，以保证评估结果的准确。对于最终评估结论，模型估算结果应为具体的数值或者数值范围，避免模糊的结论或者让使用者得出错误的理解。

（3）实用性：大型资源基地经济效益的评估时运用的评估模型应简单有效，充分考虑模型的可操作性并充分结合资源基地的实际情况等因素。

（4）宏观性：应从宏观上对矿产资源基地的整体资源现状、矿床类型、采选条件、产品规格情况进行整体分析总结，所选取的指标均应代表矿集区的整体现状。

（5）综合性：矿产资源基地的经济效益评估需要多学科综合配合完成，评估过程中需要考虑到资源基地资源特征、资源品质、外部开发条件、环境评价、采选冶技术、产品规格、宏观经济、财税、政策等多方面工作。因此在工作过程中要充分考虑各专业的要素，加强各学科的交流和互相支撑（如在选取经济效益估算时的关键要素选矿回收率需要经过选矿专业专家的评价和总结），综合各专业评价结果进行估算。

　　C　主要评价模型及评价指标

　　按照客观性、准确性、实用性原则，建立适于矿产资源基地经济效益评估的模型，供国内其他大型资源基地在进行相关工作时参考。

　　（1）评估模型。

资源基地潜在总值：

$$V = \sum_{1}^{n} (Q \times K \times P_0) \tag{3-1}$$

资源基地潜在矿业产值：$V_{产值} = \left(\sum_{1}^{n} (Q \times K \times P \times \eta \times \delta) \right) \tag{3-2}$

资源基地潜在矿业净值：$V_{净值} = \sum_{1}^{n} (Q \times K \times (P - S) \times \eta \times \delta) - J - t \tag{3-3}$

或

$$V_{净值} = \sum_{1}^{n} \frac{(P \times \gamma - M) \times Q \times K \times \eta}{1 - \rho} - J - t \tag{3-4}$$

废石排放强度：

$$\theta = I/V_{产值} \tag{3-5}$$

　　其中，公式（3-3）为按照精矿生产成本估算，公式（3-4）为按照原矿生产成本估算。

　　（2）相关指标要求及获取方法。

　　公式中所涉及的主要指标和获取方法为：

　　资源储量（保有储量）（Q）。为保证评估结果的准确可靠，资源储量的选取应严格按照《固体矿产资源/储量分类》（GB/T 17766—1999）规定达到 333 级别及以上的具有经济意义的资源储量。在统计资源储量时，为保证数据的准确可靠，具体数据获取途径可以通过矿产资源基地所在地区的国土资源厅资源储量统计年报获得，但需要注意数据的时效性。

　　资源可信度系数（K）。主要针对资源/储量级别为资源量的矿产资源，具体系数值见表 3-1；对于资源/储量级别为储量或基础储量的矿产资源则该系数值为 1。

表 3-1　不同阶段可信度系数

阶段	利用情况	可信度系数
普查阶段	情形 I	0.5
	情形 II	0.6
详查阶段	情形 I	0.6
	情形 II	0.7

阶段	利用情况	可信度系数
勘探阶段	情形 I	0.7
	情形 II	0.8
基建期		0.9

注：情形 I 是指近期不宜进一步工作的矿区或近期难以利用的矿区；情形 II 是除情形 I 以外的矿区，
　　包括开采矿区、基建矿区等。

矿产品价格（P）。矿产品价格（含税）采用历史实际价格算术平均值的方法进行定量判断。考虑到矿产资源基地资源潜力大、开发时间长等特点，本文建议历史实际价格平均值计算时段按评估基准日前 5 年历史实际价格的算术平均值确定。

金属价格（P_0）。选取原则参见矿产品价格 P。

开采回采率（η）。在确定资源基地的开采回采率时，应在充分分析资源基地水工环地质条件、矿体赋存条件等基础上分析资源基地的开采条件。对于整个资源基地的开采回采率确定而言，主要采取同类型相似矿山类比的方法分析，以"三率"调查为基础，统计资源基地所在地区条件相似的在产矿山三率指标，结合当地矿山实地调研（必要时可以开展适当的典型区域水工环地质条件分析）和国土资源部最低三率指标要求确定的。

选矿回收率（δ）。在确定资源基地的选矿回收率时，应充分分析资源基地的主要矿种矿石类型、赋存特征、共伴生情况等。对于选矿回收率获取时，与开采回采率类似，也是以"三率"调查为基础，统计资源基地所在地区条件相似的在产矿山"三率"指标，结合当地矿山实地调研和国土资源部最低"三率"指标要求确定的。此外，在确定选矿回收率时，还应对区域上典型矿山的矿石样品进行工艺矿物学研究和选冶试验研究。通过相关研究，首要目的是保证确定的选矿回收率的准确性，其次是探索新的可供推广的工艺流程或先进技术以提高整体技术指标，从而提高资源基地的资源利用和整体经济效益。

在从矿产资源基地层面确定整个基地的开采回采率和选矿回收率时，笔者认为，应跳出单个矿床的个体思维模式，从宏观上对资源基地的整体情况进行统计分析，相关回收率应代表资源基地的整体水平。

精矿生产成本（S），成本组成主要为采矿成本、选矿成本、管理（含人员）、运输、税费、财务费用、营业费用等内容，其中采选矿成本中包含水电供应等费用。选取时注意所生产精矿的规格、计价方式（如原矿成本、精矿成本或吨金属成本等）、资源基地所在地区、共伴生资源和相应成本水平的对应。此外还要综合考虑资源的贫化率对矿石品位及选矿成本的影响。

原矿生产成本（M），参考精矿生产成本。

精矿规格（ω），单位精矿中金属的含量，如 62% 铁精粉。

总投资（J）。选取时应在调研当地矿山实际情况基础上，结合矿山实际生产规模和矿山生产条件进行估算。

税费（t），包括增值税、资源税等。

每万元产值所产生的废石（I），根据矿产资源基地矿石品位、选矿回收率等求得。

矿种或矿床（n）。

3.3.4.2 社会效益评价

A 社会效益评价的定义及内容

a 定义内涵

矿产资源开发社会效益是指利用资源所带来的除包含经济效益之外的价值量，即对人们生活质量提高、物质、文化、生态方面做出的贡献大小。因此，矿产资源基地开发社会效益主要是指矿资源开发以后为基地所在区域带来的物质生活条件、经济社会发展、生态环境改善及资源安全保障等方面的变化量。

资源基地开发的社会效益评估是指以国家与资源开发相关的政策为基础，对矿产资源开发可能带来的影响和为实现发展目标所做的贡献做系统评估。评估主要以国家及地方资源能源发展规划为基准，分析是否达到发展目标或为发展目标实现提供的价值及作用。一般而言，社会效益评估包括宏观经济目标、文化、教育、卫生、安全、环境等社会生活各领域。

b 内容

根据矿产资源基地开发社会效益评估的定义与基本内容，结合资源基地开发的特点，对该领域社会效益评估一般指标就可以总结归纳为对社会经济影响指标、对社会发展影响指标、对自然与生态环境影响指标以及对国家能源资源安全影响指标四大类。

对社会经济影响的指标主要包括改善地区经济结构与布局、促进区域经济发展的程度、推动城镇化进程以及增加财政收入等。对社会发展的影响主要集中在两个方面，一是对当地居民生活条件的改善，一般是针对就业而言的，即考量矿产资源基地开发是否有助于为当地居民带来更多的就业岗位，是否能为整个区域缓解就业压力，提高当地居民的生活水平；二是对当地居民生活质量的改善，主要是对基础设施建设和减贫扶贫效果的评估。矿产资源开发对自然与生态环境的影响主要集中在两个方面，一方面是正面的积极影响，即矿产资源开发带来的技术的进步和基础设施的完善增加了生态修复的可能性，从一定程度上也可以提高环境承载能力；另一方面，矿产资源开发会带来基地内水土污染及植被生态的破坏等消极影响。国家能源资源安全影响主要指矿产资源的开发与利用有利于增加我国的能源资源保障程度，提高我国的能源资源国际战略地位，增强应对国际能源价格波动的能力。矿产资源基地开发社会效益评估一般评价指标如图3-4所示。

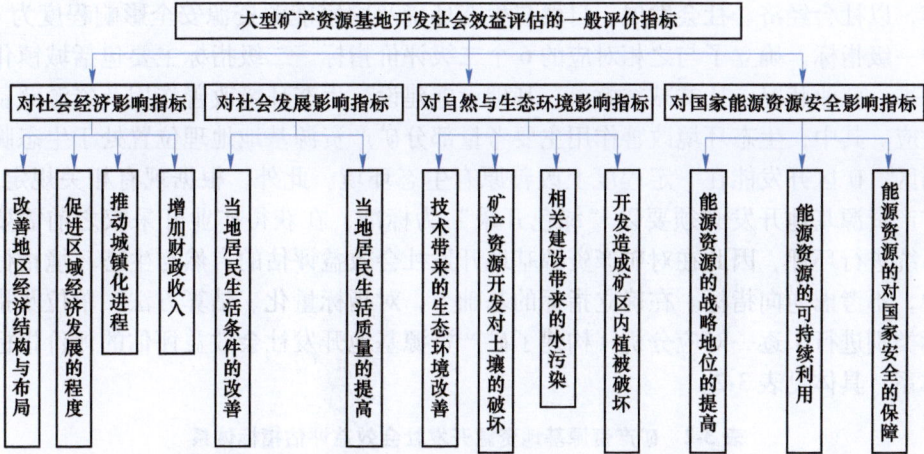

图 3-4 矿产资源基地开发社会效益评估一般评价指标图

B 综合评价模型及指标体系

a 指标选取原则

社会效益评价是一个多目标、多层次的评价，在评价过程中既需要分析不同的评价指标，又需要兼顾评价方法的选择，因此对指标和方法的选择上有一个明确的准则是至关重要的。通过对比分析现有的相关原则，根据实践中指标确立的方法及过程，对社会效益评价的原则进行了总结，主要包括评价指标选取原则和评估方法选取原则两个维度，如图 3-5 所示。

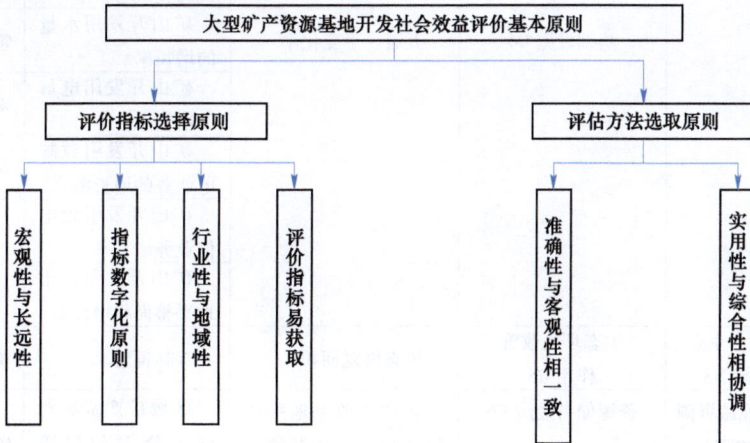

图 3-5 矿产资源基地开发社会效益评价基本原则示意图

b 指标体系

根据指标选取的相关原则，结合矿产资源基地社会效益评估的一般评价内容，以社会经济、社会发展、自然与生态环境及国家能源资源安全影响程度为4个一级指标，确立了与之相对应的6个二级评价指标。二级指标主要包括城镇化水平、就业状况、扶贫减贫效果、基础设施建设、生态环境改善作用及资源储备效应。其中，生态环境改善作用主要考量部分矿产资源基地地理位置处于生态脆弱区，矿区开发能在一定程度上改善原有生态环境。此外，根据现有相关规定，矿产资源基地开发必须要以"绿色开采"为标准，在获得矿业开采权之前需要系统进行环评，因此在对矿产资源基地开发社会效益评估的自然与生态环境指标中，不考虑逆向指标。在确立指标的基础上，对指标量化、估算方法、单位及指标类别进行了逐一对应分析，构建了矿产资源基地开发社会效益评估的评价指标体系，具体见表3-2。

表 3-2　矿产资源基地资源开发社会效益评估指标体系

目标层	一级指标	二级指标	指标量化	估算方法	单位	指标类别
矿产基地资源开发社会效益评价	社会经济 B1	城镇化水平 C1	城镇化率	矿山开发引致的城镇人口变化量/总人口	%	+
		就业状况 C2	就业规模	矿区开发容纳人数	人	+
			就业弹性系数	就业增长率/GDP增长率	%	+
	社会发展 B2	扶贫减贫效果 C3	减贫效应	矿山开发带来的人均收入增长率	%	+
		基础设施 C4	五通一平变化率	矿山开发用水量的增长率	%	+
				矿山开发用电量的增长率	%	+
				矿山开发引致邮电业务的增长率	%	+
				矿山开发引致电信业务增长率	%	+
				矿山开发引致土地平整面积增长率	%	+
	自然与生态环境 B3	生态环境改善作用 C5	生态修复面积	森林覆盖率		
	国家能源资源安全 B4	资源储备效应 C6	矿产资源基地资源储备与国家资源储备的比较及对国家资源保障程度贡献	区域矿产资源对国家资源的保障程度	%	+
				矿产资源基地资源储量总量占全国储量总量	%	+

C 常用评估方法与模型

a 评估方法

矿产资源基地开发社会效益评估要求以高精度的数据为支撑，采用实验、实地调研、正规数据来源等提供关键数据进行准确客观评估，且需要多学科交叉配合完成，评价模型经过各专业领域专家的评价和总结，在综合各专业评价结果的基础上进行。与此同时，运用的评估模型应充分考量易操作和简单有效的原则，评估程序和模型不能过于复杂；否则实用性和适用性不强。本书探索运用德尔菲法（Delphi）及网络层次分析法（ANP）构成的 Delphi&ANP 多指标综合评估方法。上述方法主要适用于复杂难以完全量化的相关决策，因此用该方法评价矿产资源基地资源开发的社会效益是科学可行的。

b 评估步骤

以评价体系和评估方法为依托，对矿产资源基地开发社会效益评估主要有 5 个步骤。

第一步，单一指标计算。利用实地调研、官方网站提供的相关数据，根据指标测算方法对各单一指标值进行计算，作为评价基础；

第二步，数据标准化处理。要对社会效益进行评估，除了要获得可视化的支撑数据，也要为参与评估的专家提供一定的数据参考，即评价标准，这是社会效益评价的重难点。由于社会效益涉及面广，评价考虑因素众多，因此在评估时有一个相对客观的评估参照是科学评估社会效益的重要保障。针对上述构建的评价指标体系，本文将各指标的参照标准进行了统一，见表 3-3。

表 3-3 社会效益评估各指标参照标准

评价量化指标	评价参考标准
城镇化率	矿产资源基地所在区域矿产资源开发带来的工业增长和城镇化增速
就业规模	矿产资源基地所在区域的矿产资源开发所带来的就业人口变化
就业弹性系数	约汉·布仑登和其他人员估计，金属矿产在矿山建设阶段关于就业和收入方面的系数在 1.3~1.4 之间，矿山生产阶段关于就业和收入方面的系数在 1.6~1.7 之间
减贫效应	矿产资源基地所在区域的收入增长率
五通一平变化率	矿产资源基地所在区域的五通一平变化率
生态修复面积	矿产资源基地所在区域的森林（或草原等）覆盖率
地区与国家的资源储备比	区域矿产资源对国家资源的保障程度贡献 矿产资源基地所在省的资源总量占全国资源总量的比重

第三步，ANP 赋权重。利用网络层次分析法对各指标赋予权重，确定社会效益评价中不同指标的地位和影响程度。网络层次分析法既能体现各指标间的关

系，同时又能得出不同指标的权重赋值。在已构建完整评价体系的基础上，构建
AHP（层次分析法）模型，利用德尔菲法构建相应矩阵，按照重要程度的差异进
行赋值，对所得结果进行层次单排序和一致性检验，经过检验后得出权重。由于
指标之间可能存在一定的联系，因此要构建网络层次，对各指标元素进行归类，
通过网络层次构建，计算相应权重。

第四步，德尔菲法评分。针对步骤 2 提供的对比数据，咨询经济学、社会
学、环境学等多领域的专家对所得社会效益数据结果进行等级打分，给出具体评
分值。

第五步，社会效益的最终评价结果为步骤 3 的各指标权重×步骤 4 的评分值。

c 评估模型

依据构建的评价指标体系、社会效益评估方法及评估步骤，总结相应评估模
型如图 3-6 所示。

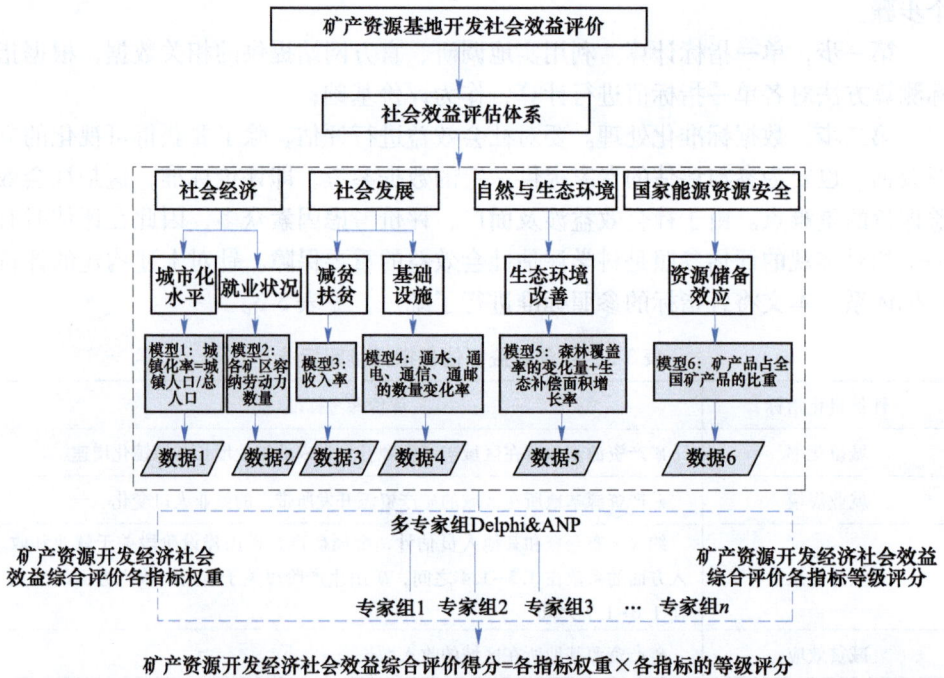

图 3-6 矿产资源基地开发社会效益评估模型图

3.3.4.3 综合评价

综合评价包括综合外部开发条件调查评价、开发利用技术调查评价、市场条
件调查评价、经济社会效益评价等内容，对矿产资源基地及基地内各矿种开发的
技术可行性、经济合理性及开发的先后顺序进行综合评定。通常可采用层次分析

法（AHP法）将各类要素进行综合评价。层次分析法是指将一个复杂的多目标决策问题作为一个系统，将目标分解为多个目标或准则，进而分解为多指标（或准则、约束）的若干层次，通过定性指标模糊量化方法算出层次单排序（权数）和总排序，以作为目标（多指标）、多方案优化决策的系统方法。对于区域矿产资源经济综合评价而言，层次分析法评价体系构建如下。

（1）确定系统问题的总目标，构造目标层。目标层是系统分析的最高处。

（2）确定系统问题总目标的影响条件。即考虑外部开发条件、开发利用技术条件、市场条件、经济社会效益等对目标层的影响，这些条件组成了构造约束层。

（3）确定各影响条件包含的评价指标，即构造指标层。如开发利用技术条件包含指标有可采性、可选性、矿石品质等。对各指标层的权重进行确定。

（4）选择评价对象，构造评价对象层。如矿产资源基地、矿产资源基地内的不同矿种、不同区域等均可以作为评价对象。

（5）对区域评价对象结合评价体系（见图3-7）进行评价。

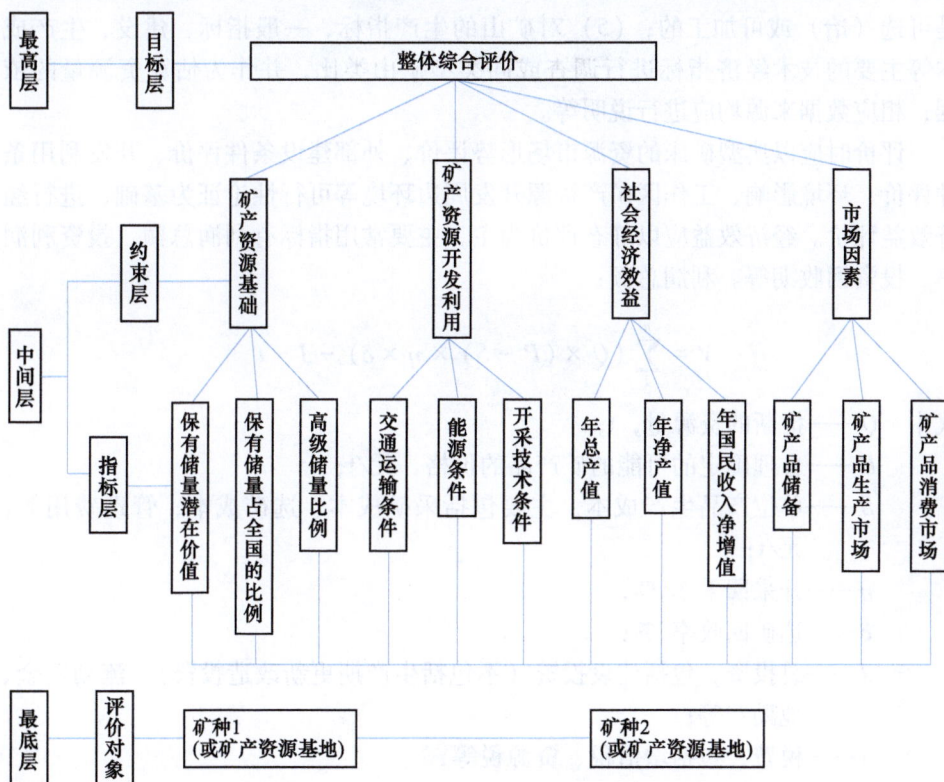

图3-7 矿产资源基地综合评价体系示意图

3.3.4.4 典型矿床概略研究

对矿产资源基地内典型矿床开展概略研究主要目的是评价区内重要典型矿床的可行性。通过评价典型矿床的技术经济意义，判断工作区探获的矿产资源有无投资机会，为是否开展进一步的勘查开发工作、进行下一步的可行性评价工作提供依据，从而降低后续矿产勘查或矿山开发投资风险，提高后续勘查工作或开发的合理性和可靠性，同时为区内其他矿床开发评价时提供类比参考。

典型矿床的概略研究遵循自然资源部公示的行业标准《固体矿产概略研究规范》（报批稿）对矿床进行评价。

工作时，目标矿床基础工作要求为：（1）地质勘查工作按照《固体矿产地质勘查规范总则》GB/T 13908 和 GB/T 33444 要求，达到普查阶段或以上程度，成矿地质条件已大致查明；（2）运用综合手段和有限的取样工程，主要矿体地表有稀疏工程控制，深部有工程证实，大致控制了主要矿体的规模和形态产状；（3）基本了解工作区附近区域的自然地理、经济、社会等现状；（4）工作区矿石质量、矿石物质组成已大致查明，共伴生组分已了解；矿石的可选冶加工技术性能已与同类型矿床（山）进行类比或做可选（冶）性、加工技术试验，结论是可选（冶）或可加工的；（5）对矿山的生产指标、一般指标、建设、生产成本等主要的技术经济指标进行调查或同类型矿山类比，并作为估算资源量的依据；相应数据来源均应进行说明等。

评价时应以典型矿床的资源市场形势评价、外部建设条件评价、开发利用条件评价、环境影响、工作区矿产资源开发周边环境等可行性论证为基础，进行经济效益评价。经济效益应以静态评价为主，主要常用指标有利润总额、投资利润率、投资回收期等。利润总额：

$$V = \sum_{1}^{n} (Q \times (P - S) \times \eta \times \delta) - J - t$$

式中　Q——推断的资源量，t；

P——合理确定的可能的矿产品的价格，元/t；

S——单位产品生产成本，主要包括采矿成本、选矿成本、管理费用等，元/t；

η——开采回采率，%；

δ——选矿回收率，%；

J——总投资，包括建设投资（不包括生产期更新改造投资）、流动资金、地勘费等；

t——税费，包括增值税、资源税等；

n——矿种。

投资利润率：　　　　　　　$PR = R/J; \quad R = V/T$

式中　PR——投资利润率；

　　　R——年平均利润总额；

　　　J——总投资，包括建设投资（不包括生产期更新改造投资）、流动资
　　　　金、地勘费等；

　　　T——探获矿山（矿段）服务年限。

投资回收期：
$$T_{回收} = J/R$$

式中　$T_{回收}$——投资回收期；

　　　J——总投资，包括建设投资（不包括生产期更新改造投资）、流动资
　　　　金、地勘费等；

　　　R——年平均利润总额。

典型矿床概略研究主要技术经济指标见表3-4。

表3-4　典型矿床概略研究主要技术经济指标表

评价分项	序号	项目	单位	指标	备注
地质	1	资源/储量			
	1.1	矿石量	万吨		
	1.2	品位	%（g/t）		
	1.3	金属量	t		
采矿	1	矿山规模	t/日		
	2	年出矿量	万吨/a		
	3	服务年限	a		
	4	开采方式			
	5	采矿方法			
	6	开采回采率	%		
选矿（选冶）	1	处理能力	t/日		
	2	年处理矿量	万吨		
	3	产品方案			
	4	选矿回收率	%		
	5	矿产资源综合利用率	%		
	6	矿产品收率	%		
投资	1	项目总投资	万元		
	1.1	建设投资（含设备投资）	万元		
	1.2	流动资金	万元		
	1.3	地勘费	万元		
	1.4	其他	万元		

评价分项	序号	项目	单位	指标	备注
成本及费用	1	单位矿石成本费用	元/t		
	1.1	采矿	元/t		
	1.2	选矿（选冶）	元/t		
	1.3	管理费用	元/t		
	1.4	其他	元/t		
	2	单位产品成本费用	元/t		
经济效益分析	1	产品产量			
	1.1	矿种1	t		
	1.2	矿种2	t		
	1.3	矿种3	t		
	2	单位产品销售价格	元/t		
	3	销售收入	万元		
	4	税费			
	4.1	资源税	万元		
	4.2	增值税（销项税与进项税差）	万元		
	4.3	其他税费	万元		
	5	利润总额	万元		
	6	投资利润率	%		
	7	投资回收期	a		
	8	所得税	万元		
	9	税后净利润	万元		
	10	其他经济效果指标			

最终综合分析应考虑工作区市场形势评价、外部建设条件评价、开发利用条件评价、环境影响、工作区矿产资源开发周边环境、经济效益评价等要素，不适应当前或近期市场时，建议矿床无须进行进一步工作。

3.3.5 风险识别分析

矿产资源基地风险研究通常对资源基地未来矿产资源的勘查开发进行初步的风险识别和评估，判断未来勘查开发时可能面临的市场、政策法律、技术、环境保护等方面的风险因素，同时对潜在风险提出应对措施，供将来开发、规划或进一步工作提供参考。通常矿产资源基地评价时资源基地可能存在的风险有资源风险（资源可靠性、矿石可利用性、基础资料可靠性等）、生产风险（基础设施条件、生产成本、生产周期、水资源等）、政策风险（矿业金融政策、矿业财税政策、矿业环保政策等）、市场风险（矿产品价格、市场供需、产品竞争等）、自然生态风险（自然灾害、民族地区以及自然保护区规划等）等五大风险类型，不同地区资源基地风险识别应根据实际情况确定。

　　矿产资源基地风险识别分析通常采用可定性分析，进行矿业项目风险评估时可采用的风险等级分类方法见表3-5，通过该方法对各风险要素进行定性识别和评估。

表 3-5　风险等级定性测评表

可能性	危害程度				
	微小	小	普通	严重	非常严重
频繁					
常见					
偶尔					
少见					
罕见					

　　注：绿色区域为低风险，可忽略；黄色区域为较小风险，采取相应措施不影响项目；橙色区域为高风险，需要改变相应方案来规避这类风险；红色区域代表严重风险，出现这类风险除非有完全的解决措施，否则项目不可行。

3.3.6　区域竞争力分析及建议

　　区域竞争力分析是综合矿产资源基地的外部开发环境、内部开发条件、经济社会效益、风险等众多因素，对区域整体的竞争力做出的分析，为区域矿产资源开发利用提供战略建议、制定总体目标、近期与远期目标、提出相应规划建议。区域竞争力分析常用方法有灰色关联分析法、模糊综合评价法、SWOT 分析法等。鉴于矿产资源基地进行区域分析的主要目的是为后期的开发利用提出相应规划建议，本书介绍在矿产资源规划中有广泛应用且操作性强的 SWOT 分析模型作为区域竞争力分析的主要方法。

3.3.6.1　SWOT 分析含义

　　SWOT 分析是哈佛商学院的 K. J. 安德鲁斯于 1971 年在《公司战略概念》一书中首次提出的。它是将与研究对象密切相关的各种主要内部优势（Strengths）和劣势因素（Weaknesses）、主要外部机遇（Opportunities）和威胁因素（Threats），通过调查罗列出来，并依照一定的次序按矩阵形式把它们排列起来，然后运用系统分析的思想，把各种因素相互匹配起来加以分析，从而制定出相应战略的过程。换句话说，SWOT 分析就是在科学分析的基础上找到研究对象在发展过程中的内部优势和劣势及外部机遇与威胁，并据其进行战略组合，根据不同时期的情况，制定和采取相应的发展战略，其主要思想就是：抓住机遇，强化优势，避免威胁，弥补劣势。通过 SWOT 分析，人们可以全面、系统、准确地分析研究对象的内部条件与外部环境，并制定出与之相适应的发展战略，使得研究对象可以最大限度地利用其内部优势和外部机遇，同时将其内部劣势和外部威胁的影响程度降至最低。目前，SWOT 分析在国内矿业领域的应用相对较少，通常多以简单的优劣势定性分析为主，区域竞争力分析评价指标体系和实际计算实例较少。李锦兰等（2006 年）介绍了 SWOT 分析在矿产资源规划应用中思路和步骤、分析过程、综合分析和战略选择等，为 SWOT 分析在矿产资源规划中的应用提供了参考和借鉴；廖作鸿（2009 年）在研究赣州市矿产资源开发利用现状及存在问题的基础上，结合 SWOT 分析法，对赣州市矿产资源的优势、劣势、机遇和威胁进行了初步定性分析并提出了相应的对策建议；于艳蕊（2014 年）运用 SWOT 分析对我国南方石墨有限公司的优势、劣势、机遇和挑战进行了分析，并提出了相应的发展战略建议，将 SWOT 分析法引入矿产资源生产企业发展经营分析；孙雨霞等（2014 年）运用 SWOT 分析对内蒙古已开发利用矿种内部优劣势和外部机遇、挑战等因素进行定性分析，并提出了相应发展建议；宫昊等（2018 年）利用 SWOT 分析法定性分析了我国地热产业规模化发展所面临的优势、劣势、机遇和挑战；李黎明等（2019 年）借助种群生态学的相关理论分析了中国钢铁产业与国外相关产业的竞争、互利、偏害、偏利关系，运用 SWOT 分析法定性分析了中国钢铁产业的优劣势，并提出了相关对策建议。前人的工作为 SWOT 在区域矿产资源竞争力分析中提供了较好的借鉴和参考。

3.3.6.2 SWOT 分析的总体思路和步骤

A 思路

SWOT 分析包含内部条件分析、外部环境分析和 SWOT 综合分析及重点战略选择。其中内部条件和外部环境分析是基础，通过内部条件和外部环境的分析找到 S、W、O、T；而综合分析则是在 S、W、O、T 基础上评价研究对象内部条件与外部环境总体的优劣程度，并构造 SWOT 矩阵，进行 SWOT 战略组合，最终确定重点战略，提出发展规划对策建议。

B 工作步骤

SWOT 分析的工作步骤如图 3-8 所示。

（1）内部条件分析。通过各种调查研究方法，找出研究对象的内部优势和劣势，一般涉及管理、组织、经营、科技、人力资源、销售等诸多范畴。内部条件分析的作用在于通过分析评价研究对象内部条件的总体优劣程度，发现研究对象自身的优势和劣势并进一步确定关键性影响因素，从而为战略的制定提供内部依据。

```
┌──────────────────┐
│  矿产资源SWOT分析  │
└──────────────────┘
          │
┌──────────────────┐
│   指标体系构建    │
└──────────────────┘
     │          │
┌──────────┐ ┌──────────┐
│ 内部条件分析│ │ 外部环境分析│
└──────────┘ └──────────┘
  │     │      │      │
┌────┐┌────┐┌────┐┌────┐
│优势││劣势││机遇││威胁│
└────┘└────┘└────┘└────┘

┌──────────────────┐
│     综合分析      │
└──────────────────┘

┌──────┐┌──────┐┌──────┐┌──────┐
│SO战略││ST战略││WO战略││WT战略│
└──────┘└──────┘└──────┘└──────┘

┌──────────────────┐
│ 矿产资源开发利用   │
│   战略选择        │
└──────────────────┘

┌──────────────────┐
│   规划发展建议     │
└──────────────────┘
```

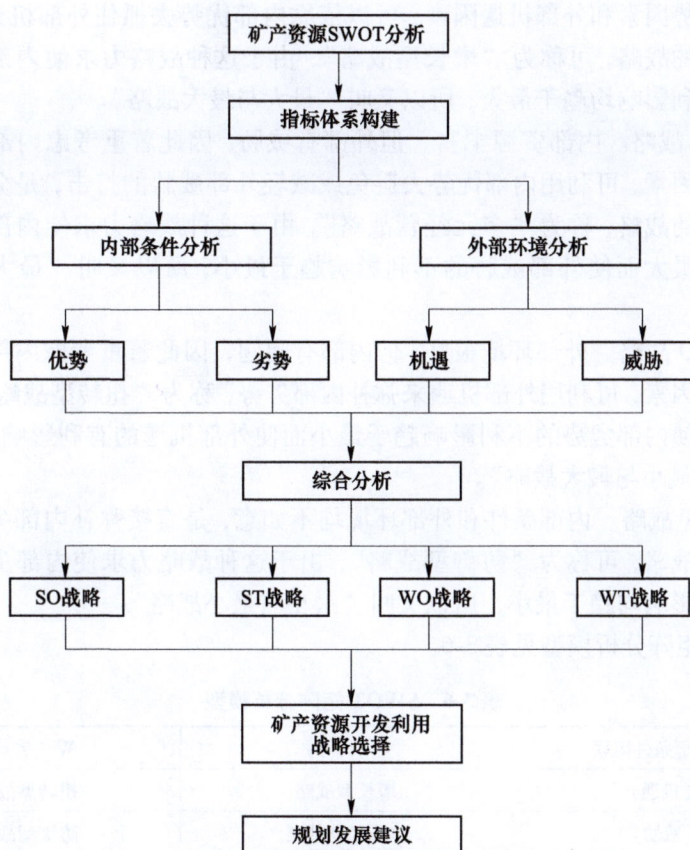

图 3-8 SWOT 分析的工作步骤

（2）外部环境分析。运用各种调查研究方法，找出作用于研究对象的各种外部机遇和威胁因素，一般归类为经济、政治、社会、法律、技术、市场、竞争等不同方面。外部环境分析的作用在于通过分析评价研究对象外部环境的总体优劣程度，找到外部环境中存在的机遇与威胁并确定关键性影响因素，从而为战略的制定提供外部依据。

（3）SWOT 综合分析及重点战略选择。在找出影响研究对象发展的关键性内部条件因素与外部环境因素后，可将这些因素即 S、W、O、T 按照轻重缓急或影响程度等排序方式排列于 SWOT 矩阵中。在此过程中，应将那些对研究对象的发展有直接、重要、久远影响的因素优先排列出来，而将那些产生间接、次要、短暂影响的因素排列在后面或省略。

在合理排列 S、W、O、T 的基础上，将 S、W、O、T 进行交叉组合，形成 SO、ST、WO、WT 战略。其中：

（1）SO 战略。研究对象所面临的内部条件和外部环境都非常好，因此着重考虑内部优势因素和外部机遇因素，可以依靠内部优势去抓住外部机遇，是一种宜大力发展的战略，可称为"增长型战略"，由于这种战略力求使内部优势与外部机遇的有利影响均趋于最大，所以又叫"最大与最大战略"。

（2）ST战略。内部资源丰富，但外部有威胁，因此着重考虑内部优势因素和外部威胁因素，可利用内部优势去避免或减轻外部威胁的打击，是分散风险而实施多元化的战略，称为"多元经营战略"，由于这种战略力求使内部优势的有利影响趋于最大而使外部威胁的不利影响趋于最小，所以又叫"最大与最小战略"。

（3）WO战略。外部环境很好，但内部有问题，因此着重考虑内部劣势因素和外部机遇因素，可利用外部机遇来弥补内部劣势，称为"扭转型战略"，由于这种战略力求使内部劣势的不利影响趋于最小而使外部机遇的有利影响趋于最大，所以又叫"最小与最大战略"。

（4）WT战略。内部条件和外部环境均不如意，是直接弥补内部劣势和避免外部威胁的战略，可称为"防御型战略"，由于这种战略力求使内部劣势与外部威胁的不利影响均趋于最小，所以又叫"最小与最小战略"。

SWOT矩阵分析模型见表3-6。

表3-6 SWOT矩阵分析模型

内、外部条件因素	S（优势）	W（劣势）
O（机遇）	增长型战略	扭转型战略
T（威胁）	多元经营战略	防御型战略

3.3.6.3 SWOT分析在矿产资源基地技术经济评价中的应用

A 矿产资源基地内外部条件分析

（1）构建评价指标体系，对矿产资源基地内部条件、外部环境进行分析。依据我国20种主要矿产近2万个矿山"三率"实地调研大数据分析和专家咨询研讨的基础上，结合区域矿产资源开发利用的特点，本研究确定了影响区域矿产资源竞争力的外部环境指标和内部条件指标共18个指标。影响矿产资源基地开发的外部环境因素通常包括：宏观经济发展、区域资源紧缺程度、外部运输、区域规划及政策、生态环境影响、矿山生产建设条件、民族与稳定、主要矿种矿产品市场情况；内部条件因素包括：区域矿产资源总资源/储量、矿床规模及集中度、矿产资源潜力、矿产资源可利用性、整体生产成本、整体经济社会效益、区域矿产开发可行性、区域科技水平、人员素质及管理水平、矿产品情况。

（2）给各个具体影响因素赋予权重。其数值从0.0（不重要）到1.0（非常重要），权重的大小标志着各因素对矿产资源基地矿产资源开发利用影响程度的高低。权重的确定需结合项目实践，并进行专家意见征询。所有因素的权重总和必须等于1。

（3）对各因素进行评分。以确定各因素对区域矿产资源开发利用的贡献程度，评分标准见表3-7。

表3-7　贡献度评分标准

分值	−5	−3	−1	0	1	3	5
贡献	极差	差	较差	平均	较好	良好	优秀

（4）加权分数。用各个因素的权重乘以其分值，得到各个因素的加权分数。

（5）总分值。分别将所有内部条件、外部环境的因素的加权分数相加，得到内部条件总分值。根据总分值，分别判断区域矿产资源开发利用的内部条件的优劣和外部环境的优劣。

（6）S、W 的选择分析。确定一个分值标准，将各个因素的加权分数与之进行比较，选出加权分数大于该分值标准的因素作为待选因素，再从所有待选因素中选择加权分数最高的 2~5 项为内部优势（S），选择加权分数最低的 2~5 项为内部劣势（W）。对 S、W 进行分析，通过分析找出内部优势与内部劣势所在。

（7）O、T 的选择分析。步骤同 S、W 的选择分析。

B　SWOT 综合分析及重点战略选择

通过对区域矿产资源开发利用的内部条件与外部环境的分析，我们可以得出矿产资源基地矿产资源开发利用的内部条件与外部环境总分值，并与其他区域进行比较，从而判断出本区域矿产资源开发利用的内部条件与外部环境的优劣。

（1）构造 SWOT 矩阵。把 S、W 作为列，把 O、T 作为行，将影响区域矿产资源开发利用的 S、W、O、T 因素根据轻重缓急或影响程度等排序方式，构造 SWOT 矩阵，见表3-6。

（2）确定 SWOT 战略组合。SWOT 战略组合的确定可以采用 SWOT 交叉分析法，即在得到 S、W、O、T 的基础上，将影响区域矿产资源开发利用的 S、W、O、T 因素交叉组合从而得到 4 种不同类型的战略，即 SO、ST、WO、WT 战略。这些战略为下一步根据本区域矿产资源开发利用的具体情况，最终确定最有效的战略提供了备选战略。

（3）重点战略选择。将影响区域矿产资源开发利用的 S、W、O、T 因素在 SWOT 战略选择图上具体定位，可以看出 SWOT 战略选择法为区域矿产资源的开发利用提供了 4 种战略组合，即如前所述的 SO 战略、ST 战略、WO 战略及 WT 战略。SWOT 战略选择图如图3-9所示。

（4）提出发展规划目标建议。结合选择的战略、矿产资源基地的内部优势、劣势，外部环境因素优势、劣势，最终提出矿产资源基地的发展规划目标及相应的发展对策建议。

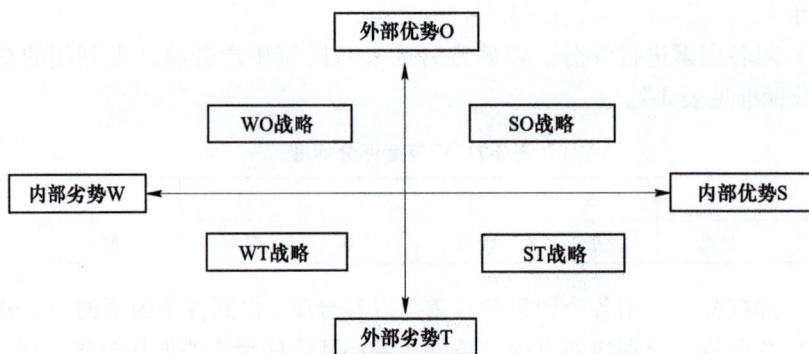

图 3-9　SWOT 战略选择

4 矿产资源基地技术经济评价实例

本章以青海省祁漫塔格金属矿集区为例阐述矿产资源基地技术经济评价技术方法。

4.1 外部条件调查

4.1.1 自然地理

4.1.1.1 地理位置及地形地貌

青海省祁漫塔格金属矿集区位于青海省格尔木市西约 350km，行政区划分属青海省海西州茫崖行委和格尔木市乌图美仁乡管辖，本次研究将该区划分为野马泉工作区、卡尔却卡工作区、拉陵灶火工作区三个区块。地理位置上，该区处青藏高原东北部的柴达木盆地西南缘、东昆仑复合造山带的西段，位于阿其克库勒湖以北呈一向北凸出的弧形山系。地理坐标为：东经 90°45′~94°15′、北纬 36°00′~37°20′，东西全长近 300km，南北宽约 140km，总面积约 42000km²。区内自然景观属柴达木盆地西南缘半干旱荒漠化草原区，山脉属东昆仑山脉西段。总体地势南高北低，南部为浅山，北部为平原区，海拔 2900~5200m，最高海拔 5866m，山顶保存有现代冰川。

4.1.1.2 气候

祁漫塔格地区位于柴达木盆地的西南部，为中纬度高海拔山区，由于受海拔、地形、纬度、大气环流等自然因素的影响，青海形成了独具特色的高原大陆性气候。该区气温地区分布差异大，垂直变化明显，日照时间长，辐射强。全年无霜期 30~90 天，冬季漫长、夏季凉爽。气候具有高寒多风少雨、蒸发强烈、昼夜温差悬殊等典型内陆高原干寒的气候特征。据有关气象资料：区内年平均气温 1.2~3.4℃，每年有 281.9 天平均气温低于 0℃，最低极值-34.3℃，最高极值 31.2℃。历年平均西北风占 38%，最高月份占 60%，年平均风速 5m/s，最大风速 22m/s，八级以上风日数 105 天，多集中在 3~4 月份，1~5 月多西北风，6~9 月多东北风。年平均降雨 14~85.78mm，且多集中在 6、7、8 三个月。年蒸发量大，在 3160.72~2520.85mm 之间。高寒山区气候更加寒冷，降雨（雪）量较多，蒸发量减少，标准年降雨量达 192.5mm，5000m 以上的山峰常年积雪。勘查区现代冰川及冻土发育，6~8月份为暖季，冰川消融、洪水泛滥，多年冻土区转化为人类难以逾越的沼泽。

4.1.1.3 河流

祁漫塔格矿集区内河流均属于内陆河流，水流主要靠季节性降雨及冰川消融补给，河水主要来源为高山融化的冰雪，多为季节性河，仅在夏季有水，中上游水大，至盆地边缘往往干枯，山区水流暴涨暴落，大雨后洪水猛涨，均流入柴达木盆地；本区山势陡峻，沟谷深切，植被稀疏，呈典型高原荒漠景观。区内河流因气候的影响和地势的制约，径流短，水量变化大，间歇性河流居多，长年河流甚少。现将其特征叙述如下。

（1）间歇性河流。主要分布于祁漫塔格山区，源于山脊，这些河流径流长，都在30km左右，流向多呈北、北东及南、南东，流量极不稳定，每年4~5月山区冰雪消融，开始形成涓涓细流（有时断流）；6~8月气温高，降水增多，流量增大，往往在阵雨后形成洪流。9月下旬，气温下降，天气变寒，雪线开始下移，河水逐渐断流。

（2）长年性河流。主要有那陵郭勒（河）、巴音郭勒（河）及台吉乃尔河等，当地矿业发展用水主要以这几条河流为基础。

那陵郭勒（河）。该河不但是区内最大河流，而且也是柴达木盆地诸河之魁。流于昆仑山脉的青新峰（海拔高6800m）。上游地段（包括支流上段）由于山高坡陡（海拔高5000m以上），山体多被冰覆盖。岩石坚硬，河谷狭窄，水流急，砂少清澈。水质好，水化学类型多属 HCO_3—Ca 型，矿化度小于0.5g/L；径流至伦台中游地段，谷地宽广，地势平坦，河床变宽，水流缓慢。因山区边缘地带有第三系红层出露，故支流含较多泥沙汇入，使河水浑浊不堪，则有红水河之称。同时红层中的盐分也大量溶入，使河水水质变劣，水化学类型为Cl劣，矿化度高达0.92~0.95g/L，流经祁漫塔格山地段：河谷狭窄（宽度不足200m），切深达50余米，并有宽仅10余米，长达100余米的峡谷。出山后，在山前倾斜平原之上，呈散流，有时宽达10余千米。并大部分渗漏补给于该平原地下水。余者流至下游与台吉乃尔河相汇，流入东台吉乃尔湖。

河流全长305km。流域面积20100km²。据水文站资料，多年年总流量：最大15亿立方米，最小8.735亿立方米；平均10.67亿立方米。年最大洪水流速419m³/s与最小枯水流速4.03m³/s悬殊达100多倍。多年平均为33.83m³/s。丰水期为6~9月份，四个月径流量占全年的72.9%。最早结冰期为9月下旬，最早封冻期为10月下旬。最迟解冻期为4月上旬，最迟解冰期为4月下旬。枯水期恰是封冻期。可见该河水水文动态，受气候因素的制约。特别是与4000m以上高山区的气温、降雨更为密切。

巴音郭勒（河）。虽主要汇水流域不在测区，但该河水量均渗漏补给测区地下水。因此，有必要将该河的特征予以阐述。

该河源于海拔5000m以上高山区，最高峰达5407m（金里山峰）。流长124km，流域面积1105km^2。平均流量1.324m^3/s。一年之中丰水期为6~9月。一般丰水期水流能进入测区，其余枯水期则出山口10余千米即渗失殆尽。据群访最大洪峰瞬时流量达每秒10余立方米。年径流量0.41765亿立方米（引自甘森—老茫崖1:20万水文地质普查报告）。由于中游有第三系红层分布，因此河水微浑浊。从上游至下游，水化学类型由HCO$_3$—Ca型变至HCO$_3$·CO中CaO中游型，矿化度由0.2g/L变至0.35g/L。

台吉乃尔河。源于甘森及额日腾地区，由地下水溢出的泉、沼泽水汇集形成。流向近似东西向，流长约175km，流入东台吉乃尔湖。流域面积832km^2，河流水量小，且不稳定，瞬时流量0.074~0.483m^3/s，最大为1.12m^3/s。丰水期为融冻翻浆期的5~6月份。由于受构造及地形控制，河上有三个串珠状湖泊，面积8~12km^2。除甘森湖翻浆期的5~6月份有水，为季节性湖泊外，塔尔丁湖及那北湖长年有水，但面积随季节变化。水咸、矿化度高达6.27~60.27g/L。

4.1.1.4 土壤与植被

结合对祁漫塔格矿集区当地调查及当地环保局资料，该区土壤主要以灰棕漠土为主，地表呈砾质戈壁相，灰棕漠土成土母质为冲洪积物、风积物，质地以粗骨性为主，细土物质少。

由土壤质地和当地干旱性气候决定，该区植被稀少，绝大部分地区地表无植被，仅在局部地区零星分布有耐旱的唐古特白刺、柽柳等灌丛，植被覆盖度≤5%。

根据青海省土壤侵蚀普查结果，该区土壤侵蚀以风力侵蚀为主，由于降水少、地形坡度小、植被覆盖度低，风蚀强度级别为强，土壤侵蚀量5000~8000t/（km^2·a）。

4.1.2 社会经济

4.1.2.1 人口及工资

祁漫塔格矿集区主要位于青海省格尔木市周边辐射区，区内人口主要集中于格尔木市。2015年全年全市常住人口为235724人。据公安部门户籍人口及其变动情况报表显示，年末全市户籍总户数50551户，总人口134841人，比上年减少1058人。矿区属干寒荒漠区，附近居民非常少，居民以蒙古族、藏族为主，大都从事牧业生产，基本上为游牧生活，矿山建设及生产不会对居民造成影响，当地各民族牧民对矿业开发无抵触情绪，区内劳动力充足，为矿产资源的开发提供了很好的人力资源。

2014年，格尔木市城镇常住居民人均可支配收入25616元。格尔木市农村常住居民人均可支配收入 14297 元。根据青海统计厅统计数据，2014 年青海省采矿业平均工资水平为 80349 元/a，见表 4-1 可知采矿业在各行业中名列前茅，常驻居民的收入还有较大程度的提升空间，因此，推动当地矿业开发对推动当地居民的收入水平有重要意义。

表 4-1　2014 年青海省各行业收入情况

行　业	收入/元
农、林、牧、渔业	35721
采矿业	80349
制造业	51123
电力、燃气及水的生产和供应	66310
建筑	45305
批发及零售	41919
交通运输、仓储、邮政	66578
住宿、餐饮	35311
信息技术服务	60662
金融	77354
房地产	36842
租赁和商务服务	36173
科学研究和技术服务	61636
水利环境和公共设施管理	44605
居民服务、修理和其他服务	33526
教育	63976
卫生、社会工作	55761
文化体育娱乐	55759
公共管理、社会保障	59497
平均	57084

4.1.2.2　基础设施

祁漫塔格矿集区主要位于青海省西部，通过几十年的建设发展，该区及周边基础设施条件大大改善，青藏铁路纵贯全区，随着青藏铁路格拉段复线及电气化改造，柴达木矿业经济区铁路运输能力大大提高，青藏公路、青新公路横贯经济区南北，使得柴达木矿业经济区交通条件对矿产资源的开发支持力度大幅提高。区域上，柴达木盆地内已形成 330kV·A 南北双回路电网，为资源开发提供了良好的电力保障。格尔木机场经扩能改建，已开通拉萨、北京、西安、成都及西宁的定期航班，形成了便捷的陆空交通网络。中华人民共和国成立前，该区及周边地区仅有茶卡、乌兰、都兰等游牧季节性定居点，随着经济社会发展，区内因矿产资源开发出现了许多新兴城镇，主要有格尔木市（油气化工、盐化工）、德令哈（盐化工、建材化工）、大柴旦（盐湖化工、贵金属开发）、茫崖（石棉开发）、冷湖、花土沟（石油开发）、锡铁山镇（有色金属开发）等。这些城镇为矿产资源开发提供了较好的后勤和通信、金融等服务业保障。根据当地实际生产情况，祁漫塔格矿集区矿产品开发出来之后，经粗加工后，首先经公路运送至格尔木市，公路运输成本单价大致为 0.2~0.3 元/（km·t）（矿山运输距离根据矿山实际情况差异较大）。

综上所述，区内大规模资源开发和建设新的资源开发加工基地的条件已经具备。

在现有的交通条件基础上，区内交通条件会进一步改善，根据格尔木市经信委《"十三五"工业和信息化规划》，"十三五"期间该区基础设施将会进一步完善，对于矿业开发的条件也将更加完善。

铁路：将建设格敦线（格尔木至敦煌）、格库线（格尔木至库尔勒）、格成线（格尔木至成都）三条干线铁路，其中格尔木市境内共 1869.6km。建成后祁漫塔格矿集区矿产资源主要集散地——格尔木市外部的铁路通道将由目前的一条变为四条，衔接方向也将扩展为西宁、拉萨、敦煌、库尔勒及成都 5 个方向。同时，该市也规划建设贝正实业铁路专用线、中浩烯烃铁路专用线、青海矿业烯烃铁路专用线、神华格尔木市电厂铁路专用线、大美煤业烯烃铁路专用线、庆华钢铁工业站铁路专用线、黄河矿业铁路专用线、藏青工业园铁路专用线八条地方铁路，共 242.5km。

公路：区内预计规划建设西宁至和田公路东岭丘界至青海锂业界段普通国道，建设马鬃山口岸至宁洱公路涩北至察尔汗段和马鬃山口岸至宁洱公路格尔木至察尔汗段普通国道。争取开工建设格尔木至拉萨段京藏高速，格尔木至茫崖至库尔勒高速公路，格尔木至玉树公路。这些公路建设将进一步完善祁漫塔格矿集区的公路运输能力。

民航：预计开通格尔木机场改扩建工程，提升旅客接待能力，开通格尔木市至成都、乌鲁木齐、北京、上海等航线。

电力、能源：预计区内将建设 4×660 兆瓦燃煤电站、光热发电等项目，推进格—哈油气管道，规划建设 800 万吨原油储备库和 400 万吨成品油储备库。逐步开发那棱格勒河、格尔木河水能资源。区内努力将 ±800kV 直流或者 1100kV 交流输变电项目纳入省级乃至国家"十三五"电网规划，并建设 330kV、750kV 等配套接入系统，输送绿色能源到华中和华东负荷中心，为东中部城市生态环境建设做出积极贡献。这些建设在一定程度上也保证了矿集区对能源、电力等的使用。

4.1.2.3 工业发展情况

青海祁漫塔格矿集区内主要工业基本位于格尔木市，格尔木以其丰富的自然禀赋资源、得天独厚的地理条件和自然友善的人文环境被世人称为"盐湖城""聚宝盆"。格尔木工业经济在地区生产总值中占有七成以上比重，贡献巨大。格尔木是柴达木循环经济试验区建设的主战场，也是全国优质钾肥生产基地，工业经济是全市主导产业。该市主要以三大支柱产业（盐湖化工、油气化工、金属选冶）为核心，三大新兴产业（新材料、新能源、装配制造业）为补充、特色轻工业（昆仑玉、矿泉水、枸杞加工）为支撑的循环工业经济体系。目前，光伏发电、风力发电并网分别达到 1361 兆瓦和 99 兆瓦。

截止到 2013 年底，规模以上工业企业户数达 44 家，完成工业增加值 212.6 亿元，全部工业完成总产值 421.49 亿元，完成工业增加值 224.08 亿元，占 GDP 的 70.3%，列入统计的工业产品达到 36 种。区内新开项目有：青海盐湖工业股份有限公司镁钠资源综合利用金属镁一体化和新增百万吨氯化钾项目、格尔木炼油厂产品质量升级改造项目、青海中浩天然气化工有限公司 60 万吨甲醇项目、青海矿业有限公司 120 万吨烯烃多项国家或省级重点项目落地并开工建设，初步形成炼油及甲醇—甲醇衍生物、铁矿采选—球团—钢铁一体化产业链、有色金属冶炼—有色金属冶金等新能源产业链、盐湖产品精深加工产业链、煤化工-烯烃产业链和 PVC 精深加工产业链雏形，配建大型物流中心、大型非标设备制造项目和积极发展矿泉水、昆仑玉、有机枸杞加工等生活性消费品工业产品。截至 2015 年，整个青海省矿业开发总产值 10000 万元以上的矿产有 15 种，依次为：石油、天然气、钾盐、煤炭、铜矿、铅矿、锂矿、金矿、铁矿、玉石、水泥用灰岩、矿泉水、盐矿、石棉、砖瓦用黏土。矿业开发总产值增加 10000 万元以上的矿产有 4 种，依次为：钾盐增加 123154.37 万元，锂矿增加 50995 万元，矿泉水增加 12659.5 万元，铁矿增加 11254.63 万元，以上矿种共增加 198063.5 万元。全省矿业开发从业人员年人均产值 54.7 万元/人，其中祁漫塔格矿集区所处的海西州为 71.59 万元/人。

此外，格尔木市投资规模不断扩大，"十二五"期间全市累计完成工业投资 912.4 亿元、年均增长 82.5%。盐湖资源综合利用、国Ⅳ汽（柴）油升级改造、600 万吨铁矿石采选、29.6 万吨矿泉水等一批项目达标达产，金属镁一体化、5.6 万吨镁合金、120 万吨球团等装置基本建成。"十二五"末，全市钾肥产能近 700 万吨、石油炼化能力达到 150 万吨，光伏、风力并网装机容量为 2148 兆瓦和 148.5 兆瓦，格尔木跻身国家循环经济示范城市，成为全国并网装机容量最大的光伏发电产业园区之一。根据当地经信委产业规划，"十三五"期间，格尔木市有色冶金产业将进一步发展。该区将实施镍资源精深加工（矿集区内的夏日哈木矿床本区将重点打造镍钴矿—镍精矿—低冰镍—高冰镍—硫酸镍/电解镍/羰基镍、镍钴矿—镍精矿—炉渣—微晶玻璃等建材产品，镍钴矿—镍钴渣—硫酸钴—

纯净氯化钴—氯化钴，镍钴矿—镍钴渣—硫酸钴—次氯酸钠沉钴—阴极钴等产业链条）、粗铅锌电解、钢铁一体化等项目，"十三五"末预计建成千万吨级采选基地、百亿元有色金属冶炼产业集群和百万吨钢铁产能，随着这些项目的建设实施，都将祁漫塔格矿集区的资源开发销售创造有利条件。

4.1.2.4 矿产开发利用现状

如表 4-2 和表 4-3 所示，截至 2013 年，青海省有大型矿山 36 家，中型矿山 50 家，小型矿山 390 家，小矿 503 家，分别占全省矿山总数的 3.67%、5.1%、39.83%、51.37%。青海省矿业开发实现利润总额 878750.1 万元。实现利润 1000 万元以上的矿产共有 13 种，依次为：石油、天然气、钾盐、煤炭、铜矿、铅矿、金矿、砖瓦用黏土、玉石、建筑用砂、水泥用灰岩、镁盐矿、建筑用花岗岩。其中铜矿、铅矿、钾盐等为本矿集区重要矿产。在各类型矿山中，大型矿山产值最大，对就业的带动最大，青海省不同类型矿山从业人数如图 4-1 所示。青海省不同类型矿山产值如图 4-2 所示。

表 4-2　2013 年度青海省矿产资源开发利用情况分矿山规模统计表

| 规模 | 矿山企业数/个 | 从业人员/个 | 年产矿量 | | | 工业总产值/万元 | 工业增加值/万元 | 综合利用产值/万元 | 矿产品销售收入/万元 | 利润总额/万元 |
			固体矿/万吨	液体矿/万吨	气体矿/万立方米					
合计	979	71825	9967.17	234.81	680624	3928478.55	2089713.98	137230.18	3314374.77	878750.1
大型	36	41728	5453.39	218.46	680624	3150136.88	1761574.99	53034.49	2838686.87	783994.14
中型	50	10555	3048.92	0.2		554942.96	252592.73	39119.27	311308.25	84480.2
小型	390	9828	901.7	16.15		135823.12	35284.15	14214.92	107494.13	3472.24
小矿	503	9714	563.16			87575.59	40262.11	30861.5	56885.52	6803.52

表 4-3　2013 年度青海省矿产资源开发利用情况分行政区统计表

| 名称 | 矿山企业数/个 | 从业人员/个 | 年产矿量 | | | 工业总产值/万元 | 工业增加值/万元 | 综合利用值/万元 | 矿产品销售/万元 | 利润总额/万元 | 人均产值/万元 |
			固体矿/万吨	液体矿/万吨	气体矿/万立方米						
合计	979	71825	9967.17	234.81	680624	3928478.55	2089713.98	137230.18	3314374.8	878750.1	54.70
西宁市	145	8561	539.82		0	69254.7	22975.6	3803.5	69254.7	5280.2	8.09
海东市	292	5537	742.02	0.27	0	47230.36	4477.72	1302.35	46003.95	7184.2	8.53
海北藏族自治州	121	4406	227.89		0	121244.73	43764.73	165	18526.7	2572.74	27.52

续表4-3

名称	矿山企业数/个	从业人员/个	年产矿量			工业总产值/万元	工业增加值/万元	综合利用值/万元	矿产品销售/万元	利润总额/万元	人均产值/万元
			固体矿/万吨	液体矿/万吨	气体矿/万立方米						
黄南藏族自治州	51	923	66.46		0	3775	294.3	346	2259.9	1130.6	4.09
海南藏族自治州	69	2295	171.77	14.08	0	40434.17	8804.4	5682.49	32212.29	2866.84	17.62
果洛藏族自治州	6	773	301.75		0	128118	94024	0	112007	65299	165.74
玉树藏族自治州	4	208	4.15		0	1858	539.86	0	1304.71	-612.32	8.92
海西蒙古族藏族自治州	291	49122	7913.31	220.46	680624	3516563.59	1914833.37	125930.84	3035805.5	795028.84	71.59

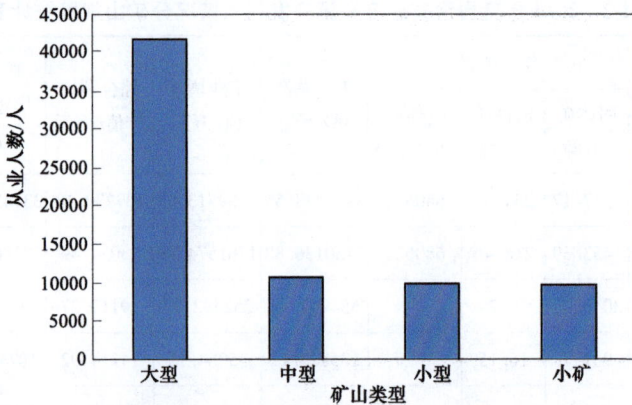

图4-1　青海省不同类型矿山从业人数

祁漫塔格矿集区所处的海西州2013年矿山企业为291个，实现工业总产值3516563.59万元，矿产品销售收入为3035805.53万元，在青海各州中位列第一，主要矿种为铁、铅锌、镍等，该区已建成的大型矿山和中型矿山主要有格尔木庆华矿业有限责任公司、肯德可克铁矿、青海鸿丰伟业矿产投资有限公司格尔木市拉陵高里河下游、青海胜华矿业等公司，其余矿山主要以小型矿山为主，区内建成大中型矿山企业较少，尚待进一步开发。

该区依托资源开发发展的城镇：格尔木市（油气化工、盐化工、冶炼）、大柴旦（盐湖化工、贵金属）、茫崖（石棉、有色金属）、冷湖（有色金属）、花土沟（石油）、锡铁山（有色金属）等，矿产资源的开发对当地的发展城镇建设具有积极重要作用。

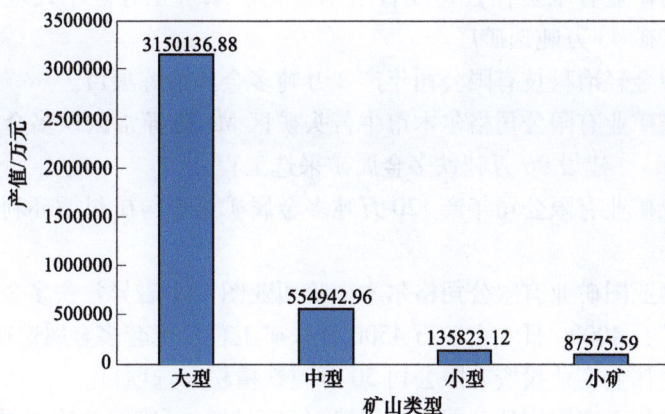

图 4-2 青海省不同类型矿山产值

4.1.2.5 区内十三五规划配套基础设施项目

根据格尔木市经信委《"十三五"工业和信息化规划》，十三五期间区内进一步规划建设发展交通、能源、管道运输、矿产资源冶炼等项目，为该区资源的开发提供有力的保证。

综合交通：铁路。格尔木至库尔勒铁路、格尔木至成都铁路、青藏铁路格尔木至拉萨段扩能改造、西宁至格尔木开通动车、塔尔丁至肯德克可至卡尔却卡地方铁路、120 万吨烯烃、格尔木燃煤电站、格尔木昆仑山矿泉水支线等铁路专用线、泰山路跨铁立交桥等。

公路。格尔木至拉萨高速公路、夏日哈木镍钴矿进场道路等。

民航。格尔木机场改扩建、格尔木通用机场等。

管道运输。中哈石油管线新疆至格尔木延伸工程、格尔木至拉萨输气管线。

能源保障：神华格尔木 4×66 万千瓦火电项目。一期装机 132 万千瓦。

格尔木那陵格勒河一级、四级电站项目。设那陵格勒河一级 30 兆瓦及四级 12 兆瓦。

格尔木昆开 330kV 变电站建设项目。

察尔汗基地团结湖 330kV 变电站建设项目。

察尔汗基地工业区 330kV 变电站建设项目。

格尔木市察尔汗园区局域电网改造工程。

格尔木至华中 ±800kV 特高压电力通道项目（双回）。建设格尔木至华中 ±800kV特高压电力输送线路及配套设施。

抽水蓄能电站项目。2400 兆瓦抽水蓄能电站等。

矿产有色冶金项目：青海矿冶煤化集团有限公司钢铁一体化项目。

青海黄河矿业有限责任公司夏日哈木镍钴矿采选工程。年处理矿石 561 万吨，年产镍精矿 43 万吨选矿厂。

格尔木中金轻冶科技有限公司年产 2 万吨多金属冶炼项目。

青海鸿鑫矿业有限公司格尔木市牛苦头矿区 M1 磁异常区铁多金属矿采选项目（含尾矿库）。建设 96 万吨铁多金属矿采选工程。

青海海亚矿业有限公司年产 120 万吨多金属矿尾渣与矿料循环利用综合回收熔炼项目。

青海哈西亚图矿业有限公司格尔木市哈西亚图 C11 磁异常铁多金属矿采选项目。建设铁矿石 4000t/日、金矿石 450t/日采矿工程及配套多金属选矿厂。

青海昆龙伟业实业投资有限公司 50 万吨铁精粉采选项目。

青海俊民化工有限责任公司重金属铬（红矾钠）污染综合治理项目。

华信 10 万吨有色固废渣综合回收利用项目。

格尔木西豫有限公司铜浮渣项目。

格尔木豫源有限责任公司年产 8 万吨电解铅及综合回收项目。

4.1.3 政策法规

对于祁漫塔格地区的矿业发展来说，该区域对矿产资源开发十分重视，中共青海省委、省人民政府制定了"改革开放、治穷致富、开发资源、振兴青海"的战略方针的和一系列优惠政策，地方各级人民政府也为资源开发创造了较为宽松的环境，这些都是该矿集区矿产开发较为有利的内在条件。

在《全国主体功能区规划》（2010）中，祁漫塔格地区地处兰州-西宁地区，该区为国家的重点开发区，国家对该区域功能定位为："全国重要的循环经济示范区，新能源和水电、盐化工、石化、有色金属和特色农产品加工产业基地，西北交通枢纽和商贸物流中心，区域性的新材料和生物医药产业基地。"从全功能区规划来看，该区定位有利于区域内的矿产资源的开发。

2014 年 4 月 24 日，十二届全国人大常委会第八次会议表决通过了《环保法修订案》，新法已经于 2015 年 1 月 1 日施行。新《环保法》对持续性的环境违法行为进行按日、连续的罚款，对于非法偷排、超标排放、逃避检测等行为，违反的时间越久，罚款越多。新《环保法》施行"按日计罚"之后，罚款数额上不封顶，将倒逼违法企业迅速纠正污染行为。对于矿山企业，在未来矿山生产中也要注重生态环境的建设，杜绝废石尾矿等的非法排放行为。《中华人民共和国固体废物污染环境防治法（2016 修正）》第十四条规定"建设项目的环境影响评价文件确定需要配套建设的固体废物污染环境防治设施，必须与主体工程同时设计、同时施工、同时投入使用。固体废物污染环境防治设施必须经原审批环境影响评价文件的环境保护行政主管部门验收合格后，该建设项目方可投入生产或者使用。对固体废物污染环境防治设施的验收应当与对主体工程的验收同时进行。"
第三十六条规定："矿山企业应当采取科学的开采方法和选矿工艺，减少尾矿、
矸石、废石等矿业固体废物的产生量和贮存量。"对于该区未来矿业开发在固体
废弃物的排放方面有了较好的指导作用。《中华人民共和国环境保护税法》第五
条规定："企业事业单位和其他生产经营者贮存或者处置固体废物不符合国家或
者地方环境保护标准的，应当缴纳环境保护税。"通过该法案得出，企业在未来
开发矿产资源时，必须考虑到废石和尾矿的合理妥善处置。

环境保护税税目税额表（部分）见表4-4。

表4-4 环境保护税税目税额表（部分）

税 目		计税单位	税额/元	备注
大气污染物		每污染当量	1.2~12	
水污染物		每污染当量	1.2~12	
固体废物	煤矸石	每吨	5	
	尾矿	每吨	15	
	危险废物	每吨	1000	
	冶炼渣、粉煤灰、炉渣、其他固体废物（含半固态、液态废物）	每吨	25	

2016年底，青海省颁布了《青海省矿产资源总体规划（2016—2020年)》
（以下简称《规划》），规划提出以生态文明理念统领矿产资源勘查开发大局。
《规划》提出要提升基础性公益性地质调查服务水平，服务新型工业化、信息
化、城镇化和农业现代化发展。发展创新机制，推进找矿突破战略行动，夯实资
源基础。加强尕斯库勒—涩北油气等8个资源产业基地建设，提升矿业发展水
平，稳定资源供应能力。强化木里等37个重点矿区监管，规范矿产资源开发利
用秩序。坚持生态保护第一，大力推进绿色勘查和绿色矿山建设，加强矿山地质
环境治理恢复和矿区土地复垦，加快转变矿业发展方式。通过《规划》得出，
未来青海矿产资源开发以"生态保护第一"为宗旨，以资源安全保障为目标，
以提升矿业发展质量和效益为中心。

根据《青海省矿产资源管理条例》（以下简称《条例》），对从矿产资源的勘
查到矿产资源的开发、矿业权转让、矿业活动监督管理等方面都有比较具体的要
求。《条例》第五条"各级人民政府应当加强对本行政区域内矿产资源的保护工
作，坚持统一规划、合理布局、综合勘查、合理开采、综合利用的方针，实施可
持续发展战略"，《条例》第八条"在民族自治地区开采矿产资源，应当照顾民
族自治地区的利益，做出有利于民族自治地区经济建设的安排，照顾当地少数民
族群众的生产和生活"，《条例》第十条"勘查、开采矿产资源，应当加强矿山

环境和生态环境保护，坚持谁开发，谁保护；谁破坏，谁赔偿；谁污染，谁治理的原则，防止环境污染、植被破坏和水土流失"可以得出：合理评价、规划、开发当地矿产资源是必要的。由于该区地处少数民族地区，当地政府高度重视民族自治地区经济建设及当地少数民族群众的生产和生活，因此在矿产资源开发时，应将民族地区作为评价的一个重要因素。此外，在该区开发矿产资源应当重视环境保护。

4.1.4　各矿种资源储量全国占比

祁漫塔格矿集区资源丰富，区内金属矿种有铁、镍、铅、锌、铜、银、金、钼等资源，主要的优势矿产有铁、镍、铅、锌等。对区内重要矿产资源的市场现状进行研究，了解该区相关矿种资源在全国、全球的资源分布、供给、需求、市场价格及趋势，对于该区资源的开发提供市场方面的参考，避免资源的盲目开发。

各矿种查明资源储量全国占比如图 4-3 所示。

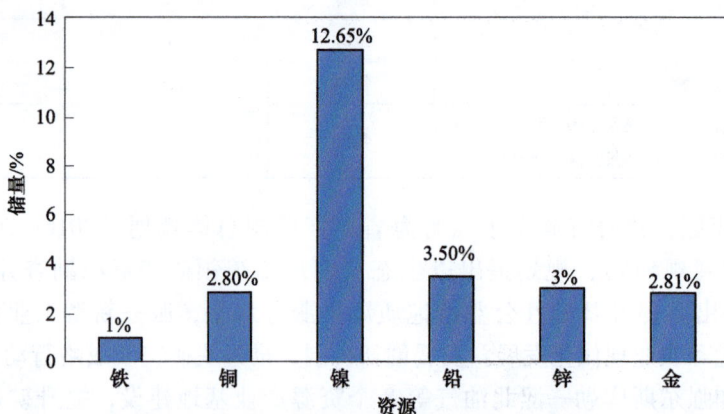

图 4-3　各矿种查明资源储量全国占比

总体来说，青海省资源丰富，根据国土资源部统计年鉴，2014 年青海省铁矿资源储量达到 5.77 亿吨，铜矿 212 万吨，镍矿 117 万吨，铅矿 222 万吨，锌矿资源达 452.1 万吨，金资源 237 吨，与丰富的矿产资源形成明显的差距是当地资源开发水平较低，比如铁矿生产能力仅为 152 万吨，铜开采量仅为 6.17 万吨，镍开采量仅为 0.15 万吨，铅开采量 6.13 万吨，锌开采量 10.23 万吨，各矿种查明资源储量及采矿生产能力如图 4-4 所示。按照现今产能，优势矿产的资源保障年限均在 30 年以上，当地资源开发的经济社会效益未能完全释放。具体到祁漫塔格矿集区，区内优势矿产铁矿资源储量达到 2.46 亿吨，镍矿 106 万吨，锌矿 171 万吨，铅矿 77 万吨，优势矿产在青海省所占比重较高。各矿种按现阶段生产能力资源保证年限如图 4-5 所示。

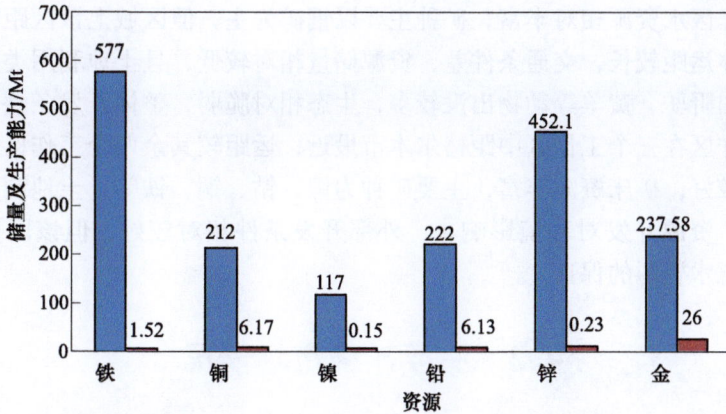

图 4-4　各矿种查明资源储量及采矿生产能力

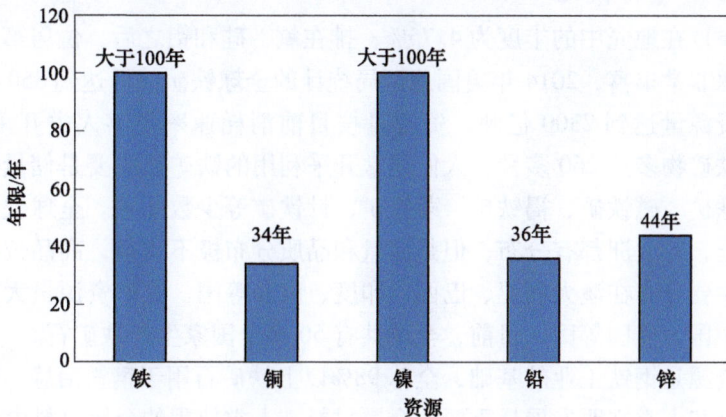

图 4-5　各矿种按现阶段生产能力资源保证年限

4.1.5　祁漫塔格矿集区技术经济要素图

结合祁漫塔格矿集区资源分布情况、交通情况、水资源分布、电力供应、土地利用类型和矿床分布情况等内容，编制了该区技术经济要素分布图，为了解该区区域上资源开发的整体外部条件提供参考。主要要素为：矿床分布、各矿种资源/储量、矿权分布、公路、供电设施、能源供应设施、水资源分布、土地利用类型、规划建设配套设施等要素。

对比三个工作区，野马泉工作区矿床分布较多，资源较丰富，矿种主要以铁、铅、锌等矿种为主，道路条件相对较好，区内水资源整体上能满足该区资源的开发，并且该区大部分矿床位于土地荒漠区，资源开发时对环境扰动相对较小，但区域上开发时外部劣势为距格尔木市较远，运距较长，影响生产成本。卡尔却卡工作区水资源相对丰富，矿种主要以铜矿为主，但区域上该区距格尔木市较远，整体运距较长，交通条件差，资源储量相对较低，且土地利用类型主要为草地，区内野驴、黄羊等动物出没较多，生态相对脆弱，整体开发条件较差。拉陵灶火工作区在三个工作区中距格尔木市最近，运距较其余两个工作区最短，且道路条件较好，矿床资源丰富，主要矿种为镍、钴、铜、铁等，土地利用类型主要为荒漠，资源开发对环境影响小，外部开发条件相对较好，但该区资源开发时，应注意水资源的保证。

4.2 主要矿种市场情况

4.2.1 铁

4.2.1.1 资源概况

铁（Fe）在地壳中的丰度为 4.75%，排在氧、硅和铝之后，位居第四位。全球铁矿资源非常丰富，2014 年美国地调局统计的全球铁矿储量达到 850 亿吨，估算的铁矿资源量达到 2300 亿吨，资源量按目前消耗速率足够人类开采 150 年。已知的含铁矿物多达 260 多种，人们通常开采利用的铁矿物主要是储量大、铁含量高的赤铁矿、磁铁矿、褐铁矿、菱铁矿、针铁矿等少数几种。全球铁矿资源地理分布广泛，各大洲都有分布，但是储量和品质分布极不均衡，高品位易开采的铁矿资源主要分布在澳大利亚、巴西、印度、南非等国，铁矿资源量大的国家为俄罗斯、中国、美国等国。目前，全球共有 50 多个国家生产铁矿石。

铁矿资源是钢铁工业的基础，全球 98% 以上铁矿石用于钢铁冶炼。钢铁是促进人类社会和人类文明发展最重要的金属材料，人类使用的金属材料中 90% 以上是钢铁，2015 全球钢产量达到 16.4 亿吨，钢铁是国防、工业、农业、交通运输、建筑等国民经济各个领域中应用最广泛和用量最大的一种金属，是现代工业的基础产业。全球钢铁应用领域分布如图 4-6 所示。

4.2.1.2 各国铁矿储量和产量

据美国地调局数据，截至 2015 年，全球铁矿石探明储量为 1900 亿吨，铁金属储量为 850 亿吨，矿石储量为 186 亿吨，储量前三的国家为澳大利亚占 28.23%，俄罗斯占 16.47%，巴西占 14.12%，中国占 8.47% 排名第四，随后是印度占 6.12%，美国占 4.12%，加拿大占 2.71%，乌克兰占 2.71%，这 8 个国家占到全球铁矿资源储量的 80% 以上。

2015 年全球铁矿石产量为 22.1 亿吨，产量前三的国家为澳大利亚占 37.28%，巴西占 19.37%，中国占 11.95%，其次是哈萨克斯坦占 11.31%，印度

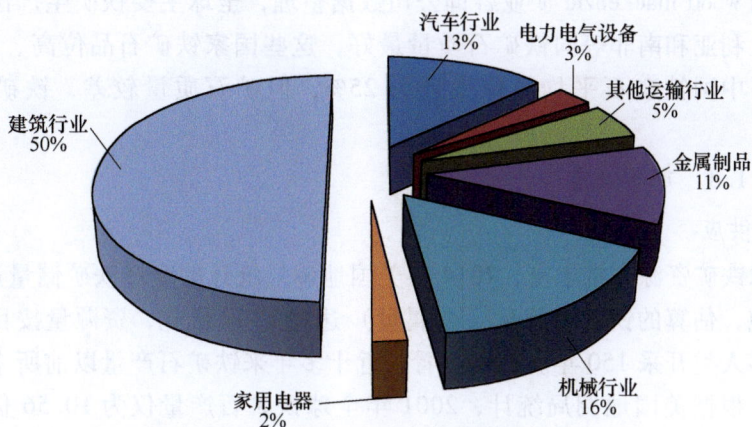

图 4-6　世界钢铁应用领域分布

占 5.84%，俄罗斯占 5.07%，这 6 个国家占到全球铁矿石产量的 90% 以上。全球铁矿资源储量和产量分布详情见表 4-5。

表 4-5　2015 全球各国铁矿资源储量产量分布

国家	储量（金属量）/百万吨	储量占比/%	产量/百万吨	产量占比/%
美国	3500	4.12	43	1.94
澳大利亚	24000	28.23	824	37.28
巴西	12000	14.12	428	19.37
加拿大	2300	2.71	39	1.76
中国	7200	8.47	264	11.95
印度	5200	6.12	129	5.84
伊朗	1500	1.76	33	1.49
哈萨克斯坦	900	1.06	25	11.31
俄罗斯	14000	16.47	112	5.07
南非	650	0.76	80	3.62
瑞典	2200	2.59	37	1.67
乌克兰	2300	2.71	68	3.08
其他国家	9500	11.17	125	5.66
全球	85000		2210	

根据 wood mackenzie 矿业咨询公司数据整理，全球主要铁矿生产国中，巴西、澳大利亚和南非等国铁矿石质量最好，这些国家铁矿石品位高、杂质少，储量大，中国铁矿石平均品位大致为 25%，但矿石质量较差，铁矿石品位较低。

4.2.1.3　市场供需

A　供应

全球铁矿资源非常丰富，2014 年美国地调局统计的全球铁矿储量达到 850 亿金属吨，估算的铁矿资源量（金属量）达到 2300 亿吨，资源量按目前消耗速率足够人类开采 150 年。整体上看，近十多年来铁矿石产量以前所未有的速度增长。根据美国地调局统计，2001 年全球铁矿石产量仅为 10.56 亿吨，此后一直到 2008 年，铁矿石产量呈逐年飞速攀升的态势，产量增长迅速。2009 年，受全球金融危机的影响，全球铁矿石产量出现了连续 7 年增长后的首次下降，同比 2008 年下降 6.2%，为 15.88 亿吨。全球主要铁矿石生产国除澳大利亚和南非等少数国家外，大部分国家铁矿石产量均出现下滑。2010 年之后随着全球经济的逐步复苏，全球铁矿石产量恢复上涨。2011 年全球铁矿石产量创下纪录，达 19.23 亿吨。近年来则维持上涨的趋势，近 100 年铁矿石产量变化趋势如图 4-7 所示。

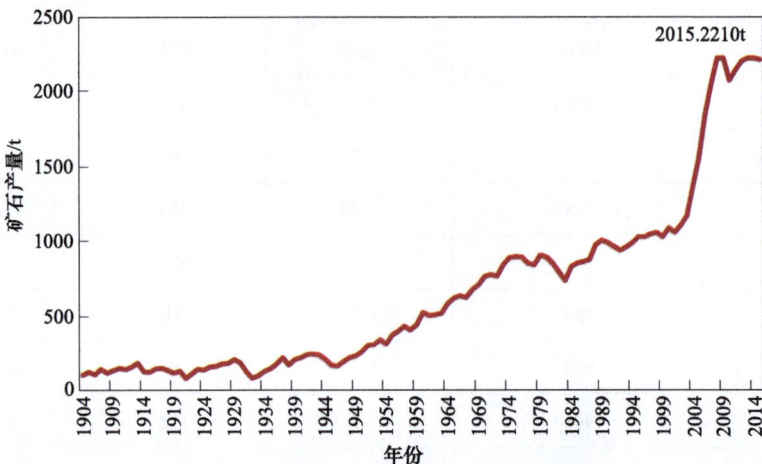

图 4-7　过去百年全球铁矿石产量变化趋势

根据美国地调局估算，全球铁矿资源平均品位在 46% 左右，赤铁矿是全球铁矿资源储量最大的矿石类型，其次是磁铁矿，然后是混合矿类型及褐铁矿、菱铁矿等。目前全球铁矿石生产由高品位赤铁矿山资源主导，高品位赤铁矿大约占全球产量的 60%~70%，磁铁矿的产量占全球产量的 30% 左右。高品位赤铁矿主要生产国为澳大利亚、巴西、南非和印度等国，这些国家的铁矿资源以赤铁矿为主，原矿平均品位也比较高，赤铁矿一般仅需要破碎、筛分、洗涤、脱泥的简单选矿工艺，一般收率较高，生产成本较低。磁铁矿主要生产国是中国、北美、瑞典、俄罗斯等国，这些国家的铁矿资源以磁铁矿为主，磁铁矿品位通常较低，一般需要破碎、磨矿、磁选、浮选等选矿工艺处理，才能获得高品质的铁精粉产品，生产成本较高。近年来，传统的赤铁矿生产国的高品质赤铁矿资源减少，赤铁矿商品品位呈现下降趋势。全球磁铁矿产量比例有所上升，澳大利亚和北美都在努力扩大磁铁矿产量。

从生产商来看，全球铁矿石生产的公司主要有淡水河谷（Vale）、力拓（RioTinto）、必和必拓（BHP）、福蒂斯丘（FMG）、英美资源等，其中排名前四的淡水河谷、力拓、必和必拓、福蒂斯丘2014年铁矿石产量分别为3.19亿吨、2.95亿吨、2.19亿吨和1.60亿吨，总量为9.93亿吨，占到全球铁矿石总产量的近50%，铁矿石贸易量占到全球贸易量的70%以上。尽管铁矿石价格因为供应过剩而下跌迅猛（2015年下跌至60美元/t以下），但各大矿业巨头仍有不同程度的扩产，这是由于大企业的矿石资源品质好和矿山生产的规模效应，从而具备铁矿石生产成本较低的优势，随着大企业的扩产，将进一步压缩全球高成本铁矿生产的生存空间。按照四大矿商的生产计划，较2015年，2016年四大矿将增加铁矿石产量约5000万吨，铁矿石的产量增速有所下降（2011年前后四大矿投入形成的产能释放逐步接近尾声，而后续扩产投入没有之前的规模大）；Roy Hill等优质项目新增产量1000万~2000万吨。伴随着这些企业的扩产，全球铁矿石供应市场将仍然宽松。

B　需求

全球铁矿石的消费地区主要集中在钢铁的主要生产地，主要为中国、日本、东盟、印度、欧盟、美国以及俄罗斯等。随着全球经济从2010年逐步回升，以中国、印度等为代表的新兴经济体仍将会保持较快的发展速度，对铁矿石的需求总量呈增长态势。但是从近年世界经济的表现情况来看，发达经济体特别是欧洲和日本经济复苏和增长迟缓，对铁矿石需求的恢复和增长并不明显，而美国经济增长较为稳健，但对铁矿石需求的增长幅度比较有限，总体而言，全球铁矿石需求整体上保持了一个温和的上涨趋势，短期内铁矿石供大于求的局面仍然存在。中长期来看，随着四大矿扩产完成、高成本矿退出市场，中国对铁矿石的稳定需求以及印度、东南亚等新兴经济体的发展，铁矿供求将逐步向对平衡状态发展。如图4-8和图4-9所示，2004年以及2014年世界粗钢产量和消费量的对比，可以看出十年间中国的粗钢产量和消费量所占的市场份额都有了明显的提高，由原来的1/4提高到近1/2。

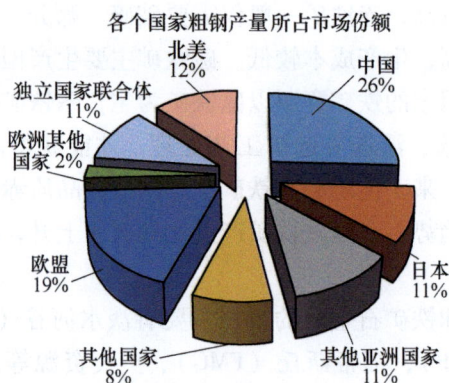

各个国家粗钢产量所占市场份额

(a)

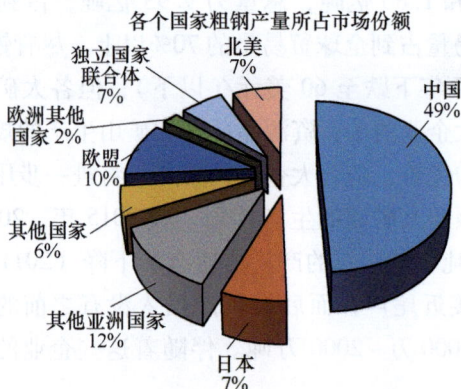

各个国家粗钢产量所占市场份额

(b)

图 4-8　粗钢铁近年来生产量的对照图

(a) 2004 年度；(b) 2014 年度

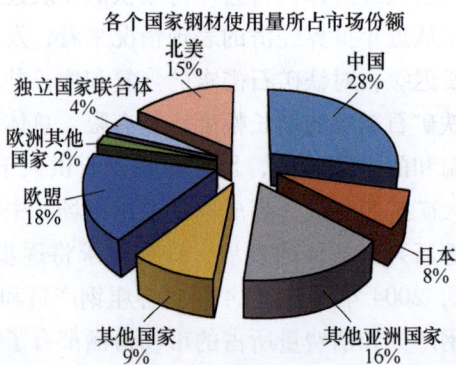

各个国家钢材使用量所占市场份额

(a)

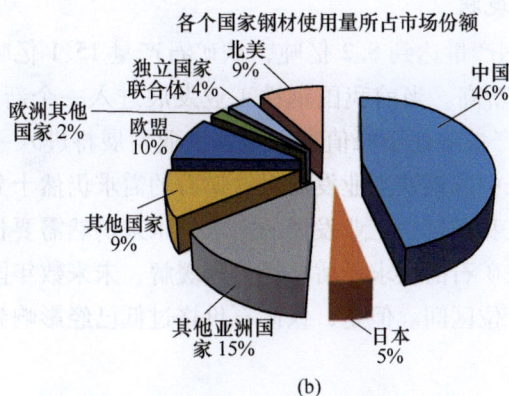

图 4-9 各个国家近年来钢材使用量对照图
(a) 2004 年度；(b) 2014 年度

C 价格

全球铁矿石价格在最近几年涨跌不定，铁矿石需求比较稳定，中国是全球最大的铁矿石消耗国，由于中国的过度需求，2011 年铁矿石价格甚至达到 180 美元/t。此后，受中国需求锐减的影响，铁矿石价格一路狂跌，且价格持续低迷，2013 年价格在 100~140 美元/t 之间，2014 年下跌至 80 美元/t 以下，2015 年一度下跌到 40~50 美元/t，受制于宏观经济继续下行以及中国对钢铁等重污染行业的治理，预计中国市场钢铁生产将进一步整合，铁矿石供大于求的现状难以改变。近 30 年全球铁矿石价格变化趋势如图 4-10 所示，铁矿石价格已接近最低谷，未来一段时间内铁矿石供应将持续过剩，预计未来铁矿石价格将持续疲软。

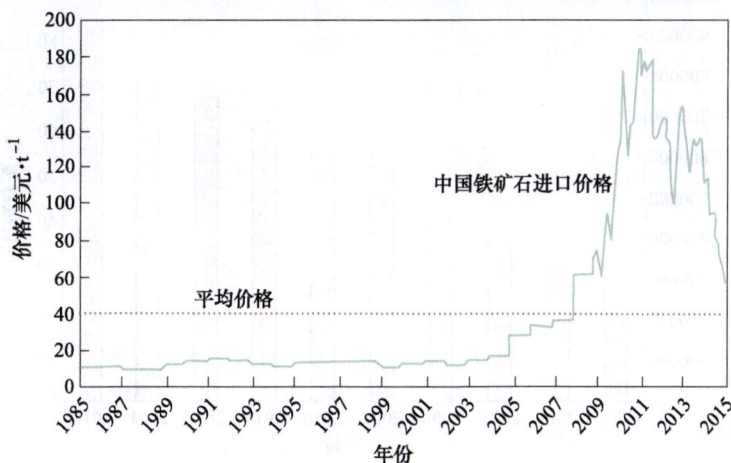

图 4-10 过去 30 年中国铁矿石进口价格和世界平均价格对比图

4.2.1.4 中国现状

2014 年我国粗钢产量达到 8.2 亿吨，铁矿石产量 15.1 亿吨，铁矿石进口量 9.3 亿吨，均创历史新高。当前我国钢铁工业发展进入一个新的平稳发展阶段，未来 10 年在我国钢产量将处于峰值期，钢铁工业发展将进入一个结构调整和产业升级的时期，未来中国钢铁工业发展对铁矿石的需求仍然十分巨大，国内铁矿石产量远远不能满足我国钢铁工业发展的需求，未来仍然需要长期大量进口铁矿石。当前国际市场铁矿石的供求矛盾已经得到缓解，未来数年国际市场铁矿石的价格将处于一个低价位区间。但是，铁矿石价格过低已经影响到了国内铁矿山的生存与发展。

A 产需关系

根据国土资源部《全国矿产资源储量通报（2015）》，截至 2015 年底，我国铁矿查明资源储量 850.77 亿吨，比上年净增 7.39 亿吨，增长 0.88%，其中，勘查新增 11.98 亿吨。2013 年，国产 66% 铁精矿平均价格为 922.3 元/t，2014 年、2015 年中国累计进口铁矿石 9.53 亿吨，同比增长 2.2%。铁矿石对外依存度从 2014 年的 78.5% 进一步上升至 2015 年的 83.1%。此外，从澳大利亚、巴西两国进口的铁矿石量占比也不断上升，目前从两国进口的铁矿石量占中国铁矿石总进口量的 84%。

如图 4-11 所示，随着生铁、粗钢、钢材等产品产量的增长，我国的铁矿石需求也急剧增长。从铁矿石进口量来看，我国铁矿石进口量从 2005 年的 2.75 亿吨上升到 2014 年的 9.33 亿吨，铁矿石进口的增长率远超过钢铁产品的产量增长率。由于国内铁矿石资源相对贫乏，矿石开采成本较高，虽然国产铁矿石资源总

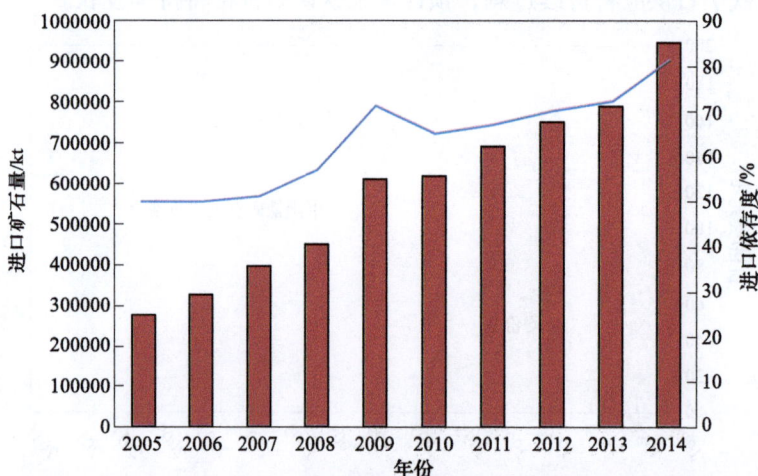

图 4-11 中国铁矿石进口及依存度情况

体的供应数量在不断增加，但其占钢铁生产所需铁矿石总量的份额将会下降，中国铁矿石进口依存度呈逐年上升的趋势。在未来发展中，应当充分开发国内铁矿资源，加大技术投入，充分发挥国内磁铁矿磁铁精粉有利于球团矿生产，易于成球和焙烧的特点，提高我国国内铁矿石产量。同时应在降低成本、循环利用，提高附加值等领域加强探索，提高资源的利用效率，降低对进口铁矿石的依存度，优化我国的钢铁业的产业结构。

    B　供需预测

2014年我国钢产量仅增长5.6%，未来10年我国钢产量仍将处于峰值期，中国钢铁工业发展对铁矿石的需求仍然十分巨大，国内铁矿石产量远远不能满足我国钢铁工业发展的需求，未来仍将长期大量进口铁矿石。当前我国钢铁工业发展已经进入了一个新的发展阶段，规模扩张产量增加已经不是主要矛盾，结构调整和产业升级成为主要矛盾。随着我国钢产量增速趋缓，以及世界主要铁矿石生产国新增生产能力的释放，当前国际市场铁矿石的供求矛盾已经缓解，国际市场铁矿石的价格处于每吨50美元左右的低价位区间，这无疑对长期遭受国际市场铁矿石高价位之痛的中国钢铁工业是有利的，但对我国国内铁矿业来说却不是一个福音，当前国内铁矿业已经进入一个严冬期，这对国内铁矿资源的勘查与开发利用也将产生深远的影响。

    4.2.1.5　青海省现状

    A　资源现状

青海省整体铁矿资源并不丰富，根据最新国土资源部中国矿产资源年报，截至2014年，青海省查明铁矿石资源量为5.76亿吨（约占全国已查明的铁矿石资源量的1%），基础储量309万吨。其中已开发利用的矿区数为35个，占有的资源储量为2.82亿吨，可规划利用的矿区为35个，占有的资源储量为2.94亿吨。青海省铁矿资源只有很少一部分处于开采状态。开采的铁矿石经加工后，主要供省内的钢铁企业使用（祁漫塔格矿集区铁矿石主要运送至西宁钢铁厂）。青海省铁矿资源分布极不均衡，铁矿资源主要分布在：东昆仑山西段野马泉地区，为本省主要工业矿床集中分布区，重要矿区有格尔木肯德可克铁多金属矿、野马泉铁锌矿及尕林格铁矿等；东昆仑山东段的都兰地区，主要矿区有都兰县清水河铁矿、南戈泉铁矿、白石崖铁矿和海寺铁矿等；北祁连地区，铁矿集中产出于野牛沟以北地区，主要矿区有祁连县小沙龙铁矿、大沙龙铁矿等；宗务隆山-青海南山地区以及唐古拉-玉树地区，零散分布部分铁矿。其中90%以上核查区的矿石类型为磁铁矿，矿石工业类型主要为需选贫矿石。

    B　供需

青海省经济发展刚迈入工业化中期阶段，工业化、城镇化进程保持快速推进，投资仍是拉动经济的主要动力，省内基础设施、电力等需求旺盛，随着经济快速发展，全省粗钢需求旺盛。整体而言，青海省铁矿资源并不丰富，2014 年青海省铁矿石产量为 152 万吨（约占全国的 0.1%），较 13 年下降了 58.2%。按照目前的消费速度，静态保障年限为 370 年，资源保障程度高。省内重要铁矿聚集区——祁漫塔格矿集区，根据本次项目调研结果，区内的矿山生产的铁矿石均送至西宁钢铁厂，存在供不应求的趋势，但受制于铁矿石价格，区内很多矿山并未生产。

4.2.1.6 铁市场总结

全球铁矿资源丰富，资源的保障程度很高，但分布极不均衡。与国外相比，中国铁矿平均入选品位约为 25.54%，低于国外平均入选品位，但选矿平均回收率达到 76.09%，铁矿资源综合利用水平较高。

未来铁矿石供应过剩的局面将会持续，但长期来看全球铁矿石供需格局将呈现由供过于求逐步转向供需平衡的趋势。未来铁矿石价格将持续疲软，再度出现大幅上升的可能性较低。

中国国内铁矿石需求仍然十分巨大，未来仍将长期大量进口铁矿石，但受国际市场影响，国内铁矿石价格仍在低位徘徊。

4.2.2 铜

4.2.2.1 资源概况

铜在大陆上地壳中的丰度约为 0.01%，分布较为广泛。自然界中的铜多数以铜的化合物（例如黄铜矿、辉铜矿、斑铜矿、赤铜矿和孔雀石等）形式存在，也有极少量的铜以单质铜的形式存在。全球铜矿资源丰富，分布广泛。一般铜矿床的铜品位为 0.3%~3%，全球铜矿的平均品位小于 1%。截至 2014 年，全球铜矿探明铜资源量约为 21 亿吨，其中 18 亿吨为斑岩型铜矿。截至 2016 年，全球铜矿探明储量为 7.2 亿吨，按目前消耗速度，可满足全球 40 年经济发展的需求。铜矿床的工业类型较多，根据矿床形成的地质条件和成矿模式，铜矿的主要工业类型可分为斑岩型、矽卡岩型、砂页岩型、铜镍硫化物型以及热液脉型等。其中前四种类型拥有铜金属储量约占世界铜矿山总铜金属储量的 90% 以上，而斑岩型铜矿床拥有的铜金属量又居其他类型之首，超过了铜总储量的一半以上，为最重要的铜的工业矿床类型。

铜具有非常优良的工艺性质，这些性质包括导电性、导热性、抗腐蚀等，这些性质被广泛地应用于电气、轻工、机械制造、建筑工业、国防工业等领域。在所有的有色金属材料中，铜的消费量仅次于铝。建筑、电气以及电子制造，这三大行业合起来占据了超过 50% 的铜市场需求，其余主要用于工业机械制造，运输，日常消费品等一些其他行业，全球铜应用行业分布如图 4-12 所示。

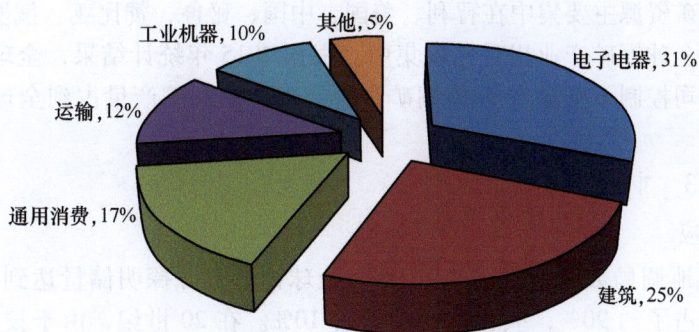

图 4-12　全球铜应用行业分布（据 CRU）

4.2.2.2　各国铜矿储量和产量

世界铜矿资源较为丰富。从国家分布看，世界铜矿资源主要集中在智利、美国、中国、秘鲁、赞比亚、俄罗斯、印度尼西亚、波兰、墨西哥、澳大利亚和加拿大等国。根据美国地调局调查结果，截至 2015 年全球铜矿石矿石量储量为 7.03 亿吨，见表 4-6，储量前三的国家为智利 29.73%，澳大利亚 13.23%，秘鲁 9.67%，中国为 4.27% 排名第六。2015 年全球铜产量为 1872.5 万吨，产量前三的国家为智利 30.97%，中国 8.65%，秘鲁 7.48%。

表 4-6　2015 全球各国铜储量产量

国家	2014 年产量/kt	产量分布/%	2014 储量/kt	储量分布/%
智利	5800	30.97	209000	29.73
中国	1620	8.65	30000	4.27
秘鲁	1400	7.48	68000	9.67
美国	1370	7.32	35000	4.98
刚果	1100	5.87	20000	2.84
澳大利亚	1000	5.34	93000	13.23
俄罗斯	850	4.54	30000	4.27
赞比亚	730	3.90	20000	2.84
加拿大	680	3.63	11000	1.56
墨西哥	520	2.78	38000	5.41
其他	3655	19.52	149000	21.19
全球总量	18725		703000	

世界铜矿资源主要集中在智利、美国、中国、秘鲁、赞比亚、俄罗斯、澳大利亚等国，全球铜矿产业相对比较集中。根据 2015 年统计结果，全球最大的十家铜矿业公司控制了全球约 54% 铜矿资源，生产的铜矿产量占到全球铜矿产量51% 以上。

4.2.2.3 市场

A 供应

据美国地调局数据，截至 2015 年，全球铜矿资源探明储量达到 7.2 亿吨，其中硫化矿占了约 90%，氧化物矿石约占 10%。在 20 世纪，由于技术的进步，勘探成本降低，全球对铜的需求增加以及生产成本降低等原因，使得全球铜矿产量有了大幅度的增加。从 20 世纪 70 年代起，以萃取——电积为代表的铜矿采选技术广泛应用，铜氧化矿、低品位矿甚至剥离的围岩等都可用于铜的提取。此外，由于勘探技术进步，铜资源储量也大幅度增加，铜矿资源储量的大幅度增长为世界经济增长提供了保障。全球铜矿资源的开采品位则由于新技术的出现及开采成本的降低逐渐下降（从 1900 年的 4% 降至 2010 年的 1.07%），铜矿资源的勘探品位则变化不大（基本稳定在 0.7%~1% 之间），全球铜矿资源开采品位及勘探品位趋势图如图 4-13 所示。自 1900 年统计开始至现在，全球铜产量持续增长如图 4-14 所示，2015 年全球铜矿产量约 1870 万吨，其中智利铜矿产量为 570 万吨，连续保持铜矿生产第一大国的地位。

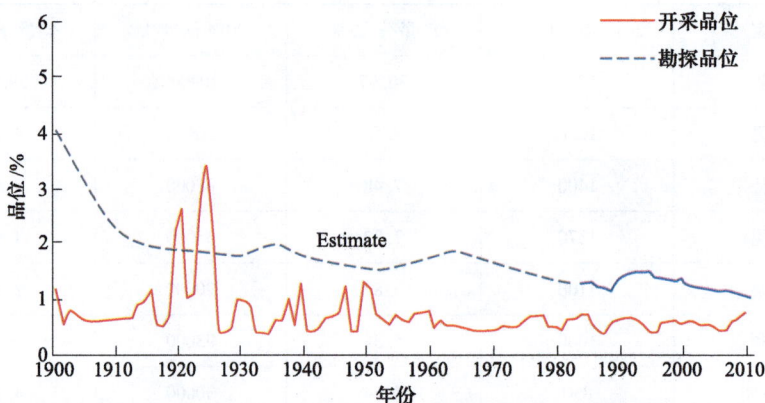

图 4-13 全球铜矿资源开采品位及勘探品位趋势图（据 Richard Schodde，2010）

整体而言，全球铜资源供给充分，铜资源的储备量能够满足未来一段时间全球对铜的需求。

B 需求

铜的优异性能使其具有广泛的使用价值。随着全球经济增长，铜在传统的建筑、电气、电子、机械、运输等行业应用不断增加，同时在一些新兴行业如抗菌

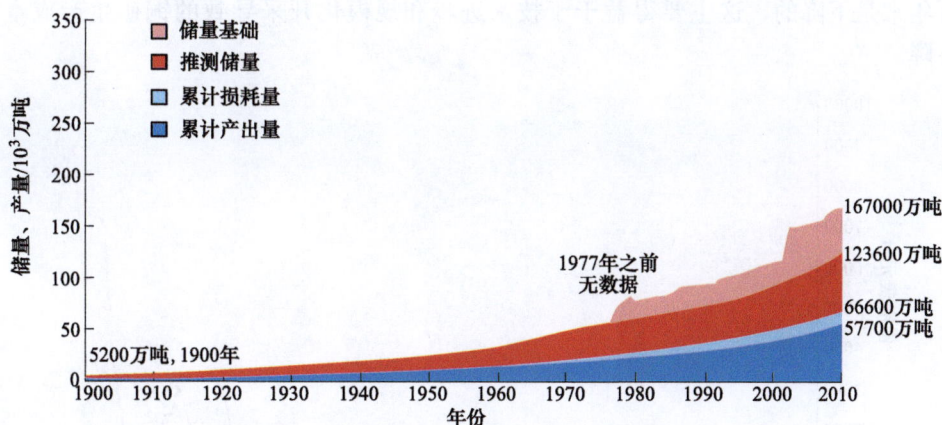

图 4-14 过去 100 年全球铜矿资源储量、产量变化图

材料、高技术导线、新型导热材料、高性能合金、新型大众消费品方面，铜的应用也不断增多。在过去 50 年里，全球铜的需求量增加了三倍，需求的增加刺激了铜的生产发展。

在过去的 50 年，全球铜消费市场发生了重大的变化，亚洲已成为全球精炼铜消费量增长最快的地区。在近 30 年，欧美的铜消费量基本维持稳定，未来的铜消费市场，亚洲仍将占据主导地位。作为全球最重要的铜消费国，中国 2015 年精炼铜的消费量为 1005 万吨，占到全球精炼铜消费量的 46%。从 2000 年到 2015 年，中国的精炼铜消费量年均增长率达到 11.8%，安泰科技有限公司预计 2016 年至 2020 年，中国的精炼铜消费量年均增长率将回落到 3%~6% 之间，这将对铜的市场产生重大影响。中国经济结构开始调整，经济增长速度放缓，导致铜的市场价格出现大的波动。据英国商品研究机构 CRU 统计 2015 年中国的铜消费量比 2014 年增加了 3.8%，并预计 2016 年中国铜消费量比 2015 年仅能增加 0.5%。

由于全球经济发展放缓，尤其是全球的铜的最重要消费国——中国经济增长放缓对铜的需求增长下滑，而在未来较短时间内很难有能够补充中国铜需求缺口的国家出现，因此全球对于铜的总需求增长逐渐放缓，受宏观经济的调控，这个需求增长会稳定在一定的范围内。

C 价格

在过去 100 年中，以美元计价的铜的价格在波动中呈现不断增长的趋势如图 4-15 所示，尤其是 2004 年到 2014 年十年间，由于中国经济高速增长，对铜的需求呈现爆发式增长，导致铜价暴涨，尽管经历了 2008 年金融危机，铜价短暂暴跌后又回到相对的高位区，维持在 3~4 美元/磅。尽管以美元计价的铜的价格长期呈现波动性增长的趋势，但以美元 1998 年价格指数调整的铜的实际价格近百年来是下降的，这主要得益于于技术进步和规模化开采导致的铜矿生产成本下降。

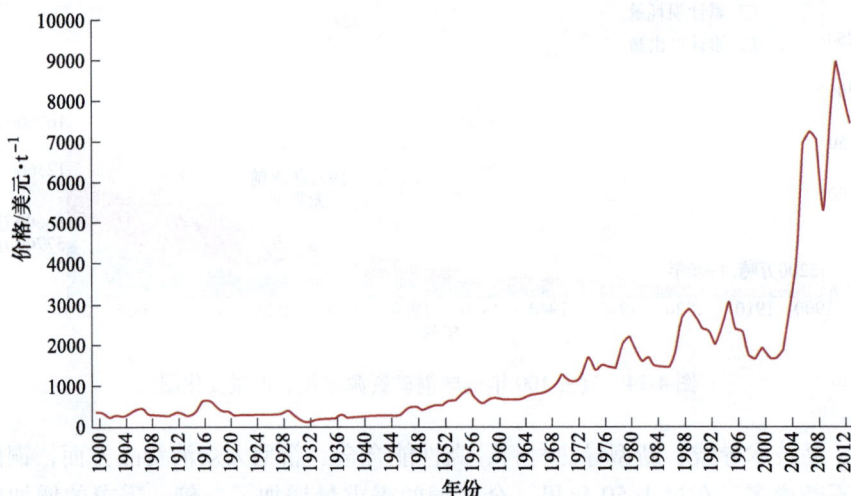

图 4-15　截至 2013 年过去 100 年全球铜价格趋势

　　未来数年，全球铜的资源供给充分，不少新建和扩建的铜矿项目将陆续投产，尽管由于全球面临经济增长复苏乏力的困局，铜市场低迷，一些铜矿公司削减了铜矿产量和推迟了铜矿扩产项目，全球铜矿产量预计仍将持续增长。铜的价格预计仍然承受较大的压力。另一方面欧美经济缓慢复苏，制造业在未来将逐渐恢复扩张，以中国、印度为代表的新兴国家的经济发展将提升全球对铜矿资源的需求。综合来看，未来全球铜的供应比较充足，同时铜的需求也会保持相对稳定增长的态势，铜的价格会缓慢上涨。

4.2.2.4　中国现状

　　截至 2015 年，全国查明资源储量 9910.33 万吨，比 2014 年净增长 220.76 万吨。2014 年全国铜精矿平均 35575 元/t，粗铜 40180 元/t，电解铜 42647 元/t。

　　A　国内矿山建设

　　根据国土资源部统计年鉴，2014 年铜生产矿山采矿能力 20232 万吨（含铜量 169.9 万吨），选矿能力 22472 万吨（含铜量 193.2 万吨）。2014 年我国矿山铜生产能力为 596.5 万吨，较上年增长 17.3%；电解铜生产能力为 914.62 万吨，增长 14.4%。铜加工生产能力 1681.90 万吨/a，增长 10.8%。2014 年，我国铜产品年销售平均价格：铜精矿（含铜量）35575 元/t，粗铜 40180 元/t，电解铜 42647 元/t。

　　B　供需

　　2014 年我国精炼铜产量 666.71 万吨（含进口精矿砂、粗铜和部分废铜），比上年增长 14.7%。国内矿山铜 174.13 万吨，增长 3.6%，再生铜 236.18 万吨。粗铜产量为 516.79 万吨，较上年增长 22.2%。铜材产量为 1497.04 万吨，比去年增长 9.7%。2014 年我国铜的消费量为 1038.5 万吨，比去年增长 6.1%。消费构成为：电力 41.00%，日用消费品 15.10%，电子通信 15.20%，机械制造 10.20%，交通运输 7.90%，建筑业 3.35%，其他 7.25%。

C 供需分析

我国长期以来铜供应不足，2014 年国内精铜矿（金属量）产量仅占消费量的 16.8%。从我国国民经济发展的长远目标来看，2025 年前这种状况仍将持续。世界陆地铜储量丰富，国际市场的供应量充足，进口可以满足国内市场需求。

4.2.2.5 青海省现状

A 资源现状

截至 2015 年，青海省铜矿非伴生铜查明矿区有 36 家，合计查明资源储量 943867t，占非伴生铜矿资源储量 44.3%，可供规划利用的矿区为 32 个，查明资源量为 25.1 万吨，整个非伴生铜矿查明资源量合计为 212 万吨；伴生铜矿已开发矿区查明资源量为 10 个，可供规划利用矿区为 8 个，查明资源量为 33.9 万吨，铜资源量合计占全国的 2.8%。青海省矿石采矿能力为 720 万吨/a，处理矿石能力为 772 万吨/a，按照目前生产能力，铜矿的静态保障年限为 34 年。青海省目前铜矿开发规模小，各矿山均未建设单独的铜矿冶炼厂，选出的铜精粉主要以外销为主。

B 市场供需

铜矿是青海省的优势矿种，经过五十余年的矿产资源开发，已经成为青海省经济社会发展的支柱产业，铜矿资源开发在青海省经济社会发展中的作用至关重要。"十五"和"十一五"期间，赛什塘、德尔尼、铜峪沟、日龙沟等一批铜矿山建成投产，截至 2010 年，全省铜矿石开采产能 604 万吨；甘河工业园区建设 5 万吨电解铜项目，但省内铜矿山生产的铜精矿仍存在 1 万吨左右的缺口，不足的铜精粉需要从省外供给。

近几年，青海省加大了对铜矿开采投资力度，铜产量也有了较大的提升。"十五"期间，铜精矿产量 0.1 万吨增加至 0.63 万吨，年均增长 57%；"十一五"期间铜精矿产量从 0.51 万吨增加至 3.89 万吨，年均增长 66%。2011 年，铜精矿产量为 4.81 万吨，较 2010 年增长了 23.5%，铜生产继续保持旺盛势头。在未来十年里，随着省内电力电子、机械制造和新材料等产业的发展，青海省铜需求将会大幅提升。

4.2.2.6 铜市场总结

全球铜矿资源分布极不均衡，主要分布在智利、美国、加拿大、澳大利亚、秘鲁、赞比亚、俄罗斯等国。

随着技术的进步，在过去百年中铜矿开采品位在降低，但全球铜矿储量在不断增加，供给充足，铜矿资源承载力较高。在未来的一段时间内，铜矿将能够稳定的供给，满足全球经济发展对铜的需求。

国内铜矿市场供小于求，大量铜资源需要进口，青海地区铜矿山生产的铜精矿仍存在1万吨左右的缺口，因此国内及青海省铜矿市场较好。

4.2.3 镍

4.2.3.1 资源概况

镍在地壳中分布广泛，其丰度达到0.019%，但多数镍分散在矿物岩石中难以提取。已知含镍矿物约有50余种，其中以镍黄铁矿为代表的镍的硫化矿物和镍褐铁矿及硅镁镍矿为代表的镍的氧化矿物是人类提取镍资源的最重要矿产原料。据美国地调局2016年统计数据，全球已探明镍矿产资源储量达7900万吨，全球品位大于1%的镍矿资源量达1.3亿吨。按目前消耗速度，可满足全球30多年的需求。全球镍矿资源分布广泛但不均衡，有20多个国家开采镍矿资源，近60%的镍矿探明储量集中在澳大利亚、新喀里多尼亚、巴西、俄罗斯。全球镍矿资源主要分为红土型镍矿和硫化物镍矿两类，陆地上已探明品位大于1%的镍矿资源中，硫化物镍矿约占30%、红土型镍矿约占70%。

对现代社会发展而言，镍是一种非常重要的有色金属，从多现代社会的科技产品都需要镍为原料，全球镍的初级消费领域中不锈钢占全球镍消费的63%，如图4-16所示，镍基合金占13%，电镀占7%，合金钢占6%。

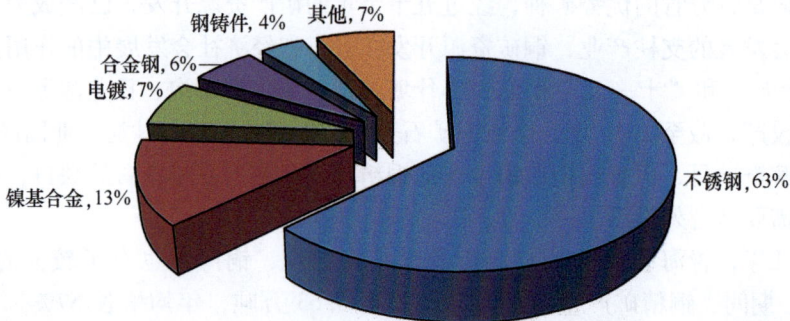

图4-16 全球镍的工业用途分布

4.2.3.2 各国镍矿储量产量

根据美国地调局2016年统计，截至2015年，全球镍矿储量为7900万吨，储量前三的国家澳大利亚占24%、巴西占12.63%、新卡里多尼亚占10.61%、中国占3.79%（排名第九）。

2015 年全球镍矿产量为 253 万金属吨，产量前三的国家为菲律宾、俄罗斯和加拿大，菲律宾镍矿产量占全球产量的 20.91%、俄罗斯镍矿产量占全球产量的 9.47%，加拿大镍矿产量占全球产量的 9.47%。全球各国镍矿产储量产量分布情况见表 4-7。

表 4-7　2015 年全球镍矿储量产量分布情况

国家	矿石产量（金属）/t	产量分布/%	储量（金属）/万吨	储量分布/%
菲律宾	530000	20.91	310	3.92
加拿大	240000	9.47	290	3.66
俄罗斯	240000	9.47	790	9.98
澳大利亚	234000	9.23	1900	24.00
新喀里多尼亚	190000	7.50	840	10.61
印度尼西亚	170000	6.71	450	5.68
巴西	110000	4.34	1000	12.63
中国	102000	4.02	300	3.79
哥伦比亚	73000	2.88	110	1.39
古巴	57000	2.25	550	6.95
南非	53000	2.09	370	4.67
危地马拉	50000	1.97	180	2.27
马达加斯加	49000	1.93	160	2.02
美国	26500	1.05	16	0.20
其他国家	410000	16.18	650	8.21
全球	2534500	100.00	7916	100.00

4.2.3.3　市场

全球现在可以开采的镍矿资源分为红土镍矿和硫化镍矿两大类型，2015 年全球镍矿资源储量约为 7900 万吨，其中硫化物镍矿约占全球储量的 30%，红土型镍矿约占全球储量 70%。由于镍硫化矿比红土型镍矿资源品质好，分离提取工艺技术成熟，传统上镍硫化矿生产占据主导地位。目前，镍硫化矿产量约占世界镍产量的 60%，红土型镍矿仅占到全球镍产量的 40%（源于 USGS）。

按全球近年来对镍的需求量及近年来全球镍矿山产量估算，全球探明的镍矿储量保证开采年限达到 40 年以上。在过去 20 年中，全球镍的消费量以 4% 的增长率在增长，由于全球硫化镍矿新资源勘探上没有重大突破，硫化镍矿储量不断下降，全球红土镍矿资源勘探不断取得进展，储量增加。传统的几个大型硫化镍矿矿床（加拿大的萨德伯里、俄罗斯的诺列尔斯克、澳大利亚的坎博尔达、中国金川、南非里腾斯堡等）的开采深度日益加深，矿山开采难度加大，全球镍行业将资源开发的重点瞄准储量丰富便于勘探开采的红土型镍矿资源上，红土型镍矿的产量比重越来越大，现阶段开采的红土型镍矿的平均品位大约在 1.3%~1.5% 之间（褐铁矿型<1.4%，腐殖土型在 2% 左右）。除此之外，近年来全球各国也在积极寻求镍的替代品，如在欧洲及北美，废不锈钢正在取代越来越多的原生镍消费份额，最近甚至侵蚀了镍铁的市场份额。

A 供给

全球镍矿产量在过去 100 年在波动中持续增长，2015 年达到了 253 万金属吨。如图 4-17 所示，近 25 年来全球镍初级产品产量变化趋势。2001~2011 年，全球镍矿产能年均增长率为 3.1%，2011~2015 年期间年均增长率达到 5.5%。2005 开始，中国通过进口镍红土矿，规模化生产用于不锈钢的镍生铁（NPI）产品，中国的镍产量开始加速增长。

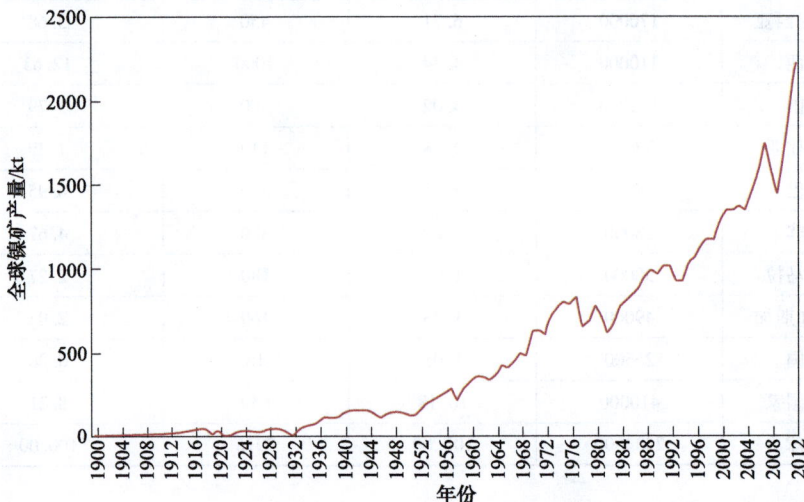

图 4-17　100 年全球镍矿产量变化趋势图

据国际镍业研究组织（INSG）发布的统计数据表明，2015 年全球镍产品市场连续四年供应过剩，产量超出需求达 8.07 万吨。而 2014 年全球镍产品市场供应过剩 11.76 万吨。持续的过剩导致 2015 年镍价连续下跌。不过自 2014 年印度尼西亚施行镍矿出口禁令以来，全球的镍矿供应市场过剩得到缓解，加上全球镍矿资源的保证程度低，长远来看镍的供应将会是逐步趋紧。尽管经济环境存在挑战，但 INSG 预计全球镍消费量料将在 2016 恢复年增长，因各主要市场的奥氏体不锈钢产量上升，且航空航天工业和电池行业的镍需求也将维持"正面趋势"。

未来十年，全球部分大型硫化矿床资源逐渐枯竭，全球镍矿产能的增加主要依靠新建镍矿项目实现。全球计划新开的镍矿山开发项目见表 4-8 和表 4-9（源于

表 4-8 全球红土型镍矿计划新开项目

国家	年份	项目名称	品位/%	储量（矿石量）/千吨	设计年生产能力/t	主要产品
古巴（Holguin）	2015	Las camariocas-Yamaguey	1.32	110000	21000	镍铁合金
印度尼西亚（Tanjung Buli）	2015	Halmahera	2.17	9100	27000	
菲律宾（Agusan del Norte）	2016	Agata	约1.11	45170	21500	镍矿石及镍钴氢氧化物
澳大利亚	2016	NiWest	约1	7500	25000	镍金属
印度尼西亚	2016	Mandiodo	约1.7	36100	2000	镍铁合金
菲律宾（Zambales）	2016	Acoje and Zambales—Stage2	0.98	9700	24000	镍钴氢氧化物
土耳其（Manisa）	2016	Çaldağ	1.13	33000	21000	镍钴氢氧化物
澳大利亚（Tasmania）	2017	Australia Barnes Hill, Mount Vulcan, and Scott's Hill	1	2800	4800	
澳大利亚（Western Australia）	2017	Australia Mt. Thirsty（north-northwest of Norseman）	约0.55	32000	9000	镍钴氢氧化物
澳大利亚	2017	AustraliaWingellina	约0.98	184000	40000	镍钴氢氧化物
喀麦隆（east Province）	2017	Cameroon Mada and Nkamouna	约0.59	267000	3200	镍钴硫化物
印度尼西亚（Southeast Sulawesi）	2017	North konawe	1.50	100000	20000	镍铁合金
新喀里多尼亚（Nakety-Bogota）	2017	Nakety-Bogota	约1.49	228000	52000	矿石
菲律宾（Romblon）	2017	Philippines Romblon	1.56	7300	9000	矿石
印度尼西亚（Sulawesi）	2019	central Saluwesi	1.62	160000	46000	镍钴氢氧化物
坦桑尼亚（Northern）	2019	Dutwa	约0.92	215400	9000	镍钴氢氧化物或硫化物

表 4-9 全球镍硫化矿计划新开项目

国家	投产年份	项目名称	品位/%	矿石资源量/千吨	设计年生产能力/t	主要产品
澳大利亚 (Western Australia)	2015	Cosmic Boy and Diggers	1.12	12480	7000	
加拿大 (Ontario)	2015	Onaping Depth	2.74	16200	10000	
加拿大 (Quebec)	2015	Raglan-Qakimajurg	4.52	2500	11000	镍矿石、镍钴氢氧化物
美国 (Minnesota)	2015	NorthMet	0.07	871300	7100	
加拿大 (Manitoba)	2016	Minago	0.52	69000	11000	
加拿大 (Ontario)	2016	Eagle's Nest-McFaulds Lake	约1.2	21600	15000	镍精矿
加拿大 (Quebec)	2016	Dumont	0.26	2170000	49000	镍精矿
俄罗斯 (Amur)	2016	Russiakun-Manie	0.51	68700	16000	原矿
澳大利亚 (Western Australia)	2017	New Morning/Daybreak			3000	
博茨瓦纳 (Selebi-Phikwe)	2017	Dikoloti	0.70	4100	2000	镍钴硫化物
加拿大 (British columbia)	2017	Turnagain	0.21	1850000	24000	镍精矿
加拿大 (Manitoba)	2017	Makwa	0.60	7900	3600	
加拿大 (Ontario)	2017	Hart	1.35	1820	9000	
加拿大 (Sudbury)	2017	copper cliff Mine	1.15	130000		矿石
加拿大 (Yukon Territory)	2017	Wellgreen	0.31	450000	14000	镍精矿
芬兰 (Oulu)	2017	kuhmo	0.55	6000	3000	
俄罗斯 (kola Peninsula)	2017	Vuruchuaivench	0.23	17500	18000	金属
俄罗斯 (Taimyr Peninsula)	2017	Maslovsky	0.33	728000	18000	镍精矿
坦桑尼亚 (kagera region)	2017	kabanga	约2.45	56000	40000	镍钴精矿
坦桑尼亚	2017	Nachingwea Regional exploration Project	0.61	56000	25000	镍钴精矿
美国 (Minnesota)	2017	Nokomis/Maturi extension	0.21	1280000	19000	镍钴精矿

USGS, 2012 minerals yearbook)。全球近年来已投产的五个大型镍矿项目均为红土型镍矿项目。从新开镍项目表中可以看出，新开项目红土型镍矿项目占新增项目总产量的65%左右，镍硫化矿项目占35%左右。红土型镍矿主要产品为镍铁合金、镍钴氢氧化物；镍硫化物矿项目产品主要为镍精矿。新开项目反映了全球镍矿资源开发转向红土型镍矿的趋势。这些项目的实施，将会保障全球镍矿资源的供应。

B　需求

根据 INSG 统计数据，在过去 25 年随着全球经济发展，全球镍的需求量不断增长。在 1990 到 2010 期间，全球镍需求量年平均增长率为 2.3%。自那时以来，中国经济的强劲增长，带动了全球镍需求量增长，从 2010 到 2015 的六年，全球镍需求量增长率达 5%。目前，亚洲成为最大的镍产品消费市场，占全球总需求量的 71%，而中国镍需求量占全球镍消费市场的比重从 10 年前的 18% 上升到 2015 年的 52%，随着中国经济发展增速下降，这种快速增长趋势在 2015 年已开始放缓。

C　价格

过去的一百年内（1900~2015 年）全球镍价在市场供需关系的作用下的震荡中上涨，2007 年达到了顶峰，达到 37200 美元/t，过去一百年全球镍价格趋势如图 4-18 所示。这主要是由于中国经济飞速发展，不锈钢的产量大幅增长（2007 年较 2006 年增产约 227 万吨），使镍的需求量不断增加，2007 年达到了创纪录的 140 万吨，巨大的需求动力导致了全球镍价格的飞涨。

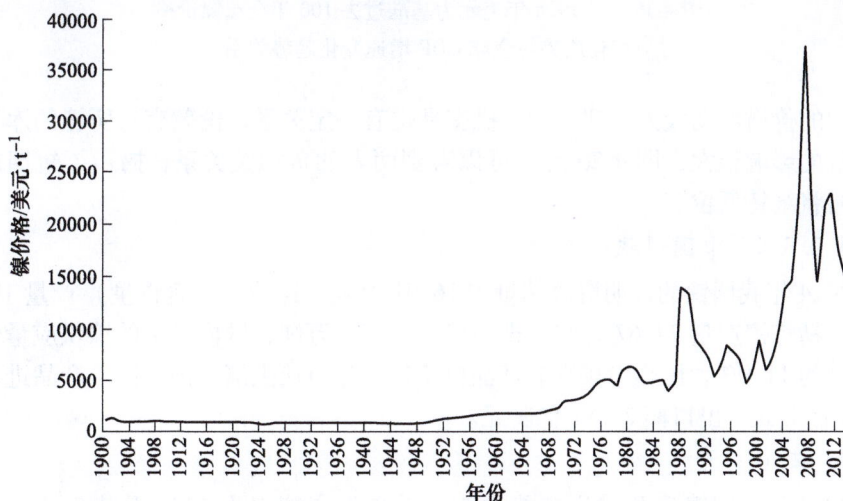

图 4-18　过去 100 年全球镍价格趋势

供需关系导致镍价格波动剧烈。以 1998 年美元购买能力为基准换算的镍价波动如图 4-19 所示。全球镍的价格变化与全球经济增长呈明显的正相关。自第二次世界大战结束之后，随着每一次世界经济的增速的提升，镍的价格也随之上涨，这主要是因为世界经济增速提升，往往伴随着钢铁、不锈钢等主要镍的消耗品的大量使用，导致镍的需求增大，这在 2002～2008 年镍价飞涨时更是得到了验证，在这段时间内，中国经济快速发展，基础建设消耗了大量的镍，巨大的需求基数导致镍价飞涨到历史最高点；之后，全球以及中国经济增速的放缓导致了镍价格的大幅回落。镍价在经历了 2007 年的一个高峰期后，2016 年跌破 10000 美元/吨。

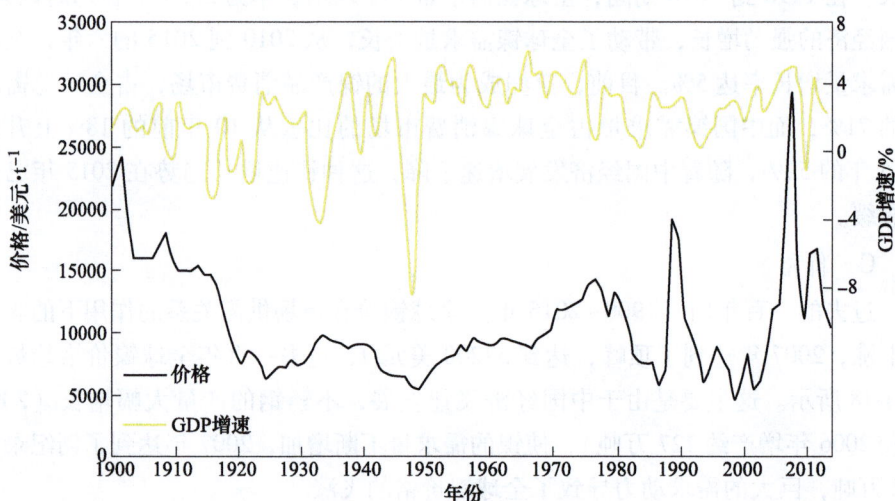

图 4-19　以 1998 年美元为基准过去 100 年全球镍价格
变化趋势与全球 GDP 增速变化趋势关系

镍的价格波动较大与期货的投机交易也有一定关系，伦敦交易所镍的库存量对镍价的影响很大，图 4-20 所示可以看到两者的负相关关系，揭示了短期内镍的价格将维持低位。

4.2.3.4　中国现状

2014 年我国镍的查明资源储量 1016.91 万吨，镍精矿（含镍量）产量 10.11 万吨，精炼镍产量 24.67 万吨，视消费量 92.30 万吨，国内矿山的镍供应量仅占消费量的 11.0%，国际市场镍矿产品价格较上年有所上涨。国内镍矿产品进口额 99.65 亿美元，出口额 22.81 亿美元。

A　矿山建设

2014 年全国镍矿开采生产能力为：采矿生产能力为 1327 万吨/a（含镍量 1232 万吨/a）；选矿生产能力 1514 万吨/a（含镍量 11.24 万吨/a）；冶炼高冰镍

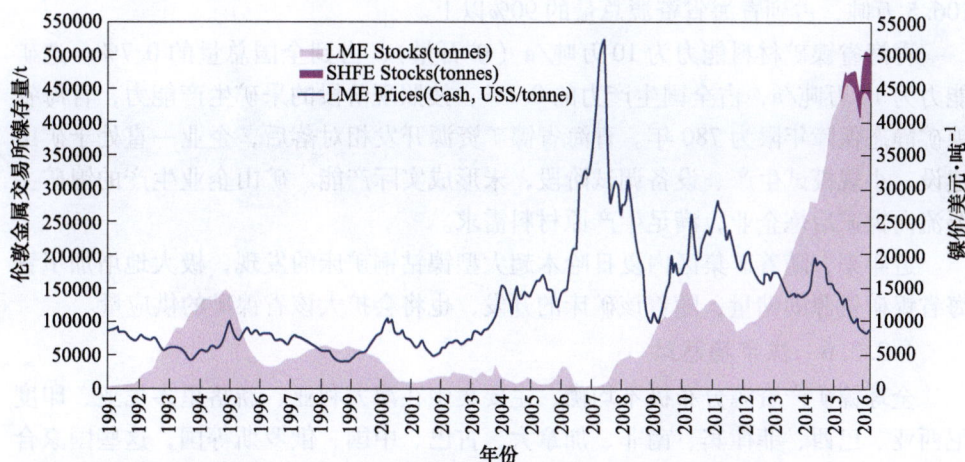

图 4-20　镍价与伦敦金属交易所镍库存量的关系图

33.0 万吨/a，电解镍 28.0 万吨/a。2014 年我国镍精矿（金属量）约 10.11 万吨，比 2013 年增长 8.5%，精炼镍产量约 24.67 万吨，比 2013 年增长 8.7%。2014 年我国市场镍平均价格为 11.6 万元/t，比 2013 年的 10.6 万元/t 增长 9.4%。

　　B　供需关系

　　2014 年我国镍视消费量 92.3 万吨，比 2013 年的 86.6 万吨增长 6.6%。20 世纪 70 年代我国镍消费量不足 2 万吨/a，80 年代为 2 万~3 万吨/a，90 年代为 4 万~5 万吨/a，新老世纪之交我国跨入世界镍的消费大国行列。国内矿山产量远远不能满足消费需求。我国镍的供需态势从 20 世纪 90 年代的供需基本平衡，到 2000 年以后向大量依靠进口的态势发展，随着国内需求的扩张和现有企业的产能扩张有限，镍市场的供需缺口有增无减。随着国内库存的不断消耗，进口将加速。而进口镍湿法冶炼中间产品将成为在国外原料供应面临紧张和国内环保要求更加严格的情况下的新选择。

　　随着国内新矿床的发现，以及综合利用水平的不断提高，我国国内镍矿供应量仍具备一定的增长潜力，主要集中在甘肃、新疆和青海。由于我国之前的镍矿主要来源于印度尼西亚，其原矿出口禁令的实施对我国的镍矿进口产生一定影响，第二大进口来源国菲律宾也计划效仿印度尼西亚的做法，因此未来必须要扩大镍矿来源国以及镍矿产品的多元化。

　　4.2.3.5　青海省现状

　　截至 2014 年，整个青海省查明镍资源储量为 117 万吨，占全国总量的 12.65%。其中青海省已利用镍矿矿区数为 7 家，查明资源储量为 10.81 万吨（镍金属），占青海省资源储量总量的 9.23%，可供规划矿区 2 家，资源储量为

106.5 万吨，占到青海省资源总量的 90% 以上。

青海省镍矿材料能力为 10 万吨/a（矿石量），占到全国总量的 0.7%，选矿能力为 10 万吨/a，占全国生产力的 0.1%，按照现阶段的采矿生产能力，青海省镍矿静态保障年限为 780 年。青海省镍矿资源开发相对落后，企业一直处于矿山建设、小规模试生产、设备调试阶段，未形成实际产能。矿山企业生产的镍矿主要流向镍矿冶炼企业，满足生产原材料需求。

近年来，随着矿集区内夏日哈木超大型镍钴铜矿床的发现，极大地增加了青海省镍矿资源的储量，随着该矿床的开发，也将会扩大该省镍矿的供应量。

4.2.3.6 镍市场总结

全球镍矿产资源分布极不均衡，主要集中在澳大利亚、新喀里多尼亚、印度尼西亚、巴西、菲律宾、南非、加拿大、古巴、中国、俄罗斯等国，这些国家合计约占探明陆基镍矿储量的 80% 以上，其他国家和地区储量很少，其中中国占3.70%，排名第九。产量前三的国家为印尼 10%，菲律宾 18.33%，俄罗斯10.83%。

全球已探明的镍资源中红土型镍矿约占 70%，硫化物镍矿约占 30%，但全球硫化矿产量约占世界镍产量的 60%，红土型镍矿仅占到 40%。全球镍资源的重点勘探开发将转向红土型镍矿资源。

在过去的百年里全球镍的价格与全球经济增速一样，呈一定周期性波动，并且二者显示出正相关关系，镍价格现阶段刚刚经历一个高峰期，现逐步回落至正常价格区间，受国际经济形势影响，在未来短时间内镍价格仍将在弱势状态徘徊。

4.2.4 铅

4.2.4.1 资源概况

铅在地壳中含量不多，自然界中存在很少量的天然铅，铅在地壳中平均含量约为 15×10^{-6}，铅的矿物常常与锌的矿物紧密共生，全球铅锌矿矿石类型以硫化矿为主，占到全球资源量的 95%，开采方式以地采为主，地采矿山占到 80% 以上。现阶段，铅主要集中应用于铅酸蓄电池行业（约占全部铅消费的 76% 以上），此外在涂料（约占 8%），轧制材和挤压材（6%）等方面也有广泛应用，铅的用途分布如图 4-21 所示。

铅由于其与锌有密切关系，因此铅矿床往往和锌矿床共伴生产出，世界上主要铅锌矿床可划分为：Sedex 类型；VMS 类型；MVT（密西西比河谷型）；沉积及沉积变质型；与岩浆岩有关的斑岩、矽卡岩、热液交代型矿床和陆相火山岩型矿床；非硫化物锌矿床等。在这几类矿床中，尤以 Sedex 型最为重要。从初步统计的世界超大型铅锌矿床中可以看出，Sedex 型矿床数占超大型铅锌矿床数的36%，占超大型矿床铅锌储量的 42%。其次是 MVT 型矿床，分别占超大型铅锌

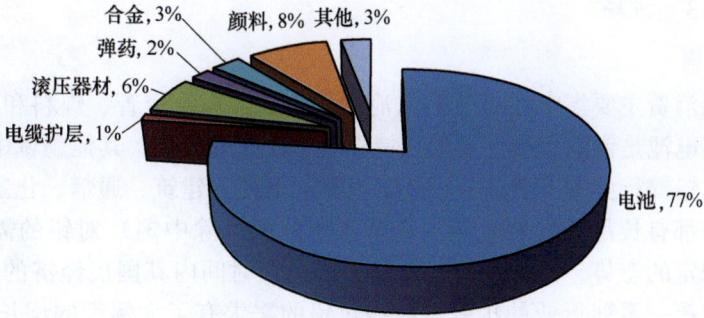

图 4-21 铅的用途分布

矿床数和储量的 24% 和 23%。这两个类型合计占世界超大型铅锌矿床数的 60.3% 和储量的 65.6%，它们是铅锌矿床最重要的矿床类型。

4.2.4.2 各国铅矿储量产量

据美国地调局统计数据，截至 2015 年，全球铅矿石矿石量储量为 8866 万吨，世界铅矿分布集中，澳大利亚、中国、俄罗斯、秘鲁、墨西哥、美国的储量居世界前六位，储量合计约占世界总储量的 87.19%。储量前三的国家为澳大利亚 39.48%，中国 17.82%，俄罗斯 10.38%。2015 年全球铅产量为 471.2 万吨，产量前三的国家为中国 48.81%，澳大利亚 13.43%，美国 8.17%。各国铅矿产量和储量见表 4-10。

表 4-10 2015 年全球铅矿石储量产量

国家	产量/kt	产量占比/%	储量/kt	储量占比/%
中国	2300	48.81	15800	17.82
澳大利亚	633	13.43	35000	39.48
美国	385	8.17	5000	5.64
秘鲁	300	6.37	6700	7.56
墨西哥	240	5.09	5600	6.32
印度	130	2.76	2200	2.48
俄罗斯	90	1.91	9200	10.38
玻利维亚	82	1.74	1600	1.80
瑞典	76	1.61	1100	1.24
土耳其	54	1.15	860	0.97
其他国家	422	8.96	5600	6.32
合计	4712		88660	

4.2.4.3 市场

A 供需

世界铅消费主要集中在铅酸蓄电池、化工、铅板及铅管、焊料和铅弹领域，其中铅酸蓄电池是铅消费最主要的领域，基于环保的要求，其他领域中铅的消费都比较低。铅锌行业的下游产业主要为汽车、电缆、建筑、通信、化工等，这些产业在未来都有长足的发展空间。全球各个国家（除中国）对铅的需求基本上处于相对稳定的态势，而中国由于在过去的一段时间内其国民经济的迅速发展，汽车、建筑等一系列行业的扩张，使得对铅的需求有了大幅度的增长（从2002年的958kt到2012年的4479kt），2002~2012年世界的铅需求增长变化和2002~2013年国外及中国对铅的需求态势图如图4-22和图4-23所示。

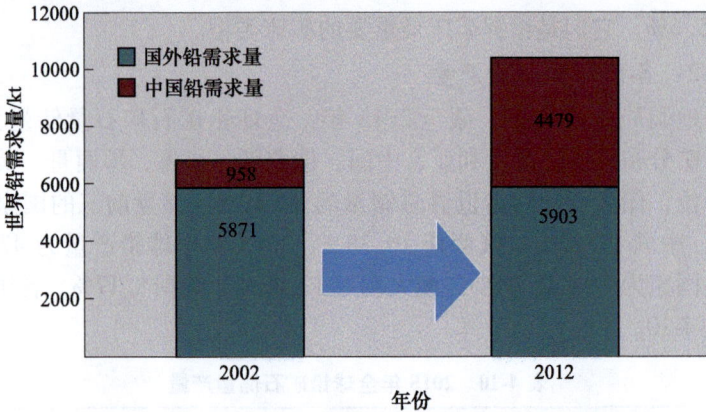

图4-22 2002~2012年世界的铅需求增长变化（据ILZSG）

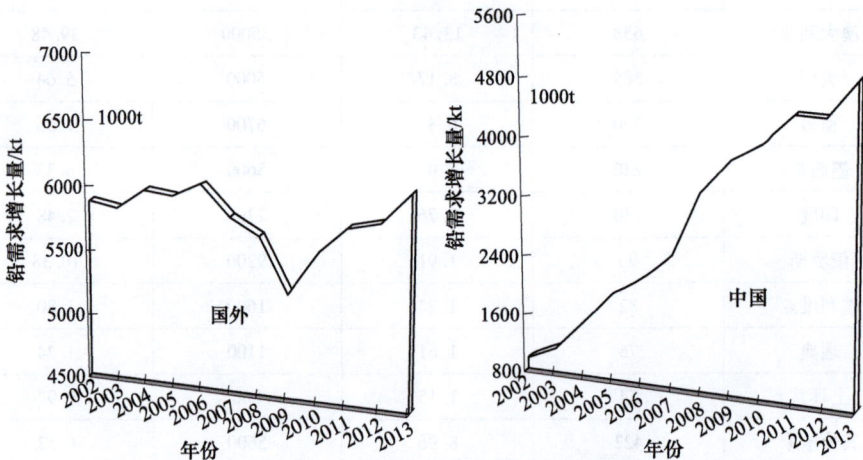

图4-23 2002~2013年国外及中国对铅的需求增长态势图（据ILZSG）

　　根据美国地调局数据，截至 2013 年过去百年全球铅的产量持续上升，尤其是自 2009 年之后，铅的产量更是飞涨（两次世界大战除外），渡过 13 年产量高峰之后，全球铅产量有所回落。2015 年，全球铅产量为到了 471.2 万吨。现阶段，铅主要集中应用于铅酸蓄电池行业（约占全部铅消费的 76% 以上），而铅酸蓄电池的主要消费领域如汽车行业、风力发电、光伏产业等现阶段均处于快速发展时期，尤其是我国汽车人均保有量远低于发达国家，而现在我国城镇居民已经到了能够规模进入汽车消费的阶段。因此，虽然现在对环境的重视程度越来越高，铅的长远发展并不乐观，但短期看来在新的铅的替代品出现之前，全球铅的需求将会保持一个非常稳定的刚性需求量。同时，在电缆护套领域，尽管目前出现全塑电缆代替纸力铅包皮电缆的趋势，但高压充油纸力电缆仍需要用铅作护套，因而纸力电缆仍有一定市场。在氧化铅和铅材以及其他行业用铅（军工、炼钢、轻工、建材、电子、印刷、医药、医疗器械、放射性防护和防腐用铅等），也需要一定数量的铅金属和铅材。

　　过去 100 年全球铅产量变化趋势如图 4-24 所示。

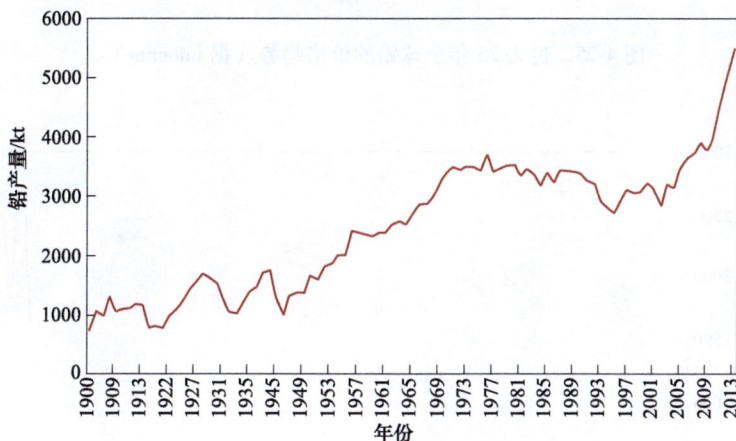

图 4-24　过去 100 年全球铅产量变化趋势

　　B　价格

　　全球铅的价格在 2004 年大幅度上涨（2008，2009 全球经济危机除外）之后近五年基本维持在一个相对稳定的价格区间之内（0.8~1.2 美元/磅），如图 4-25 和图 4-26 所示。从过去 100 年间全球铅的价格变化趋势看，全球铅的价格在波动中持续上涨，如图 4-26 所示，换算成以 1998 年美元的购买力为基准，现在全球铅价格处于较高的波峰期。我国铅资源丰富，储量约占世界总储量的 15.73%，产量约占世界总产量的 55.56%，居世界首位。现阶段铅矿资源基本能够保证国内经济发展的需求，但从长远发展看，仍需要对资源进行节约与综合利用。

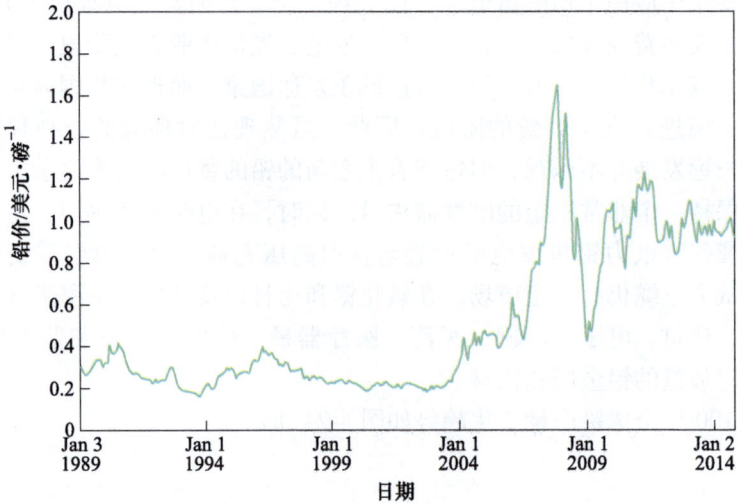

图 4-25　过去 25 年全球铅的价格趋势（据 infomine）

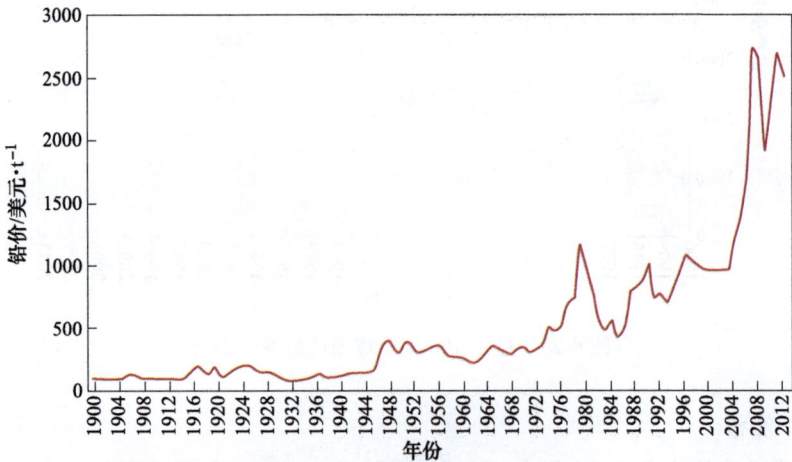

图 4-26　过去 100 年全球铅价格趋势

4.2.4.4　中国现状

2014 年我国铅矿查明资源储量 7384.86 万吨，比上年增长 9.6%。铅精矿产量 297.6 万吨，比去年增长 4.4%。精炼铅产量 474.0 万吨，比去年下降 1%。精炼铅消费量 496.0 万吨，与上年持平，占当年世界消费量的 45%。2014 年伦敦金属交易所现货年平均价为 2099 美元/t，比上年下降 2%；我国铅平均价格为 13849 元/t，较上年下跌 2.4%。

中国铅、锌矿主要矿床类型为层控的碳酸盐岩型和泥岩-细碎屑岩型以及矽卡岩型铅锌矿为主。矿床规模以中、大型为主，特大型的矿山数量较少，但大型、特大型矿山储量却占到全国铅锌总储量的 50% 以上。我国铅、锌矿矿石类型复杂，共伴生组分多，其中主要共伴生元素有铜、银、金、锡、锑、镉、铋、锗、汞、硫等，具有极大的综合利用价值（如铅锌矿中的半生元素银的储量占全国银总储量的 60%，产量占全国的 70%~80%）。我国铅、锌矿中铅/锌比例为 1：2.6，低于世界平均水平 1：1.2，从全球锌的价格高于铅以及两种资源的消费趋势来看，这种资源比例使我国的铅、锌资源在世界上具有一定的优势。我国铅、锌矿采矿主要以地采为主，地采所占比例约占全国采矿量的 89.25%，露采仅占 10.75%（陈建宏，2009）。

A 供需现状

产量：2014 年我国铅精矿产量 297.6 万吨，较上年增长 4.4%。内蒙古是我国最大的铅精矿生产区，2014 年全年产量为 85.1 万吨，比去年增长 8.8%，占全国产量的 28.6%。铅精矿产量增长较多的还有湖南、广西、云南、青海等省（市、自治区）。内蒙古、湖南、广西、四川和云南五省（市、自治区）是目前国内最主要的铅精矿生产区，其产量合计占全国产量的 71.6%。此外，河南、山西、甘肃、西藏、青海、江西、浙江、辽宁、新疆和山西等省（市、自治区）的铅精矿产量也均在万吨以上。我国铅精矿主要生产厂家有：青海西部矿业有限责任公司、深圳中金岭南有色金属公司、云南会泽铅锌矿、甘肃白银有色公司、广西柳州华锡集团、湖南水口山矿务局、湖南黄沙坪铅锌矿、云南锡业公司、内蒙古白音诺尔铅锌矿和云南澜沧铅锌矿等。2014 年我国精炼铅产量 474.00 万吨，较上年下降 1%，其中原生铅产量 303 万吨，较上年下降 16.0%，再生铅产量 160 万吨，较上年增长 6.6%。精炼铅产量主要集中在河南、湖南、云南、安徽、湖北、江西、内蒙古、江苏和广西等省（市、自治区），其精炼铅产量均超过了 10 万吨，这些省区产量合计占全国总产量的 90.2%。2014 年国内精铅产量小幅下降主要是因为 2014 年我国原生铅减产。因铅价、银价大幅度下跌，企业亏损严重，上半年原生铅企业停产检修较多。分省份来看，河南和云南的产量下降最为明显，河南主要是由两家原生铅冶炼厂在年初停产；云南省减产主要在云锡。本年度铅精矿产量在铅价和银价双双下行的压制下出现下降，更是令国内原生铅冶炼厂的原料受限，开工率下降。另一方面下游需求不振，加上资金压力，冶炼厂开工积极性受到限制；再一方面，有些冶炼厂不如郴州地区大部分铅厂，以副产品产量为主要目标，在铅冶炼亏损的情况下，有意降低铅产量。2012 年以来，我国再生铅产量逐年增长，2014 年再生铅产量有望达到 160 万吨，占当年全国精铅产量的比重在 33.8%，较 2013 年调高约 2.4 个百分点。再生铅产量逐年增长，一方面是因为随着废电瓶蓄积量的不断增长（截止到 2013 年，我国废电瓶的蓄积量在 230 万吨左右，增长近 10%），再生铅的原料也在增加。另一方面，根据废电瓶价格和 2 号铅价格，预计再生铅企业的利润状况将明显好转，尤其是处理汽车废电瓶的再生铅厂，这在一定程度上提振企业的生产积极性。不过由于下游需求增速放缓，尤其是年底时铅价快速下跌，再生铅企业利润状况再度恶化，2014 年再生铅产量增速有限。分省份来看，河南和江西省再生铅产量明显增长。据了解，河南金利公司的再生铅系统在 2012 年建成后一直没有启动，年初再生铅行业利润好转，同时为了缓解铅精矿原料的产量紧张，金利公司启动了再生铅系统，所以河南省 2014 年再生铅产量增加。5 月份，江西源丰有色金属有限公司年处理 18 万吨的废旧铅酸蓄电池、年产 10 万吨铅及铅合金项目试生产。作为传统的再生铅省份，江苏省产量下降，原因是南京召开青奥会期间，危险废物运输受限，再生铅企业停产。国内目前规模最大的安徽华鑫集团实施再生铅生产线技术改造，但安徽省 2014 年再生铅产量不会下降，因为太和县大华公司增长弥补了其减产。大华公司在停产三年左右的时间后，已于 2014 年 11 月恢复生产，而且产量增长明显。

消费量：2014 年我国精炼铅消费量 496.0 万吨，与上年基本持平。世界精炼铅消费量 1100 万吨，同比略有上升。近年来我国精炼铅消费量占世界精炼铅消费量的比例也在增长，从 2008 年的 11% 增长到 2014 年的 45%。目前，我国铅消费量中约有 81.9% 用于蓄电池，9.4% 用于铅合金和铅材料，5.4% 用于氧化铅，2.6% 用于铅盐，0.8% 用于其他领域。汽油防爆剂等一些终端用量不大的用途正在逐渐消失，铅的消费主要依赖于蓄电池。

B 供需分析

2015 年与铅消费有关的宏观、微观层面可能更加乱象丛生，对铅市场的影响只会加大，不会缩小。从国内市场看，蓄电池行业仍处于结构调整和去库存阶段，不稳定性仍会突出，但总体上，蓄电池产量和铅需求会继续增长。那么，蓄电池行业库存居高的问题是否有增无减？价格战和资金压力或许会继续殃及铅冶炼厂。从全球来看，石油价格战及其背后的新能源战争对传统汽车工业的影响目前还看不出端倪，但心理影响将产生，对铅市场也会产生不同程度的负面影响。

无论从国外看，还是从国内看，铅冶炼业结构调整、原料价格居高和环保成本增加都是共同的趋势。目前的价格较低，生产者生产积极性不高。供应有限和高成本将支持铅价不至于大幅度下跌。另一方面，在全球经济不稳定的前提下，铅消费只能保持低速增长，来自新能源汽车的挑战虽不确定，但心理影响总体负面。从供求基本面判断，2015 年铅价会保持一个相对稳定态势。长远来看，铅的市场行情并不乐观。

4.2.4.5　青海省现状

2014 年青海省铅矿查明铅资源储量为 222 万吨，占全国总查明资源量的 3.5%。其中已开发矿区数 34 个，查明资源量为 124 万吨，占青海省总量的 55.86%；可供开发矿区数为 30 个，资源量为 97.67 万吨。青海省开采生产能力为 239 万吨/a（铅金属为 6.13 万吨），选矿生产能力为 239 万吨/a，按照现有生产能力，青海省铅矿资源静态保障年限为 36 年。随着青海省矿产资源需求量的进一步扩大，重要矿产资源的需求总体上处于上升态势，产量不能满足本省的消费需求，不足部分需要从省外购进。

青海省铅矿占用资源储量中正在开采矿区资源储量有 124 万吨，占资源储量的 55.86%。其他均为计划近期利用、可供进一步工作、推荐近期利用，未来，随着汽车、电动自行车等产业的发展，青海省铅需求将会进一步提升，因此，需提高青海省铅的找矿开发投入，以保证青海省铅矿资源的产量。

4.2.4.6　铅市场总结

全球铅矿产资源分布极不均衡，主要集中在澳大利亚、中国、俄罗斯、秘鲁、墨西哥、美国，铅矿产资源储量合计约占世界总储量的 87.19%，其他国家和地区储量很少。2015 年全球铅产量为 471.2 万吨，产量前三的国家为中国（占 48.81%）、澳大利亚（占 13.43%）、美国（占 8.17%）。

过去百年全球铅的产量持续上升，需求相对稳定，未来全球对铅的需求结构相对稳定，铅的价格预计也将会相对稳定。

短期国内铅市场会保持一个相对稳定态势。但长远来看，国内铅的市场行情并不乐观。

4.2.5　锌

4.2.5.1　资源概况

锌（Zn），原子序数为 30，在化学元素周期表中位于第 4 周期、第 ⅡB 族，在日常生活中是第四常见的金属，仅次于铁、铝、铜，有着广泛的工业用途。锌在自然界中，多以硫化物状态存在，主要含锌矿物是闪锌矿。此外，也有少量氧化矿含锌，如纤维锌矿、菱锌矿、异极矿、硅锌矿、水锌矿等。锌由于其具有良好的金属性能（压延性、耐磨性和抗腐性），能与多种金属制成物理与化学性能更加优良的合金，因此锌的消费在有色金属中仅次于铜和铝。目前全球锌的主要用途（见图 4-27）有：镀锌、制造铜合金材、铸造锌合金、锌的半成品、化学制品等。

世界上主要锌矿床常与铅共伴生，因此，全球锌矿床分布也与铅相似，锌矿床分布见铅矿床分布。

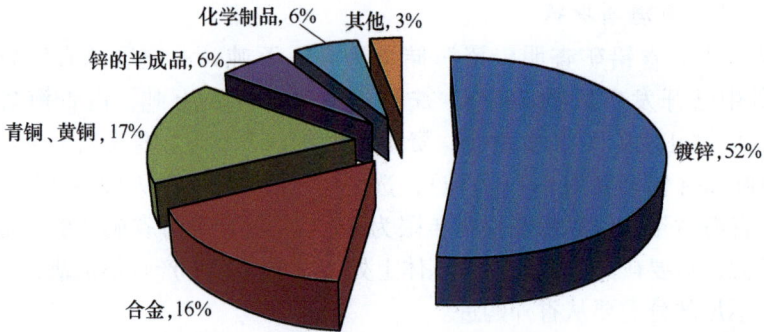

图 4-27　锌的工业用途比例（据 ILZSG）

4.2.5.2　各国储量产量

据美国地调局统计数据，截至 2015 年，全球锌矿石矿石量储量为 2 亿吨，储量前三的国家为澳大利亚（占 31.50%）、中国（占 19%）、秘鲁（占 12.50%），世界锌矿分布集中，储量居世界前六位的国家为澳大利亚、中国、秘鲁、墨西哥、印度、美国，这六个国家的储量之和约占全球总储量的 81% 以上；2015 年全球锌产量为 1340 万吨，产量前三的国家为中国 490 万吨，澳大利亚 158 万吨，秘鲁 137 万吨。各国锌矿产量和储量见表 4-11。

表 4-11　2015 年全球各国锌储量产量

国家	产量/kt	产量分布/%	储量/kt	储量分布/%
美国	850	6.34	11000	5.50
澳大利亚	1580	11.79	63000	31.50
玻利维亚	430	3.21	4600	2.30
加拿大	300	2.24	6200	3.10
中国	4900	36.57	38000	19.00
印度	830	6.19	10000	5.00
爱尔兰	230	1.72	1100	0.55
哈萨克斯坦	340	2.54	4000	2.00
墨西哥	660	4.93	15000	7.50
秘鲁	1370	10.22	25000	12.50
其他国家	1870	13.96	26000	13.00
总量	13400		200000	

4.2.5.3　市　场

图 4-28 列出了从 1900~2015 年全球的锌产量，在过去的 100 年里，随着世

界经济规模的大幅度发展，全球锌的生产量也持续上升，从 1900 年度的 47.9 万吨/年增加到 2015 年度的 1340.0 万吨/a，2015 年的锌产量是 1900 年的 26.79 倍。1999~2011 年，全球锌产量有一个快速的提升期，从 1999 年的 796 万吨左右提高 2011 年的 1250 万吨，相对于 1999 年，2012 年间锌产量增幅达到 57%。2011~2015 年度锌产量和消费量变化如图 4-29 所示，可以看出 2011 年以后，锌产量基本保持稳定，波动幅度较小；在 2011~2015 年间，锌的消费量基本和产量持平，供过于求或者供不应求的程度都比较低。2015 年度全球精锌产量 1390 万吨，精锌的消费量有小幅提升，达到 1375 万吨，与精锌产量相比有 15 万吨左右的精锌产能过剩，过剩量占总锌消费量的 1.1%，说明锌的产销基本持平。

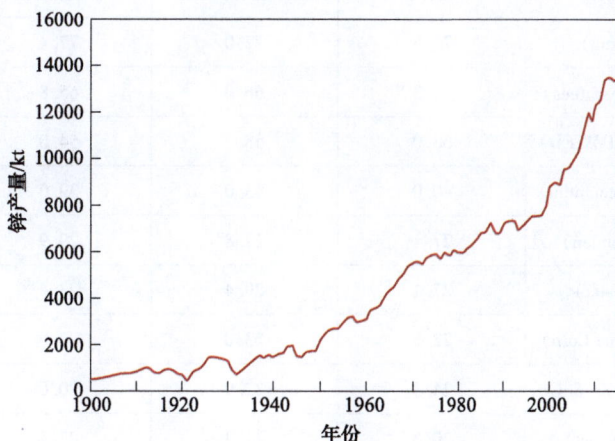

图 4-28　过去 100 年全球锌产量变化趋势

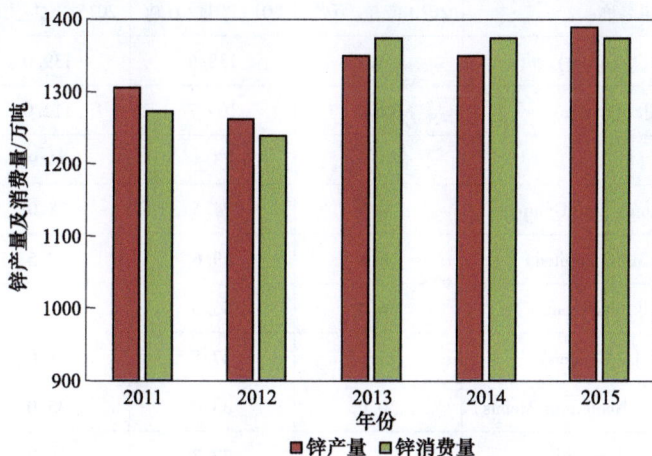

图 4-29　2011~2015 年全球锌产量和消费量变化

A 供应

全球十大锌矿业公司近三年以来锌精矿产量见表 4-12，精炼锌产量见表 4-13。可以看出，嘉能可公司是拥有世界上最大的锌精矿和精锌产能，其次是印度的韦丹塔公司，五矿资源是中国最大的锌精矿和精锌生产企业，2015 年度生产锌精矿 54 万吨，精炼锌 60.5 万吨。2013~2015 年全球排名前十的锌矿山和锌冶炼企业产能波动幅度较小，全球的锌精矿和精锌的供给基本处于一种较为稳定的态势。

表 4-12 全球 10 大锌矿山企业锌精矿产量

公司名称	2013 产量/万吨	2014 产量/万吨	2015 产量/万吨	所属国家
嘉能可（Glencore）	131.1	131.5	122.5	瑞士
韦丹塔（Vedanta）	76.5	77.0	77.4	印度
泰克资源（Teck resources）	62.3	66.0	65.8	加拿大
五矿资源（MMG LIMITED）	60.0	58.7	54.0	中国
沃特兰亭公司（Votorantim）	40.0	43.0	39.0	巴西
布立登公司（Boliden）	27.1	27.8	29.9	瑞典
新星公司（Nyrstar）	27.1	29.4	23.4	印度
住友集团（Sumitomo Corp）	22.5	23.0	23.0	日本
驰宏锌锗（Chihong Zn & Ge）	24.3	22.9	20.0	中国
中金岭南（Nonfemet）	20.3	21.3	22.4	中国

表 4-13 全球 10 大锌企业精锌产量

公司名称	2013 产量/万吨	2014 产量/万吨	2015 产量/万吨	所属国家
嘉能可（Glencore）	139.8	138.6	139.0	瑞士
新星公司（Nyrstar）	108.8	109.7	112.0	印度
韦丹塔（Vedanta）	84.5	73.4	74.9	印度
高丽亚锌（Korea Zinc Group）	74.5	74.5	78.0	韩国
五矿资源（MMG Limited）	58.8	59.6	60.5	中国
沃特兰亭公司（Votorantim）	86.0	85.0	85.0	巴西
布立登公司（Boliden）	45.5	47.5	48.0	瑞典
汉中有色（Shaanxi Nonferrous Metals）	30.0	33.0	35.0	中国
泰克资源（Teck resources）	29.0	27.7	30.7	加拿大
葫芦岛（Huludao Zinc）	24.0	26.0	26.0	中国

B 需求

锌的主要用途是用作镀锌材料，其消费量占全球锌消费量的一半以上，镀锌钢材常用于建筑、汽车和船舶制造等领域；锌质软且熔点低，可以制作对机械强度要求不高的合金铸件，应用于机械制造、电子等行业；另外，锌还可以应用到电池以及其他化学制品中，但需求量相对较小。图 4-30 中列出了主要国家近些年来对锌的消费量，从图中可以看出，对于美国、日本等发达国家，其经济规模和结构日趋稳定，其对锌的需求也趋于稳定；对于发展中的新兴经济体，特别是中国，其锌消费量在全球锌消费总量中占据了比较大的比例，这是由于新兴经济体的基础设施不完备，需要建设大量的公路、桥梁、住房等，汽车工业、船舶制造工业也具有比较快的发展速度，因此，其对锌具有较大的消费需求。在 2015 年，中国的锌消费量达到 623 万吨，占全球锌消费量的 45.3%。

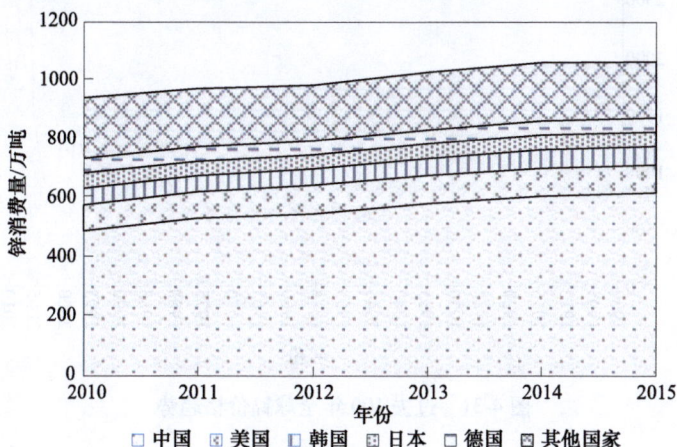

图 4-30　2010~2015 年度不同国家锌消费量

受制于中国经济转型，经济增长速度放缓，全球对锌的消费量增长速度将逐步放缓；发达国家由于经济结构稳定，其对锌的消费量一直比较稳定；考虑到未来一段时间，东盟等新兴经济体即将进入快速工业化发展阶段，其对锌的需求将成为全球锌消费的潜力增长点。因此，全球对锌的需求还将有一定的增长。全球对锌资源需求增加可以预期的同时，锌的使用量也在不断地受到其他材料、元素的冲击。在汽车制造行业，铝材和塑料材料替代了部分汽车用镀锌板；随着镉、油漆和塑料涂层的不断成熟，也替代了部分腐蚀防护用锌；在合金领域，铝和镁基合金在性能、成本方面也逐渐体现出一定的优势，未来将是锌基合金的有力竞争者；在化学、电子和颜料领域，也都找到了锌的替代元素。

基于以上分析，在未来一段时间内，锌的需求量将呈现出稳中有增的趋势，但不同于2000~2010年的快速增长，增幅将较为缓慢。

C 价格变化趋势

图4-31列出了1900~2015年锌价格变化，可以看出在过去100年里，锌的价格在震荡中增长，增长幅度较大。在过去的十年里，锌价格经历了暴涨和大幅度回落的阶段。2006~2008年，由于我国经济的快速发展，其对锌的消费量持续增长，导致锌的价格处于高位，2008年以后，随着中国经济的放缓，锌价格则出现了大幅度的回落。

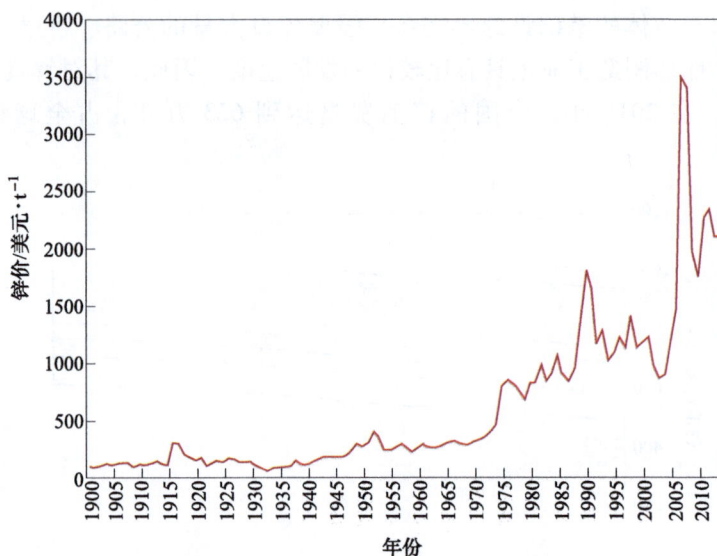

图4-31 过去100年全球锌价格趋势

4.2.5.4 中国现状

2014年，我国锌矿查明资源储量14486.14万吨，比上年增加748.48万吨。锌精矿产量493.0万吨，比去年增长4.2%。精炼锌产量561.0万吨，比去年增长10.0%。2014年我国精炼锌的消费量为625.0万吨，比去年增长10.6%。我国进口锌精矿219.9万吨，比2013年增长10.2%。精炼锌出口量为13.27万吨，精炼锌进口量为68.1万吨，全年净进口精炼锌54.83万吨。

A 产需关系

生产方面：2014年我国锌精矿产量493.0万吨，较上年增长4.2%。目前我国锌精矿产量主要集中在内蒙古、湖南、云南、广西、甘肃、四川、陕西、福建和广东等省（市、自治区）。2014年精炼锌产量561.0万吨，较上年增长10.0%。精炼锌产量较多的省份有湖南、云南、陕西、广西、内蒙古、甘肃、辽宁、河南、四川和广东10省（市、自治区），其产量合计占全国总产量的94%。2014年精炼锌产量增长较多的为云南和陕西两省。产量减少较多的地区有湖南和内蒙古两省（市、自治区）。经多年建设，我国已形成了一批大型精炼锌生产企业，如株洲冶炼厂、葫芦岛锌业股份有限公司、四川宏达股份有限公司、云南驰宏锌锗股份有限公司、白银有色金属公司、深圳中金岭南有色金属股份有限公司等。近年来，由于大量资金投入锌冶炼行业，使得我国锌冶炼能力大幅度增长。其主要原因一是为了适应国家产业政策的要求，对一些小企业改造，使产能扩大；其二就是为了开发利用本地铅锌资源，而新建锌冶炼厂。

消费方面：我国锌的终端消费主要集中在建筑、通信、电力、交通运输、农业、轻工、家电、汽车等行业，中间消费主要是镀锌钢材、压铸锌合金、黄铜、氧化锌以及电池。我国是世界最大的锌消费国，2014年精炼锌的消费速度以年均4.9%的速度递增。据中国有色金属工业协会估计，2014年我国精炼锌的消费量为625万吨，比上年增长10.6%。在锌的消费中，镀锌占51%，压铸合金占22%，铜合金占14%，氧化锌占9%，电池占3%，其他占1%。

B　供需分析

在现有产能基础上，2015年新增冶炼产能仍有明显增量，而且主要是大型企业扩能，估计精矿供应充裕；在2014年锌价和加工费较高的前提下，2015年上半年国内冶炼厂至少会保持较高开工率，为全年增长打下基础。预计2015年经济增速保持在7%左右，锌消费将保持低速增长。现有汇率水平下，锌进口价仍会保持相当水平。因此，总体来看2015年国内新市场供求基本面对锌价的支持力度应该不及2014年。但是，经过连续3年下跌，全球锌显性库存已经明显下降，世界各地区锌溢价仍维持在高水平，欧美坚挺的溢价表明西方市场供应偏紧。尤其是西方机构和贸易商看重世纪矿等大型矿山的关闭，锌价普遍看涨。看涨情绪将强化锌市场的金融势力，从此推动锌价可能超预期波动。

4.2.5.5　青海省现状

A　资源现状

青海省锌矿查明资源储量总量为452.1万吨，占全国总产资源储量的3%；其中，已利用矿区为34家，占用查明资源储量为235.63万吨，占青海省查明资源总量的52%；可规划利用矿区为30家，占用查明资源储量为216.48万吨。2014年青海省锌矿采矿生产能力为239万吨/a，选矿生产能力为239万吨/年。按照目前的生产速度，青海省新开资源的静态保障年限约为44年，锌的保障年限较好。青海省锌矿资源有一部分处于基建状态。锡铁山铅锌矿是目前开采规模最大的锌矿区，开采的锌矿矿石经加工后，主要供应给省内的加工、建筑、运输、印刷等行业。

B 供需

近几年，青海省内加大了对锌矿开采投资力度，锌产量也有了较大的提升。"十一五"期间锌精矿产量维持在 8 万吨；精炼锌产量基本维持在 10 万吨左右。截至 2014 年底，青海省锌产量为 8 万吨。在未来十年里，随着钢铁、汽车、家电等产业的发展，全省锌需求将会进一步提升。

4.2.5.6 锌市场总结

锌资源储量、生产量分布相对集中，澳大利亚、中国和秘鲁三个国家的储量之和达到 12.6 亿吨，约占全球锌资源储量的 63%；中国是锌的第一生产大国和消费大国，其对锌的生产和消费往往对锌价格有较大的影响。

随着中国经济增速放缓，世界前十大锌生产企业的生产量基本保持稳定，锌生产量和消费量基本持平。在未来一段时期，随着印度、东盟等经济体进入高速发展阶段，锌资源消费量将会有一个快速增长阶段。

锌价格刚刚经历了暴涨回落的阶段，未来锌价格仍然会持续上涨。

4.2.6 钼

4.2.6.1 资源概况

钼在地壳中的丰度为 0.00011%，是比较稀少的资源，在自然界中，已发现了 30 多种含钼矿物，其中常见的有辉钼矿、彩钼铅矿、钼酸钙矿、钼钨钙矿等。其中最重要的是辉钼矿，全球钼产业的原料几乎全部依赖辉钼矿，其他矿物所占比重很低。通常回收辉钼矿的矿石钼含量为 0.01% ~ 0.25%，作为铜的共伴生矿物的钼含量低的矿石常回收钼产品。根据美国地调局统计数据，截至 2016 年，全球探明钼矿储量达到 1100 万吨，钼矿资源量达 1900 万吨，按全球目前消耗速度可满足全球 40 年到 70 年的需求，在未来几十年，钼资源可以满足全球经济社会发展的需求。

钼在我们的日常生活中有广泛的应用，钢铁合金添加剂、钼基合金和化工产品是钼的三大应用领域。据（IMOA）统计，全球范围内，钼的主要工业应用领域包括：工程结构钢（约占 41%），不锈钢（约占 22%），化学工业（约占 13%），工具钢（约占 8%），铸铁铸钢（约占 8%），金属钼（占 5%），镍钼合金（约占 3%），如图 4-32 所示。

目前，钼作为钢和铸铁合金元素几乎没有替代品。金属材料行业不断寻求可提高材料性能的新型合金材料。未来钼在合金领域的潜在替代品包括铬、钒、铌、硼、钨等，在高温材料领域的潜在替代品包括石墨、钨、钽等。

全球钼矿床类型主要有斑岩型、矽卡岩型和脉型三种类型。斑岩型钼矿为最主要的钼矿矿床类型。据美国地调局统计，全球斑岩型钼矿床储量最大，矿石平

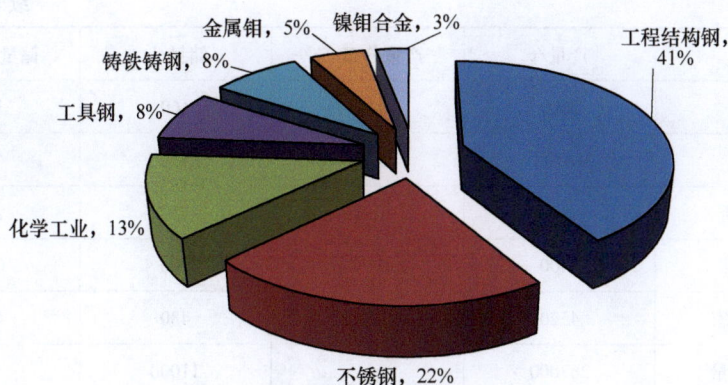

图 4-32　2013 全球钼的主要工业用途占比（据 IMOA）

均含 Mo 约 0.12%，个别达 0.3%；斑岩型铜钼矿床储量次之，矿石平均含 Mo 约 0.01%。全球超过 80% 钼矿资源存在于斑岩型钼矿和斑岩型铜钼矿中。全球钼矿床的分布与斑岩型铜矿床的分布相似，主要集中在环太平洋（中—新生代）成矿带，特提斯（中—新生代）成矿带以及中亚-蒙古成矿带上，这些成矿带大都受特定时期的洋壳俯冲作用影响，产出大量斑岩型钼（铜）矿床。

4.2.6.2　各国储量产量

根据美国地调局统计数据，截至 2015 年，全球探明钼矿资源储量为 1100 万吨，储量排名前三的国家为中国（占全球储量 39.09%）、美国（占全球储量 24.55%）、智利（占全球储量 16.36%）。全球 80% 以上的钼矿产以硫化矿物的形式存在于较低品位的斑岩型钼矿床或者低品位的斑岩型铜钼矿床中。在可预见的未来，钼矿产资源足以满足全球经济发展的需要。2015 年全球钼产量为 26.7 万吨，产量排名前三的国家与储量排名前三国家相同仍为中国、美国、智利，分别占全球产量的 37.83%、21.09% 和 18.35%，见表 4-14。

表 4-14　2015 年全球钼产量储量情况表

国家	产量/t	产量分布/%	储量/kt	储量分布/%
美国	56300	21.09	2700	24.55
亚美尼亚	7300	2.73	150	1.36
加拿大	9300	3.48	260	2.36
智利	49000	18.35	1800	16.36
中国	101000	37.83	4300	39.09
墨西哥	13000	4.87	130	1.18

国家	产量/t	产量分布/%	储量/kt	储量分布/%
蒙古	2000	0.75	160	1.45
秘鲁	18100	6.78	450	4.09
俄罗斯	4800	1.80	250	2.27
土耳其	1400	0.52	100	0.91
其他国家	4520	1.69	480	4.36
全球总量	267000		11000	

4.2.6.3 市场

A 供应

整体来看，全球钼资源十分丰富，供应充足，世界上的钼矿资源主要集中在中国、美国和智利，其储量约占世界钼矿总量的80%，截至2015年，全球探明钼矿资源储量达到1100万吨，按目前静态消耗速度，这些储量可满足全球40年以上的需求量。全球钼矿生产的集中度很高，全球最大的十家钼矿开采公司的钼矿产量接近全球钼矿产量的70%，这些公司的钼矿资源和开发利用的基本情况代表了全球钼矿开采业的现状。从十家公司的生产情况来看，单一钼矿的钼产量占十家公司产量的40%左右，铜钼伴生矿的钼产量占十家公司产量的60%左右。全球主要钼矿生产公司的资源及生产概况见表4-15（源于各公司2015年报等报告）。

在过去的100年间，随着全球经济的发展，全球钼矿产量持续增长。全球钼的产量快速增长始于第一次世界大战，自此之后全球钼一直呈整体增长的态势，尤其是自2000年之后，受全球经济发展和钢铁行业快速增长的拉动，全球钼的供应量和消费量飞速增加，但消费增长的速度要快于供应增长的速度，导致全球钼的供应量小于需求量，从而促使钼价格保持高位增长态势，高速增长的钼价又驱使全球钼的产量呈直线上升。但全球钼矿自2009年金融危机之后，全球钼价下滑，受钼价出现暴跌原因，产量不再暴增，趋于平稳，甚至出现略微的下滑的趋势，2015年全球钼产量为26.7万吨，如图4-33所示。中国作为全球最大的钼生产国，因各地矿山整合力度加大，产能过剩，经济增长的放缓，规划内的新建扩建项目难以短时间满负荷生产，钼的生产利润空间压缩等一系列原因导致其钼的产量较前几年略微降低，2015年钼的产量约为10万吨（2014年为10.3万吨），约占全球钼产量的37.83%。

表4-15　全球主要钼矿生产公司的资源及生产概况

公司	国家	产量/万吨	占全球份额/%	储量（Mo）/万吨	平均品位/%	概况
Freeport-McMoRan Inc.	美国	Mo: 4.17（单钼2.17，铜钼2）; Cu：108.2	16.83	Mo: 182.3（单钼36.2，铜钼146.1）; Cu: 2620.9	Mo:（单钼0.16，铜钼0.018）; Cu: 0.33	位于美国、秘鲁四座铜钼伴生矿山和两座斑岩型单一钼矿山在产，露采、浮选
Codelco	智利	Mo: 2.77; Cu: 136.84	11.18	Mo: 213.93; Cu: 4380	Mo: 0.034; Cu: 0.70	位于智利5座铜钼矿山，露采为主，浮选
Grupo Mexico	墨西哥	Mo: 2.34; Cu: 58.79	9.45	Mo: 265.7; Cu: 5390	Mo: 0.02; Cu: 0.4	墨西哥、秘鲁、美国5座铜钼矿，露采、浮选
金堆城钼业	中国	Mo: 1.89	7.63	Mo: 123.51	Mo: 1.07	陕西、河南两处单一钼矿区，露采为主，浮选
洛钼集团	中国	Mo: 1.7; WO_3: 0.98	6.86	Mo: 103.3; WO_3: 40.9	Mo: 0.16; WO_3: 0.11	三大矿区位于河南、新疆，钼钨伴生矿产，露采、浮选
Thompson Creek Metals	美国	Mo: 1.19（2014年产量）	4.8	Mo: 25.18（单钼6.46，铜钼18.72）; Cu 151.8	Mo:（单钼Mo 0.067，铜钼Mo 0.037）; Cu 0.3	位于加拿大、美国两座单一钼矿，一座铜钼矿山(停)产，2015年一座矿山未投产
Antofagasta	智利	Mo: 1.01; Cu: 36.32	4.08	Mo: 46.94; Cu: 1067.9	Mo: 0.015; Cu: 0.51	两座铜钼矿位于智利，露采、浮选
Anglo American	英国	Mo: 0.97; Cu: 79.98	3.92	Mo: 100.6; Cu: 3381.9	Mo: 0.018; Cu: 0.72	在产铜钼两座位于智利，一座铜钼矿在建，露采、浮选
Rio Tinto	英国	Mo: 0.76; Cu: 9.2	3.07	Mo: 24.36; Cu: 310.5	Mo: 0.034; Cu: 0.45	一座铜钼矿位于美国，露采、浮选
Teck	加拿大	Mo: 0.35; Cu: 54.2	1.41	Mo: 67.3; Cu: 1674.6	Mo: 0.018; Cu: 0.72	在产铜钼的两座铜钼矿采收部分在建，均为于美国两座位于秘鲁、加拿大，位露采、浮选
钼产量合计		17.15	69.24			单一钼矿产量6.95万吨，占40.5%，铜钼共生产10.2万吨，占59.5%
全球钼产量①		24.77	100			

①为了便于统计数据分析Thompson Creek Metals公司2015年暂时停产的两座钼矿，产量按2014年产量计入。全球钼产量采用全球金属统计WBMS的钼产品产量，与美国地调局数据为钼矿产石产量有区别。

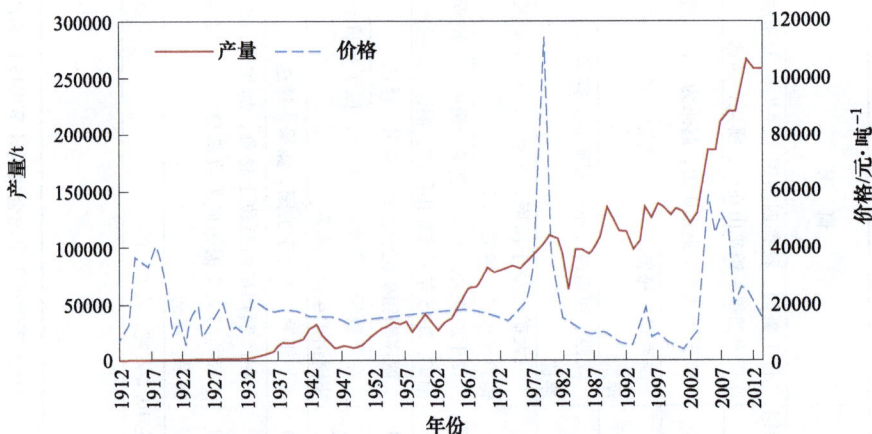

图 4-33　过去 100 年全球钼矿产量及价格变化趋势

　　全球钼矿供应从 20 世纪 80 年代开始，产能多数时间处于过剩状态，全球以钼作为主矿产的矿山中，原矿品位较高的矿山例如美国的 Henderson 钼矿、Climax 钼矿、中国的上房沟钼矿、三道庄钼矿，金堆城钼矿基本可免于市场波动影响保持长期运转，原矿品位较低的此类钼矿如加拿大的 Endako 钼矿、Mt Hope 钼矿、美国的 Thompson Creek 钼矿等，在钼价低迷时都采取停产整修的策略。根据英国 Roskill 金属和矿物信息公司的统计，2012 年以来全球钼矿的新增和扩建项目计划达到 60 个左右，其中 33% 的项目在北美，28% 在中南美，10% 在中国。这些新项目可能给全球增加钼矿产能 24 万吨/a。由于 2014 年、2015 年全球钼价低迷，多数钼矿项目并没有实施。中国也有一批新的钼矿项目被搁置。不过作为铜矿共伴生矿物回收钼矿的一些项目，如英国 Anglo American plc 公司位于秘鲁的 Quellaveco 铜钼矿项目、Teck 公司位于智利的 Relincho 铜钼矿项目、波兰 Kghm 公司位于智利的 Sierra Gorda 铜钼矿都在建设或调试之中，并将在未来投产。如果钼的消费结构不发生重大变化，全球钼矿产资源的供给可以得到长期保障。此外，随着钼原料越来越大的消耗，可采的钼资源越来越少，为了保护环境，提高钼资源利用率，再加上钼再生资源中钼的含量通常高于钼矿石，从中提取钼及其他金属的成本低于从矿石中提取，能源消耗比较低，废气排放量也小，因而钼的回收利用成为钼行业的关注点。自 20 世纪 80 年代中期开始，发达国家就开始关注钼再生资源特别是含钼的废催化剂的利用价值，像美国在 1995 年从废催化剂中回收的钼已达 3800t，占国内总供给量的 30% 左右。根据国际钼协数据，2011 年全球将近 8 万吨钼被回收利用，约占钼总消费量的 1/4。国际钼协预测，到 2020 年钼回收量将达到 1.1 万吨，约占钼供应总量的 27%。到 2030 年，这一比例将会达到 35% 左右。回收的钼约 60% 用于制造不锈钢，其余则用于制造合金工具钢，超合金，高速钢，铸钢和化学催化剂等。目前，钼的二次资源主要有两个来源，一是钼冶金过程中产生的含钼废渣、废液等，二是钼金属制品生产过程中产生的废料和用过的含钼化学制品或者材料。

B　需求

钼除了在传统的建筑钢筋、不锈钢、铸铁等应用领域外，钼的二次消费在核能，光伏，LED，传感器，军工材料等新兴领域有广阔的应用空间；在电子行业钼有可能替代石墨烯成为新的半导体材料：据报道，2011 年瑞士联邦理工学院洛桑分校（EPFL）科学家制造出全球第一个辉钼矿微晶片，并且认为辉钼矿是未来取代硅基芯片强力竞争者。领导研究的安德拉斯·基什教授表示，辉钼是良好的下一代半导体材料，在制造超小型晶体管、发光二极管和太阳能电池方面具有很广阔的前景，而这次美国加州纳米技术研究院制成的辉钼基柔性微处理芯片未来前景将更加广泛。由于钼在钢和铸铁合金元素方面几乎没有替代品以及钼的良好发展前景，欧洲、中国、日本、美国等世界各主要钼的消费国对钼的需求整体呈上升态势如图 4-34 所示。

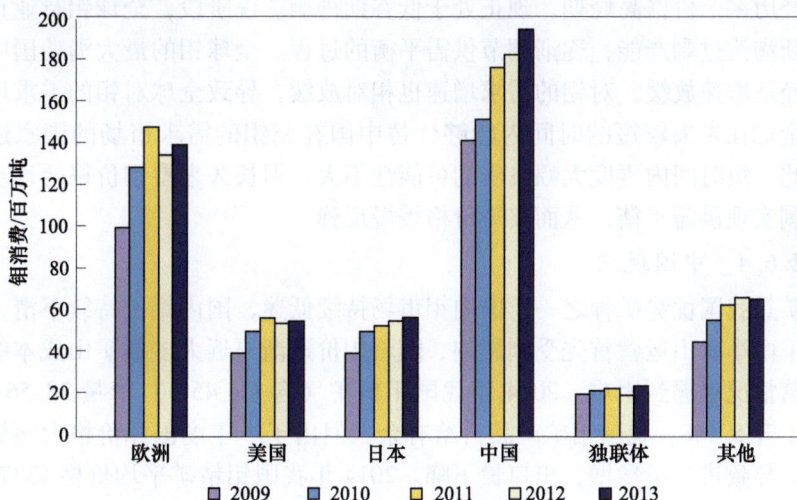

图 4-34　全球主要钼消费国 2011～2015 钼消费情况（据 IMOA）

尽管目前钼价低迷，但 Roskill 公司预计 2016～2017 年石油和天然气工业将恢复平衡和增长，对钼的需求会大幅增加，带动钼产品消费市场；中国经济的稳定也会带动全球不锈钢和合金钢的强劲增长，包括汽车和其他运输工具及消费类产品对钼的需求预计都将增长。长期来看，钼在能源、汽车、核电、发电、光伏及纳米技术等新兴应用领域的拓展，全球钼的需求潜力巨大，需求增长是一个趋势，但价格需要在供给和需求之间平衡，铜伴生钼矿的产量和再生钼是影响钼价走势的重要因素。

C 价格

钼的价格容易受到市场因素的影响，往往呈现较大的波动性。全球钼价格在过去 25 年中可以分为三个阶段，第一个阶段就是 2004 年之前，20 世纪 70 年代中期到 80 年代，由于美国政府对钼价格实施控制、石油危机导致全球经济放缓使铜的需求减少从而导致钼产量降低、石油勘探开发对钼的需求增加等因素叠加影响，全球钼价暴涨，这极大地促进了全球钼矿的勘探和开发活动，随后全球经济增长放缓，美国钢铁业衰退，钼的需求减少，供大于求，钼价步入低迷。期间，1995 年全球部分地区钼矿关闭导致全球钼价格短暂上涨，但很快又回落。第二个阶段为 2004 年到 2008 年，这个期间全球经济强劲复苏，全球粗钢和不锈钢产量不断增加，对钼的需求量持续增加，再加上 2006 年中国实施了氧化钼及高耗能的钼铁产品配额制度，导致全球钼价飞速上涨。第三个阶段为 2009 年全球经济危机爆发后，全球经济陷入低迷，受全球钢铁行业不景气和钼行业的盲目扩张导致产能过剩等原因的影响，造成钼供大于求，钼的价格大跌，2015 年甚至回落到 20 世纪 80 年代的水平。从过去 100 年钼的价格变化趋势看，全球钼价格刚刚经历一个价格高峰期，现正处于低谷期徘徊。现阶段，全球钼行业正处于一个不断淘汰过剩产能，逐渐调节供需平衡的过程。全球钼的最大消费国中国由于国内经济增速放缓，对钼的需求增速也相对放缓，导致全球对钼的需求增速放缓，但全球在未来较短的时间内能够代替中国补充钼的需求市场的国家还未出现。因此，短时间内再度大幅飞涨的可能性不大，但长久来看钼价格会逐步摆脱产能过剩实现供需平衡，从而实现价格缓慢反弹。

4.2.6.4 中国现状

钼矿是我国优势矿种之一。国内钼市场持续低迷，国内钼价持续下滑，在这种背景下中小矿山运营首先受到影响，随着钼价逐渐逼近大多数矿山成本线，大矿山运营情况也遇到困难。2014 年我国钼精矿（含 Mo 45%）产量 28.56 万吨，较上年上升 5.1%。我国钼矿产品自给有余，但由于本年度国际价格大幅低于国内价格，导致进口量猛增，出口量下降。2014 年我国钼精矿平均价格 1337 元/t，与 2013 年相比下降了 12%。

A 产需关系

a 生产

中国钼矿资源丰富，长期以来中国一直是全球重要的产钼大国之一，近些年来，随着中国加强地质勘探工作，发现了不少新的钼矿床，中国成为全球钼矿储量最大的国家（自 2007～2016 年，中国已连续十年成为全球最大的钼矿生产国），2014 年我国钼精矿（含 Mo 45%）产量 28.56 万吨，较上年增长 5.1%。中国钼矿资源主要分布在河南、安徽、内蒙古、吉林、西藏、黑龙江、陕西等省（市、自治区），这 7 个身份钼矿合计占中国钼矿查明资源储量的 75% 以上。其中，河南、山西和内蒙古为主要产地，三省（市、自治区）合计产量约占全国总产量的69.5%。

b 消费

目前在中国，钼产品消费结构为：不锈钢34%；合金钢及高强度低合金钢29%；高速工具钢和其他8%；铸铁和轧辊6%；化工15%；钼制品8%。钼产品77%主要以氧化钼、钼铁的形式消费于钢铁行业，23%以精细化工产品、钼金属制品的形式消耗。由于近几年我国经济增速放缓，化工制品行业的钼消费量基本稳定，钢铁行业消费量仅有小幅增长。2011~2014年期间，中国粗钢产量已经从7.02亿吨提高到8.20亿吨，年均增长5.4%；同期我国不锈钢产量从1409万吨增至2182万吨，年均增长15.7%。受钢铁行业增速放缓的影响，近几年中国钼消费量保持增长，但增速放缓。2012~2014年，中国钼消费量从7.2万吨钼增至7.5万吨钼，年均增长2.3%。

B 供需分析

短期预测，未来全球经济将会延续2014年走势，不过日本和欧洲可能会出现改善，美国和英国将维持稳定增长，尤其是美国经济增长将更加突出。商品价格还将维持颓势。中国房地产投资的急剧放缓造成2014年来钢铁和水泥需求降至过去10年的最低水平，而这种负面冲击在2015年上半年完全反映出来。在整体大宗商品原料震荡走低的总体趋势下，全球钼市场也难以脱离下滑通道。虽然我国钼产量可能在低价环境下有所下降，但由于净出口不会增加，国内还将维持供应过剩局面，但过剩量会下降。

4.2.6.5 青海省现状

青海省钼矿已查明资源储量总量为25万吨，占全国钼矿的1%，钼矿开发利用程度较低，已开发利用的矿区数为1个，资源储量为0.81万吨；可规划矿区为6个，查明资源储量为24.16万吨。青海省钼矿的采选能力差，需要进一步的开发。

钼矿各个矿山有的将共、伴生矿产暂时贮存在尾矿库中，有的矿山未开发，有的因无序开发收集不到相关的开发资料导致矿产品流向不明。从累计查明，保有、占用、未占用资源储量情况看资源储量均处于未开发状态，也就谈不上矿产品的流向问题。

4.2.6.6 钼市场总结

（1）全球钼矿产资源分布极不均衡，主要集中在智利、美国、中国、秘鲁、俄罗斯、加拿大等国家，这6个国家钼资源储量占全球钼资源总储量的90%以上，全球最主要的钼生产国为中国、美国、智利、这三个国家矿石钼产量占全球钼总产量的近70%。

（2）全球钼矿资源丰富，供应充足，全球钼矿资源主要来源于斑岩型钼（铜）矿，再生钼资源的开发越来越受到重视；随着钼在传统应用领域及能源、汽车、核电、军工、光伏及纳米技术等新兴领域广阔应用前景，全球钼资源的需求潜力巨大；现阶段，全球钼资源供大于求，正处于去产能过剩、调节供需平衡阶段。

（3）全球钼价格在短时间内再度大幅飞涨的可能性不大，但长久来看钼价格会逐步摆脱产能过剩实现供需平衡，从而实现价格反弹。

4.2.7　银

4.2.7.1　资源概况

银（Ag）在地壳中的丰度大约是黄金的 15 倍，约为 7×10^{-8}，但它很少以单质状态存在。银在自然界中主要以含银化合物矿石存在。目前自然界中所发现的银矿物大约有 200 种，其中自然金属与金属互化物有 9 种，碲化物、锑化物、硒化物和砷化物 23 种，硫化物有 11 种，硫盐矿物有 60 种，卤化物有 10 种，硫酸盐矿物有 2 种。全球银资源中，只有约 1/3 是以银为主的独立银矿床，其他 2/3 的银资源与铜、铅、锌、金等有色金属和贵金属矿床伴生。目前每年矿产银中约 25%来自银矿，15%来自金矿伴生银，24%来自铜矿伴生银，铅、锌及铅锌伴生银占 35%，其他矿石中伴生银占 1%。银的用途广泛，主要用于电子电器、珠宝及装饰品、货币投资、器具、感光材料等的应用，银的第一大工业用途是制造电子电器产品，约占整个白银工业用途的 53%。在银的终端电子产品消耗中，智能手机、太阳能电池、汽车、光伏产业对白银消耗量最大，银的用途分布如图 4-35 所示。

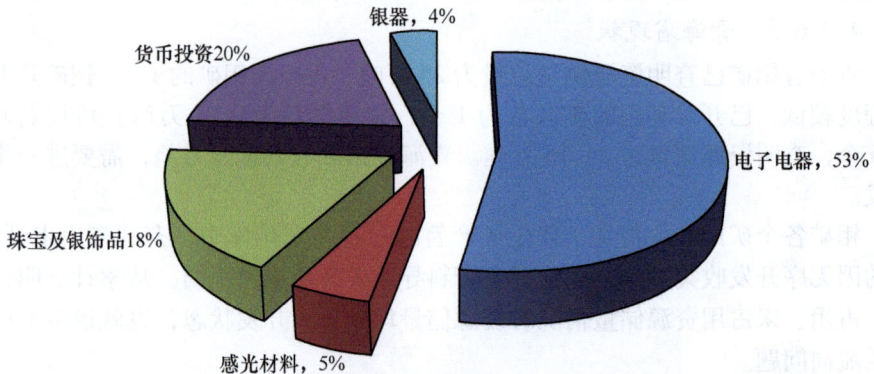

图 4-35　银的用途分布

全球重要的银资源集中分布在环太平洋构造成矿带、古亚洲构造成矿带、澳大利亚—喜马拉雅构造成矿带，以及北美地块、中欧地块、南非地块、印度地块和澳大利亚地块中年代相对较老的成矿区等，其中以环太平洋成矿带最为重要。全球银矿床类型一般分两大类：一类是以采银为主的银矿床，另一类是以银为副产品的有色金属矿床。

4.2.7.2 各国储量产量

世界银矿资源主要集中在秘鲁、澳大利亚、波兰、智利、中国、墨西哥等国家，见表4-16。根据美国地调局数据，截至2015年，全球银储量为57万吨，储量前三的国家为秘鲁（约占全球的总储量的21.05%），澳大利亚（约占全球的总储量的14.91%），波兰（约占全球的总储量的14.91%），中国储量占比为7.54%，排名第五。2015年全球银产量为2.73万吨，产量前三的国家为墨西哥（5400吨）、中国（4100吨）和秘鲁（3800吨），这三个国家白银产量约占全球各国白银总产量的近50%。

表4-16 2015全球银矿储量及产量

国家	产量/t	产量分布	储量/t	储量分布
墨西哥	5400	19.78%	37000	6.49%
中国	4100	15.02%	43000	7.54%
秘鲁	3800	13.92%	120000	21.05%
澳大利亚	1700	6.23%	85000	14.91%
智利	1600	5.86%	77000	13.51%
俄罗斯	1500	5.49%	20000	3.51%
波兰	1300	4.76%	85000	14.91%
玻利维亚	1300	4.76%	22000	3.86%
美国	1100	4.03%	25000	4.39%
加拿大	500	1.83%	7000	1.23%
其他国家	5000	18.32%	50000	8.77%
世界总量	27300		570000	

4.2.7.3 市场

A 供应

全球白银整体产量在过去的100年中不断攀升，世界上主要的白银生产国如秘鲁、墨西哥、中国产量都在稳步增长，尤其是在过去的12年里，白银产量连续高速增长，如图3-36所示。据黄金矿业服务公司（GFMS）资料统计，全球白银生产以矿产银和回收银为主，全球矿产银约占白银供给的70%，回收银约占20%，此外，还有10%的白银来自生产商对冲与官方售银。

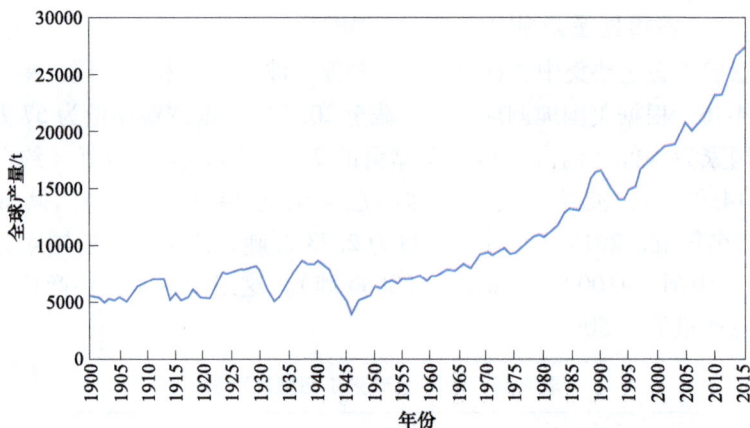

图 4-36　过去 100 年全球白银产量变化趋势图

　　随着全球白银资源的逐步开采，全球矿产银开发呈现出开采、勘探品位不断下降，入选矿石质量逐步变差，生产成本不断提升（2005 年至今，全球白银的劳动力、相关材料、所需能源等成本提升了 2～3 倍）的趋势，再加上一些共伴生产出白银的铜、铅、锌等基础金属矿山由于价格下跌而减产。因此，预计全球矿山银的供应量将会逐步下降。本文统计了全球排名前六的产银公司重要矿山（BHP 的 Cannington 矿山、Fresnillo、Pan American silver、Polymetal 的 Dukat 和 Lunnoye 矿山、Hecla 及 Hochschild）在 2005～2013 年白银入选矿石量及产出率如图 4-37 所示，从图中可以看出虽然这些公司白银入选矿石量增加了近 65%（从 2005 年的 9444kt 到 2013 年的 15583kt），但其白银产出率却下降了 41%（从 2005 年的 13.0 盎司/t 下降至 2013 年的 7.6 盎司/t）。因此，其产量也刚刚经历一个顶峰而处于逐步下降的阶段，这在一定程度上反映出全球矿山银的矿石质量及供给变化的发展趋势。

　　随着矿山银生产成本的不断提升，全球再生银所占的比重越来越大，成为矿山银之外有效的银供给来源，达到全球银总供应量的 20%。全球再生银主要来源于感光材料、电子产品、催化剂和银饰品回收等。再生银生产国主要为美国、日本、印度、德国、俄罗斯等。这些国家再生银产量较高与再生银的来源有较大关系：美国与日本拥有全球最大的胶片生产商，印度、德国则是银饰大国。随着技术的发展、电子产品的普及以及感光材料使用量的下降，未来从电子产品中回收银将是再生银的重要来源。

　　由于近两年白银价格下跌的趋势明显（2014 年白银价格下跌了 20%，收盘于 15.70 美元/盎司；2013 年跌幅则达 36%）及新项目的产出供应不足以弥补旧项目产出的损失，预计全球白银整体产量将不再增长甚至出现下滑趋势，长远来看全球白银的供应将会逐步趋紧。

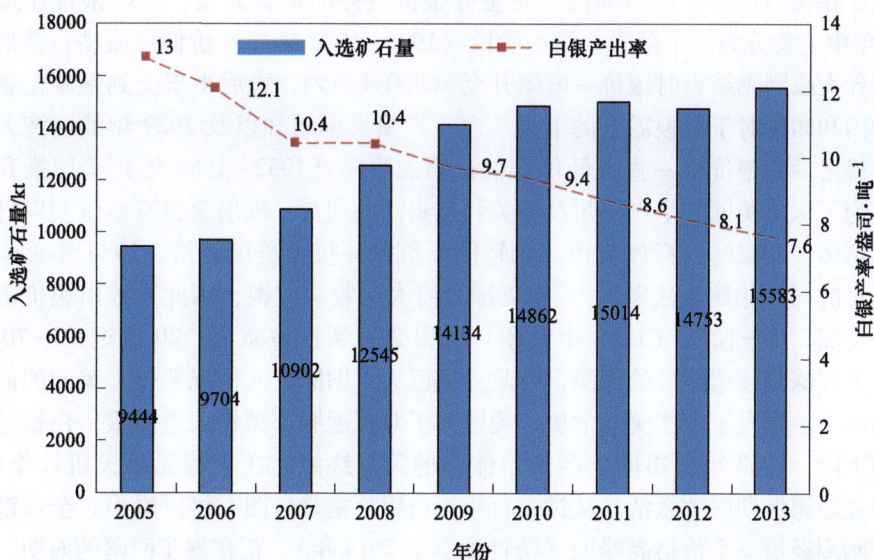

图 4-37 全球前六大产银公司入选矿石量及白银产出率变化趋势

B 需求

白银的需求可大致分为实物需求和投资需求。实物需求包括白银在工业、感光材料、珠宝首饰业、银器和银币等诸多领域的应用。据全球白银协会统计，2014 年全球白银消费总量大约为 31371t，占白银总需求的近 80%。其中在各应用领域中，感光材料由于受到数码科技等的冲击，其所占的市场需求份额将越来越少；首饰用银将会保持相对稳健局面，不会出现大的波动；电子电器业、光伏产业在未来对白银需求的推动力度最大；此外，近年来在一些新兴领域如新型催化剂、食品卫生、抗菌器材设备、高性能电池、白银导电油墨等领域对银的需求也正在扩大。整体而言，虽然感光材料等相关产业对银的需求下降，但受其他领域用银的增长，白银的实物需求量将会逐步扩大。

近年来，由于银价的高弹性给予投机资金在价格单边行情中提供了良好的标的，白银的投资需求在近年增长迅速。据世界白银协会统计，2015 年全球白银投资需求达到 2.6 亿盎司，占白银总需求量的 30% 左右（以往投资需求占比甚至不到 20%）。白银投资需求主要受通货膨胀、美元、工业需求、黄金价格、利率等一系列因素的综合影响，进而影响白银市场价格。

C 白银价格变化趋势

纵观过去百年，银价在各种刺激下几番跌宕起伏，作为投资金属，全球白银价格与黄金价格走势基本一致。美国作为曾经的白银生产大国和主要白银储备持有国，在相当长的一段时间内，是主导银价走势的重要力量，全球银价在过去100年中主要分为三个阶段。第一阶段（1900~1932年）银价低位波动：在第一次世界大战刚刚结束时银价一度飙升至36000美元/t，之后由于受到银本位制国家中国和印度对于白银需求的下滑、白银产量大幅增加以及1929年的经济大萧条使得之后白银价格一直在低位徘徊；第二阶段（1932~1968年）美国推升银价：为了保护美国7个产银州及相关利益集团的利益，推出金银双本位制以打破金本位体制的束缚，释放货币，减轻债务负担并拉动美国经济。1934年美国政府通过的《白银购买法案》，要求美国政府大量收购白银，因此导致白银价格的逐步上涨；第三阶段（1968年至今）白银金融属性被激活：20世纪60~70年代，美国深陷越南战争的泥潭，财政赤字巨大，国际收入情况恶化，美元的信誉受到冲击，爆发了多次美元危机，美国为了对抗通胀，抛售大量白银，白银储备大幅下降。1968年白银同美国货币体系的关系终结，在亨特兄弟投机炒作后，银的金融属性彻底被激活。从过去百年的白银价格趋势图上可以看出，全球银价处于刚刚经历一个价格高峰期（统计数据至2014年），正在逐步回落的时期。

在影响白银价格的众多因素中，最重要的是白银的投资需求。投资者综合考虑经济、金融、政治及白银市场的实物供求等预判白银价格，进而决定手中持有白银数量的多少，当库存者认为白银价格会上升时，他们会大量购入白银进一步推动白银价格上涨；相反当他们认为银会下降时，他们又会大量抛售白银，拉低银价。在亨特兄弟投机炒作白银事件之后，白银的金融属性被激活，全球每一次白银价格的大的波动均与白银的投资需求变化密切相关，根据CPM Group统计数据，2006年至今，全球正处于第三次白银净积蓄时期，自2006年至2013年8年间，投资者累计购买积蓄了大约超过白银净额基准线约862.1百万盎司的白银（1991~2005年的15年间，全球白银库存净售出约1701百万盎司），全球银价也随之飞涨，在2011年4月甚至一度达到了49.82美元/盎司的历史顶峰。之后，投资者大规模的抛售白银，全球白银净库存逐步下降，银价也应声下跌，但现在白银平均价格从过去百年历史上看，仍高于历史平均水准。未来白银价格的升降仍将被投资需求所决定，短期全球市场投资需求的多少仍将主要取决于经济发展形势、投资者预判、美元利率及通货膨胀等因素。1900~2014年间的白银价格及以1998年美元购买力计算价格变化趋势如图4-38所示。全球白银价格与投资需求变化趋势如图4-39所示。

4.2.7.4 中国现状

根据2015年中国矿产资源统计年报，2014年中国白银产量为18160吨，银及其制品出口额为14.97亿美元，国内华通现货1号银年均价格为4017元/千克。我国银生产多数为铜铅锌矿山冶炼的副产品。因此，白银生产在很大程度上受到其生产的影响，由于受到铅市场行情低迷的影响以及矿业秩序整顿的影响，

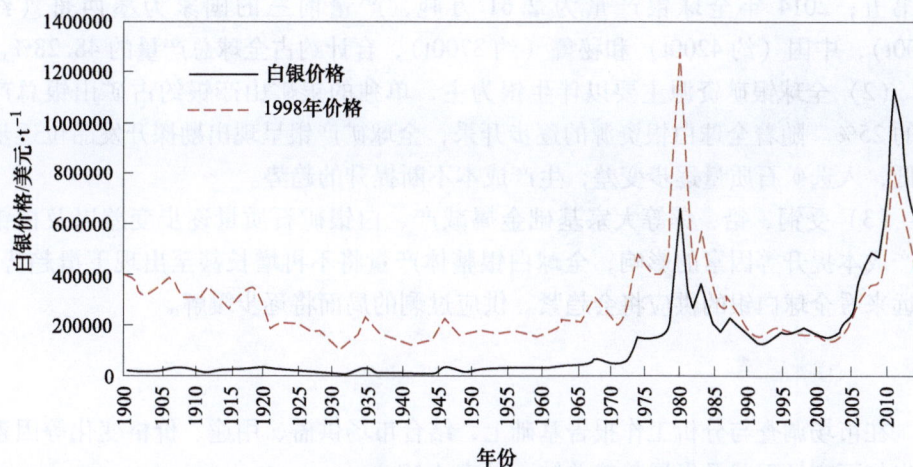

图 4-38   1900~2014 年间的白银价格及以 1998 年美元购买力计算价格变化趋势

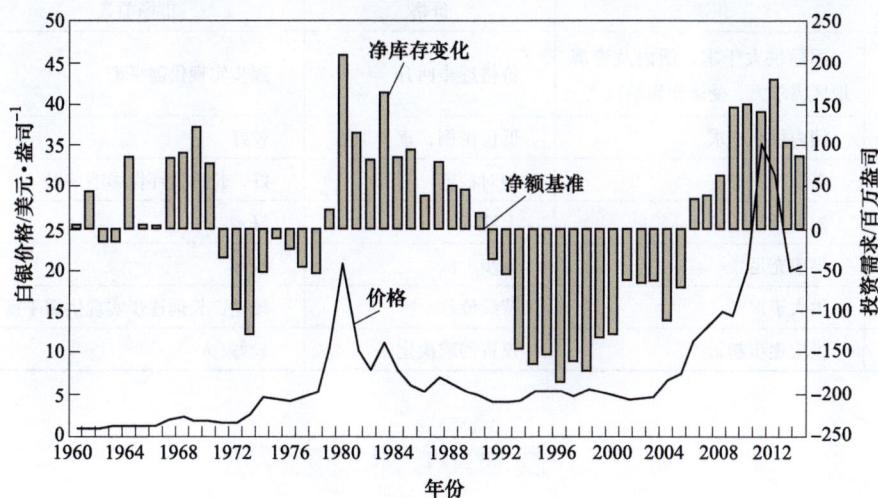

图 4-39   全球白银价格与投资需求变化趋势图

我国银产量增速降低。

2014 年，中国白银产量为 18160t，消费量为 6700t，市场严重供大于求。2015 年，国内白银消费有所增长，主要用于投资币条，工业用银继续稳定增长。预计随着供应放缓及国内制造业需求回暖，国内银供应过剩将逐步减小。

4.2.7.5   银市场总结

（1）银矿资源分布极不均衡，秘鲁、澳大利亚、波兰、智利、中国、墨西哥 6 国白银储量占全球白银总探明储量的 80% 以上，中国储量占比为 8.11%，排名第五；2014 年全球银产量为 2.61 万吨，产量前三的国家为墨西哥（约 4700t），中国（约 4200t）和秘鲁（约 3700t），合计约占全球总产量的 48.28%。

（2）全球银矿资源主要以伴生银为主，单独的银矿山产银约占矿山银总产量的 25%。随着全球白银资源的逐步开采，全球矿产银呈现出勘探开发品位逐步降低，入选矿石质量逐步变差，生产成本不断提升的趋势。

（3）受铜、铅、锌等大宗基础金属减产、白银矿石质量逐步变差以及白银生产成本提升等因素的影响，全球白银整体产量将不再增长甚至出现下滑趋势，长远来看全球白银的供应将会趋紧。供应过剩的局面将逐步缓解。

4.2.8　市场总结

在市场调查与分析工作报告基础上，结合市场供需、用途、价格变化等因素得出如下市场现状及发展趋势总结，见表 4-17。

表 4-17　区内主要矿种市场现状及发展趋势总结

矿种	供需	价格	市场前景
铁	国际供大于求，国内及青海地区需求大，受运距影响巨大	价格逐步回升	逐步实现供需平衡
铜	国内供小于求	低位徘徊，逐步上涨	较好
铅	需求相对稳定	相对稳定	好，长远受环保影响一般
锌	国际供小于求	上涨	好
镍	供应充足	逐步上涨	较好
钼	供大于求	持续疲软	较差，长远逐步实现供需平衡
银	供应逐步趋紧	投资需求决定	较好

4.3　开发利用技术调查评价

4.3.1　地质资源概述

总结分析了矿集区成矿条件、资源/储量现状等基础地质数据。

4.3.1.1　区域地质背景

祁漫塔格地区矿种多，矿床类型复杂，成矿时代跨度大，成矿地质条件独特。区内成矿作用具有多类型、多来源、多成因和多期成矿的特点，查明区域成矿地质背景是区域成矿规律研究的重要前提和基础，可为区域成矿预测提供科学依据。在收集分析前人工作和收集相关资料的基础上，对矿集区整体成矿条件进行总结：青海祁漫塔格地区主要矿种为 Fe、Cu、Ni、Mo、Pb、Zn、Co，此外还含有 Au、W、Sn 等矿种；主要矿床类型为矽卡岩型、岩浆型、沉积变质型和热液脉型。

祁漫塔格矿集区位于东昆仑造山带隶属中央造山带西段（姜春发，1993），青藏高原北缘（程裕淇，1994），研究区东侧边界为瓦洪山—温泉断裂，西侧边界为阿尔金断裂，南侧边界为昆南断裂，北邻柴达木陆块。东昆仑造山带经历了多期边缘造山作用的影响（孙丰月等，2003）。祁漫塔格造山系的产生和演化过程中，经受以昆北（及其分支）、昆中断裂为主的构造作用同时，接受了寒武—三叠纪多期岩浆侵入活动，以三叠纪侵入岩最为发育。断裂构造和侵入岩体是区内成矿和控矿的主要因素，岩浆活动极为强烈，尤以中—酸性岩浆侵入，构成本区典型的多旋回构造岩浆旋回，基性、超基性岩浆活动及火山活动相对较弱。与边界断裂斜列的次级断裂与侵入活动后期成生的高钾钙碱性花岗岩类岩体相结合，是成矿和聚矿的有利条件；同时泥盆纪和鄂拉山组的火山机构发育，对火山岩型成矿具有进一步研究意义；加里东期和华力西期基性、超基性岩，为地幔熔融物沿昆中断裂侵入，以基性岩为主，与铜镍钴矿密切相关。该区中—晚三叠世斑状和似斑状（二长）花岗岩产出区，以及高钾钙碱性中酸性侵入岩与元古代金水口群白沙河组、狼牙山群、晚奥陶—早志留世滩间山群和石炭纪大干沟组、缔敖苏组等侵入接触部位是寻找矽卡岩型矿床的潜力区；区内出现的小型基性—超基性杂岩体是寻找岩浆矿床的有利场所；金水口岩群下岩组中的片岩是沉积变质型铁矿的重要赋矿层位。东昆仑区域大地构造如图 4-40 所示。

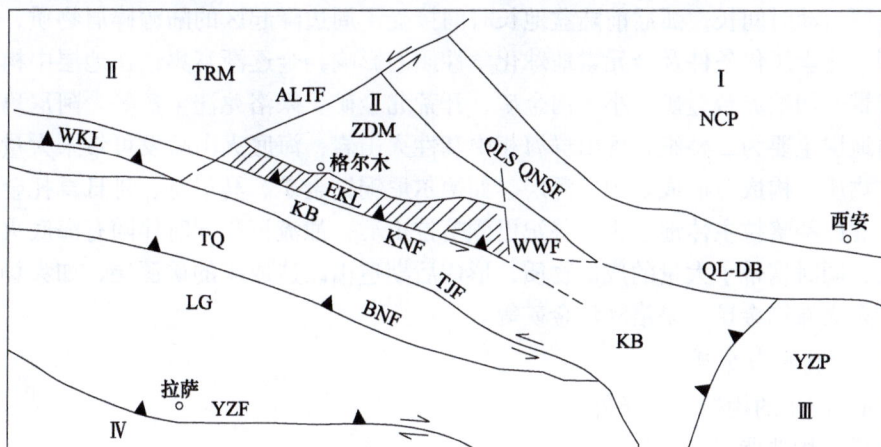

图 4-40 东昆仑区域大地构造位置（许志琴等，1996）

4.3.1.2 区域成矿地质条件

A 地层与成矿

祁漫塔格地区目前所发现的一系列矿床（点）分别处于古元古代金水口群

（五龙沟金矿）、中—晚元古代万宝沟群（纳赤台金矿）、二叠纪地层（苦海汞矿）和三叠纪闹仓坚沟组（小干沟、开荒北金矿）、巴颜喀拉山群（东大滩、大场金矿）的地层中。除金水口群外，其他时代地层均为具有浊流沉积特点的碎屑岩，同时伴有不同程度的火山活动，古构造环境分别处于不同时代的活动大陆边缘或弧后前陆盆地，共同特点是沉积了厚层—巨厚层的碎屑岩系，形成了大量微细粒黄铁矿、胶黄铁矿/草莓状黄铁矿，同时也沉积了 Au、Sb 等众多成矿元素，构成了初始矿源层，在后期构造岩浆活动过程中，经过热液流体萃取地层中的成矿物质发生迁移而沉淀成矿。

从祁漫塔格地区各成矿带地层条件看：昆北带出露各时代地层较齐全，建造多样，多具活动型沉积特点，金水口群为基底变质杂岩系、滩涧山群为弧后裂陷环境下的火山——沉积建造、泥盆纪地层为磨拉石建造、石炭纪为碎屑岩—碳酸盐建造、三叠纪为一套陆相火山建造，不同时代地层火山岩发育，火山活动、陆源碎屑可带来大量的金矿成矿物质，形成金高背景矿源层，如肯德可克铁、钴铋金、铅锌矿床、卡尔却卡铜锌金矿、野马泉铁矿和尕林格铁钴矿床。昆中出露地层主要为古元古代金水口群，另有大面积的花岗岩分布，时代从晋宁期到印支期，在后期构造岩浆活动造山过程中，无论是地层还是岩浆岩都会受到改造，造山运动所产生的地热增温、岩浆热驱动热液进行循环，萃取成矿组分发生转移、富集，沿构造薄弱部位淀积成矿，如五龙沟金矿、巴隆金矿、瑙木浑金矿、大格勒金矿点等。昆南带主体地层为万保沟群、三叠纪洪水川组、闹仓坚沟组，玄武岩高原活动时间长，弧后前陆盆地长时间接受了周边隆起区的陆源碎屑物质，受物理、化学风化条件及金元素地球化学性质的影响，金逐渐富集，在地层中构成高背景，如纳赤台金矿、小干沟金矿、开荒北金矿、果洛龙洼金矿等。阿尼玛卿带内地层主要为二叠纪布青山群海相中基性火山岩，海底火山喷发可带来大量的成矿物质，构成金矿成矿的矿源层，如德尔尼铜钴金矿、马尼特、哥日卓托金矿点。北巴颜喀拉主体地层为三叠纪巴颜喀拉山群，浊流沉积同时伴随有海底火山喷发，同时携带了大量的成矿物质，形成后期造山改造成矿的矿源层，如大场金矿、东大滩锑金矿、果洛陇洼金矿等。

B　构造与成矿

a　成矿的构造背景条件

成矿构造背景条件如下：

（1）祁漫塔格地区地球深部过程与成矿。地质演化史上，祁漫塔格地区经历的最显著、最具影响的深部地质过程就是中元古代晚期的前原特提斯洋之下的地幔柱构造。该地幔柱活动控制了万宝沟大洋玄武岩高原形成，而万宝沟大洋高原的演化以及在加里东末期拼贴、增生到柴达木地块，直接影响着整个祁漫塔格地区的地质演化，也控制了祁漫塔格造山带整个构造格局的形成。无论是加里东期发生的成矿作用还是后期的各种矿床的形成都直接受控于这样的构造格局。

祁漫塔格地区经历的另一个深部地质过程可能是印支晚期的强烈的壳—幔相互作用，其直接的表现就是祁漫塔格地区广泛分布的印支晚期的镁铁质岩石，年龄多在200~230Ma之间，主要以小岩株、岩脉的形式产出，可能反映了巴颜喀拉洋闭合后幔源岩浆底侵或祁漫塔格岩石圈拆沉作用的影响，与此同时祁漫塔格地区发生了大规模的成矿作用，也使印支晚期成为祁漫塔格地区最重要的内生金属成矿期。

（2）构造体制转换与成矿。前面已经谈到，祁漫塔格地区自显生宙以来先后经历了两次重要的区域构造体制转换。加里东早期，随着大洋扩张的不断进行，柴达木地块南缘开始出现俯冲带，原特提斯洋洋壳由南向北俯冲到柴达木地块之下，柴达木地块南缘的大陆边缘随之从被动陆缘转换成活动陆缘。同时，因洋壳俯冲的影响，在昆北一带形成了昆北弧后裂陷盆地，滩间山群双峰式火山活动沉积，同时出现了与俯冲有关的花岗质岩浆活动。活动陆缘的出现，标志着该区进入了强烈的构造岩浆活动期，同时也是密集成矿作用发生期，这一点是我们可以通过环太平洋带从被动陆缘转换为活动陆缘的时期，也正是强烈的构造岩浆活动期和内生成矿作用发生期。随后，出现了大家常说的中生代我国东部成矿大爆发。因此，祁漫塔格地区这种构造体制的转换期也是一个重要的成矿期，形成了一系列重要矿床，如白干湖钨锡矿、驼路沟钴矿、乌兰乌珠尔铜矿等一系列矿床。

b 大型构造控矿

昆北、昆中、昆南和巴颜喀拉等区域深大断裂对整个祁漫塔格地区成矿控制作用明显；主要表现在：沿四条主要深断裂带矿床（点）较密集分布，如沿昆北断裂一系列次级构造分布的 Cu、Pb、Zn 矿床（点）。沿昆南断裂两侧分布的 Au、Sb 矿床（点）等。四条主要断裂又是上述地质演化和成矿特征明显不同的四个主要成矿带的边界断裂，显然也控制了成矿带的形成和演化。

大地电测深和地震剖面显示上述四条主要的深断裂均为岩石圈断裂。虽然本身含矿性较差，但是来自深源的含矿流体可以以深大断裂为通道而到达地壳较浅部，并在其旁侧一系列次级构造中富集成矿，这些深大断裂为区域导矿构造。此时，昆北、昆中和昆南等区域的巨型断裂之间发育的北西向断裂构造是重要的控矿和容矿构造。

需要强调指出的是，我们在上一轮研究时曾通过重力反演提出在青海、新疆交界处，即东经91°线附近，存在一南北向的重力异常带，推测为一南北向的构造带，宽度在80km左右，而且影响深度很大。虽然此次研究没有进行深入的探索，但从周围矿床点的分布来看，过去和新发现的矿床点都在该构造带附近，显示出明显的控矿意义。结合该构造带两侧青海、新疆两省区的地质构造特征以及矿化作用存在明显的差异，因此我们认为该构造的控矿意义仍需进一步探讨，在强调祁漫塔格地区东西向划分成矿带的同时，还应注意是否存在南北向的成矿带，从目前的情况看这种可能性是完全存在的。

c 岩浆岩与成矿

矿化发育程度与岩体规模密切相关，各类成矿作用是岩浆作用和造山作用过程中热作用产生的热液流体共同作用的结果。祁漫塔格地区发育多期次的岩浆活动，对各类矿床的形成存在着明显的控制作用。尤其是中酸性岩浆活动可为成矿提供物源、热源和成矿场所，常与斑岩型矿床、热液脉型矿床和矽卡岩型钴矿床等类型矿床具有密切的时空及成因联系。

（1）岩性对成矿的控制。祁漫塔格地区中酸性侵入岩对矿化类型有较为显著的专属性。统计表明与矿化有关的岩石类型主要有石英闪长岩、花岗闪长岩、二长花岗岩和正长花岗岩等。

石英闪长岩是本区形成具有工业价值 Fe、Zn(Pb、Au) 矿的主要成矿因素。δS^{34}‰变化范围窄，平均值接近零，富集重硫，与陨石硫组成接近，反应硫主要来自幔源。成矿岩石与非成矿岩石相比 MgO、CaO、Na_2O、K_2O 含量低。

花岗闪长岩与本区 Au、Ag、Fe 有色金属关系密切，成矿岩体钾长石较高、钠长石较低，区别于非成矿岩体。不同时代矿化类型有一定差异。大格勒沟晚石炭世花岗闪长岩体主要矿化类型为 Au(Fe、Cu)，开木棋拉仁早二叠世花岗闪长岩体主要矿化类型为 Fe(Pb、Zn、Cu、Ag)，牙果西格中三叠世花岗闪长岩体主要矿化类型为 Fe、Pb、Zn、Cu、Pb、Zn、Ag、Au。与晚石炭世 Au(Fe、Cu) 矿化有关的花岗岩 SiO_2 较高（大于70%），MgO、CaO 较低，$\sum$REE 较低，LREE/HREE 较高，δEu 为弱的负异常。与早三叠世 Fe 多金属矿化有关的花岗闪长岩 SiO_2（67%），MgO、CaO 较高，$\sum$REE 较高，LREE/HREE 较低，δEu 为正异常。

二长花岗岩与两类矿化关系密切，一类是 Pb、Zn、Fe、Cu 矿，岩体 SiO_2 72%~73%±，TFeO、MgO、CaO 较低，Na_2O/K_2O 较高，$\sum$REE 低于全球花岗岩平均值（250×10^{-6}），LREE/HREE = 4，负 Eu 异常显著。一类是 W、Sn（Pb、Zn、Cu）矿，与前者相比，SiO_2<72%，TFeO、MgO、CaO 较富，Na_2O/K_2O 较低，$\sum$REE 与全球花岗岩平均值接近，中等负 Eu 异常，LREE/HREE>10。

与本区正长花岗岩有关的矿化是 Pb、Ag（稀土）和 Fe（Sn、Au）等。岩体 SiO_2 为 73%±，Na_2O/K_2O<1，$\sum$REE 范围为 336×10^{-6}~405×10^{-6}，LREE 富集，负 Eu 异常强烈。

（2）岩体规模与矿化关系。矿化发育程度与岩体规模密切相关。统计表明，中酸性侵入岩体规模越大成矿性越差，而小岩体往往是非常有利的成矿岩体。祁漫塔格地区也是如此。海西期大面积分布的中酸性大岩基侵入体基本不成矿，而印支期侵入地层或海西岩体中或边部的岩株状、脉状产出的中酸性侵入岩对成矿十分有利。究其原因，岩基状岩体大面积出露表明岩体形成后已经遭受到了强烈的抬升剥蚀，与之有关的矿化可能被剥蚀殆尽。另外，对于中酸性侵入岩来说，与之有关的矿化主要与岩浆热液有关，包括斑岩型、矽卡岩型、热液脉型等，与花岗质大岩基有关岩浆热液和成矿元素分布较分散往往不易使矿化富集。

d　地球化学控矿

据前人资料，祁漫塔格地区主元素 Au、Co、Cu、Pb、Zn 异常依其异常空间分布及元素组合特征可分为五个地球化学异常带。以此从各区的背景分布特征来认识元素分配富集成矿的可能性。

(1) 昆北 W、Pb、Sb、Cu、Ni、Au 地球化学小区。该区位于昆北断裂带以北，即昆北早古生代弧后裂陷槽西段，该地区中的地层有下元古界金水口群深变质岩系，奥陶—志留系滩间山群变质岩系，泥盆系海陆交互相杂色岩屑砂岩类火山岩、石炭系为一套碳酸盐沉积，二叠系碎屑岩类灰岩、三叠系为一套陆相火山岩系。并有华力西期，印支—燕山期的规模很大的中酸性侵入岩产出。W、Pb、Sb、Cu、Ni、Au、Sn 元素异常呈串珠状分布，规模异常大，元素组合复杂。本区富 W、Pb、Sb、Ni、La、MgO、CaO、Nb、K_2O、Mo、Bi、Be、Sn、Cd、Al_2O_3、F 为特征。这些特点与区内地层、岩体分布相一致。CaO、MgO 反映了本区分布较广的碳酸盐特点，而 W、Mo、Bi、Sn、Pb、Ni、Sb 及 Be、La、Nb 等元素也显示了在岩浆晚期高温热液呈现高背景富集特点。该区是寻找 W、Sn、Sb、Co 等多金属矿的地段。

其主要异常有野马泉 Cu、Co、Au、Pb、Ag 异常；乌兰乌珠尔 Cu、Pb、Zn、As 异常；肯德可克 Co、Cu、As、Sb 异常。

(2) 昆中 Au、Cu、Mo、W、Sn、As 地球化学小区。该区位于昆中与昆北断裂之间，即昆中基底隆起带（花岗岩带）区内有大面积的华力西期中酸性岩浆岩广布，中生代中酸性岩浆活动也有一定规模。出露地层主要为元古界。构成 Au、W、Sn、Mo 高温组合元素异常带，呈高背景分布的元素有 Hg、MgO、CaO、F、Mo、Sr、F、Au、Rb、Ba、K_2O、Pb 等，Cu、Ni、As、Sb、Ag 等多为低背景。呈高背景分布的元素中，Hg 与昆中深大断裂关系密切。

主要异常有白日其利沟 Cu、Au 异常；五龙沟 Au、Cu、As、Sb 异常。

4.3.1.3　成矿规律总结

由于祁漫塔格地区经历了多期、多阶段复杂的地球动力学和成矿作用动力学演化过程，致使区内成矿作用具有多期性和多样性的特点。根据祁漫塔格地区已发现的矿床（点）、矿化点（线索）来看，区内不同成矿时代形成的矿种和成因类型也同样具有多样性，该带内目前已发现的成因类型主要类型有：接触—交代型、热液型、沉积变质型、破碎蚀变岩型、岩浆型、斑岩型等成因类型。其中接触—交代型铁多金属矿占绝对优势，其次为岩浆型、热液型矿、破碎蚀变岩型、沉积变质型，其他类型较少。

成因类型主要为矽卡岩型的铁矿、铜矿、铅锌矿；其次岩浆型铜镍钴矿；变质型的铁矿；破碎蚀变岩型的金矿。

成矿时间可分为：印支期、华力西期、加里东期和前寒武期。因多数矿床的成矿时代没有测定同位素年龄，其时代的判别主要是根据矿床（点）产出的地层和赋矿岩石时代而定。金属矿产的成矿时代 60% 主要集中于印支期。

成矿空间分布：分布区内矿床主要分布在昆北断裂（及其分支断裂）、昆中断裂附近。大致可划分为 4 个主要成矿带：乌兰乌珠尔（滩北雪峰）—尕林格—它温查汉金铁铜铅锌锡成矿带、鸭子沟—虎头崖—野马泉—四角羊—拉陵灶火铁铅锌铜钼成矿带、卡尔却卡—乌兰拜兴—夏日哈木镍铜铅锌金钼钴成矿带和那西郭勒—乌腊德铁石墨成矿带。

典型代表性矿床为卡尔却卡矽卡岩型铜钼矿、虎头崖矽卡岩型铁铜铅锌矿、乌兰乌珠尔斑岩型铜锡矿、肯德可克矽卡岩型铁锌矿、野马泉矽卡岩型铁锌矿、尕林格矽卡岩型铁矿、四角羊沟矽卡岩型铅锌矿、夏日哈木铜镍矿、那西郭勒沉积变质型铁（石墨）矿、铜峪沟海相火山岩型铜铅锌（银、硫）矿、尕科合热液型砷银矿、鄂拉山口陆相火山岩型铅锌（银）矿、卡尔却卡破碎蚀变岩型金矿、骆驼峰斑岩型钼矿等。

该区成矿作用按成矿的重要程度可依次划分为五个主要成矿时期：印支期、加里东期、海西期、燕山期和前寒武期。该区由 3 条近东西向断裂带将祁漫塔格地区划分为 4 个东西向构造带和成矿带，各成矿带成（找）矿潜力由大到小排列如下：东昆南成矿带≫东昆北成矿带≈阿尼玛卿—巴颜喀拉成矿带≫东昆中成矿带（孙丰月等，2017）。东昆南成矿带成矿条件和矿床保存条件在整个祁漫塔格地区最佳，成（找）矿潜力巨大，该带具有找到超大型矿床的良好潜力。东昆北成矿带和阿尼玛卿—巴颜喀拉成矿带也具有良好的成（找）矿条件，两者的资源潜力在重要性上彼此相近，同样具有良好的前景。同时，由于区内南北向成矿带的存在，各东西向成矿带凡是叠加了南北向成矿带的成矿潜力要好于未叠加南北向成矿带的，同时，青海段的成矿潜力要明显好于新疆境内的对应地段。因此，总结说来祁漫塔格矿集区经历了多期、多阶段复杂的地球动力学和成矿作用动力学演化过程，致使区内成矿作用具有多期性和多样性的特点，成矿潜力巨大。

4.3.1.4 资源/储量情况

A 矿权分布情况

收集整理了祁漫塔格地区矿权分布情况，工作区矿权分布密集，已设采矿权 10 个，探矿权 55 个。

B 资源储量总结

据统计，祁漫塔格地区共有超大型矿床 1 处、大型矿床 4 处、中型矿床 11 处、小型矿床 13 处、矿（化）点 104 处。其中，野马泉工作区共发现大型矿床

3 处（野马泉铁多金属矿、尕林格铁多金属矿、牛苦头沟铅锌矿床）、中型矿床 6 处（迎庆沟锌铜铅矿床、虎头崖铜铅锌矿、肯德可克铁钴金铋矿床、沙丘（LM1）铁多金属矿床、它温查汉铁多金属矿床、它温查汉西铁多金属矿床）、小型矿床 8 处（五一河铁铜锡矿床、景忍山可特勒高勒铅锌矿、鸭子沟地区铜多金属矿、乌兰乌珠尔铜矿床、冰沟南铅锌多金属矿床、群力铁矿床、扎日玛日那西铁多金属矿床、球路噢窝头铁矿床）。卡尔却卡工作区共发现大型矿床 1 处（卡尔却卡铜矿床）、中型矿床 2 处（乌兰拜兴铁矿、那西郭勒铁矿）、小型矿床 2 处（喀雅克登锌钨铁矿床、别里赛北铁矿）。拉陵灶火工作区共发现超大型矿床 1 处（夏日哈木镍多金属矿），中型矿床 3 处（拉陵高里河下游多金属矿、拉陵灶火中游铜多金属矿床、哈西雅图铁多金属矿），小型矿床 3 处（那陵格勒河东铁矿床、全红山铁矿床、长山铁矿）。

对祁漫塔格矿集区区内主要矿种进行总结，得出区内主要矿种为铁铅锌镍等，资源储量丰富。根据青海省国土资源厅储量统计年报（2014）统计，该区国土厅备案的固体矿山（权）有 35 个，其中查明铁矿石资源保有资源储量约 2.5 亿吨，以 333、332 级别为主，矿床类型主要为矽卡岩型铁矿床，整体以磁铁矿为主，整体加权平均品位为 37.78%；铜保有资源/储量 57.59 万吨（金属），以 333、332 级别为主，矿床类型主要为矽卡岩型和铜镍硫化物型，铜矿石主要为黄铜矿，以共伴生为主，整体加权平均品位为 0.27%；铅保有资源/储量 77.96 万吨（金属），以 333、332 级别为主，矿床类型以矽卡岩型为主，也存在少量热液型铅锌矿床，整体加权平均品位为 1.67%；锌保有资源/储量 171.18 万吨（金属），以 333、332 级别为主，整体加权平均品位为 2.92%；钼资源量约 2 万吨，以 333 级别为主，多为共伴生矿，加权平均品位为 0.08%；镍资源量约 106.5 万吨，以 331、332 级别为主，主要矿床类型为岩浆融离型铜镍钴矿床，平均品位为 0.68%；钴资源量约 4.1 万吨，以 331、332 级别为主，主要矿床类型为岩浆融离型铜镍钴矿床，平均品位为 0.0254%；银资源储量约 1404t，主要为伴生矿产，加权平均品位为 18.53g/t；金资源量约 19.83t，主要为伴生矿产，加权平均品位为 0.96g/t。见表 4-18～表 4-26。

表 4-18　青海祁漫塔格矿集区铁矿资源/储量统计

级别类型	加权平均品位/%	类型	2014 年资源储量	
			保有量	累计查明
总计		矿石量/kt	246429	252848
333		矿石量/kt	155679	156246
332	37.78	矿石量/kt	76987	82838
331		矿石量/kt	197	197
2S22		矿石量/kt	12237	12237

表 4-19　青海祁漫塔格矿集区铜矿资源/储量统计

级别类型	加权平均品位/%	类型	截至 2014 年资源储量	
			保有量	累计查明
合计	0.27	金属量/t	575868	580001
		矿石量/kt	212215	212546
331	0.24	金属量/t	21371	21371
		矿石量/kt	9041	9041
332	0.64	金属量/t	67648	67774
		矿石量/kt	10552	10558
333	0.25	金属量/t	486850	490858
		矿石量/kt	190469	190793

表 4-20　青海祁漫塔格矿集区铅矿资源/储量统计

级别类型	加权平均品位/%	类型	截至 2014 年资源储量	
			保有量	累计查明
合计	1.67	金属量/t	779573	785771
		矿石量/kt	46640	46824
331	1.61	金属量/t	141591	141591
		矿石量/kt	8780	8780
332	1.70	金属量/t	100342	103578
		矿石量/kt	5890	5986
333	1.68	金属量/t	537639	540601
		矿石量/kt	31969	32057

表 4-21　青海祁漫塔格矿集区锌矿资源/储量统计

级别类型	加权平均品位/%	类型	截至 2014 年资源储量	
			保有量	累计查明
合计	2.92	金属量/t	1711844	1722868
		矿石量/kt	58651	58871
331	3.11	金属量/t	296124	296124
		矿石量/kt	9507	9507
332	3.0	金属量/t	231840	235847
		矿石量/kt	7722	7818
333	2.86	金属量/t	1183878	1188646
		矿石量/kt	41421	41513

表 4-22　青海祁漫塔格矿集区镍矿资源/储量统计

级别类型	加权平均品位/%	类型	截至 2014 年资源储量	
			保有量	累计查明
合计	0.68	金属量/t	1061728	1061728
		矿石量/kt	156658	156658
332		金属量/t	862480	862480
		矿石量/kt	127727	127727
333		金属量/t	199248	199248
		矿石量/kt	28931	28931

表 4-23　青海祁漫塔格矿集区钴矿资源/储量统计

级别类型	加权平均品位/%	类型	截至 2014 年资源储量	
			保有量	累计查明
合计（333）	0.0254	金属量/t	40919	40919
		矿石量/kt	161089	161089

表 4-24　青海祁漫塔格矿集区金矿资源/储量统计

级别类型	加权平均品位/$g \cdot t^{-1}$	类型	2014 年资源储量	
			保有量	累计查明
合计	0.96	金属量/t	19.83	
		矿石量/kt	20748	
333	0.94	矿石量/kt	20065	
332	4.1	矿石量/kt	683	

表 4-25　青海祁漫塔格矿集区银矿资源/储量统计

级别类型	加权平均品位/$g \cdot t^{-1}$	类型	2014 年资源储量	
			保有量	累计查明
合计	18.53	金属量/t	1404	1407
		矿石量/kt	75782	75857
333	17.37	金属量/t	1282	1285
		矿石量/kt	58896	73875
332	61.55	金属量/t	849	852
		矿石量/kt	12391	12466

表 4-26　青海祁漫塔格矿集区各矿种合计情况

矿种	状态	金属量/kt	矿石量/kt	平均品位/%
铁	主要矿种	77435	221051	35.03
	伴生	8340	25378	32.86

矿种	状态	金属量/kt	矿石量/kt	平均品位/%
铜	主要矿种	178.75	19430	0.92
	伴生	397.12	192785	0.21
锌	主要矿种	1092.7	34197	3.20
	伴生	619.14	24454	2.53
铅	主要矿种	368.79	23123	1.59
	伴生	410.78	23517	1.75
镍	主要矿种	1065.27	156658	0.68
钴	钴伴生	40.92	161089	0.03
金	金伴生	0.02	20748	0.96
银	银伴生	1.40	75782	18.52

4.3.1.5 成矿远景预测

根据本章总结区域成矿规律，在总结前人工作基础上，结合《青海省矿产资源潜力评价成果报告》、1∶200000化探资料、1∶200000自然重砂资料、1∶250000遥感资料、1∶1000000航磁和重力资料以及局部大比例地磁和矿产普查资料，对区域上主要矿种的成矿潜力评价总结。典型矿床预测资源量=查明区面积×查明区推深×查明区体积含矿率+外推区面积×外推区推深×查明区体积含矿率。预测资源量估算按照预测资源量=面积×深度×含矿地质体面积×模型区含矿率×相似系数，计算铁矿预测工作区各最小资源量。

A 磁场特征

祁漫塔格地区高精度航磁数据包含了丰富的磁场信息，磁场面貌清晰，特征明显，规律性强，结合成矿地质背景及已知典型矿床（张洪瑞，2011），划分出多个具有不同磁场特征的成矿带。

Ⅰ带以平静的负背景场中叠加弱缓升高异常为主要特征，局部异常不多，且强度不大。区内分布的斑状二长花岗岩、二长花岗岩、花岗闪长岩、钾长花岗岩等是引起局部升高磁异常的主要原因。区内磁场所反映隐伏中酸性岩体是寻找斑岩型多金属矿产的有利地带。乌兰乌珠尔斑岩型铜钼矿即位于此带。张洪瑞（2011）据此将该带定为斑岩型铜多金属矿成矿带。

Ⅱ带以平缓背景场上叠加带状、团块状正负伴生异常为主要特征。局部异常众多，而且分布具有一定的规律性，北西向方向性明显。磁场展布方向与主要地质构造走向一致。区域负背景场主要是古生界沉积地层的反应；叠加在负背景场上，呈北东向分布的一系列局部升高异常，多与晚三叠世的斑状二长花岗岩、钾长花岗岩、花岗闪长岩有关；此外，三叠系鄂拉山组钙碱系列火山岩建造也是引起局部升高异常的重要因素。带内强度大、梯度陡的尖峰状异常主要是磁铁矿的反应，一些叠加和孤立的升高异常与矽卡岩型铁铅锌多金属矿产关系密切。该区比较有代表性的有尕林格、肯德可克、野马泉、巴克特沟、虎头崖等矿床，这些矿床都具有明显的局部航磁异常，与此类异常形态相近，地质背景相似的局部异常是寻找新的铁多金属矿的重要线索。该带为矽卡岩型铁多金属矿成矿带。

研究区中部第Ⅲ磁场带西部为平缓变化的负磁场特征，局部升高异常强度较小，异常形态以孤立异常为主。地层以金水口岩群、蓟县系狼牙山组为主，磁性较弱，岩体与地层接触带上对应着的青C-2008-100、青C-2009-37与青C-2009-38号异常（已知铁铜矿点）可能是矿致异常。三异常是变化降低负磁场中的叠加升高正异常，异常曲线光滑、强度大。此外，该带内与上述异常形态相近、地质背景相似的异常均具有较好的找矿前景。对应三异常的位置，附近分布元古界金水口群下岩组混合岩夹少量大理岩、片麻岩及片岩，奥陶系滩间山群碳酸盐岩组大理岩、结晶灰岩夹片岩及含铁石英岩；侵入岩体有印支期灰白色花岗闪长岩、深灰色闪长岩、燕山期肉红色斑状钾长花岗岩等；周边北西向断裂发育；在与异常相对应的金水口群与燕山期斑状钾长花岗岩、印支期闪长岩体接触带上，地表矽卡岩化、褐铁矿化、黄铁矿化发育，成矿地质条件较为有利，推断为强磁性矽卡岩型铁或铁多金属矿引起。第Ⅲ磁场带东南部为变化升高的正磁场特征，局部异常较多，呈北西西展布。其中青C-2009-171、164、169等异常是元古界金水口群老变质岩反应的背景场中的局部叠加异常，具有寻找沉积变质型铁矿的前景。据此将该带定为矽卡岩型、沉积型铁铜成矿带。

研究区中南部第Ⅳ磁场带北部以大片高背景场上叠加系列局部强磁异常为主要特征，而其南部以正负变化的磁场背景为主要特征。带内局部异常数量多、强度大、形态多样化，其中升高磁场主要为各类侵入岩体和火山岩引起，磁场展布方向也与区内主要地质构造走向一致。该带一些叠加和孤立的弱缓升高异常与铜多金属矿关系密切，较有代表性的矿床是卡尔却卡铜多金属矿。该带为矽卡岩型铜多金属矿成矿带。

研究区南部第Ⅴ磁场带主要以平缓变化的磁场为主要特征。区内局部异常不多，呈北西向分布，且强度不大，出露地层以奥陶系纳赤台群千枚岩、泥盆系碎屑岩—火山岩建造、二叠系火山岩—碳酸岩建造为主，形成了本区平缓降低负背景场，少量的华里西期中酸性侵入岩体是形成本区局部弱缓异常的主要成因，其中对应于奥陶系地层与侵入岩体交互部位的局部弱缓异常具有寻找与驼路沟类似的金钴矿的前景。该带为Au-Co-Pb-Zn多金属成矿带。

B 成矿远景总结

总结得出，祁漫塔格地区区内预测500m以浅资源量10.22亿吨。

祁漫塔格地区区内500m以浅预测铜资源量132.98万吨，1000m以浅资源量为236.24万吨。

祁漫塔格地区区内预测500m以浅铅锌资源量255.75万吨。

区内镍资源找矿潜力大：夏日哈木铜镍矿HS26号异常区取得显著成果，但外围发现了矿化线索，尚未取得突破。①磁异常：夏日哈木矿区1∶1万磁异常共圈出4处磁异常，异常编号为M-1、M-2、M-3、M-4。1∶2000磁法剖面验证：M-2由含矿蛇纹岩引起，该蛇纹岩是由超基性岩受低-中温热液交代作用，使原岩中的橄榄石和辉石发生蛇纹石化所形成；M-3异常为基性-超基性杂岩体中的磁黄铁矿、磁铁矿等引起，为矿致异常。②化探异常：区内1∶200000化探异常主元素以Ni、Co、Cu、Cr、As、Pb、Zn等为主，主元素异常多具强度高、规模大、浓度分带清晰的特征；1∶50000异常与1∶200000异常重合性好；各异常带的组合元素与已知矿体的元素组合相似，显示较好的找矿潜力。③保存条件：区内断裂构造发育，其中EW向断裂规模最大贯穿整个夏日哈木矿区，类型以压性逆断层为主，并在地表形成破碎带，带内岩石破碎，高岭土化、硅化、褐铁矿化发育。NW向和NE断裂形成时间晚于EW向断裂，类型以压性逆断层和右行平移断层为主。SN向断裂形成最晚，造成不同断块之间的差异性抬升，并影响地层、岩体的分布、剥蚀程度和保存条件。总的趋势是：由西往东，差异抬升程度由高变低，保存条件由差变好。

总体而言，祁漫塔格矿集区经历了多期、多阶段复杂的地球动力学和成矿作用动力学演化过程，致使区内成矿作用具有多期性和多样性的特点，成矿潜力巨大。根据2007~2013年青海省地质矿产勘查开发局等单位完成的"青海省矿产资源潜力预测评价"工作评价预测，勘查区总预测铁、铜、铅、锌远景资源量分别为10.22亿吨、236.24万吨、255.75万吨。目前的铁查明率23%，铜查明率22%，铅锌查明率约30%，查明率较低。镍、钴、金的找矿刚刚起步，钨锡找矿值得关注，找矿潜力巨大。巨大的资源量保证了该区矿产开发最基本的要素——矿产资源储量，为该区资源开发提供了物质保证。

4.3.2 开采条件调查评价

目前整个矿集区内正在开采的矿山和完成勘探工作准备开发的矿山有卡尔却卡铜矿、虎头崖铜矿、肯德可克铁多金属矿、野马泉铁多金属矿、四角羊—牛苦头铁多金属矿、它温查汉铁多金属矿、尕林格铁多金属矿、夏日哈木镍钴铜矿等。夏日哈木镍钴铜矿属超大型矿山，目前正在筹建中，尚未正式投产。区内矿床类型有矽卡岩型、斑岩型、喷流沉积型、岩浆熔离型等，以矽卡岩型为主。整体上，区内探获矿床埋藏深度较浅（或为地表矿），地表矿可以通过露采进行采矿，地采已生产矿山主要采用硐采开采，矿体陡的地方可以采用崩落法开采。

4.3.2.1 区域水工环地质条件

A 水文地质条件

依据区内地下水含水岩层的岩性结构及其含水特性的差别，将祁漫塔格地区共划分为：松散岩类孔隙水、碎屑岩类裂隙孔隙水、基岩裂隙水、碳酸岩及碎屑岩裂隙岩溶水和冻结层水五种地下水类型。

a 松散岩类孔隙水

该类型地下水在区内分布广泛，含水层厚度大，富水性较强，按其水力特征及埋藏条件，可分为潜水和潜水—承压水两个亚类。

（1）潜水：主要分布于那陵郭勒、开木棋河及巴音郭勒等地段的现代河谷、古河道、山间宽阔谷地及洪积扇（或古洪积扇）中。由于挽近构造运动的影响，均堆积了巨厚的第四纪松散或微胶结的砂卵砾石。虽因各河流补给源充沛条件不同，富水性有差异，水质良好。仅因地形条件（各河谷上游坡降大），故上段地下水埋藏较深、地下水也多赋存于中更新统松散岩类中。下游多赋存于上更新统松散地层中。包括沿近南北向断裂构造发育形成的现代河谷及近东西向阻水构造南侧的宽阔谷地。矿化度 0.62~1g/L。水位埋深 50~100m，局部地区大于 100m。

（2）潜水—承压水：主要分布于倾斜平原地带及西南部的布伦台谷盆地地带。由于从山前向盆地中心地势坡度的变缓，相应的岩相也随之而变。岩性不但普遍变细，而且粗细相间的岩性差异更为明显。因此，组成了多结构的含水层（组）。那陵郭勒（1∶200000）钻孔揭露深度最大为 300.51m，潜水是地下第一个含水岩组，底板埋深一般均在 30~40m 之间，它包括潜水和局部承压水，承压水系指第二个含水岩组。其顶板埋藏深度一般小于 50m，因各地段含水层岩性的粗、细不同，地下水补给条件的差异，富水性也截然不同。

b 碎屑岩类裂隙孔隙水

碎屑岩类裂隙孔隙水分布于祁漫塔格山南侧的山前及甘森南山—神山北的山前第四系松散岩类覆盖之下（即塔尔丁地段），显然是柴达木承压—自流水盆地的边缘部分。依据所处的地貌部位、岩性结构、水力性质及富水等级的不同，该类水含水层岩性为新近系砾岩、砂砾岩，含砾粗砂岩及细砂岩，泥、钙质胶结。隔水层为泥岩和砂质泥岩。其地下水埋深不一，最大埋深 50~100m。水质差，矿化度高，涌水量小于 100m³/d，水量贫乏。

c 基岩裂隙水

基岩裂隙水分布于海拔 4350m 以下的山区。含水层由下元古代金水口群变质岩、华力西期及印支期侵入岩组成。历经多次构造变动、构造风化、裂隙发育，为地下水富集提供了空间，但因地层岩性、构造、气候及地貌条件的不同，水力特征各地有所差异。根据岩层结构及其含水特征，将其分为两个亚类：层状基岩裂隙水与块状基岩裂隙水。

d 碳酸岩及碎屑岩裂隙岩溶水

碳酸岩及碎屑岩裂隙岩溶水分布于区内那陵郭勒谷地南部山区海拔高度 4900m 以下的地区。含水岩组主要为早元古代金水口群，岩性为白云石大理岩、

大理岩、白云质大理岩等。浅部风化裂隙及构造裂隙发育，但地层岩溶现象少见。本区地势较低，降水量少，蒸发强烈，地下水径流模数 $0.24L/(s \cdot km^2)$，故地下水并不丰富。单泉流量 $0.1 \sim 1.0L/s$，矿化度小于 $1.0g/L$，水化学类型为 $Cl \cdot SO_4 \cdot HCO_3—Na \cdot Ca \cdot Mg$ 型或 $Cl \cdot HCO_3 \cdot SO_4—Na \cdot Ca \cdot Mg$ 型。

　　e　冻结层水

冻结层水主要分布于祁漫塔格山主体的中高山部分，海拔高在 4900m 以上。由于气温随地势升高而变低，年平均气温在-4℃以下。长年性冻土（岩）特征均有显示。诸如冻土草沼，季节性融冻泉及寒冻风化块石、碎石等均大量分布。海拔 4100m 以上山区广泛发育片状多年冻土（岩），赋存于融化层孔隙、裂隙中的冻结层水，补给条件较好，水量较丰富。

整体上矿集区内矿床海拔高度在 4200m 以下，属于非多年冻结区，含水层类型有孔隙含水层系统（包括河流融区）、裂隙含水层系统；区内矿床海拔高度在 4200m 以上，属于多年冻结区，含水层类型有冻结层上孔隙含水层系统、冻结层上裂隙含水层系统。区内的矿床大多数矿区地表水较少，位于那陵格勒河、巴音郭勒（河）、五一河、巴音格勒呼得森河等流域内的矿区地下水比较丰富，可供该区矿床生产和生活用水使用，该区地下水补给主要来源于冰雪消融和大气降水。区内仅有野马泉、尕林格等极少数地区矿床位于侵蚀基准面之下，地下开采矿坑易聚水，涌水取决于季节性流水补给因素。其他矿床多位于侵蚀基准面之上，不易聚水，矿坑的涌水受大气降水因素的制约，水文地质条件整体简单。

　　B　工程地质条件

该区位于柴达木盆地西南缘，地层区归属于华北地层大区秦祁昆地层区之柴南缘地层分区。工作区出露的地层主要为古元古代金水口群白沙河组的黑云斜长片麻岩、斜长角闪岩、大理岩、云母石英片岩、早泥盆—晚志留的镁铁质—超镁铁质杂岩体、正长花岗岩及中泥盆世玢岩，构造主要为东西向、北东东向为主。

岩体工程地质类型主要为坚硬—较坚硬的块状侵入岩岩组，由中元古代基性侵入岩辉长石，印支期中酸性侵入岩花岗岩、花岗闪长岩等组成；较坚硬的层状碳酸组，主要由远古代大理岩组成；较坚硬—软弱的层状片岩、片麻岩组，主要由远古代黑云母斜长片麻岩、黑云母片岩组成。

矿集区大部分矿床矿体顶底板岩石大多数为矽卡岩、花岗岩类、火山岩类，岩石坚硬，硬度为Ⅳ~Ⅴ级，坑道开采时不会出现片帮、冒顶、底鼓等现象。地表氧化带发育的矿区，如乌兰乌珠尔、卡尔却卡矿区，露天开采时易形成滑坡、垮塌等现象，若选择适当的边坡角，不易发生不良的工程地质现象。

土体类型较为简单，主要为单一结构的砂卵砾石和泥质砂卵砾石，以冲积冲洪积成因为主，分布于工作区河谷区，厚度大于 5.0m，土体结构较为松散，颗粒级配不良承载力约为 200kPa。另外，广泛分布的风积、沼泽堆积粉细砂、亚砂土厚度薄，一般为 0.2~2m。

动力地质现象在本区主要表现为活动断裂和地震。区内断裂走向以近东西向和北北东向为主，其两侧发育一些次断裂和破碎蚀变带及小型褶皱构造；外动力地质现象，种类繁多，季节性雨水、冻融作用以及人类工程活动等在矿区较为普遍，易引发不稳定斜坡、滑坡、不均匀沉降等不良地质现象。

工作区属青藏高原北部地震区昆仑山—巴颜喀拉山构造地震带南部，区内无历史地震记录，但外围地区地震活动较为频繁。根据《青海省地震目录》统计资料，周边地区自 1929 年以来共发生大于等于 4.0 级以上地震 13 次。其中震级最大的一次为 1980 年 7 月 13 日发生于达布逊湖西 5.8 级地震。根据 1：4000000《青海省地震动峰值加速度图》，调查区地震动峰加速度为 0.10g。据《1：2000000 西北地区地壳稳定性分区图》（1987 年）研究成果，本区新生代以来，受 NNE 向主压应力影响，地壳不断抬升，现代地质构造活动较为强烈，地震基本烈度为 6 度，属昆仑山—巴颜喀拉山及山间盆地地壳不稳定区。总体而言，工作区工程地质复杂程度为简单—中等型。

C　环境地质条件

祁漫塔格整装勘查区位于青藏高原，新构造运动活跃，斜坡岩土体结构稳定性差，由冻土、盐渍土和黄土等特殊类土发育。以至于地质构造、岩土性质、地形地貌、气象水文密切相关的崩塌、滑坡、泥石流、地面塌陷及冻胀沉陷、沙漠风蚀、黄土湿陷和水土流失等自然灾害分布较广。

祁漫塔格整装勘查区位于柴达木—共和盆地地质环境亚区，属于祁漫塔格山、布尔汗布达山崩滑流灾害段，寒冻风化作用强烈，区域及矿区地震基本烈度为Ⅵ级，属稳定区。主要的环境地质问题为土地沙漠化、盐碱化、冻融、崩滑流等地质灾害。

按照地质环境条件和地质灾害的发育强度，青海省划分为地质灾害高易发区、中等易发区和低易发区。根据最近的地质灾害易发区划分，祁漫塔格整装勘查工作区属于地质灾害中等易发区。但具体到区内大部分矿山，区内大部分矿山位于荒漠区，土地沙漠化、盐碱化、冻融、崩滑流等灾害少见，环境地质条件良好。

总体而言，祁漫塔格矿产资源基地水文地质复杂程度为简单型，工程地质条件为简单—中等型，环境地质条件复杂程度为中等型。工作区的水工环条件较适宜矿业开发。

4.3.2.2　典型矿床水工环条件

在研究区域水工环工作条件基础上，采取点面结合的工作方式，对该区 23 处主要典型矿床（矿体）的勘查报告整理分析，总结其水工环地质条件，其中水文地质条件简单类型有 17 个，中等类型有 5 个，复杂类型有 1 个；工程地质条件简单类型有 15 个，中等类型有 8 个；环境地质条件简单类型有 18 个，中等类型有 5 个，该区整体上开采的水工环地质条件均为简单—中等类型，大多数为简单类型，开采技术条件良好。典型矿床水工环质条件占比分布如图 4-41 所示。主要矿床开条条件总结见表 4-27。

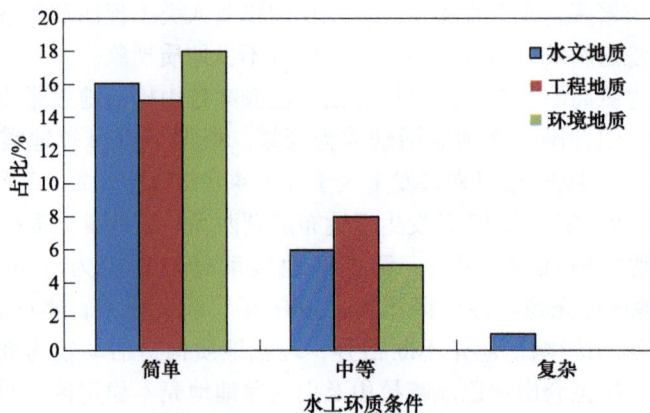

图 4-41 典型矿床水工环质条件占比分布

A 水文地质

典型矿床均位于柴达木盆地南缘，主要矿床矿体出露标高在当地侵蚀基准面以上，部分在侵蚀基准面以下，地形条件利于自然排水，矿床直接充水主要因素为基岩裂隙水，但富水性差，地下水补给条件差，水文地质勘查类型为二类一型，水文地质条件简单。

矿床所在区域内主要河流发育有拉陵灶火河、那陵格勒河、巴音郭勒（河）、五一河、苏海图、拉陵高里河、夏日哈木等季节性河流，每年 5~9 月为有水期，主要补给来源为大气降水，河水易形成尖瘦洪流，暴涨暴落。一般降雨时迅速入渗，降雨过后迅速蒸发。季节性洪水对矿床充水的影响很小，对于矿床开采基本无大的影响。

综合该区地形地貌、气候条件、地层岩性、构造及其含水性以及地表、硐采工程等综合分析，得出该区整体地下矿坑涌水量不大。

根据相关勘查报告，典型矿山个别矿坑涌水量受岩体破碎程度、构造发育程度的影响，在局部地带可形成一定量的集中涌水，但总体水量不大。整体上矿坑涌水量和大气降水量成正比关系，涌水量会随季节性变化，总体趋势上矿坑涌水量会随开采时间的增长而逐渐减小。

夏日哈木矿区内松散岩类孔隙水动态不稳定，基岩裂隙水水质较差、水量贫乏，不能作为矿区生活用水水源；地表水水质较好，但均为季节性河流，随降水暴涨暴落，物理特征不佳，可作为临时生产生活水源，日常生产用水需到距矿区 35km 的山前洪积扇中打井取水。

表 4-27　主要矿床开采条件总结

序号	矿区名称	矿种	矿床类型	水工环地质条件	开采条件		矿石特点
					矿体埋深及开采	开采条件	
1	格尔木市群力铁矿	铁、铜	矽卡岩型	简单	浅，易开采		易选，磁铁矿收率达到 88.32%
2	格尔木市野马泉 M4、M5 异常带区铁锌多金属矿	铁、锌	矽卡岩型	水文地质条件中等，工程地质中等顶底板稳固性中等—差，环境地质条件中等	较浅，一般 20 ~ 200m		铁易选，铁为磁铁矿，锌为浸染状、团块状闪锌矿为主。锌回收率 81.3%，铁回收率 88.22%
3	格尔木市肯德可克铁矿区	铁、钴、铅、锌、锡、金（岩金）	矽卡岩型	简单—中等	较浅		
4	格尔木市那陵郭勒河东铁矿	铁	矽卡岩型	简单	小于 50m 或更深		磁铁矿回收率达 95%，易选
5	格尔木市拉陵高里河下游多金属矿（根据 2015 年储量核实报告修改）	铁、铜、锌	接触交代热液复合型	简单	较浅，地表至斜深 300m		铁易选，磁铁矿回收率 94.98%
6	格尔木市它温查汉铁多金属矿	铁、铜、铅、锌、铋	矽卡岩—热液交代型	水文地质条件复杂，工程环境地质条件简单	地采，最大延深 650m		铁易选，磁铁矿回收率 84.44%，共伴生其他矿物难选
7	格尔木市苦牛头地区 M4 磁异常区铁多金属矿	铁、铜、铅、锌、钨、银（伴生）、镉、硫铁	矽卡岩型	简单	深度在 100 ~ 450m 间，地采，缓矿体水平铜开拓，陡处崩落法		易选矿石，铜回收 91.56%，铅回收 70.74%，锌回收率 91.82%
8	格尔木市苦牛头矿区多金属矿	铁、铜（伴生）、铅、锌（伴生）、银、硫铁	矽卡岩型	简单			易选矿石

续表 4-27

序号	矿区名称	矿种	矿床类型	水工环地质条件	开采条件		矿石特点
					矿体埋深及开采		
9	格尔木市拉陵灶火铁矿（2015年储量核实报告）	铁	矽卡岩型	简单	露采		易选
10	格尔木市乌喀德地区铁铜矿	铁	矽卡岩型	简单	地采，矿体倾向变化不稳定，形态变化大，开采难度高		易选，回收率达80%
11	格尔木市尕林格铁矿	铁	矽卡岩型	水文、工程地质条件简单，环境地质属二类	地采		铁易选，磁铁矿回收率94.98%
12	格尔木市野马泉地区铁多金属矿	铁、铜、铅、锌	矽卡岩型	水文地质条件中等，工程地质条件中等顶底板稳固性中等—差，环境地质条件中等	较浅，一般20~200m		铁易选，铁为磁铁矿，锌为浸染状、团块状闪锌矿为主。锌回收率81.3%，铁回收88.22%
13	格尔木市别里赛北铁矿	铁	沉积变质和矽卡岩型	中等	露采—地采		易选
14	格尔木市卡尔却卡铜多金属矿	铁铜、锌	矽卡岩型一低温热液型	中等	露采—地采		硫化矿，铜回收率89%，钼回收率91%，铅回收率70.74%，锌回收率81%
15	格尔木市扎日玛日那西铁矿	铁	矽卡岩型	简单	地采		易选
16	格尔木市全红山铁矿	铁	矽卡岩型	简单	埋藏浅，开采条件简单		易选

续表 4-27

序号	矿区名称	矿种	矿床类型	水工环地质条件	开采条件		矿石特点
					矿体埋深及开采		
17	茫崖行委乌兰乌珠尔铜锡矿	铜、锡	矽卡岩型	简单	似层状，露天—铜采		易选矿石
18	茫崖镇鸭子沟地区铜多金属矿	铜、锌	矽卡岩—热液型	简单	缓部平硐开拓与房柱法，随处崩落法		难处理多金属硫化矿，铜回收率 65.98%，铅回收率 88.83%，锌回收率 85.31%
19	格尔木市牛苦头矿区 M1 磁异常常区铁多金属矿	钴、铜、铅、锌、银（伴生），铜（伴生），硫铁、硫铁矿（伴生）	矽卡岩型	简单	较浅		易选矿石，类比牛苦头 M4 铜回收率 91.56%，铅回收率 70.74%，锌回收率 91.82%
20	格尔木市索拉吉尔铜矿	铜	矽卡岩型	中等	硫化矿		
21	格尔木市玛沁大湾铅锌矿	铜	热液型	水文、环境条件简单，工程条件中等	露天—地采注意整体开采，护与防水，条件简单		铜回收率 80.48%
22	格尔木市夏日哈木 HS26 号异常区铜镍矿	镍、铜、钴	岩浆熔离型	水文地质Ⅱ类Ⅰ型，简单；工程地质条件简单	露采		硫化矿，镍回收率 62.14%，铜回收率 80.67%，钴回收率 73.43%
23	格尔木市夏努沟西支沟多金属矿	铅、锌	矽卡岩型	水文条件简单，工程地质条件中等	地采，稳固性差，注意支护		易选矿石

165

B 工程地质

整体上看，该区典型矿床工程地质复杂程度为简单—中等型。对该区工程地质条件产生不利影响的主要因素有构造及破碎带对矿体围岩的破坏，造成顶底板稳固性中等—差等。夏日哈木矿区岩体类型分为坚硬—较坚硬块状辉长岩—辉石岩—花岗岩岩组、坚硬—较坚硬层状、薄层状片麻岩—石英片岩岩组、较坚硬块状大理岩岩组 3 个工程地质岩组，岩石质量等级均为Ⅲ级，岩石质量中等，岩体完整性中等完整，土体类型以卵砾类土为主。主矿体产于杂岩体中，重要含矿岩性为辉石岩、橄榄岩等，矿体出露地表或潜藏地下，矿体适合于露采。岩体节理裂隙、蚀变带发育，开采最终边坡角确定均考虑节理裂隙影响较大因素。拉陵灶火铁矿矿体呈似层状、透镜体状产于黑云母石英片岩与矽卡岩接触带中，矿体围岩以中硬—坚硬岩石为主，稳定性较好。坑道多为穿脉，部分为沿脉。从现有生产探矿平硐、斜井分析，井壁完整、规矩，硐内岩体多为Ⅱ~Ⅲ类岩体，部分地段因矿体围岩松软、破碎，出现冒顶、采空区塌陷等现象。从坑道整体来看，局部围岩稳定性差，易发生硐内塌方现象。

C 环境地质

该区总体地质环境质量属良好类（第一类）。工作区属现代地质构造活动的不稳定区；地震基本烈度 6 度。

自然条件下，虽然很少发现有崩塌、滑坡和泥石流，但 6~9 月是主要的降水季节，占全年降水量的 70%~80%，且多以暴雨形式出现，故区内存在潜在崩塌、泥石流两类不良地质现象，须引起重视。对矿区开采有影响的灾害体应采取防治措施，同时要防止开采活动中诱发和加剧地质灾害。

综合而言，祁漫塔格矿集区内矿山整体水文地质条件简单，工程地质复杂程度为中等型，地质环境质量属良好类，矿山开采技术条件总体较好。

4.3.3 矿石选冶加工调查评价

4.3.3.1 区域矿石质量调查评价

A 矿石质量整体评价

根据本书统计该区勘查报告及矿山实地调研情况，祁漫塔格金属矿集区整体上以原生硫化矿为主。铁主要以磁铁矿形式存在，磁铁矿嵌布粒度粗细不等，矿石构造以浸染状为主少见块状，矿物之间关系密切，矿石中一般均不同程度地共生伴生有铜、锌、硫、铅、金、银等元素，大部分均可回收利用。根据勘查报告区内整体上磁铁矿的品位（全铁）在 30%~56% 之间，平均为 37.78%，铁的选矿回收率在 88%～93% 之间。铅锌主要以方铅矿和闪锌矿等硫化矿形式为主，矿床类型通常为矽卡岩型矿床，矽卡岩脉石矿物复杂，泥质矿物含量大，矿石矿物嵌布粒度粗细不均，方铅矿常与闪锌矿共生，锌平均品位变化较大，在 2.5%～7% 之间，平均品位大致为 2.92%，铅品位在 1%～4% 之间变化，平均品位为 1.67%，铅矿选矿回收率在 70%～75% 之间，锌矿选矿回收率在 80%～91% 之间；镍主要以硫化镍的矿物形式存在，镍黄铁矿是矿石中主要的物质组成，此外还有少量的紫硫镍矿、镍华等，镍矿物粒度粗细极不均匀常呈它形产出，包裹或分散于硅酸盐（脉石矿物）中的镍有 3% 左右，包裹或分散于不溶物中镍约有 4.5%，镍的品位整体为 0.68%，选矿回收率为 80.67%；铜主要以硫化铜的矿物形式存在，常呈浸染状存在于矿石中，矿石矿物嵌布粒度粗细不均，该区铜大部分为共伴生矿物，少量为主矿物，因而整体上铜的品位在 0.2%～1.5% 之间，平均品位为 0.27%，铜根据选矿勘查报告回收率在 60%～90% 之间；钴以硫化物状态存在的仅占 24%，氧化物和硅酸盐中的钴占了 76%，平均品位大致为 0.0254%；金为硫化物矽卡岩型金矿石，主要以共伴生矿物产出，平均品位为 0.94g/t，选矿回收率在 78%～88% 之间。银主要以共伴生矿物产出于铅锌铜矿中，平均品位为 18.53g/t。

B 注意问题

a 资源基地矿石利用整体特点

矽卡岩型铁多金属矿中常不同程度地共生伴生铜、锌、硫、铅、金、银等元素，由于共生伴生元素矿物相互影响，综合利用时应注意解决。

矿石矿物与脉石矿物共生关系复杂密切，目的矿物单体解离困难，杂质含量较高。

部分矿山含有较高的磁黄铁矿，部分还含有毒砂：磁黄铁矿与磁铁矿、闪锌矿、铁闪锌矿、黄铜矿等矿物的选矿分离较黄铁矿而言更为困难，更难得到合格的精矿产品。

矽卡岩脉石矿物复杂，泥质矿物含量大，磨矿后脉石矿物的性质对选矿过程的影响较大。

b 资源基地开发综合利用存在问题

整体上矿产资源基地内矿山采选规模小，选矿综合利用率低。选矿规模多为中小型。零星开发，生产能力未达到设计能力。企业多处理易选矿石，整体工艺比较落后；伴生有用元素（铜等）未被利用或利用率较低。国有大型企业更加重视新技术的研发和共伴生元素的综合利用。

国家及地方对矿山企业的环保及安全要求越来越高，查处力度越来越大，矿山生产成本也不断加大。在矿业大形势较差的情况下，矿山企业要想持续发展则必须提高采矿和选矿的工艺水平，提高综合利用率，这样才能利用有限的矿山资源创造更大的经济效益。对尾矿的处理也必须采用新型的尾矿处理技术，这样不但能节约生产成本，还能更好地满足环保、安全的要求。

工作区外部环境对矿产资源的开发利用影响较大。整体上区内矿山海拔较高，最低3100m，最高4200m。高海拔给采矿和选矿带来了更大的困难。由于矿山处于冻土环境下，每年采场的运输道路需要大量资金维护，采场运营成本较高。高海拔同时还造成选厂各种设备的功率需要加大（设备功率选型得按照平原地区的1.5倍选），浮选药剂用量加大（为内地平原地区的2倍），甚至有时需要加温浮选。选矿车间地层需要做防水处理，否则地基经水浸泡后下沉严重。

部分矿山周边环境较差，地形地貌以戈壁沙漠为主，生产用水成本较大，同时青海地区水蒸发量较大。因此建议尾矿采用干排，这样不仅有利于提高选厂回水使用率，降低用水成本，还能更好地满足环保及安全生产的要求。

4.3.3.2 典型矿山矿石选冶加工条件调查评价

A 典型矿床矿石选冶试验调查总结

工作区内多数矿山已做过选冶试验研究，通过对工作区及附近同类型相似矿山的典型矿山可利用性试验资料和矿山实地进行调查总结、分析，对区内典型矿石可利用性进行分析评价，为确定整体上选矿指标奠定基础。祁漫塔格矿和都兰县实地调研矿山情况汇总见表4-28和表4-29。

表4-28 祁漫塔格矿集区实地调研矿山情况汇总表

序号	矿山名称	处理能力	矿石性质	原则流程	分选指标
1	青海鸿鑫矿业有限公司牛苦头矿区	中（2000吨/天）	矽卡岩型铜铅锌矿	破碎—磨矿—分级—铜铅混浮—磁选脱硫—浮锌	铜铅暂未分离，铅精矿：品位60%，回收率87%左右；锌精矿：品位40%，回收率83%左右
2	拉陵高里河下游铁多金属矿	小（30万吨/a）	磁铁矿，伴生铜	两段破碎——段磨矿—两段磁选	精矿品位Fe 64%，回收率90%左右，铜暂未回收
3	拉陵灶火铁矿	小（3.03万吨/a）	磁铁矿，伴生铜	破碎—磨矿—三段磁选	精矿品位63%，回收率98%左右
4	青海金涌矿业开发有限责任公司	中（2000吨/天）	矽卡岩型铜铅锌矿	破碎—磨矿—分级—铜铅混浮—再浮锌	铅精矿：品位50%，回收率88%左右；锌精矿：品位46%，回收率80%左右
5	索拉吉尔铜矿	小（3000吨/天）	铜矿石，伴生铅锌钼金银	破碎—磨矿—分级—浮选	精矿品位：Cu>18%；精矿回收率90%左右

表 4-29 都兰县实地调研矿山情况汇总表

序号	矿山名称	处理能力	矿石性质	原则流程	分选指标
1	白石崖东区铁多金属矿	小（20万吨/a）	磁铁矿，伴生铅锌	选铁车间：破碎—磨矿—单一磁选；选铅车间：破碎—磨矿—铅浮选—锌浮选	精矿品位：TFe 63%~64%，Pb 63%，Zn 50%~53%；精矿回收率：TFe>95%，Pb 85%~90%，Zn 85%~90%
2	都兰县白石崖铁矿区外围铁矿	中（30万吨/a）	磁铁矿	破碎-磨矿-单一磁选	精矿品位：TFe 66%~67%；精矿回收率：TFe 60%~70%
3	都兰县占卜扎勒Ⅰ号磁异常区铁矿	小（400 t/天）	磁铁矿，伴生钨锡	破碎—磨矿—单一磁选—重选回收钨锡	精矿品位：TFe 64%~65%，钨锡混合精矿 WO₃+Sn 42%左右；精矿回收率：TFe 90%~92%，钨锡回收率30%左右
4	都兰县跃进山铁矿	小（500 t/天）	磁铁矿	破碎—磨矿—单一磁选	精矿品位：TFe63.5%，精矿回收率：TFe85%
5	果洛龙洼金矿	小（1000 t/天）	石英脉型金矿石	破碎—磨矿—分级-浮选	精矿品位：76g/t；精矿回收率：86%
6	五龙沟金矿	小（800~1000 t/天）	矽卡岩型金矿石	破碎—磨矿—分级-浮选	精矿品位：30g/t；精矿回收率：80%
7	红旗沟—深水潭金矿	小（450 t/天）	蚀变岩型金矿床	两段两闭路磨矿，一粗三扫三精浮选	精矿品位：27g/t；精矿回收率：80.9%
8	锡铁山铅锌矿	大（4000 t/天）	矽卡岩型铅锌矿	铅优先浮选—锌硫混浮分离浮选流程	精矿品位：铅精矿铅72%；锌精矿锌46%，铅锌回收率均大于90%
9	希龙沟铅锌矿	大（3000 t/天）	矽卡岩型铅锌矿	铜铅混分—分离，锌活化再选	铜精矿品位18%、回收率70%~80%，铅精矿品位50%~60%、回收率80%~90%，锌精矿品位40%、回收率80%~90%
10	大洪山铁矿	小（200 t/天）	矽卡岩型铁矿	一段粗选三段精选，均为开路选别	精矿品位58%~62%，回收率85%，含硫高达2%

a 夏日哈木铜镍矿可利用性评价

（1）金川镍钴研究设计有限责任公司评价结果。通过对夏日哈木原生硫化矿原矿工艺矿物学研究，查明了主要金属硫化矿为镍黄铁矿、紫硫镍矿、黄铜矿、磁黄铁矿，脉石矿物以辉石、滑石、橄榄石等硅酸盐矿物为主；硫化铜镍矿石的构造以斑杂状构造、稀疏星点状构造、浸染状构造为主；金属硫化矿物紧密连生；以中细粒它形结构和交代结构为主。混合原矿 Ni 品位 0.65%，Cu 品位 0.15%，Co 品位 0.025%，分选工艺采用镍铜钴混合浮选工艺，浮选给矿细度为 $-75\mu m$（-200 目）70%，经过一次粗选、两次扫选、两次精选后获得镍铜钴混合粗精矿，其中镍品位为 5.24%，回收率为 76.79%、铜品位 1.15%，铜回收率为 72.83%，钴品位 0.19%，钴回收率为 73.43%。混合浮选的可选性较好，但该评价尚未对粗精矿进行铜镍分离。

地表氧化矿镍的品位为 0.96%，镍物相分析可知镍主要以硅酸镍为主，占 92.54%。氧化镍占 4.31%，硫化镍占 2.94%。铜品位为 0.32%，铜物相分析可知铜以硫化相存在的有 50.17%，以氧化相存在有 47.49%。浮选试验结果表明，浮选精矿镍品位为 1.02%，回收率仅为 22.01%。磁选得到的磁性矿物产率仅为 0.16%，无分选效果。氧化镍铜矿采用常规分选方法无法富集，建议用湿法冶金方法处理。

（2）北京矿冶研究院评价结果。试验样品由青海省第五地质矿产勘查院提供，原矿样品为原生硫化矿，镍、铜及钴的含量分别为 0.80%、0.20% 及 0.025%，金属矿物主要为磁黄铁矿；铜矿物主要为黄铜矿，另有少量的墨铜矿和微量的方铜矿及铜蓝；镍矿物主要为镍黄铁矿，另有微量的紫硫镍矿和砷镍矿。非金属矿物主要为透闪石、滑石、辉石；其次为蛇纹石、橄榄石、透辉石、绿泥石、阳起石等。

采用以铜为主的滑石—铜镍等可浮—尾矿强化回收镍的工艺流程，最终获得铜品位 25.15%、含镍 1.23%、回收率为 62.14% 的铜精矿和镍品位 7.95%、含镍 0.40%、回收率为 80.67% 的镍精矿。钴主要富集到镍精矿中，品位为 0.24%，回收率为 75.76%。该分选指标表明，夏日哈木铜镍矿的可选性较好。该技术工艺对原生辉石岩矿石和橄榄岩矿石具有较好的适应性，但不适合氧化矿石。

总体而言，夏日哈木铜镍矿原生矿可选性较好，铜、镍、钴等资源都能得到较好的回收。

b 拉陵灶火中游矿区 MV 铜多金属矿

拉陵灶火中游矿区 MV 铜多金属矿带通过 7~8 线详查，矿体产于中三叠世石英闪长岩岩体边部，主要呈缓倾透镜状、似层状，受矽卡岩控制明显，北东—南西向展布顶底板均为石英闪长岩，成矿时代为晚三叠世（214Ma）。矿种以铜为主，共伴生钼、金、银等。目前圈定铜多金属矿体 6 条，长 50~475m，斜深 75~240m，厚度 4~12m。其中 MV-4 为主矿体，长 475m，最大斜深 240m，厚 12m，平均品位 Cu 1%~2%、Mo 0.1%~0.2%、Au 1~5g/t。金矿延伸极不稳定，仅在 ZK801、ZK601 间分布；厚大的富铜钼金复合矿体在 4～8 线不连续，仅呈透镜状分布在 ZK801、ZK805 两个钻孔之间，对比见矿标高及层位，MV-5 矿体在 6 线已被全部剥蚀；主矿体 MV-3、4 矿体在 6～8 线较为连续，铜钼向 6 线有增厚变富趋势（矿层累计厚 58m）。

初步求得资源量 Cu 5.4 万吨（331：0.62 万吨、332：2.8 万吨、333：1.98 万吨）、333 Au 3.8t、332+333 Mo 0.3 万吨，对比 2015 年估算结果，Cu 减少约 1 万吨、金减少约 3.5t。

通过实验室流程试验初步查明了 MV 矿带铜多金属矿石的选（冶）性能及工业利用价值。矿石为易碎易选硫化物矿石，铜、钼、金、银、硫等组分均可高效回收，经济价值较高；采用铜钼等可浮—强化回收铜钼金，混合精扫选尾矿选硫的工艺流程能够合理有效地回收有用组分，闭路试验指标如下：铜钼混合精矿含铜 18.37%，含钼 1.23%，含金 42.45g/t，含银 487.30g/t，混合精矿中铜回收率 95.16%，钼回收率 93.20%，金回收率 89.36%，银回收率 87.47%。硫精矿含硫 39.62%，硫回收率 17.84%。

c 野马泉典型磁铁矿、磁铁矿—磁黄铁矿矿石类型

代表性矿区为格尔木市尕林格铁多金属矿Ⅶ矿群矿体、格尔木市尕林格矿区Ⅱ矿群含金钴铁矿、格尔木市尕林格矿区Ⅴ矿群铁矿、格尔木市野马泉铁多金属矿 M13 异常详查区铁矿。这几个矿区中主要矿物为磁铁矿，其他矿物有磁黄铁矿、黄铁矿及少量的赤铁矿、褐铁矿等。矿物组合较为简单，但矿物的嵌布粒度粗细不均，相互之间镶嵌关系密切，尤其是与脉石矿物关系密切，由于有磁黄铁矿的存在，在选矿工艺流程的选择上均采用弱磁选+浮选的工艺流程。

从选矿试验结果以及铁物相分析结果可以看出，尕林格、野马泉铁多金属矿 M13 铁矿中铁主要以磁铁矿为主，基本占全铁含量的 68%～80%，因此选别流程以弱磁选为主。从全铁回收率指标来看除尕林格Ⅱ矿群全铁回收率指标较差外，其余回收率指标接近磁铁矿的理论含量值，说明选别效果较好。尕林格Ⅱ矿群铁回收率低的原因是磁铁矿嵌布粒度微细，与脉石矿物关系密切，细磨后磁铁矿与脉石矿物间只能达到大部分的单体解离，通过镜下检查，尾矿中未选出的磁铁矿粒度均在 0.01～0.05mm 之间，且少量还包裹于非金属矿物中。这在机械选矿中属于选别的下限粒度，也就是说此种粒级下选别效果较差。

综合以上分析，格尔木市尕林格铁多金属矿Ⅶ矿群矿体、格尔木市尕林格矿区Ⅱ矿群含金钴铁矿、格尔木市尕林格矿区Ⅴ矿群铁矿、格尔木市野马泉铁多金属矿 M13 异常详查区铁矿这四个矿区的矿石性质较为类似，矿石中的主要矿物为磁铁矿、磁黄铁矿、黄铁矿等，部分矿区还含有金钴等贵重金属可综合回收。选矿工艺流程均为"磁选+浮选"流程，精矿产品主要为铁精矿和硫精矿，含金钴等贵重金属的矿石同时可获得金精矿及钴精矿。采选生产成本在 150～450 元/t 不

等，由此可判断，当主要精矿产品—铁精矿销售价格较为理想时，这类矿石具有开发利用价值。

d 野马泉磁铁矿—磁黄铁矿—黄铜矿—闪锌矿矿石类型

代表性矿区为格尔木市那陵郭勒河西铁多金属矿 M1 矿、它温查汉西 C5 异常区详查段。这两个矿区中主要矿石矿物为磁铁矿、黄铜矿、闪锌矿，其他金属矿物有磁黄铁矿、黄铁矿及少量的方铅矿、毒砂等。脉石矿物主要有蛇纹石、绿泥石、方解石、长石、普通辉石、透辉石等。矿物组合较为复杂，矿物的嵌布粒度粗细不均，相互之间镶嵌密切。主回收元素为铁、铜、锌，因此选矿工艺流程的选择采用磁选+浮选的工艺流程。

从选矿试验结果以及铁物相分析结果可以看出，那陵郭勒河西铁多金属矿 M1 矿、它温查汉西 C5 异常区详查段矿石中磁铁矿的含量占全铁含量的 63%~76%，因此选别流程以弱磁选为主，从全铁回收率指标来看两矿区回收率指标接近磁铁矿的理论含量值。同时两矿区中磁黄铁矿含量也较高，尤其是它温查汉西 C5 异常区中磁黄铁矿量达到了 12%，从矿物之间嵌布情况看，磁铁矿与磁黄铁矿嵌布密切，选矿过程中磁黄铁矿的分离成为重点研究的内容。其他含铁矿物含量较低，不具备综合利用的意义。

从选矿试验结果以及铜物相分析结果可以看出，那陵郭勒河西铁多金属矿 M1 矿、它温查汉西 C5 异常区详查段矿石中铜矿物主要以黄铜矿形式存在，占总铜含量的 75%~79%，从铜回收率指标来看，那陵郭勒河西 M1 矿铜回收率指标最好。从选矿试验结果分析主要原因是铜原矿品位较高，虽然铜矿物有少部分氧化，但矿物之间易解离，为易选矿石，因而铜回收率指标较好。而它温查汉西 C5 异常区中由于黄铜矿和其他矿物呈港湾状紧密接触，微细粒含量高，原矿铜品位相对较低是影响该矿选矿指标的主要因素。

从选矿试验结果以及锌物相分析结果可以看出，那陵郭勒河西铁多金属矿 M1 矿、它温查汉西 C5 异常区详查段矿石中锌矿物主要以闪锌矿形式存在，占总锌含量的 71%~81%，从锌回收率指标来看，那陵郭勒河西 M1 矿锌回收率只有 48.90%，而它温查汉西 C5 异常区没有得到锌精矿产品。主要原因是这种矿石类型中的闪锌矿均为铁闪锌矿，含铁量 6%~22% 不等，由于铁闪锌矿与黄铁矿、磁黄铁矿性质相近，大大增加了浮选的难度，锌精矿中铁含量相对较高。要想得到合格的锌精矿产品，满足锌精矿中铁含量不大于 18% 的要求，必须加强精选作业，除去锌精矿中铁含量较高的部分，从而导致锌回收率降低。而它温查汉西 C5 异常区中锌原矿含量较低，没有达到综合回收的指标含量，再加上这之中又含有部分铁闪锌矿，选矿试验中经过多条件多方案选别均没有得到合格的锌精矿产品。

综合以上分析，那陵郭勒河西铁多金属矿 M1 矿、它温查汉西 C5 异常区详查段这两个矿区的矿石性质较为类似，矿石中的主要矿物为磁铁矿、黄铜矿、闪锌矿、黄铁矿和磁黄铁矿等，那西铁矿中还含有银等贵重金属可综合回收。选矿工艺流程均为"磁选+浮选"流程，浮选获得铜精矿、锌精矿和硫精矿，磁选获得铁精矿。该类型矿的产值主要来自铜精矿和铁精矿，因此在开发利用过程中应该加强铜矿物和铁矿物的回收；同时银、锌和硫等有价元素的综合回收可大大提高选厂利润，不容忽视。当矿产品价格不佳的情况下，综合回收是选厂提高利润的最佳途径。

e 格尔木四角羊—牛苦头等矿床黄铜矿—方铅矿—闪锌矿矿石

代表性矿区为青海省格尔木市野马泉铁多金属矿 M13 异常详查区铅锌矿、青海省茫崖镇迎庆沟—景忍东多金属矿普查Ⅵ矿带铜铅锌银多金属矿、格尔木四角羊—牛苦头铜矿。这三个矿区中主要矿石矿物为黄铜矿、方铅矿、闪锌矿、镍黄铁矿，其他金属矿物有磁黄铁矿、黄铁矿、微量毒砂等。脉石矿物主要有透闪石、滑石、辉石、方解石、碳酸盐等。矿物组合有简单组合的如野马泉，也有复杂的如迎庆沟—景忍东同铅锌矿、矿物的嵌布粒度粗细不均，相互之间镶嵌密切，其中黄铜矿的嵌布粒度均存在微细粒，呈乳滴状、浸染状分布于闪锌矿或者被其他矿物包裹，因此可选矿物之间的分离存在一定的难度，造成各精矿产品质量不高，回收率偏低的现象。由于矿石类型以原生矿为主，因此选矿工艺均采用浮选工艺。

从选矿试验结果以及铜物相分析结果可以看出，青海省茫崖镇迎庆沟—景忍东多金属矿普查Ⅵ矿带铜铅锌银多金属矿和格尔木四角羊—牛苦头铜矿的铜精矿指标均较好，回收率较高，属于易选矿物。

从选矿试验结果以及锌物相分析结果可以看出，青海省格尔木市野马泉铁多金属矿 M13 异常详查区铅锌矿和青海省茫崖镇迎庆沟—景忍东多金属矿普查Ⅵ矿带铜铅锌银多金属矿的锌精矿选别指标较好，回收率较高，属于易选矿物。

从选矿试验结果以及铅物相分析结果可以看出，迎庆沟—景忍东多金属矿Ⅵ矿带铅回收率指标较低，主要原因是方铅矿呈它形细粒集合体，粒径 0.01～0.5mm，与闪锌矿呈紧密接触共生，不易解离，选矿作业中所得铜铅混合精矿进行分离时要进行二段磨矿，方铅矿容易氧化，细磨后加深了氧化的速度，从而导致浮选效果差，铅回收率较低。

综合以上分析，青海省格尔木市野马泉铁多金属矿 M13 异常详查区铅锌矿中的铅锌矿物属于较易选的矿物，选别指标较为理想，铅回收率达到88%以上，锌回收率达到80%以上；青海省茫崖镇迎庆沟—景忍东多金属矿普查Ⅵ矿带铜铅锌银多金属矿中的铜锌矿物较易选别，铅矿物由于粒度较细且嵌布关系复杂较难选别；格尔木四角羊—牛苦头铜矿铜矿物较易选别，但由于原矿品位较低，导致铜精矿的品位不高。三个矿区的选矿流程均为单一浮选流程，回收矿物越多选矿成本越高。三个矿区所处地区均较为偏僻，地貌以戈壁沙漠为主，基础设施较差，水资源和电力成本较高。因此提高资源的综合利用率，采用先进的生产技术（高效的选矿药剂，尾矿干排等技术）是降低选矿成本、提高矿山利润的关键。

B　典型矿山矿石选冶试验评价

通过选冶试验，选取对区内可利用性选冶试验中的低品位铁矿、共伴生铅锌矿、铁矿伴生铜矿、高泥难选铁铜矿等典型难利用的矿石的选冶试验，评价了区域上低品位难选冶矿石利用的技术可行性，推荐了上述典型难选冶矿石的选矿工艺流程和方法，为区内该类矿石的利用提供了依据和参考。通过本章研究，基本上确定了区内矿石整体上是可以利用、选冶技术是可行的。

a　那西郭勒低品位铁矿选冶试验

那西郭勒铁矿属于矽卡岩型铁矿，原矿 TFe 品位 17.25%，其他组分含量不高，综合利用价值不高，对该低品位铁矿进行选冶试验研究，可以判断该区同类型低品位铁矿的技术可利用性。原矿化学全分析结果见表 4-30，矿物组成见表 4-31。

表 4-30　原矿化学元素全分析结果

元素	TFe	MTe	SiO_2	Al_2O_3	K_2O	Na_2O
含量/%	17.25	16.19	54.48	2.71	0.96	0.004
元素	CaO	MgO	Pb	Zn	S	P
含量/%	6.59	4.71	0.04	0.006	0.058	0.195

表 4-31　原矿主要矿物组成

组成	磁铁矿	黄铁矿	磁黄铁矿	毒砂	萤石	石英	方解石	透辉石
含量/%	22.94	0.02	0.01	0	0	31.08	2.74	12.13
组成	金云母	斜长石	蛇纹石	磷灰石	绿泥石	黑云母	钾长石	榍石
含量/%	1.2	1.86	2	0.94	0.31	2.15	3.35	0.11
组成	钠长石	菱锰矿	角闪石	白云石	透闪石	高岭石	白云母	石榴子石
含量/%	1.87	0	3.85	0.12	12.83	0.09	0.17	0.2

从分析结果可以看出原矿中主要有用元素为铁，TFe 品位为 17.25%，其他组分伴生组分含量较低，综合利用价值不高。硫磷等有害元素含量较少。

原矿中主要的有用矿物为磁铁矿。磁铁矿矿物含量为 22%，黄铁矿和磁黄铁矿含量较少。脉石矿物以石英、透闪石、阳起石、石榴子石和黑云母等矿物为主。

矿石中磁铁矿粒度较粗，晶形较好，多呈半自形粒状，团块状分布，或者呈浸染状分布。与脉石矿物平直接触，有利于其单体解离。

本次研究采用先磁后反浮脱硅原则工艺，原矿首先经过高压辊磨机超细碎-预选抛尾，获得的预选精矿在经过弱磁粗选-磁筛精选后获得高品位铁精矿和次精矿两种产品，高品位铁精矿再经过反浮脱硅，最终制备超纯铁精矿，试验流程如图 4-42 所示，闭路试验结果见表 4-32，最终得到铁品位为 71.80%、酸不溶物含量为 0.28%、回收率为 60.72% 的铁精矿和品位为 64.49%、回收率为 28.24% 的次铁精矿。

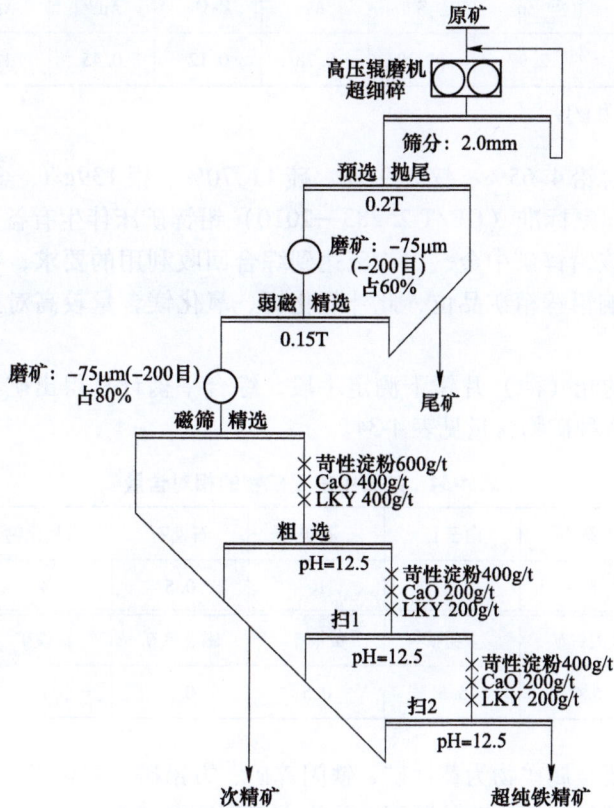

图 4-42　那陵郭勒河西铁矿试验流程图

表 4-32　那陵郭勒河西铁矿可选性评价试验结果

产品名称	产率/%	TFe 品位/%	酸不溶物含量/%	回收率/%
超纯铁精矿	14.85	71.80	0.28	60.72
次精矿	7.69	64.49		28.24
尾矿	77.49	2.50		11.04
原矿	100.00	17.56		100.00

b 卡尔却卡铅锌矿

原矿成分分析结果见表4-33。

表4-33 原矿化学成分分析结果（质量分数）

成分	TFe	Al$_2$O$_3$	SiO$_2$	K$_2$O	Na$_2$O	CaO	MgO	Cu
含量/%	11.8	5.63	15.84	0.37	0.16	17.96	8.85	0.02
成分	Pb	Zn	S	As	P$_2$O$_5$	Au①	Ag①	烧失量
含量/%	4.65	2.97	11.70	0.78	0.12	0.45	139	12.34

①Au、Ag单位为g/t。

该铅锌矿含铅4.65%、锌2.97%、硫11.70%、银139g/t、金0.45g/t、砷0.78%，根据国家标准（GB/T 25283—2010）铅锌矿床伴生有益元素评价指标中含量要求，该铅锌矿中金、银、硫达到综合回收利用的要求，有害元素砷含量较高，可影响铅锌精矿品位，此外氧化钙、氧化镁含量较高对选矿有一定的影响。

结合矿石的光（薄）片镜下测定手段，综合平衡计算得出矿石中主要矿物成分的含量。各种矿物含量见表4-34。

表4-34 矿石中主要矿物的相对含量

成分	方解石	白云石	石英	石榴石	铅氧化物	黄铁矿
含量/%	31	12	10	0.5	4	26.6
成分	铁闪锌矿	方铅矿	黄铜矿	磁黄铁矿	磁铁矿	毒砂
含量/%	6.6	5.5	0.5	0.3	1	2

原矿中主要金属矿物为黄铁矿、铁闪锌矿、方铅矿、氧化铅矿，还含有少量的黄铜矿、磁黄铁矿。主要的脉石矿物为方解石和白云石。

原矿铅锌银物相分析见表4-35～表4-37。

表4-35 原矿铅物相分析结果（质量分数）

相名称	PbSO$_4$（铅矾）	PbCO$_3$+PbO（白铅矿+铅黄）	PbS（方铅矿）	Pb$_5$(PO$_4$)$_3$Cl（磷（砷、钒）氯铅矿及其他形态铅矿物）	总铅
含量/%	0.2627	1.213	3.101	0.0794	4.6561
分布率/%	5.64	26.05	66.60	1.70	100.00

从铅的物相分析结果可以看出，该矿中铅以硫化物的形式存在的占总铅量的66.60%，碳酸铅占总铅量的26.05%，以硫酸铅和其他形态的铅占到总铅量的7.34%。由此氧化铅以及难选铅矿物占总铅量的33.39%，对铅的回收率有较大影响。

表 4-36   原矿锌物相分析结果（质量分数）

相名称	硫酸锌	氧化锌	硫化锌	其他锌（硅锌矿）	总锌
含量/%	0.015	0.20	2.88	0.17	3.27
分布率/%	0.46	6.16	88.10	5.29	100.00

从锌的物相分析结果可以看出，该矿中锌主要以硫化物的形式存在，占总锌量的88.10%，其次为氧化锌占总锌量的6.16%，再次为其他形态的锌，占总锌量的5.29%，这其中其他形态的锌和氧化物锌由于含量较低，属于难选矿物，因此锌的回收率也会受一定影响。

表 4-37   原矿银物相分析结果（质量分数）

相名称	方铅矿中类质同象银	辉银矿	硫化矿物中类质同象银和包裹银	自然银	总银
含量/g·t⁻¹	1.08	104	25.4	1.03	131.51
分布率/%	0.82	79.08	19.31	0.78	100.00

从银的物相分析结果可以看出，该矿中银主要以辉银矿的形式存在，占总银量的79.08%，其次为硫化矿物中类质同象银和包裹银占总银量的19.31%。

在条件试验的基础上，最终推荐铅锌依次浮选的工艺流程，如图 4-43 所示，所得选矿指标为铅精矿铅品位56.21%，硫化铅铅回收率78.84%。锌精矿锌品位46.73%，锌回收率80.28%，硫砷精矿硫品位49.86%，硫回收率77.85%。氧化铅铅精矿铅品位30.76%，铅回收率12.86%。硫化铅和氧化铅铅总回收率91.70%，锌总回收率90.85%。该矿中银达到了综合利用回收指标，经过选别，铅精矿中含银1802g/t，氧化铅精矿含银410g/t，锌精矿含银93.4g/t，硫精矿含银15.5g/t，银总收率96.51%。选别指标较为理想。

原矿铅锌依次浮选闭路试验结果见表 4-38。

c   青海鸿丰伟业公司在产铁矿可选性评价

青海鸿丰伟业公司在产铁矿属于拉陵高里铁铜矿 M1 矿体，原矿 TFe 品位33%左右，含铜0.16%左右，现场仅回收主元素铁，铁精矿品位64%左右，未综合回收铜。原矿化学全分析结果见表 4-39，矿物组成见表 4-40。

原矿(-1.0mm)　石灰+硫酸锌+亚硫酸钠+六偏磷酸钠
1500+1000+250+100

磨矿　-0.074mm 73%

2′×T5721 80
2′×S036 25.5
1′×MIBC 10

铅 粗选
3.0′

3′×石灰+硫酸锌 500+500
2′×S036 8.5

石灰+硫酸锌+T5721+
六偏磷酸钠 200+200+20+50 ×3′

铅 精选1
3.0′

铅 扫选1
2.0′ 3′×石灰+硫酸锌 200+200
2′×S036 8.5

石灰+硫酸锌 200+100 ×3′

中矿2 中矿3

铅 扫选2
2.0′
2′×六偏磷酸钠 100
1′× 石灰 2000
2′×T572 120
3′×硫酸铜 300
3′×丁黄药 50
1′×MIBC 10

铅 精选2
1.5′

铅精矿　中矿1

中矿4

锌 粗选
3.0′

石灰+T572+六偏
磷酸钠 400+40+50 ×3′

锌 精选1
2.0′

2′× 丁黄药 25

锌 扫选1
3.0′
2′× 丁黄药 10

石灰 200×3′

锌 精选2
1.5′

中矿6 中矿7

锌 扫选2
2.0′ 3′×硫酸 2000 pH7
3′×丁黄药 70
1′×2号油 10

锌精矿　中矿5

中矿8

硫 粗选
3.0′
3′×硫酸 1000
2′×丁黄药 30

硫 精选
3.0′

硫 扫选
3.0′
3′×六偏磷酸钠 100
5′×硫氢化钠 500
3′×丁黄药 100

硫精矿　中矿9 中矿10

氧化铅 粗选
3.0′
5′×硫氢化钠 50

六偏磷酸钠 50×3′

氧化铅 精选1　氧化铅 扫选
2.0′　2.0′
2′×丁黄药 50

氧化铅 精选2
1.0′

尾矿

氧化铅精矿

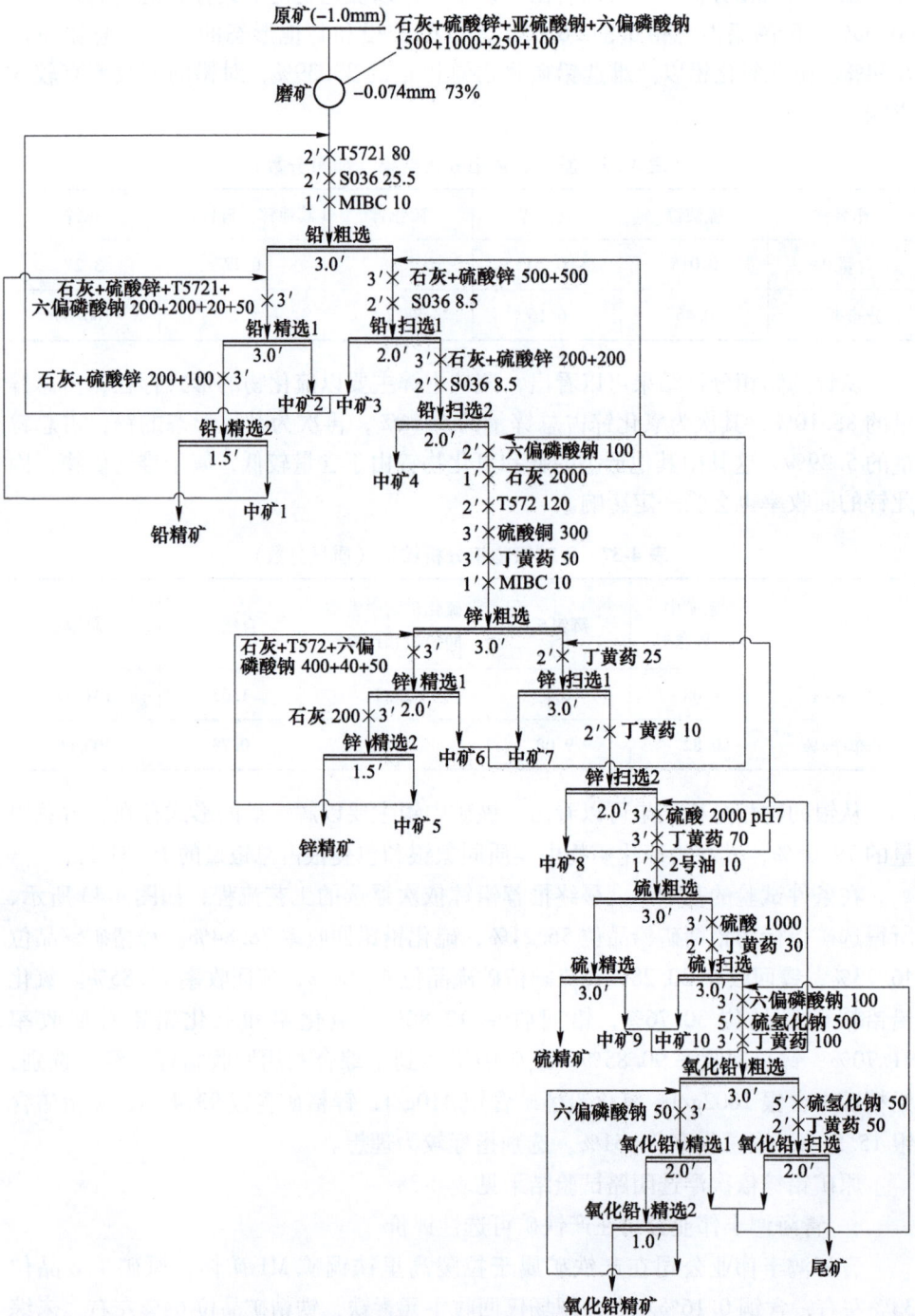

图 4-43　卡尔却卡铅锌矿流程图

表 4-38　原矿铅锌依次浮选闭路试验结果

产品名称	产率/%	品位/%			回收率/%		
		Pb	Zn	Ag/g·t⁻¹	Pb	Zn	Ag
铅精矿	6.68	56.21	4.67	1802	78.84	10.57	87.17
锌精矿	5.07	0.98	46.73	93.4	1.04	80.28	3.43
硫精矿	18.48	0.40	0.23	15.5	1.55	1.44	2.07
氧化铅精矿	1.99	30.76	1.22	410	12.86	0.82	5.91
尾矿	67.79	0.40	0.30	2.88	5.70	6.89	1.41
原矿	100.00	4.76	2.95	138	100.00	100.00	100.00

表 4-39　原矿成分全分析结果（质量分数）

成分	TFe	Cu	SiO_2	Al_2O_3	K_2O
含量/%	32.80	0.16	30.10	2.60	0.57
成分	Na_2O	CaO	MgO	Pb	Zn
含量/%	0.007	9.55	4.52	0.013	0.053

原矿中主要有用元素为铁，TFe 品位为 32.80%，伴生有铜，铜含量为 0.16%，其他有用、有害元素含量较少。

表 4-40　青海鸿丰伟业在产样品矿物组成（质量分数）

矿物	磁铁矿	黄铜矿	黄铁矿	磁黄铁矿	辉铜矿	闪锌矿	阳起石
含量/%	32.73	0.38	0.08	0.04	0.02	0.04	20.80
矿物	黑云母	石英	角闪石	石榴子石	透辉石	绿泥石	萤石
含量/%	2.29	4.18	6.84	25.48	0.57	0.57	0.74
矿物	斜长石	方解石	钾长石	白云母	钠长石	铁白云石	高岭石
含量/%	0.44	0.94	0.46	0.21	0.46	0.19	0.23

原矿中主要的有用矿物为磁铁矿和黄铜矿，磁铁矿矿物含量为 32.73%，黄铜矿矿物含量为 0.38%。黄铁矿和磁黄铁矿含量较少。脉石矿物以阳起石、石榴子石和黑云母等矿物为主。

矿石中磁铁矿粒度较粗，多呈它形粒状晶形，团块状分布，或者呈浸染状分布，与其他矿物平直接触。矿石中黄铜矿粒度较粗，多呈不规则状晶形，浸染状分布或团窝状分布，与其他矿物多呈港湾状接触。样品中极少量黄铜矿蚀变为辉铜矿，辉铜矿多沿黄铜矿颗粒边缘交代黄铜矿，可以和黄铜矿一起回收。

可选性评价采用先磁后浮原则工艺，弱磁粗选—磁筛精选选铁，磁选尾矿再经过"一粗二精二扫"浮选选铜，流程如图 4-44 所示，闭路试验结果见表 4-41，最终得到铜品位为 13.59%、回收率为 72.02% 的铜精矿和铁品位为 66.84%、铁回收率为 71.98% 的铁精矿。与常规工艺相比（现场工艺），铁精矿品位提高 2~3 个百分点，并能经济综合回收铜。

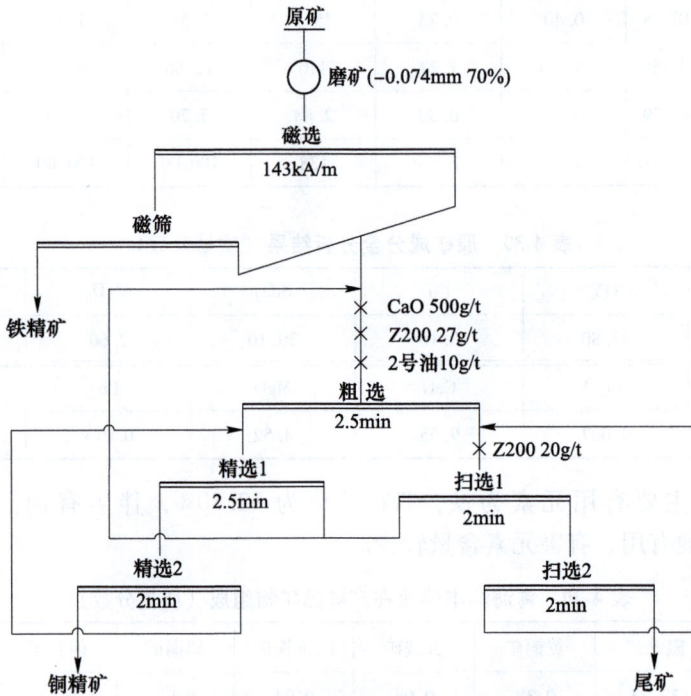

图 4-44 鸿丰伟业铁矿闭路试验流程图

表 4-41 拉陵高里铁铜铁矿可选性评价试验结果

产品名称	产率/%	品位/%		回收率/%	
		Cu	TFe	Cu	TFe
铁精矿	35.34	0.039	66.84	8.69	72.01
铜精矿	0.84	13.59	14.21	71.98	27.99
尾矿	63.82	0.048		19.33	
原矿	100.00	0.159	32.80	100.00	100.00

d 它温查汉西铁铜矿可选性评价

原矿化学成分分析结果见表 4-42。

表 4-42 原矿化学成分分析结果

元素	Cu	TFe	MFe	Zn	S	As	Na₂O	K₂O
含量/%	0.46	37.35	31.20	0.38	5.12	0.25	0.05	0.30
元素	P	Pb	CaO	MgO	SiO₂	Al₂O₃	Au①	Ag①
含量/%	0.038	0.06	3.78	12.12	14.76	2.04	0.12	<5.0

①Au、Ag 单位为 g/t。

该多金属铁矿含铜 0.46%，含铁 31.20%。此外，矿石中还含有硫 5.12%，砷 0.25%，MgO 12.12%，较高的砷、硫及 MgO 含量对铁精矿、铜精矿产品质量造成一定的不利影响。

原矿铜物相分析结果见表 4-43。

表 4-43 原矿铜物相分析结果

相名称	硫酸铜	自由氧化铜	结合氧化铜	原生硫化铜	次生硫化铜	总铜
含量/%	0.0014	0.012	0.045	0.29	0.037	0.39
分布率/%	0.36	3.11	11.68	75.25	9.60	100.0

注：结合氧化铜指包裹在脉石中微细粒的硫化铜矿物。

从铜的物相分析结果可以看出，该矿中铜主要以原生硫化铜的形式存在，占总铜量的 75.25%，次生硫化铜占总铜量的 9.60%，其次结合氧化铜所占比例较大，占总铜量的 11.68%，还有少量的硫酸铜，占总铜量的 0.36%。

这其中结合氧化铜、自由氧化铜以及硫酸铜，选矿较难回收，因此铜的回收率会受一定影响。

铁物相结果见表 4-44。

表 4-44 铁物相结果

相名称	磁性铁	菱铁矿	赤褐铁矿	硫化铁	硅酸铁	总铁
含量/%	31.20	0.75	2.12	0.90	0.89	35.86
分布率/%	87.01	2.09	5.91	2.51	2.48	100.0

注：磁性铁包括磁铁矿、磁黄铁矿。

从铁的物相分析结果可以看出，矿石中的铁主要以磁铁矿的形式存在，占总铁量的 87.01%，属磁铁矿石。其次为赤褐铁矿中的铁，占总铁量的 5.91%，还有少量的硫化铁、菱铁矿和硅酸铁，这其中硫化铁为铁精矿杂质，需予以脱除，硅酸铁则为选矿不可回收的铁。

矿石可选性评价过程中根据以上混合浮选、铜硫分离以及尾矿选铁试验研究，最终推荐原则流程为铜硫混浮-分离选铜、混浮尾矿磁选选铁-反浮脱硫，原则工艺流程如图 4-45 所示，试验结果见表 4-45。

药剂用量：g/t

原矿

磨矿(−0.044mm含量90%)

CMC+水玻璃 300+1000
丁黄+C−7810 40+75
MIBC 26

铜硫混合粗选
3min

CMC+水玻璃 100+300

丁黄+C−7810 20+38

混合精选1
2min

扫选1
2.5min

丁黄+C−7810 10+19

CMC+水玻璃 75+250

混合精选2
2min

CMC+水玻璃 100+200
丁黄+C−7810 10+20

扫选2
2.5min

丁黄+C−7810 10+19

扫选3
3min

10min   Na$_2$S 600

磁选
96kA/m

ZnSO$_4$+CaO 20+300
C−7810 7

磁筛

铜硫分离粗选
3min

H$_2$SO$_4$ 2500
CuSO$_4$ 150
丁黄 30
MIBC 25

ZnSO$_4$+CaO 10+150

C−7810 4

精选1
3.5min

扫选1
2min

浮选

尾矿

ZnSO$_4$+CaO 5+75

精选2
3min

C−7810 2

扫选2
1.5min

铁精矿

铜精矿

C−7810 1

扫选3
1.5min

硫精矿

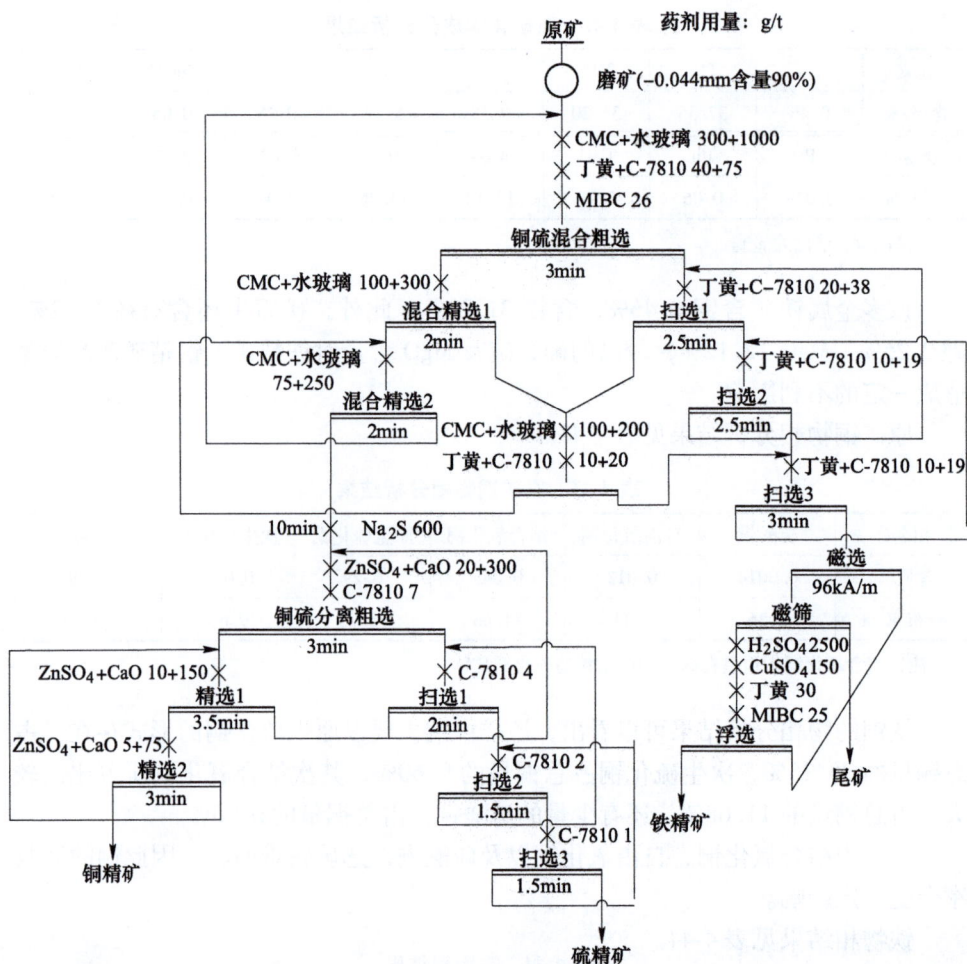

图 4-45 它温查汉西铁铜矿推荐工艺流程图

表 4-45 它温查汉西铁铜矿推荐工艺试验结果

产品名称	产率/%	品位/%			回收率/%		
		Cu	S	TFe	Cu	S	TFe
铜精矿	2.04	16.39	25.13	26.19	72.69	10.01	1.43
硫精矿	8.99	0.41	31.70	43.74	8.01	55.66	10.53
铁精矿	42.02	0.034	0.78	64.28	3.11	6.40	72.32
尾矿	46.95	0.16	3.13	10.64	16.19	27.93	15.72
原矿	100.00	0.46	5.12	37.35	100.00	100.00	100.00

最终推荐工艺选别指标：铜精矿的铜品位为 16.39%，铜回收率为 72.69%；

硫精矿的硫品位为 31.70%，硫回收率为 55.66%；铁精矿的铁品位 64.28%，铁回收率为 72.32%，硫品位为 0.78%。

值得一提的是，针对原矿中泥质矿物含量大的特点，铜硫混浮流程中采用"扫精选"工艺，"扫精选"工艺与常规顺序返回工艺浮选闭路相比，精选 1 中矿和扫选 1 精矿的总产率为 14.68%，降低了 10.6 个百分点，不仅解决了细泥量大的问题，同时减少了捕收剂的用量，降低了选矿成本，混合精矿铜的回收率也提高了 1.99 个百分点。"扫精选"浮选工艺具有流程短、易操控、成本低、产品指标高的优点。

C　虎头崖多金属矿可选性评价

从表 4-46 分析结果可知，原矿的有用元素铅、锌、银含量较高，而铜的品位相对较低，其他伴生金属元素含量很低，均未达到利用品位。矿石中的造岩元素主要是由 CaO、SiO_2 等构成，由烧失量可知，矿石中碳酸盐矿物含量较高。

表 4-46　虎头崖混合样化学多元素分析结果（质量分数）

组分	Cu	Pb	Zn	Ag[①]	S	Ni	As	Mo
含量/%	0.10	3.91	3.59	51.6	3.08	<0.005	0.14	<0.005
组分	Co	Mn	P	Sb	V	K_2O	Na_2O	CaO
含量/%	<0.005	0.38	0.021	0.006	<0.005	0.14	0.35	33.37
组分	MgO	SiO_2	Al_2O_3	Fe_2O_3	TiO_2	Au[①]	烧失量	
含量/%	2.52	10.39	3.08	3.56	0.13	0.024	16.65	

① Ag、Au 单位为 g/t。

为了研究矿石中铅、锌的赋存特征，本次研究分析了铅、锌的物相，分析结果见表 4-47 和表 4-48。

表 4-47　虎头崖混合样 2 号铅物相分析结果（质量分数）

相名称	方铅矿中的铅	白铅矿中的铅	铅矾中的铅	总铅
含量/%	2.95	0.24	0.00786	3.64
占全铅/%	81.04	6.59	0.02	100.00

表 4-48　虎头崖混合样 2 号锌物相分析结果（质量分数）

相名称	闪锌矿中的锌	碳酸盐矿中的锌	硅酸盐矿中的锌	硫酸锌中的锌	总锌
含量/%	3.15	0.16	0.036	0.0072	3.50
占全锌/%	90.00	4.57	1.03	0.21	100.00

虎头崖样品中铅、锌矿物以硫化矿为主，氧化矿物含量较低，矿物可浮性较好。

可选性评价通过不同流程试验数据对比，最终推荐优先浮选工艺流程，优先浮选铜铅，铜铅尾矿活化后再选锌，原则工艺流程如图 4-46 所示，试验结果见表 4-49。

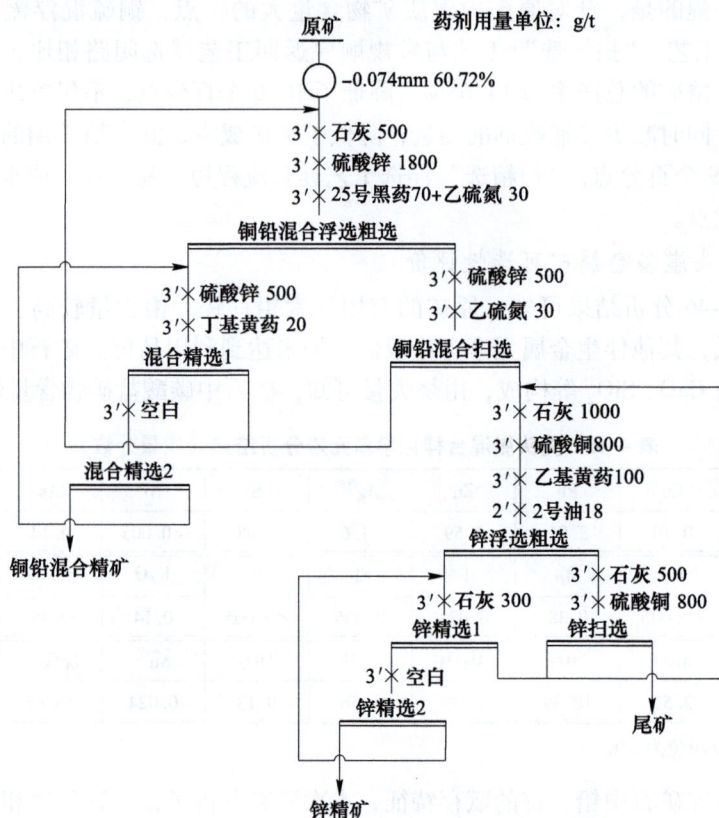

图 4-46　虎头崖多金属矿推荐工艺流程图

表 4-49　虎头崖多金属矿推荐工艺流程指标

产品名称	产率/%	品位/%				回收率/%			
		Cu	Pb	Zn	Ag/g·t^{-1}	Cu	Pb	Zn	Ag
铜铅混合精矿	6.46	1.16	58.45	7.38	624.19	61.79	92.64	12.62	82.11
锌精矿	5.61	0.12	0.80	56.20	23.09	5.55	1.10	83.43	2.64
尾矿	87.94	0.045	0.29	0.17	8.51	32.66	6.26	3.95	15.25
给矿	100.00	0.12	4.07	3.78	49.07	100.00	100.00	100.00	100.00

闭路试验获得了比较理想的选矿技术指标，该矿铅锌银可浮性好，因原矿含铜 0.12%，其可选较低，铜铅混合精矿中铜品位较低，无须进一步分离。

4.3.4 技术经济指标确定

4.3.4.1 采选指标确定

在结合本次开采条件调查评价、矿石加工选冶条件调查评价研究基础上，采用同类型矿山调研类比、选冶试验、三率调查、专家修正等方法确定矿产资源基地整体的开采回采率、选矿回收率等采选指标。

A 三率调研

调查祁漫塔格地区及周边在产铁、铅、锌、铜等矿山的三率指标情况，确定该区大致生产技术水平，见表4-50~表4-53：铁矿开采回采率在80%~92%之间，选矿回收率在81%~93%之间；铅锌矿的开采回采率在83%~89%之间，选矿回收率在80%~91%之间；铜矿的开采回采率在75%~80%之间，选矿回收率在80%~85%之间；金矿的开采回采率在83%~91%之间，选矿回收率在78%~88%之间。三率调研数据的矿山铁矿的矿床类型主要为矽卡岩型矿床，矿石类型主要为磁铁矿；铅锌矿床类型主要为矽卡岩型和斑岩型，矿石类型主要为硫化矿；铜矿石类型主要为硫化矿，且主要为共伴生矿产，矽卡岩型铜矿。结合本书4.3.1~4.3.3节，祁漫塔格金属矿集区主要矿种的矿石性质、矿床类型整体上与本次调研的在产矿山基本一致，体现出调研数据具有一定代表性。

表 4-50 青海省祁漫塔格及周边在产铁矿山采选指标

矿 山 名 称	实际开采回采率/%	选矿回收率/%
青海西旺矿业开发有限公司都兰县白石崖铁矿区外围铁矿	90	83
青海新开元工贸有限公司都兰柯赛铁矿	85	81
青海铭鑫格尔木矿业有限责任公司全红山铁矿	85	81
青海省都兰县占卜扎勒Ⅰ号磁异常区铁矿	80	93.3
跃进山铁矿	80	91
青海西旺矿业开发有限公司都兰海寺铁矿	87	82
青海昆龙伟业实业投资有限公司格尔木市拉陵灶火铁矿	82	87
青海西旺矿业开发有限公司都兰县白石崖东矿区 M4-M7 部分异常铁矿	92	82
青海西旺矿业开发有限公司小卧龙铁矿	90	85
青海都兰灵德矿业有限公司达洪山含铜磁铁矿	80	82
都兰县多金属矿业有限责任公司白石崖东区铁多金属矿	83	81
都兰宏源实业有限公司西台铁矿	85	82
都兰宏源实业有限公司大海滩铁矿	82	80
平均	84.69	83.87

注：数据来源为中国地质调查局三率调查数据库。

表 4-51　青海省祁漫塔格及周边在铅锌矿山采选指标

矿 山 名 称	主矿种选矿回收率/%	开采回采率/%
莫和贝雷台铅锌矿	89	90
海寺骆峰铅锌矿	87	85
都兰县创盛矿业有限责任公司直沟铅锌矿	85	80
都兰县源源矿业有限责任公司沙柳河老矿沟铅锌矿	83	91
平均	86	86.5

注：数据来源为中国地质调查局三率调查数据库。

表 4-52　青海省祁漫塔格及周边在铜矿山采选指标

矿 山 名 称	实际开采回采率/%	主矿种选矿回收率/%
都兰县顺驰矿业有限责任公司东山根铜矿	75.00	85.00
格尔木胜华矿业有限责任公司索拉吉尔铜矿	80.00	80.00
平均	77.5	82.5

注：数据来源为中国地质调查局三率调查数据库。

表 4-53　青海省祁漫塔格及周边在金矿山采选指标

矿 山 名 称	主矿种选矿回收率/%	开采回采率/%
都兰县金龙有限公司开荒北金矿	80	83.33
青海省第六地质矿产勘查院都兰县五龙沟矿区红旗沟—深水潭金矿	78	90
德令哈市恒源矿业有限公司都兰打柴沟金矿	88	88
青海山金矿业有限公司都兰县果洛龙洼金矿	85.3	90
都兰县五龙沟金矿	83.5	91
巴隆金矿	86	90
平均	83	88.72

注：数据来源为中国地质调查局三率调查数据库。

B　数据确定与校正

以矿石选冶加工调查评价结果和三率调查数据为基础，对该区 23 处矿床（矿体）的地质勘查资料进行整理分析，结合最新国土资源部最低三率指标要求，并与矿山设计院专家和综合利用专家进行研讨交流，对采选指标进行确定校正，使采选指标更加符合矿集区的资源特点。

结合该区矿床开采条件、矿石性质等将该区的开采指标总结如下：铁矿开采回采率基本上采用该区三率调研结果，反映了该区铁矿的平均开采水平，选矿回收率根据收集的地质勘查资料未开发的矿山选矿水平基本上在 88%~91% 之间，且该区铁矿类型主要为磁铁矿，因而认为该区选矿回收率取90%基本上大部分矿山可以达到，较为合适。矿集区铅锌矿的开采回采率平均87%，本区开采条件总体较好，水文地质条件简单，工程地质复杂程度为简单—中等型，通过对附近已开发的矽卡岩型铅锌矿调研，其开采条件与未开发的矿床相差不大，故本次也参照其开采数据取87%；选矿回收率参照三率指标，取86%，本区铅锌矿主要为硫化矿，与三率调研矿山性质基本一致，且区内最主要铅锌矿山四角羊—牛苦头铅锌矿选矿试验结果为87%，因此，综合三率调研和选冶试验资料确定铅锌矿的选矿回收率为86%。本区的铜矿床类型主要为矽卡岩型和岩浆熔离型，调研的铜矿主要为矿石品位质量较好的铜矿石，而该区还存在大量低品位共伴生铜矿，故调研的选矿数据不能代表整个地区的平均水平，开采回采率由于该区整体水工环地质条件简单，且夏日哈木铜镍矿为露天开采，为未生产矿山，通过讨论认为该区铜开采回采率取82%符合该区的整体开采水平，选矿回收率由于调研在产矿山均为铜品位相对较高的矿山，鉴于该区铜多为共伴生矿，故铜回收率参照勘查报告回收率取72.83%。镍、钴矿区内主要集中于夏日哈木超大型矿床，矿山的水工环条件简单，且夏日哈木为露天采矿，区内镍开采回采率取90%；选矿回收率直接采用该矿山的选冶试验资料（详查报告），根据相关选冶试验资料（本书第4.3.3节），镍选矿回收率取80.67%。金开采回采率选矿回收率参照该区三率调查水平平均值88.22%和83%，见表4-54。虽然选冶指标不能完全覆盖区内所有矿床的采选指标，与矿床实际生产时可能存在一定误差，但本次确定的选冶指标是结合区内矿床开采条件、矿石性质、大量数据调查、选冶试验工作及专家研讨修正基础得出的，代表区内矿产资源的整体开发利用平均水平，基本上已作为区内矿产资源开发、管理的参考。

表 4-54 青海祁漫塔格矿集区采选指标汇总

矿种	开采回采率/%	主要矿床类型	选矿回收率/%	预计开采成本/元·t⁻¹	水工环地质条件
镍	90	岩浆融离型	80.67	铁矿开采成本（地采）大致为60~80元/t原矿；铜矿为80~105元/t原矿；铅锌大致为125元/t原矿；镍矿（露采）大致为50元/t原矿；金大致为100元/t原矿	水文地质条件简单，工程地质复杂程度为中等型，地质环境质量属良好类，矿山开采技术条件总体较好
铜	82	岩浆融离型、矽卡岩型	72.83		
铅	87	矽卡岩型	86		
锌	87	矽卡岩型	86		
铁	84	矽卡岩型	90		
金	88.22	矽卡岩型	83		
银	80		83		
钴	92		73.43		

4.3.4.2 成本费用确定

根据大量的矿山调研及资料统计数据，成本估算直接影响矿业项目的实际盈利水平，国外针对单矿床在概略研究阶段运营成本估算通常控制在±50%以内是可以接受的，随着项目的推进，工程的细节研究不断深入，所采用成本研究层次也逐步提高。矿产资源基地生产成本分析主要通过在结合基地资源特点和可利用性基础上，运用矿山实际调研、设计专家讨论的方式估算得出，鉴于资源基地的复杂性和不确定性，成本费用估算控制在±50%~100%是可以接受的。

调查了青海祁漫塔格矿集区及周边在产矿山、该区基础产业情况、配套设施建设情况，了解该区的矿山整体生产情况、产品情况、费用构成及生产成本情况等。通过实地调查，祁漫塔格矿集区地处我国西北，整体发展水平相对落后，矿山生产过程中以初级矿产品为主，区内各矿种产品的情况总结为：铁矿主要产品为62%的铁精粉，铁精粉需从矿山运输到格尔木市销售；铅产品主要为60%铅精矿；锌矿产品主要为50%锌精矿；铜矿产品主要为20%铜精矿；金矿主要为3g/t的金精矿；镍以镍精矿计。以确定的区内产品的结构情况，结合各类矿产品的价格，作为估算区内矿业产值、净值、典型矿山概略研究等的指标之一。

结合该区主要的矿产品情况，对祁漫塔格矿集区资源开发时的生产成本构成进行了分解：祁漫塔格矿集区生产成本组成要素主要有总投资+采矿+选矿+管理（含人员）+运输+税费+财务费用+营业费用+其他。其中采选矿费用中包含水电供应等费用，总投资包括建设投资（不包括生产期更新改造投资）、地勘费、尾矿库建设等，其他主要指企业用于矿山及周边生态环境恢复治理、科技投入、矿山周边居民社会投入等。

以青海祁漫塔格矿集区资源特点、外部开发利用条件、开发利用条件等为基础，结合当地在产矿山实际生产情况调研，组织设计院多位有经验的专家分别研究，对矿集区内矿床未来生产时的生产成本进行大致估算。总结分析得出：整体上而言，该区铁矿生产成本为：铁矿采选后一吨铁精矿成本大致为346元/t，但该区铁矿普遍运输距离较远（距离在50~400km之间，平均约300km），运费成本较高，对整个矿集区而言取平均值约100元，故铁矿成本整体为446元/t；铜矿（以精矿中金属计）为22000元/t；铅锌矿（以精矿中金属计）为10000元；镍精矿（以精矿中金属计）为35521元/t，见表4-55。

表4-55 成本及费用构成

项目	单位	铁	铜	铅	锌	镍	钴
单位矿石成本费用	元/t 原矿	180 （伴生50）	232	65	268.25	212.5	162.5
采矿	元/t 原矿	80	105	125	80	50	
选矿（选冶）	元/t 原矿	50	73	87.5	60	127.5	127.5
管理费用	元/t 原矿	30	34	45.75	23	15	15
财务费用、营业费用	元/t 原矿	15	15	15	10	15	15
税费	元/t 原矿	不含	不含	不含	不含	不含	不含
运费	元/t 精矿	100	100	100	100	100	100
其他	元/t 原矿	5	5	5	5	5	5
单位产品成本费用	元/t 精矿	446 （伴生71.77）	22000 （共伴生成本为10000）	5000 （均作为锌伴生矿）	10000	35521	21789

4.4 经济社会效益评价

运用本书第3.3.4节构建的评估模型，对青海祁漫塔格矿集区主要矿种的经济价值（资源基地潜在总值、资源基地潜在矿业产值和资源基地潜在矿业净值等）、废石排放强度、社会效益、典型矿山技术经济可行性等内容进行了初步评价。

4.4.1 经济效益评估

4.4.1.1 指标选取

资源储量（金属量）Q：资源储量选取根据青海省国土资源厅统计年报统计矿集区内铁、铜、铅、锌、镍、钴、银等存在矿山的保有储量。

初级矿产品价格 P：根据调研，调查了区域上整体的矿产品情况，在符合当地实际生产情况的基础上确定了未来开发当地的矿产品。当地铁矿主要产品为62%的铁精粉，故以铁精粉价格计；铅锌分别以60%铅精粉和50%锌精粉计；铜以20%铜精矿计；镍以镍金属价格计。矿产品价格获取为2017年7月从中国有色金属网公开发布价格计（不含税）。

金属价格 P_0：估算祁漫塔格矿集区矿产资源潜在价值时，结合当地产业发展规划，十三五期间，该区将建成千万吨级采选基地、百亿元有色金属冶炼产业集群和百万吨钢铁产能，故 P_0 采用金属价格估算该区的潜在价值。

资源可信度系数 K：在大量调查当地地质勘查报告基础上，参照韩生福等构建的青海地区资源可信度系数体系，对本区各阶段资源量可信度系数进行了确定。祁漫塔格地区工作程度低，区内矿床勘查工作比较活跃，根据勘查报告大部分矿区可以开展进一步工作，故选择普查Ⅱ类地区，镍钴达到详查水平，且夏日哈木镍矿近期准备开发故取 0.7。

开采回采率 η：根据当地三率调研结果和实地矿山调研结果以及国土资源部最低三率指标要求确定，见本书第 4.3 节。

不同阶段可信度系数见表 4-56。

表 4-56 不同阶段可信度系数

阶　段	利用情况	可信度系数
普查阶段	情形Ⅰ	0.5
	情形Ⅱ	0.6
详查阶段	情形Ⅰ	0.6
	情形Ⅱ	0.7
勘探阶段	情形Ⅰ	0.7
	情形Ⅱ	0.8
基建期		0.9

注：情形Ⅰ是指近期不宜进一步工作的矿区或近期难以利用的矿区；情形Ⅱ是除情形Ⅰ以外的矿区，包括开采矿区、基建矿区等。

选矿回收率 δ：根据当地三率调研结果和实地矿山调研结果以及国土资源部最低三率指标要求确定，见本书第 4.3 节。

矿产资源税率 μ：税费主要考虑税种为增值税、资源税、所得税等。

精矿生产成本 S：每吨精矿生产成本。

总投资成本 J：矿山建设投资（含尾矿库建设）及地勘费等，矿集区总投资估算：分别对参与资源储量指标估算的所有矿床（矿产地）的矿山总投资进行估算，再求和得出总投资成本。

γ：税费，包括增值税、资源税等，本次估算整体平均按 30% 计。

n：矿种或矿床。

4.4.1.2 区域经济效益

A 区域各矿种价值

通过对矿产资源基地统计的资源储量估算得出，矿集区资源基地的潜在总值可达 2993 亿元，潜在矿业产值达 1291 亿元，潜在净值达 328.04 亿元，见图 4-47 和表 4-57。加上预测远景资源量，整个祁漫塔格金属矿集区潜在矿业总值可达 6000 亿元以上，青海省国土资源厅报备的矿床（矿产地）进行了初步的经济效益估算，得出整个祁漫塔格地区平均投资收益率为 11.46%。

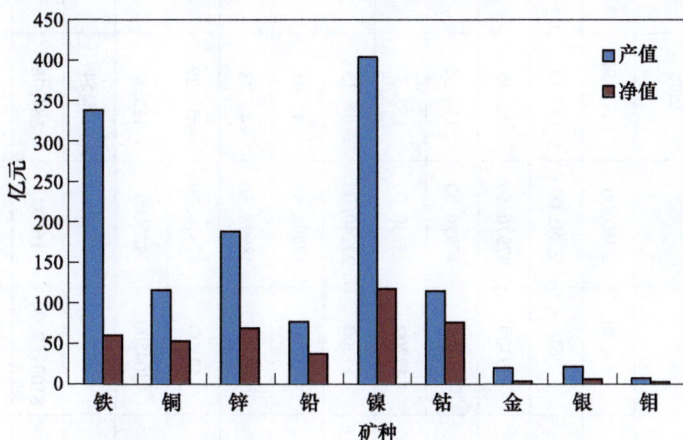

图 4-47 矿集区各矿种开发的潜在净值和潜在产值

从估算结果初步分析可得出，祁漫塔格矿集区铁产值达 338.44 亿元，铜矿价值达到 115.85 亿元，铅锌合计 266.81 亿元，镍矿达到 406.04 亿元，钴达到 114.93 亿元，在各矿种中铁、铅、锌、镍等金属矿业产值最大，表明该区产值较大的优势矿种主要为铁、铅锌、镍等，这些矿种开发产生的经济社会效益及对该地区经济的带动性相对更大。

运用资源基地潜在矿业净值指标及各矿种的资源储量，大致估算了矿集区的资源开发时各矿种每采出 1t 矿石，加工为初级矿场产品，其产生的利润大小，通过估算得出：铁利润为 23.87 元/t 原矿，铜利润为 24.87 元/t 原矿，铅利润为 79.55 元/t 原矿，锌利润为 118.04 元/t 原矿，镍利润为 75.95 元/t 原矿，金利润为 56.31 元/t 原矿，钼利润为 4.40 元/t 原矿。分析可知产生利润较高的矿种有铅、锌、镍等，应加强这些矿种的勘查开发；金矿利润较高主要因为该区金为共伴生矿种且平均品位达到 3.5g/t，在勘查和开发过程中应加强对该区金的综合勘查、综合开发、综合利用，各矿种开发净值和吨原矿利润如图 4-48 所示。

表 4-57　祁漫塔格矿集区资源价值估算

矿种	状态	金属量/kt	矿石量/kt	平均品位	单位产品生产成本（以吨精矿计）/元	价格/元	金属价格/元	潜在价值/亿元	潜在产值/亿元	税后产值/亿元	潜在净值/亿元
铁	铁	84760	221051	35.03%	446	561.00	2750.00	1398.54	308.13	215.69	44.11
	伴生	8340	25378	32.86%	71.77	561	2750.00	137.61	30.32	21.22	14.72
铜	铜	178.75	19430	0.92%	22000	39300	47976.80	51.46	35.96	25.17	11.08
	伴生	397.12	192785	0.21%	10000	39300	47976.80	114.32	79.89	55.92	41.69
锌	锌	1092.70	34197	3.20%	10000	17200	23240.00	152.37	120.53	84.37	35.32
	伴生	619.14	24454	2.53%	5000	17200	23240.00	86.33	68.29	47.81	33.91
铅	铅	368.79	23123	1.59%	5000	15600	18998.50	42.04	36.90	25.83	17.55
	伴生	410.78	23517	1.75%	5000	15600	18998.50	46.83	41.10	28.77	19.55
镍	镍	1065.27	156658	0.68%	30521	52500	87876.50	655.29	406.04	284.23	118.99
钴	钴伴生	40.92	161089	0.03%	21789	404500	425000	115.86	114.93	80.45	76.33
金	金伴生	15.59t	4458	3.50g/t	3500	5500	273.00	25.54	20.17	14.12	2.51
银	银伴生	1404t	75782	18.53g/t	6560	8100 (2.7)	16.00	134.78	21.58	15.10	6.28
钼	钼	25.6			45000 (45%精矿)	1345 (吨度)	215000	33.02	7.84	5.49	1.41
合计								2993.98	1291	904	328

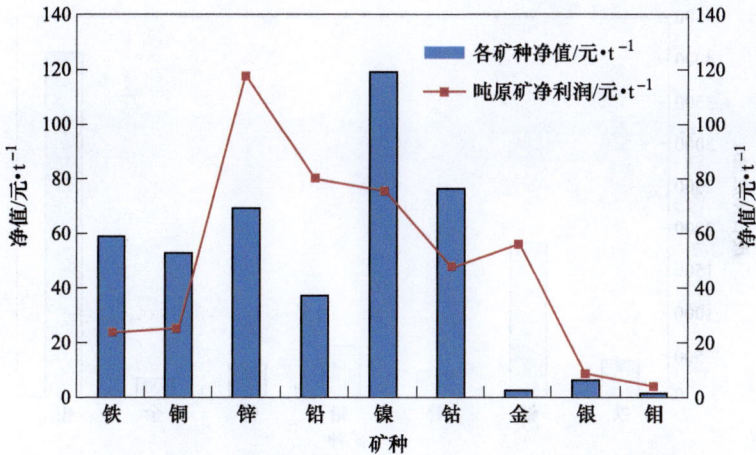

图 4-48　各矿种开发净值和吨原矿（加工为初级产品）利润

B　废石尾矿排放估算

废石与尾矿都具有潜在的环境扰动属性（废石和尾矿处置不当不仅占用土地，而且可能产生有机和无机污染物，并通过土壤、水体、空气和生物链传导），在建设生态友好型社会的进程中，对资源基地资源开发时可能产生尾矿废石情况进行预评价，对资源基地未来资源合理规划、开发利用具有重要参考。运用资源基地潜在产值、资源品位、资源/储量等指标，从矿业产生废石量角度分析矿产资源基地各矿种的废石排放强度。通过估算得出，祁漫塔格金属矿集区各矿种在进行矿业开发活动时，每产生 1 亿元矿业产值，钼、铜产生废石尾矿量最大，分别为 4077kt/亿元和 1826kt/亿元，相应的其对环境扰动及废石尾矿处理成本也相应较大，在进行资源开发时应充分论证评估；铁、锌、镍等矿种单位产值产生废石尾矿量相对较低分别为 453kt/亿元、301kt/亿元和 386kt/亿元，如图 4-49 所示。

综合潜在产值、单位矿石利润、废石矿石强度等分析，该区锌、镍等矿种废石强度小，矿业产值大，吨矿石产生利润较高，应重点勘查开发；铁在该区整体矿业产值较大，废石排放强度第一，但吨矿石利润不高，铁矿开发时应注重开发时成本、经济营利性等评价；金资源应重点综合勘查；铜资源在勘查开发时应注重对环境扰动的评估。

C　主要矿种的可采品位和可供价格

结合单位原矿的生产成本、现下各金属的价格体系、开采回采率、选矿回收率、平均品位、当前资源条件等指标，运用盈亏平衡理论，对矿集区主要矿种的可采品位、可供价格进行了初步分析。从宏观上得出祁漫塔格矿集区各矿种的经济可采品位和矿集区当前条件下的静态可供价格情况，为该区资源的勘查开发决策及规划提供参考。

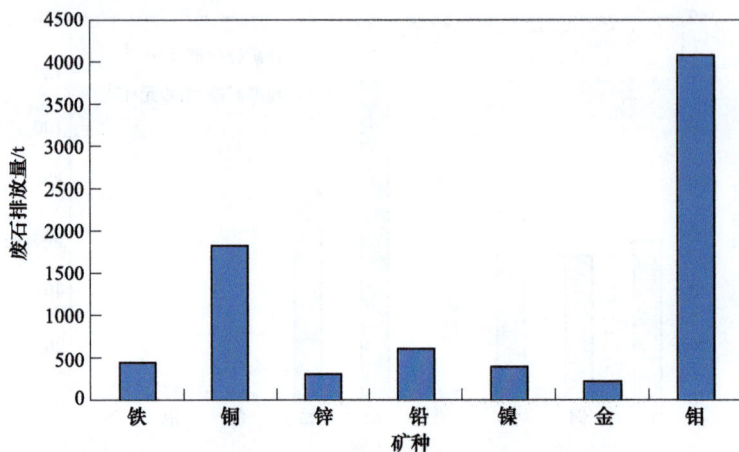

图 4-49　祁漫塔格矿集区各矿种亿元废石量排放对比

矿集区资源的可采品位和可供价格见表 4-58。

表 4-58　矿集区资源的可采品位和可供价格

矿种	状态	平均品位/%	单位原矿成本/元	价格/元	可采品位/%	静态可供价格/精矿·元$^{-1}$
铁	铁	35.03	242	561	34.73	556
	伴生	32.86	71.77	561	13.47	176
铜	铜	0.92	232	39300	0.99	42227
	伴生	0.21	30	39300	0.13	24386
锌	锌	3.20	268.25	17200	2.08	11220
	伴生	2.53	65	17200	0.51	3431
铅	铅	1.59	268.25	15600	2.30	5447
	伴生	1.75	65	15600	0.56	4974
镍	镍	0.68	212.5	52500	0.64	49031
钴	钴伴生	0.03	50	425000	0.02	296437

当矿产资源基地、基地内某个矿床（矿产地）或区块内的矿种的品位大于可采品位时，则表明该矿种在当前技术经济条件下开发是可行的，具备初步开发的基本条件，当资源基地、基地内某个矿床（矿产地）或区块的矿种的品位小于可采品位时，则表明该矿种在目前技术经济条件下开发是不可行的（除非矿产品价格上涨或技术大幅度改进），在规划开发或进行下一步工作时，需要着重论

证。通过估算结果可以得出，在祁漫塔格矿集区铁矿的可供品位为 34.73%，铜矿的可供品位为 0.99%，锌矿的可供品位为 2.08%，铅矿的可供品位为 2.30%，镍矿的可供品位为 0.64%，钴矿的可供品位为 0.02%。根据估算结果，该区资源条件较好的矿种为铁、锌、镍、钴等矿种，整个矿集区内这些矿种的平均品位均大于可采品位，说明在现在价格水平条件下开发仍有利润空间。铜的可采品位大于整个矿集区的铜的平均品位（个别矿床除外），说明区内铜仍未达到开发的条件，仅有部分资源条件好的铜矿可供开发，在开发时需要注意甄别。目前技术经济条件下，该区铁矿整体上平均品位虽然略微超过可采品位，说明铁矿整体上具备开发条件但大部分铁矿利润空间小，生产运营比较困难，与实际调研情况也吻合；对于单个铁矿未达到可供品位的矿床不具备开发条件，但该区多数铁矿床为铁多金属矿，虽然有的铁矿床未达到可采品位 34.73%，但根据等价法将可利用共生矿产的品位换算为铁矿大于可采品位时，则该矿床也具备开发利用条件。

通过静态可供价格的估算可以得出，针对该区资源条件和生产条件，目前铁矿价格（62%铁精粉 561 元/t）基本达到了铁矿的生产底线 556 元/t，如果低于 556 元/t，则该区铁矿资源生产时将不能盈利，区内资源将不能开发；锌矿、铅矿及镍矿等矿产的价格远大于可供价格，说明铅锌镍等矿种开发时存在较高利润空间，因此这些矿种可作为重点开发矿种；青海祁漫塔格矿集区的铜矿的可供价格大于现阶段的铜的价格，说明该区铜矿品位较低、生产成本较高，在目前铜矿价格体系下，除资源条件好的铜矿床外，大部分铜矿应考虑暂不开发或作为共伴生矿种开发。

D 各矿床的静态指标概算

结合 2014 年青海省国土厅登记的该区的主要矿床（矿产地）的资源/储量报表，根据各矿床（矿产地）的开发条件，通过对设计院十几位专家的咨询、研讨，运用构建的评价模型对区内矿床（矿产地）的开发的静态指标进行了估算，评价各矿床（矿产地）的开发利用可行性，同时验证对矿产资源基地整体经济评价的合理性。通过表 4-59 分析对比可以得出，祁漫塔格矿集区 2014 年登记的矿床（矿产地）利润总额之和约为 333 亿元，与前文从整体上通过估算模型求得的矿业净 328 亿元基本一致，也从侧面验证了评价模型的可行性和实用性。从各矿床（矿产地）初步估算结果分析，利润总额及投资利润率较高的矿山有牛苦头地区、格尔木市拉陵高里河下游多金属矿、野马泉地区铁多金属矿、哈西亚图 C11 磁异常铁多金属矿、景忍山可特勒高勒铅锌矿、迎庆沟锌铜铅多金属矿、夏日哈木矿床、虎头崖多金属矿床等，这些矿床的利润总额均大于 5 亿元，投资利润率均大于矿集区的平均水平，应该在下一步的工作中进一步分析研究其开发利用可行性。这些矿床的特点是大部分为含铅锌的多金属矿床，矿石的平均品位高，可见决定该区矿山开发可行性的决定性因素之一是矿石的品质。部分矿床（矿产地）静态指标为负或者规模太小，在规划开发利用时应当注意分析。

表4-59 各矿床的开发的各项静态指标估算

矿区名称	矿种	品位	资源储量/kt（可信度系数调整后）	矿床生产规模/万吨	预计生产年限	基建投资/亿元	利润总额/亿元	投资利润率/%
格尔木市祥力铁矿	铁	38.06%	7413.7	30	25	2.2	1.28	2.33
	铜	0.76%	279.3					
格尔木市野马泉 M4、M5 异常区铁锌多金属矿	铁	39.32%	6144.6	30	20	3	3.67	6.12
	锌	2.73%	1316					
格尔木市浪林格铁矿区 V 矿群	铁	46.09%	15352.4	50	30	4.5	6.32	4.68
格尔木市浪林格铁矿区西段	铁	32.90%	8565.9	30	29	2.2	−0.19	
格尔木市肯德可克铁矿区	铁	29.19%	39990.3	50	80	6.5	14.58	2.8
	钴	0.10%	311.5					
	铅	0.97%	4184.6					
	锌	1.56%	6457.5					
	锡	0.51%	583.8					
格尔木市那陵郭勒河东铁矿	铁	36.38%	1886.5	10	19	0.5	0.18	1.86
格尔木市拉陵高里河下游多金属矿	铁	39.43%	4703.3	20	24	1.5	12.99	36.09
	铜	0.78%	515.9					
	锌	2.39%	184.8					
格尔木市乌兰拜兴铁多金属矿	铁	36.24%	3099.6	20	15	1.5	0.65	2.91
	铜	0.46%	680.4					
	铅	0.52%	43.4					
	锌	1.16%	672.7					

续表 4-59

矿区名称	矿种	品位	资源储量/kt（可信度系数调整后）	矿床生产规模/万吨	预计生产年限	基建投资/亿元	利润总额/亿元	投资利润率/%
格尔木市它温查汉多金属矿	铁	34.28%	31927	100	32	6	5.72	2.98
	铜	1.20%	969.5					
	铅	4.12%	23.1					
	锌	3.97%	58.1					
	铋	0.07%	1071					
格尔木市牛苦头地区 M4 磁异常带区铁多金属矿	铁	33.31%	7447.3	30	25	3.8	27.33	28.77
	铜	0.41%	6319.6					
	铅	2.20%	3860.5					
	锌	3.19%	4926.6					
	钨	0.08%	3305.4					
	银（伴生）	9.62g/t	7970.2					
	镉	0.02%	2392.6					
格尔木市牛苦头矿区多金属矿	铁	33.44%	3568.6	50	24	4	27.28	28.42
	铜（伴生）	0.48%	12132.4					
		0.12%	10027.5					
	铅（伴生）	1.66%	8714.3					
	锌	2%	10731.7					
	金（伴生）	0.26	11403					
	银（伴生）	9.27g/t	27358.1					
	硫铁	15.70%	0					
	硫铁（伴生）	4.63%	9116.8					

续表 4-59

矿区名称	矿种	品位	资源储量/kt（可信度系数调整后）	矿床生产规模/万吨	预计生产年限	基建投资/亿元	利润总额/亿元	投资利润率/%
格尔木市拉陵灶火铁矿	铁	37.54%	6132	50	15	2.5	6.62	17.65
格尔木市乌腊磘地区铁铜矿	铁	30.40%	929.6	10	9	0.5	-0.36	
格尔木市哈西亚图 C11 磁异常常铁多金属矿	铁	36.77%	25902.8					
	铜	0.47%	965.3	50	50	4	18.96	9.48
	铅	1.64%	119					
	锌	1.74%	2888.2					
	金（岩金）	4.1	1634.5					
格尔木市汆林哈铁矿	铁	26.96%	2206.4	10	22	0.6	-0.55	
格尔木市野马泉地区铁多金属矿	铁	35.73%	4485.6	30	22	2.8	14.96	24.28
	铜	0.52%	1736.7					
	铅	0.77%	3704.4					
	锌	1.96%	6679.4					
格尔木市别里兼北铁矿	铁	35.77%	1358	10	14	0.6	-0.14	
格尔木市卡尔却卡铜多金属矿	铁	33.30%	3112.9	30	10	2	4.78	23.90
	铜	1.34%	2104.2					
	锌	3.14%	327.6					
格尔木市扎日玛日那西铁矿	铁	56.96%	30.8	10	10	0.6	9.65	160.77
格尔木市那陵鄂勒河西铁多金属矿	铁	36.52%	1047.9					
	铜	1.75%	930.3					
	锌	7.80%	749					

续表 4-59

矿区名称	矿种	品位	资源储量/kt（可信度系数调整后）	矿床生产规模/万吨	预计生产年限	基建投资/亿元	利润总额/亿元	投资利润率/%
格尔木市全红山铁矿	铁	41.13%	177.8					
茫崖行委五一河铁铜锡矿	铁	28.77%	2579.5					
	铜	0.78%	6340.6	30	20	2.5	2.63	5.27
	锌	3.72%	855.4					
茫崖行委景忍山可特勒高勒铅锌矿	铜	2.07%	1217.3					
	铅	0.49%	306.6	10	10	1	5.25	52.45
	锌	1.71%	1691.2					
	铁	28.07%	8.4					
	铜（伴生）	0.97%	2128					
茫崖行委迎庆沟铜铅多金属矿	铜	0.09%	326.2					
	铅	1.86%	1240.4	10	20	1	12.29	61.44
	锌	4.96%	1573.6					
	钼	0.08%	44.8					
	银（伴生）	60.32g/t	2798.6					
茫崖行委乌兰乌珠尔铜锡矿	铜	0.53%	3260.6	20	15	2		
	锡	0.22%	117.6					
茫崖镇鸭子沟地区铜多金属矿	铜	0.84%	298.2					
	铅	2.37%	140	5	7	0.8	4.51	80.61
	锌	12.08%	349.3					
格尔木市牛苦头矿区 M1 磁异常区铁多金属矿	钴	0.01%	1764.7					
	铜	0.33%	2006.9	30	20	2.5	15.51	31.01
	铜（伴生）	0.13%	6295.1					

续表 4-59

矿区名称	矿种	品位	资源储量/kt（可信度系数调整后）	矿床生产规模/万吨	预计生产年限	基建投资/亿元	利润总额/亿元	投资利润率/%
格尔木市牛苦头区 M1 磁异常区铁多金属矿	铅	1.43%	6091.4	30	20	2.5	15.51	31.01
	锌	3.19%	6091.4					
	银（伴生）	13.76g/t	10432.8					
	镉	0.03%	5966.8					
	硫铁	23.82%	0					
	硫铁（伴生）	4.65%	734.3					
格尔木市索拉吉尔铜矿	铜	1.49%	335.3					
格尔木市玛沁大湾铅锌矿	铜	0.81%	343					
格尔木市夏日哈木 HS26 号异常区铜镍矿	镍	0.68%	109660.6	400	28	35	255.36	20.23
	铜	0.17%	91886.2					
	钴	0.03%	108451.7					
茫崖行委五一河铁铜锡矿（伴生矿产）	铜	0.58%	604.8					
茫崖镇虎头崖多金属矿	铜	0.23%	3852.8	20	10	1.5	14.15	94.35
	锌	3.99%	4442.9					
	银（非伴生）	75.33g/t	4487.7					
格尔木市夏努沟西支沟多金属矿区	铅	3.59%	95.2					
	锌	6.79%	67.2					
格尔木市驼路沟钴矿区	钴	0.07%	2234.4	10	22	0.8		
格尔木东大滩金锑矿	锑	5.96%	35.7					
	金（岩金）	5.3g/t	35.7					
合　计						95.4	332.72	

4.4.1.3 模型准确性验证

为保证本书构建评估模型的准确性，本书邀请中国地质大学（武汉）矿产经济领域教授李世祥团队采取了不同的评估途径对矿集区的整体经济价值进行评估，具体评估方法及步骤如下。

A 评估方法及过程

对矿业产值模型的验证，采用经济学模型 $Vr = R \times S \times D \times P \times G$（其中，$R$ 是不同勘查阶段矿产资源储量；S 是不同勘查开发阶段经济价值系数；D 是不同开采难度经济价值；P 参照价格；G 是品位调整系数）的计算方法。

其中，不同勘查阶段的矿产资源储量主要来源于《青海省 2014 年矿产资源储量简表二（按十六类）修改版》。

B 不同勘查开发阶段经济价值系数（S）

祁漫塔格金属矿集区的勘查开发阶段主要包括普查阶段、详查阶段、勘探阶段，见表 4-60。对于不同勘查开发阶段经济价值系数，首先对王翔宇、连明杰、朱德生（2010）对资源潜在价值计算中的经济系数进行了分析，同时根据祁漫塔格地区的具体利用情况，结合专家意见，对其进行了修订，其一般普查阶段、详查阶段、勘探阶段、基建期和基本建成分别为 0.6、0.7、0.8、0.9 和 1。在这五个阶段如果利用情况为开采矿区则经济价值系数为 0.9。

表 4-60　不同勘查开发阶段经济价值系数

勘查阶段	文献中给出的经济价值系数	根据该矿集区实际专家评定给出的经济价值系数
普查阶段	0.3	0.6
详查阶段	0.6	0.7
勘探阶段	0.8	0.8
基建期	0.9	0.9
基本建成	1	1

C 不同开采难度经济价值（D）

影响矿床开采的难易程度的因素有很多。杨昌明（1992）在《区域矿产资源经济综合评价理论探讨》中提到矿产资源开发利用的影响因素主要包括交通运输条件、开采技术条件和选冶加工性能等因素。李莉（2008）在《固体矿产合理勘查开发与矿山可持续发展》一文中指出，地质条件指标是影响开采难度的一项重要指标，在对固体矿产资源勘查开发的评价过程中，首先应当考虑的技术经济评价指标体系。其中包括资源禀赋条件、地区配套设施、开采选冶技术条件。综合现有的文献，矿床开采难易程度可以从自然环境、资源禀赋条件和基础设施建设条件加以考量。其中，影响资源禀赋条件的指标包括矿体形态、产状变化、矿体厚度、埋藏深度等。影响自然环境的因素包括地理位置、可采程度、地形地貌、气候等。影响基础设施建设条件的因素包括交通运输、邮电通信、电力供应等。由于该体系包含了多重因素，既有定量的也有定性的，无法进行准确的量化分析，因此采用层次分析法构建指标体系，如图 4-50 所示。

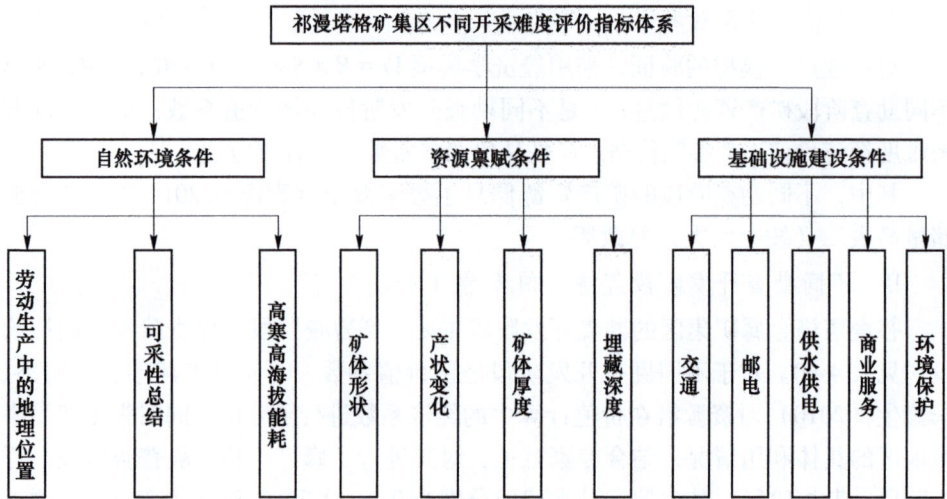

图 4-50　祁漫塔格矿集区不同开采难度评价指标体系示意图

根据层次分析法的步骤，构建指标体系后，以准则层为基准，对指标层下的指标相对重要性构建两两比较矩阵。本书选取的是层次分析法常用的 1~9 标度法，见表 4-61。

表 4-61　相对重要性标度

标度 a_{ij}	定　义
1	i 因素与 j 因素同等重要
3	i 因素与 j 因素略重要
5	i 因素与 j 因素较重要
7	i 因素与 j 因素非常重要
9	i 因素与 j 因素绝对重要
2，4，6，8	上述相邻判断的中间值
倒数	若因素 j 与 i 重要性比为 a_{ij}，则 $a_{ji}=1/a_{ij}$

对于相对重要性的赋值主要是依据各专家的经验判断进行赋值。因此，为确保数据的真实有效性，咨询了长沙矿山研究院、中冶长天有限公司等 9 位知名设计专家，通过他们对判断矩阵进行评分，再对照不同的矩阵表进行加权平均，最终得到的总权重见表 4-62。

表 4-62   祁漫塔格金属矿集区不同开采难度指标总权重

影响因素		自然环境条件（B1）0.258	资源禀赋条件（B2）0.637	基础设施条件（B3）0.105	C 总权重
层次 C					
劳动生产中的地理位置	C1	0.196			0.051
可采性总结	C2	0.493			0.127
高寒高海拔能耗	C3	0.311			0.080
矿体形态	C4		0.276		0.176
产状变化	C5		0.391		0.249
矿体厚度	C6		0.195		0.124
埋藏深度	C7		0.138		0.088
交通	C8			0.223	0.023
邮电	C9			0.128	0.013
供矿产资源供电	C10			0.256	0.027
商业服务	C11			0.169	0.018
环境保护	C12			0.223	0.023

根据不同开采难度的影响因素的权重，以及不同评估人员对各准则层指标的评判值，根据相应的计算公式，利用算数平均法，以平均值作为矿床开采难度的最终评判值，通过统一折算单位后，即可作为矿产资源不同开采难度的经济价值系数。其计算公式为：

$$D = \frac{1}{N} \times \sum_{i=1}^{N} \left(\frac{w_1}{m_1} \times \sum_{j=1}^{m_1} p_{1ij} + \frac{w_2}{m_2} \times \sum_{j=1}^{m_2} p_{2ij} + \frac{w_3}{m_3} \times \sum_{j=1}^{m_3} p_{3ij} \right)$$

式中，D 为矿产资源不同开采难度经济价值系数；N 为参与评估专业人员和评估人员数量；w_1 为自然环境条件权重；w_2 为资源赋存条件权重；w_3 为基础设施条件权重；m_1 为自然环境条件评估项数；m_2 为资源赋存条件评估项数；m_3 为基础设施建设条件评估项数；p_{1ij} 是第 i 名评估人员对第 j 项自然环境条件的评判值；p_{2ij} 是第 i 名评估人员对第 j 项资源赋存条件的评判值；p_{3ij} 是第 i 名评估人员对第 j 项基础设施建设条件的评判值。根据长沙矿山研究院与中冶长天集团有限公司的 9 位专家给出的评判值计算得出，在本文选取的影响开采难度的指标下，得出的不同开采难度的经济价值系数为 0.68。

D 参照价格（P）

参照价格选取的是 2015 年 9 月至 2017 年 9 月两年的平均价格。根据经济周期理论，目标市场的经济发展速度和持续时间的长短对价格会产生不同程度的影响，如图 4-51 所示。

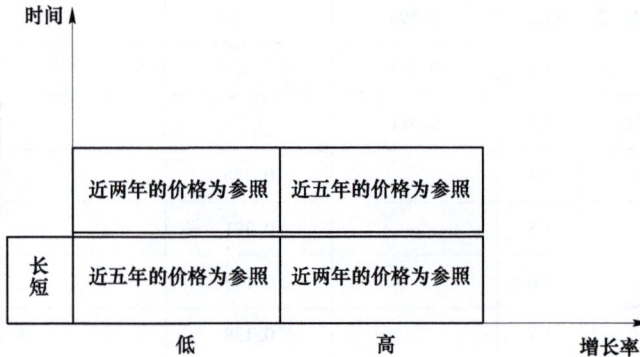

图 4-51 矿业增长率、时间与价格的关系

因此，依照经济周期理论，依托目标市场矿业经济发展速度和持续时间的长短，选取的是近两年的价格作为参考。其中铁、铜、铅、锌、镍和钴价格主要来源于《中国有色金属网》的报价，金和银的报价主要来源于中国—东盟矿产资源网。此外，这里的矿产品价格采用的是中等质量的未加工原矿的原产地的价格，该价格既不包含税费也不含相关外运费。根据调研结果显示，青海祁漫塔格的铁矿山生产的主要是 62% 的铁精粉，品位为 20% 的铜精粉，50% 品位的锌精粉，60% 的铅精粉，镍主要是按 7500 元的含税价进行计算，其中扣除 30% 左右的税后的价约为 52500 元，钴约为 42500 元，银的价格主要是以银精矿石计算。具体价格见表 4-63。

表 4-63 不同原矿石的原产地价格表

采取当地调研的主要产品计		初级矿产品（不含税）	金属价格
铁	62%铁精粉	561	
铜	20%铜精粉	39300	47976.8
铅	60%铅精粉	15600	18998.5
锌	50%锌精粉	17200	17200

采取当地调研的主要产品计		初级矿产品（不含税）	金属价格
镍	主要产品为镍金属按照 75000 元镍价计（含税）扣除 30 元左右税后价格	52500	87876.5
银（计价以银精矿石计，中国东盟矿产资源网）	3000g/t	2.7	4045000
钴	金属（≥8%）	425000	425000
金	3g/t	94	275000000

注：20%的铜精粉价格为 39300 元，指的是 20%铜精粉中含有 1t 铜的价格。其他矿种类似。

E 品位调整系数（G）

品位调整系数是单位矿产储量与单位矿产品之间的品质换算系数。它取决于矿产品的单位储量与选用的矿产品价格的矿产品品位之间的关系，其换算公式是：品位调整系数=矿产储量平均品位/单位价格的矿产品品位。所得的品位调整系数平均值见表 4-64。由于表格制作的不同，表 4-64 并没有按照不同矿区的各矿种的品位调整系数进行罗列。但是矿产资源潜在价值总量是按照不同矿种计算的。

表 4-64 不同矿种的品位调整系数

矿种名称	矿产储量平均品位	单位价格的矿产品品位	品位调整系数（平均值）
铁	35.84%	62%	0.55
铜	0.73%	20%	0.073
铅	1.93%	60%	0.064
锌	3.88%	50%	0.078
镍	0.68%	1.02%	0.67
金	1.51g/t	3g/t	1.035
银	33.66g/t	3000g/t	0.067
钴	0.050%	8%	0.006

F 评估结果

从估算结果初步分析可知，祁漫塔格矿集区铁矿的潜在产值约 327 亿元，铜矿的潜在产值约为 140 亿元，铅的潜在产值达 82 亿元，锌的潜在产值约为 205 亿元，镍的潜在产值达 341 亿元，金的潜在产值约为 12 亿元，银的潜在产值约为 27 亿元，钴的潜在产值约为 106 亿元。该金属矿集区总的资源潜在产值达 1241 亿元，评价结果与本项目建立模型的评价结果产值 1291 亿元基本一致，从而验证了评价模型的实用性和准确性。

祁漫塔格金属矿集区经济效益评估结果见表 4-65。

表 4-65　祁漫塔格金属矿集区经济效益评估结果

矿种名称	资源储量/t	不同勘查开发阶段经济价值系数	不同开采难度经济价值	参照价格/元·t⁻¹	品位调整系数（平均值）	资源潜在价值/亿元
铁	235847592(矿石)	0.6/0.7/0.8/0.9	0.68	561	0.55	327.54
铜	575868	0.6/0.7/0.8/0.9	0.68	39300	0.073	139.77
铅	779573	0.6/0.7/0.8/0.9	0.68	15600	0.064	82.00
锌	1849739	0.6/0.7/0.8/0.9	0.68	17200	0.078	205.26
镍	1061728	0.6/0.7/0.8/0.9	0.68	52500	0.67	341.13
金	19.829	0.6/0.7/0.8/0.9	0.68	94000000	1.035	11.81
银	1404	0.6/0.7/0.8/0.9	0.68	2700000	0.067	27.09
钴	40919	0.6/0.7/0.8/0.9	0.68	425000	0.006	105.70
总值	240156842.8					

4.4.2　社会效益评估

依据对社会效益评价指标的分析和确立，通过分析、整理和总结青海祁漫塔格的社会发展状况，对社会效益的各指标进行了具体分析。本节主要是依据有关数据和相关计算方法，对社会效益评价指标进行计算。

4.4.2.1　相关指标内容

A　就业

（1）直接就业效益：直接就业效益包括两个方面：一是矿产投资项目实施后，其投资项目的产业性质决定了其高度密集型的用工架构。由于矿产投资项目的投入和规模巨大，必将对矿产开采工人的需求增多，其就业机会也随之增加。二是矿产投资项目的顺利实施，将从交通道路的修建、矿产资源的运输以至到上游施工设施的修建、下游选矿、矿山管理等方面大大拉动财务和人力资本的投入。考虑到规模经济效益的作用和技术进步对劳动的替代影响，直接作用所需的工作人员必然陡增。

（2）间接就业效益：直接就业人数的增加，势必将引起国民收入矿产资源的增加，相应的会增强消费者的购买矿产资源，从而增加对第三产业的服务消费性需求。而消费品需求的增加也带动了消费品的生产，拉动了消费品生产行业就业机会。根据就业乘数效益，我们可以得到初级就业增加会引起就业问题成某一倍数的增加，由初级就业增加带动的就业总量的增加，我们称之为间接就业效益。

矿产投资项目建设投产后，会直接或间接提供若干就业岗位，根据就业效益的大小，我们可以衡量出项目对社会的贡献。本次研究采用全员劳动生产率与矿集区矿石总量的估算方法大致估算矿集区资源开发的直接带动效果。全员劳动生产率参照了 2013 年《全国非油气矿产资源开发利用统计年报》中各矿种（非煤）年采出矿量和从业人员数的值，并进行了比值，得出全国的从业人员采出矿平均值为 21 万吨/a，直接就业人数采用公式：矿集区矿石总量×可信度系数/全员劳动生产率/各矿床平均服务年限。

根据统计资料可得，该矿集区的矿石总量约为 9.62 亿吨，所以得到的就业人数为 9.62 亿吨×可信度系数/0.21 万吨/30，约为 0.92 万人/a，整体带动就业人数约为 27.6 万人，矿集区整体直接就业带动效果明显。此外，该区未来矿山开发时，还会带动当地交通运输、餐饮、相关矿山设备的生产、电力使用、冶炼等方面的发展，间接的对当地就业产生一定带动。

B　GDP 贡献度

对于该矿集区的 GDP 贡献率，采用基于投入产出理论支撑下的 SAM 模型进行分析，对矿产资源的乘数效应进行分析。投资乘数理论主要研究的是投资与收入之间的关系。所谓投资乘数，指自发性投资增长所引起的国民收入增长的倍数，用公式表示则为：$k=\Delta Y/\Delta I$，其中，k 代表投资乘数，ΔI 代表自发性投资的增长，ΔY 代表国民收入的增长，其原理即增加 1 单位的投资 ΔI，引起国民收入增加若干个单位。投资乘数与边际消费倾向存在密不可分的关系。边际消费倾向是指每增加一个单位的收入，所增加的消费，通常用 MPC（0<MPC<1）表示，公式：$b=\Delta C/\Delta Y$，其中 b 代表边际消费倾向，ΔY 代表增加的收入，ΔC 代表增加的消费。投资乘数的公式为 $k=1/(1-b)$。从该公式可以看出边际消费倾向和投资乘数成正比关系，即边际消费倾向大则投资乘数大；反之，则投资乘数小。此推导公式在研究投资乘数中有不可替代的作用，是投资乘数计算和分析的基础。

（1）矿产资源 SAM 编制：商品、要素（劳动力、资本和矿产资源）、机构（居民、企业和政府）、储蓄投资，以及省外其他地区（ROP）。其中矿产资源作为各生产部门的投入要素，投资收入由各部门获得，但是财政收入由政府获得。研究数据主要来源于青海省 9 个部门的投入产出表、青海省资金流量表，青海省统计年鉴、中国财政年鉴、中国税务年鉴等。用矿产资源量和矿产资源价格数据主要来自青海省矿产资源公报、青海省第一次矿产资源普查公报、国家发展改革委价格监督中心发布的青海省工业用矿价格、中国矿产资源网、青海省各地级市工业、行政事业和经营服务业用矿价格。由于各种统计资料和数据来源不一致，导致初始宏观 WSAM 不平衡，需要对其进行调整。采用 S. Robinson 提出的交互熵（cross entropy，CE）的方法对初始 WSAM 进行平衡。

假设初始 WSAM 的系数矩阵为 $\overline{A}$：

$$\overline{A}_{ij} = t_{ij} \div y_i \tag{1}$$

式中的 t_{ij} 表示初始 WSAM 中的第 i 行，第 j 列（不包括总合计项）；y_i 为列和。交互熵方法就是寻找一个新的系数矩阵 A，使得 A 与初始系数矩阵 $\overline{A}$ 之间的熵值距离最小，即：

$$\min\left[\sum_i \sum_j A_{ij} \frac{A_{ij}}{\overline{A}_{ij}} \right] = \min\left[\sum_i \sum_j A_{ij} \int A_{ij} - \sum_i \sum_j A_{ij} \int \overline{A}_{ij} \right] \tag{2}$$

式中，$0 \leqslant A_{ij} \leqslant 1$；$\sum_j A_{ij} = 1$。

借助通用代数建模系统（GAMS）对初始宏观 WSAM 运用交互熵方法，得到青海省 2010 年宏观 WSAM 平衡表。在青海省 2010 年宏观 WSAM 平衡表的基础上进行细化分解，得到微观 WSAM。依据研究内容划分为 14 个生产部门，其中包括农业部门（种植业、林业、畜牧业、渔业、农业、服务业）、矿产资源的生产和供应业，以及石油加工、炼焦及核燃料加工业等与矿产资源密切相关的行业，并将居民账户分为农村居民和城镇居民，得到青海省 2010 年微观 WSAM 初始表。其中的 T5（矿产资源，活动）单元格在微观 WSAM 表中是一个 1×14 的子矩阵，该子矩阵表示各个生产活动部门由于用矿产资源所投入的矿产资源费情况。以宏观 WSAM 平衡表中的矿产资源费（T5, 1/25）为控制数据，除以矿产资源总额得到比例系数 0.98，然后用该比例系数乘以 14 个生产部门的矿产资源费向量，得到微观 WSAM 中各部门在生产过程中的矿产资源费投入。由于微观 WSAM 初始表不平衡，再次应用交互熵方法得到微观 WSAM 平衡表。

（2）矿产资源 SAM 乘数分析

社会核算矩阵（SAM）账户乘数（accounting multipli-er）有如下 2 个基本假定：一是价格不变，二是内生账户的平均支出倾向不变。如果要把 SAM 数据框转换为 SAM 模型，需要指明每一个账户是内生账户还是外生账户；在 SAM 模型尤其是乘数分析模型中，一般将生产活动、要素（劳动力与资本）和机构（居民与企业）账户作为内生账户，而将政府、储蓄投资和其他地区账户作为外生账户。账户乘数 M_a 通常可分解 3 个矩阵的连乘积形式：

$$M_a = M_{a3} M_{a2} M_{a1} \tag{3}$$

式中，$M_{a1} = (I - \overline{A}_n)^{-1}$；$M_{a2} = (I + A^* + A^{*2})$；$M_{a3} = (I - A^{*3})^{-1}$；$A_n$ 为平均支出

倾向矩阵，其值通过内生账户中的每一元素除以所在列和得到；$A^* = (I - A_n)(A_n - \overline{A_n})$，$\overline{A_n}$ 是与 A_n 具有相同维度、满足计算要求的对角矩阵。M_{a1} 是一个分块对角矩阵，称为转移乘数，它刻画了内生账户内部通过直接转移而产生的影响，包括生产部门之间以及机构之间的直接转移；M_{a2} 一般称为开环乘数矩阵或交叉效应矩阵，它刻画了不同账户之间的乘数效应；M_{a3} 也是一个分块对角矩阵，一般称为闭环乘数矩阵或循环乘数矩阵，它反映了外部注入在经济系统中循环所产生的影响。实际应用中为了使账户乘数矩阵分解的结果更易解释，R. Stone 将式（3）表述为加法形式：

$$M_a = I + (M_{a1} - I) + (M_{a2} - I)M_{a1} + (M_{a3} - I)M_{a2}M_{a1} = I + T + O + C \quad (4)$$

即账户乘数矩阵 M_a 可以分解为四部分之和：初始单位注入 I，转移乘数效应的净贡献 T，开环或交叉乘数效应的净贡献 O，循环或闭环效应的净贡献 C。

按照上述方法，矿集区矿业开发的 GDP 乘数效应计算结果见表 4-66。从开环效应与闭环效应来看，矿产资源开发与青海省社会经济系统各组成部分的联系非常强，应给予足够重视。根据 SAM 模型，得到的祁漫塔格地区矿产资源开发的 GDP 乘数效应为 1.15，也就是说，进行矿产资源开发对该区域的 GDP 的放大效应为 1.15。GDP 贡献度较好。

表 4-66　矿集区矿业开发的 GDP 乘数效应计算

类别	内生账户	账户乘数	M_a 排名	转移效应 T	排名	开环效应	排名	闭环效应	排名
生产活动账户	农业服务业	3.816	7	1.232	3	1.571	4	0.965	5
	采选业	3.787	8	1.053	6	1.346	7	0.795	8
	化工业	3.54	10	0.769	9	1.128	10	0.635	10
	非金属矿物制品业	4.573	3	1.136	5	1.592	3	1.548	1
	金属矿物制品业	5.086	1	1.241	2	1.526	6	1.435	2
	金属冶炼业	4.898	2	1.16	4	1.238	8	1.328	3
	水利电力业	3.557	9	0.821	8	1.065	11	0.899	6
	食品及其他制造业	3.512	11	0.44	13	0.962	13	0.717	9
	建筑业	3.074	14	0.447	12	0.853	15	0.608	11
	金融业	3.225	13	0.662	10	0.897	14	0.521	13
	制造业	3.447	12	0.567	11	1.045	12	0.607	12
	交通运输业	3.945	6	0.85	7	1.17	9	0.898	7
	畜牧业	4.013	5	1.554	1	1.549	5	1.227	4

类别	内生账户	账户乘数	M_a 排名	转移效应 T	排名	开环效应	排名	闭环效应	排名
要素账户	劳动	4.508	4	0	14	1.98	1	0.506	14
	资本	1.975	19	0	14	1.688	2	0.222	19
	矿产资源	2.945	15	0	14	0.407	19	0.491	15
机构账户	农村居民	2.753	16	0	14	0.847	16	0.354	16
	城镇居民	2.641	18	0	14	0.809	17	0.329	17
	企业	2.736	17	0	14	0.543	18	0.241	18

C 财税

依据我国对矿产资源税有关征收办法的管理条例,资源税的计算公式为:年应纳税额=课税数量×单位税额。根据国务院 150 号令,将资源税的补充为矿产资源补偿费计算公式:征收矿产资源补偿费金额=矿产品销售收入×补偿费费率×开采回采率系数（开采回采率系数=核定开采回采率/实际开采回采率),无法核定开采回采率的,其开采回采率系数按 1 计算。本项目估算过程中均按照 1 估算,因此,根据计算公式和相关数据可得税收额。矿产资源增值税为销项税-进项税额,根据经验估算,通常为 10%左右。铁矿石资源税按照 13 元/t 计算,铜矿石资源税按照 5.5 元/t 计算,铅锌矿石资源税按照 16 元/t 计算,镍钴矿石资源税按照 15 元/t 计算,金资源税按照 3 元/t 计算。城建税率为 5%,教育附加税率为 3%。最终企业开发综合税率约为 30%。根据所得的相关数据和计算方法对区域上整体税率进行估计,可以得出祁漫塔格矿集区已查明矿产资源开发可以带来的直观税费收入大约为 387 亿元。

D 扶贫减贫

由于矿产资源开发对于扶贫效果的影响是间接的,是通过推动经济发展的方式带来正效益。因此,本研究在对其扶贫效果进行评价的时候,是运用当地居民收入水平、带动就业人数、采矿从业人员工资收入等指标从侧面进行评估。

根据《青海统计年鉴》显示,2015 格尔木市城镇常住居民人均可支配收入为 27328 元,全年全市常住人口为 235724 人。其中,人均工资性收入 24123 元;人均经营净收入 1569 元;人均财产净收入 1218 元;人均转移净收入 1560 元。全年城镇常住居民人均生活消费支出 18230 元。农村常住居民人均可支配收入 1965 元。其中,人均工资性收入 2541 元;人均经营净收入 10630 元;人均财产净收入 378 元；人均转移净收入 1200 元。根据本章对就业估算，每年带动就业约 0.92 万人，结合青海省采矿业平均工资水平为 80349 元/a，可以得出矿产资源开发对于提高当地居民平均收入、带动该区贫困人员就业具有较好的促进作用。

E 基础设施

矿业开发还可在一定程度上推动当地基础设施建设，祁漫塔格矿集区地处西部干旱荒漠地区，矿业的开发对当地基础设施建设带动作用更为明显，例如区内庆华矿业公司开发肯德可克铁矿时，出资建设了从矿区至格茫公路区间的公路，并沿公路建设电线线路，跟随公路建设与电线线路建设，道路两边也建设了电话信号塔，极大地方便了该区段的公路交通、用电方便及通信方便，为附近牧民提供了较好生活便利；矿集区附近金辉矿业、山东黄金矿业公司等公司在矿山建设过程中，也修建了通往矿区的道路、供电、供水设施，极大方便了区域交通及附近居民生活。

F 生态环境改善

祁漫塔格地区的土壤主要以灰棕漠土为主，地表呈砾质戈壁相，灰棕漠土成土母质为冲洪积物、风积物，质地以粗骨性为主，细土物质少。由土壤质地和当地干旱气候决定，该区植被稀少，绝大部分地区地表无植被，仅在局部地区零星分布有耐旱的唐古特白刺、怪柳等灌丛，植被覆盖度≤5%。根据青海省土壤侵蚀普查结果，该区土壤侵蚀以风力侵蚀为主，由于降水少、地形坡度小、植被覆盖率低，风蚀强度级别为强，土壤侵蚀量 5000~8000t/(km²·a)。难以充填的废石须加以覆土，种植耐寒草本。根据实地调查结果，青海祁漫塔格矿集区内矿山大部分位于干旱荒漠地区，矿业开发造成地质环境问题轻微，主要以铁多金属矿、铜矿、镍矿开发引起的土地资源破坏、地形地貌景观破坏为主，地质灾害不发育，多为小型的泥石流及崩塌隐患，地表植被等造成影响与损害有限。从环境正效益方面讲，矿业开发可以使矿山对矿区及其周边进行绿化、防风固沙工作，同时矿山生产可以产生相应财税收入，一部分资源可以投入到格尔木市周边人工造林、防风固沙、土地复垦等工作中，对环境产生较好的正效益。

总体而言，该区矿产资源开发对该区环境影响有限，且合理的矿业开发还会从一定程度上产生相应正效益，总体该区生态环境改善作用较好。

G 资源效益

矿集区内主要矿种为铁、镍、铅、锌、钴等，区内资源的开发对保障我国资源安全，推动国家经济社会发展及西部建设具有重要意义。

（1）镍：根据 2015 年中国矿产资源统计年报，2014 年我国镍的查明资源储量 1016.91 万吨，祁漫塔格矿集区查明资源储量为 106.7 万吨，约占国家资源储量总量的 10.5%。2014 年镍精矿（含镍量）产量 10.11 万吨，精炼镍产量 24.67 万吨，视消费量 92.30 万吨，国内矿山的镍供应量仅占消费量的 11.0%，我国镍资源形成了高度依赖进口的局面，镍矿进口主要依赖于印度尼西亚和菲律宾，青海祁漫塔格矿集区镍资源开发，可以在一定程度上提高国内镍资源的供给能力。

（2）钴：中国钴资源贫乏且分布较散，主要以共伴生需求为主。根据美国地质调查局数据，中国钴资源储量约为 8 万吨，全球资源储量约 710 万吨，仅占全球储量的 1% 左右，中国钴主要依赖进口，受新能源汽车和电子消费品领域带动，目前和未来钴产量均不能满足国内大量需求，需要大量进口。青海祁漫塔格矿集区钴资源储量约 4.1 万吨，其中夏日哈木矿床钴资源储量约 3.81 万吨，未来该区资源开发对于提高我国钴资源保障具有重要意义。

（3）铁：青海祁漫塔格矿集区铁矿资源丰富，铁矿资源约占青海省铁矿资源储量的 42.63%。我国铁矿资源整体相对不足，对外依存度高，铁矿受运距影响较大，青海省地处我国西北地区，依靠外部铁矿供给并不现实。在经济发展建设过程中，对铁矿资源需求巨大，青海祁漫塔格矿集区铁矿资源的开发，对于保障西部地区铁矿资源供给，推动西北地区基础建设具有重要意义。

（4）铅、锌：2014 年青海省铅矿查明资源储量总量为 222 万吨（铅金属），占全国总查明资源量的 3.5%，其中已开发矿区数 34 个，查明资源量为 124 万吨，占青海省总量的 55.86%；可供开发矿区数为 30 个，资源量为 97.67 万吨。按照现有生产能力，青海省铅矿资源静态保障年限为 36 年。祁漫塔格矿集区内铅资源储量 77.9 万吨，约占青海省资源储量总量的 35%。在未来，随着汽车、电动自行车等产业的发展，青海省铅需求将会进一步提升。因此，增强区内铅矿资源的勘查开发，将进一步提高青海省铅矿资源的保证程度。

青海省锌矿查明资源储量总量为 452.1 万吨，占全国总产资源储量的 3%；其中，已利用矿区 34 家，占用查明资源储量为 235.63 万吨，占青海省总量的 52%。按照目前的生产速度，青海省新开资源的静态保障年限约为 44 年，锌的保障年限较好。祁漫塔格矿集区内锌资源储量约为 170 万吨，约占青海省锌资源储量的 37.6%。在未来十年里，随着钢铁、汽车、家电等产业的发展，青海省锌需求将会进一步提升。因此，增强区内锌矿资源的勘查开发，将进一步提高青海省锌矿资源的保证程度。

4.4.2.2 社会效益综合评价

根据本书第 3.3.4 节，对祁漫塔格金属矿集区的社会效益进行综合评估。青海省祁漫塔格矿集区矿产资源开发引致的城镇化率的增速较好，矿产资源开发带来的年就业人口为 92 万人，该基地开发带来的就业效果较好。矿业开发对当地收入带动效果较好，致使土地复垦、矿区周边绿化等环境效益较好，推动当地基础设施建设效果较好，资源开发对国家及当地建设意义重大。通过对相关指标的测算，选取 3 位专家结合评估结果为评估指标赋值，利用网络层次分析法构建比较矩阵，得出社会效益评估各指标权重见表 4-67。

表 4-67　基于 ANP 模型超矩阵所得权重

评估项目	专家一	专家二	专家三	最终权重
社会效益				
社会经济				
社会发展				
自然与生态环境				
能源资源安全保障				
城镇化	0.22	0.17	0.07	0.15
就业	0.15	0.03	0.48	0.22
减贫扶贫	0.08	0.05	0.20	0.11
生态环境改善	0.05	0.11	0.33	0.17
基础设施	0.05	0.28	0.03	0.12
资源安全保障	0.45	0.35	0.06	0.29

再利用专家评分法对各评价指标所得结果进行等级评分，本文主要分为非常差（0~15）、差（15~35）、较差（35~55）、一般（55~65）、较好（65~80）、好（80~90）、非常好（90~100）七个等级。最后利用等级评分的结果乘以权重，得到最终结果，其中等级评分表及最终评分结果见表 4-68。

表 4-68　基于专家评分表最终得分表

评估项目	专家一	专家二	专家三	平均分	最终评分
城镇化	90	95	97	94.00	14.51685985
就业	98	95	99	97.33	21.07966041

评估项目	专家一	专家二	专家三	平均分	最终评分
减贫扶贫	65	85	78	76.00	8.497943174
生态环境改善	60	80	62	67.33	11.23838867
基础设施	70	85	85	80.00	9.840960345
资源安全保障	98	90	99	95.67	27.46506061
合　计					92.64

表 4-68 可以看出，青海祁漫塔格矿产资源基地开发的社会效益综合评分为92.64 分，表明该矿产资源基地的开发利用对该地区的能源资源保障、社会经济、社会发展具有较好的促进作用，能够促进该区域的各项事业的发展，有利于改善当地居民生活水平，且与青海省及海西地区经济社会发展目标一致。同时该地区的矿产资源基地开发利用可为格尔木市、海西州以及青海省的发展提供可观的贡献。整体而言，该区资源开发的社会效益较好。

4.4.3　矿产资源基地开发环境影响分析

矿产资源在开发利用过程中通常会消耗自然资源并产生废水、废石、尾矿、粉尘等，同时可能产生滑坡、地面塌陷、泥石流等地质灾害，对当地自然生态环境、附近居民生活、水系、土壤等产生影响。根据矿产资源开发利用的特点，本书采用层次分析法从经济社会系统、资源系统、自然生态系统三个方面设置了14 个具体二级指标，并运用专家咨询与实地调查方法对每个指标进行分析判断，从而对矿产资源基地的环境影响进行定性分析。

4.4.3.1　主要指标及分析

A　经济社会系统

a　主体功能区及生态功能区定位

主体功能区是国家根据当地的发展潜力、资源环境承载力、发展现状等规划的区域，《全国主体功能区规划》把主体功能区分成四类：优化开发区域、重点开发区域、限制开发区域和禁止开发区域；生态功能区规划是国家根据生态环境特征、生态环境敏感性和生态服务功能在不同地域的差异性和相似性，通过相似性和差异性归纳分析，将区域空间划分为不同生态功能区，生态功能区生态调节功能也可分为水源涵养、生物多样性保护、土壤保持、防风固沙、洪水调蓄等。青海祁漫塔格矿集区位于重点开发区，国家主体功能区定位好，生态功能区主要为防风固沙，由于该区主要为高原干旱荒漠区，因此矿业开发不会对当地防风固沙定位产生影响，说明该区资源开发符合国家要求。

b　区域人口密度

矿业开发会对周边居民产生一定影响，人口密度大时，受到矿业开发影响的人自然也就越多，矿业开发造成的社会影响也就越大。同时，由于人类的各项活动也会和矿业活动一起对环境产生一定的影响，因此区域人口密度越大，区域环境承载力相应越小，往往可接受区域矿业开发强度越小。根据中国人口密度区域分布统计：西部地区人口稀少人口密度不超过 10 人，中部地区人口密度约 200 人，东部地区人口密度超过 400 人，根据此项标准。青海祁漫塔格矿集区地处西部干旱荒漠地区，祁漫塔格矿集区人口主要集中于乌图美仁乡（人口数量约为 1781 人），除乌图美仁乡外区内基本无大的人口聚集区，根据估算区域上每平方千米人口数量不足 2 人，远远少于 10 人，区域上人口密度极低，矿业开发基本不会对周边居民产生影响。

区域人口密度评价标准见表 4-69。

表 4-69　区域人口密度评价标准

区域人口密度	<10 人	10~200	200~400	>400
指标评判得分	10	6~9	3~6	0~3

c　区域环保政策、投入

区域矿业环保政策与环保投入会对区域环境产生一定影响。例如，环保政策越严格，矿山企业准入门槛越高，对环境治理投入越大；鼓励矿山企业采用无害化选矿药剂、无尾矿处理工艺、科学合理建设尾矿库、西部地区荒漠投资治理荒漠化等，能降低区域矿产资源的环境影响，提高环境承载力。祁漫塔格矿集区当地矿山企业在开发矿产资源时，往往会在矿区周边进行绿化、防风固沙等工作，这对于当地自然生态来说，均是环境影响正效益。同时，该区相关管理部门也鼓励矿山企业采用高技术、无害化工艺处理矿石，但由于地域及技术限制，该区相关技术较东部地区仍有一定差距，因此该项指标为优秀。

d　同类型产业密集程度

同一区域可容纳区内同时开发的矿山企业是有一定限度的，当区内矿山过多时，区内环境往往会不堪重负，造成环境的破坏，因此需要合理规划合理开发，达到矿业开发与生态环境保护的平衡。青海祁漫塔格矿集区区域面积大，区内同类型产业密集程度非常低。因此，该项指标为优秀。

e　水土等破坏程度

区域上的水系、土壤等如果已经污染，则说明该区的承载力较差，需要治理。后期开发时，更要进行保护。青海祁曼塔格金属矿集区整体上位于干旱荒漠地区，主要土地类型为荒漠，区域上水资源较为匮乏，水系不发育，加上区域开发程度较低，因此该区的水土等基本未破坏，该项指标优秀。

B 资源系统

a 区域主要矿种类型及废弃物堆存方式

矿业在开发过程中会产生相应的固体废弃物（通常包括废石和尾矿），矿业固体废弃物不仅占用土地，而且可能产生有机和无机污染物，并通过土壤、水体、空气和生物链传导。不同的矿石类型，在开发时对周边环境的影响程度也不相同。例如，硫化矿开采中剥离的废石和夹石层以及排土中残存相当高的硫化物，如果不妥善处置，在露天堆置条件下，易被空气中的氧气氧化，遇降雨形成强烈的酸性水，通常酸度 pH 值为 1~2，并含有大量的重金属离子，对周边环境产生一定影响。祁漫塔格矿集区内主要矿种为铁、镍、铅、锌、铜等，整体上以原生硫化矿为主，区内矿山多为地表矿，矿山开采过程中产生的废弃物堆存于地表，但该区为干旱少雨地区。因此，该区废弃物对周边的影响主要是通过风沙形式将尾矿进行传播，通过环境调查，风力传播范围较广，但风力传播尾矿数量有限、影响较小，同时可以采取在尾矿库、废石堆等加盖防尘网形式进行治理。因此该项指标为良好。

b 地质构造稳定性及地质灾害发生程度

矿业开发过程中，会破坏地表岩层和土壤的原有结构构造，形成采空区、地面塌陷、地裂缝、山体滑坡、崩塌、泥石流、荒漠化、水土流失等地质灾害。如果矿区处在大地构造不稳定区域（如构造断裂带上、环境薄弱地带地震易发区等）或地质灾害易发区（如降水量过多、陡坡区等），则该区地质灾害发生程度会提升，相应对环境影响也会加大。国内对区域构造稳定性划分一般采用三分法，即稳定区、较稳定区、不稳定区，青海祁漫塔格金属矿集区处于构造稳定区。根据青海省划分地质灾害高易发区、中等易发区和低易发区的标准，祁漫塔格整装勘查工作区属于地质灾害中等易发区，但区内大部分矿山位于荒漠区，山体滑坡、崩塌、冻融、崩滑流等灾害少见，偶尔可见极少数地区发生地表裂缝等地质灾害，但由于该区处于西北荒漠区，区内人烟罕见，不会对自然生态及周边居民生活产生影响，因此该区该项指标为优秀。

c 资源的可供性

矿集区内主要矿种为铁、镍、铅、锌、钴等，区内资源的开发对保障我国资源安全，推动国家经济社会发展及西部建设具有重要意义，区内优势矿产铁矿资源储量达到 2.46 亿吨，镍矿 106 万吨，锌矿 171 万吨，铅矿 77 万吨，优势矿产在青海省所占比重较高，可供性较强。

d 潜在废弃物排放强度

矿业固体废弃物是矿业开发中的主要排放物之一，其不仅占用土地，而且会产生泥石流、坍塌、酸性废水等危害。区域矿业开发潜在废弃物排放强度指未来矿产资源基地矿产开发时，单位矿业产值所产生的废石量，潜在废石排放强度往往受开发利用技术、区域矿种类型、矿石品质等因素影响。潜在废石排放强度越大，说明对区域资源开发时环境的扰动越大。青海祁漫塔格矿集区各矿种在进行矿业开发活动时，每产生 1 亿元矿业产值，平均废石排放强度为 570kt/亿元，其中钼、铜产生废石尾矿量最大，分别为 4077kt/亿元和 1826kt/亿元，相应的其对环境扰动及废石尾矿处理成本也相应较大；铁、锌、镍等矿种单位产值产生废石尾矿量相对较低分别为 453kt/亿元、301kt/亿元和 386kt/亿元。根据国土资源部《重要矿产资源开发利用水平通报》（2018 年 1 月），我国整体矿产资源的平均废石排放强度为 122.2kt/亿元，其中全国铁矿废石排放前度平均约为 410kt/亿元、全国铜矿废石排放前度平均约为 480kt/亿元、全国镍矿废石排放前度平均约为 30kt/亿元、全国锌矿废石排放前度平均约为 700kt/亿元、全国钼矿废石排放前度平均约为 400kt/亿元。结合全国矿产资源的平均废石排放强度，将全国废石排放强度按照高于全国平均水平 50%，高于全国平均水平 20%~50%，与全国平均水平基本持平，全国平均水平 50%~80%，低于全国平均水平 50% 五个等级标准。与全国平均水平 122.2kt/亿元相比较，青海祁漫塔格矿集区平均废石排放强度为 570kt/亿元，远高于全国的平均水平，主要是由于该区的整体技术水平较低，矿业产品以初级产品为主，产品附加值低；铜、钼等矿种矿石品位较低且多为伴生矿。综合全国平均水平，该项指标为极差。

潜在废弃物排放强度评价标准见表 4-70。

表 4-70 潜在废弃物排放强度评价标准

等级划分	极差	差	一般	良好	优秀
废石排放强度（kt/亿元）	>183.3	146.64~183.3	97.76~146.64	61.1~97.76	<61.1
指标评判得分	0~2	2~4	4~6	6~8	8~10

C 自然生态系统

a 植被覆盖度

矿业开发时对周边生态环境的影响与区域植被发育程度密切相关，区域覆盖度越高，往往周边的动植物也就越高，对生态环境的影响也就相应增大，矿业开发时需要处理好生产与生态的关系。该区由于土壤质地和当地干旱性气候原因，区域植被稀少，绝大部分地区地表无植被，局部地区零星分布有耐旱的唐古特白刺、柽柳等灌丛，仅在卡尔却卡地区分布有草地，区域整体植被覆盖度≤5%。因此，该项指标得分为8。

区域植被覆盖度评价标准见表4-71。

表4-71　区域植被覆盖度评价标准

植被覆盖度/%	>60	30~60	15~30	5~15	0~5
指标评判得分	0~2	2~4	4~6	6~8	8~10

b　土地类型

矿业开发时由于建设选厂、废石堆放、尾矿库建设等活动，会对周边土地产生一定程度影响。因此，查清矿产开发地及周边的土地类型，对于判断矿业开发对环境影响具有重要意义。结合对祁漫塔格矿集区当地调查及当地环保局资料，该区土壤主要以灰棕漠土为主，土地利用类型主要为戈壁和荒漠，只有卡尔却卡部分地区为草地，占整体区域面积较小，且卡尔却卡地区矿床数量较少。因此，该项指标得分为9。

土地类型评价标准见表4-72。

表4-72　土地类型评价标准

土地利用类型	水域	耕地、园地	林地、草地	建设用地	其他（裸地、戈壁、沙漠等）
指标评判得分	0~2	2~4	4~6	6~8	8~10

c　水系分布

与植被覆盖程度、土地类型相似，矿业开发时区域水系发育程度越好，越容易对生态环境产生影响（如水体污染、重金属离子通过水运移影响地下水等）。祁漫塔格矿集区位于柴达木盆地的西南部，气候特征为典型内陆高原干寒区，区内河流均属于内陆河流，因气候的影响和地势的制约，径流短、水量变化大、间歇性河流居多、长年河流甚少，主要水系有巴音格勒河、那陵郭勒河。水资源总体欠丰富，矿业开发对水系的影响有限。

d　环境恢复治理难度

区域环境恢复治理难度指区域生态环境遭到破坏后恢复治理的难易程度及相应花费。环境恢复治理难度通常体现在恢复成本、地质环境承载力、区域气候等因素上。青海祁漫塔格矿集区区域上大部分区域为隔壁和荒漠，植被覆盖度低，根据实地调研，青海省单位面积环境恢复治理成本较低（如青海省2012年底平均每平方千米的环境恢复成本约为72万元，远低于其他地区），主要环境恢复治理工作以土地平整为主，整体环境恢复治理成本相对较低。卡尔却卡工作区部分地区土地类型为草地（约占整个工作区面积的

20%以下），植被覆盖度较好，生态环境受气候、海拔等自然因素制约，较为敏感、脆弱，处于全国生态环境脆弱区中等–较高区域，抗外界干扰能力弱，区域环境一旦破坏，卡尔却卡地区环境恢复治理较为困难，矿业开发时应重点考虑该区的生态环境保护。结合区域面积占比进行加权综合分析，最终得出该项指标综合得分为：2×0.2+9×0.8＝7.6。

环境恢复治理难度评价标准见表4-73。

表4-73　环境恢复治理难度评价标准

环境恢复治理难度	高	较高	中等	较低	低
指标评判得分	0~2	2~4	4~6	6~8	8~10
卡尔却卡草地区（20%）	2				
其他区域（80%）					9

4.4.3.2　综合分析

根据矿产资源基地资源开发的特点，本书将矿产资源基地矿产资源开发的环境影响分为极差、差、一般、良好、优秀五个等级，分别对应相应的等级赋相应分值。在区域实地调研和专家咨询研讨的基础上，分别对经济社会系统、资源系统、自然生态系统三个维度的14个指标进行确权、赋值，将各二级指标的赋值与二级指标的权重相乘，估算得出各二级指标的得分。分析各指标得分，可以得出青海祁漫塔格矿集区资源开发的三个维度中，得分率由高到低分别为经济社会系统（93%）、自然生态系统（82%）、资源系统（68%），说明该区矿产资源未来开发时，经济社会现状具有人口密度小、同类型产业密度低、区域环境承载力高等特点，该维度对自然环境影响最小；自然生态系统对环境影响其次，主要原因为该区部分草地区为高寒脆弱区，环境恢复难度大，说明该区草地区的矿产资源在开发时应充分论证其开发的可行性，制定好相应的生态环境保护措施，在开发中保护在保护中开发；资源系统相较该区其余两个一级指标而言对生态环境影响最大，主要是由于该区主要矿种为镍、铁、铜、铅、锌等，硫化矿尾矿废石排放强度高、露天矿山开采对地表破坏大等，这些是潜在的环境影响因素，在该区资源开发时应当注重提高相应开发利用技术，尽量采用绿色药剂和技术，尽量降低矿业开发对该区环境影响。针对祁漫塔格矿集区整体而言，该区资源开发环境影响总得分为8.18，处于优秀区域，说明该区资源的开发对环境的影响十分有限。

指标赋值标准见表4-74。

表4-74　指标赋值标准

分值	0~2	2~4	4~6	6~8	8~10
贡献	极差	差	一般	良好	优秀

矿产资源基地资源开发资源环境承载力指标体系见表4-75。

表4-75 矿产资源基地资源开发资源环境承载力指标体系

总体结果	最终值	一级指标	一级指标权重	一级指标评价值	二级指标	二级指标权重	二级指标评价值 (0~10)	二级指标描述评价值
区域资源开发环境影响		经济社会系统	0.3	2.8 (满分3.0)	主体功能区定位	0.1	9	国家重点开发区;生态功能区主要为防风固沙
					区域人口密度	0.05	10	区域人口密度极低,对人类生存影响小
					区域环保政策、投入	0.05	9	区域重视环保且矿业开发时环保投入较大
					同类型产业密集程度	0.05	9	极低
					已存在水土等破坏程度	0.05	10	几乎未破坏
		资源系统	0.25	1.7 (满分2.5)	区域主要矿种类型(硫化矿)及矿床特点	0.1	7	主要矿种为硫化矿,且多为露天矿
					地质构造稳定性及地质灾害发生程度	0.05	9	坍塌、滑坡、泥石流等少见,影响小
					资源的可供性	0.05	10	资源储量巨大,可供性强
					废石排放强度	0.05	1	废石排放强度高
		自然生态系统	0.45	3.68 (满分4.5)	植被类型及覆盖度	0.15	8	区域整体植被覆盖度≤5%
					土地类型	0.1	9	主要为戈壁和荒漠
					水域系统分布	0.15	8	内陆高原干旱区,水系主要为季节性河流
					环境恢复难度	0.05	7.6	主要环境恢复治理工作以土地平整恢复为主,整体环境恢复治理成本相对较低,少数草地区治理成本较高

4.4.4 矿产资源基地综合评价

根据本书第3.3.4节中综合评价方法及模型，结合青海祁漫塔格矿集区外部开发条件、开发利用技术条件、市场条件、经济社会效益等内容评价结果，运用层次分析法对祁漫塔格金属矿集区资源开发的整体情况进行了综合评估，见表4-76。具体指标利用专家评分法根据本书评价结果对各具体评价指标进行评分。通过评价可以得出，该区综合评分为0.78，整体开发可行性为良好。在各约束指标中，较差的主要为外部条件，外部条件综合得分为0.11（指标值为0.2），主要原因为该区地处西北，交通条件差，运距较长，水电供应成本较高，对资源基地的开发有一定的约束；内部条件综合得分为0.29（指标值为0.35），内部问题主要为该区区域上矿床以小型矿床为主，且分布较分散，区内共伴生矿多，部分矿石难选冶，后期工作应注重综合勘查、综合评价、综合利用。

表4-76 青海祁漫塔格矿集区资源开发综合评价

目标层	约束指标	指标值	具体指标	指标值	实际打分值	矿产资源基地情况描述
祁漫塔格矿集区	市场条件	0.15	供需	0.1	0.09	区内主要矿种镍、铁、钴、铅锌等市场条件整体较好，矿产品销售情况良好，主要满足当地发展需求
			价格	0.05	0.03	矿产品价格整体低迷期（如铁矿），长远矿产品供需平衡，价格逐步回升
	外部条件	0.2	交通运距	0.05	0.02	地处西北，主要矿床交通条件尚可，但运距普遍较长
			水电	0.05	0.02	干旱荒漠区，水电供应较困难，成本较高
			矿业政策	0.05	0.05	当地大力重视并支持矿业发展，基础政策较好
			自然环境	0.05	0.02	高寒高海拔地区，矿业生产药剂用量高、年生产周期短等问题，生产成本较高
	内部条件	0.35	资源储量	0.15	0.12	整体资源储量较丰富，矿种主要以铁、镍、铅锌等为主，但区内除夏日哈木等超大型矿床外，大部分矿床以小型矿床为主，且分布较分散
			可采性	0.1	0.1	水工环条件较好，可采性好
			可选性	0.1	0.07	共伴生矿多，部分矿石难选冶，需注重综合利用
	经济社会效益	0.3	经济效益	0.1	0.07	整体基地资源潜在产值大，投资收益率高，经济效益整体较好，但区内矿床多以中小型为主，且铜、钼、铁等矿种可供品位较低
			社会效益	0.1	0.1	地处西北，矿业开发对当地的就业、扶贫、税收、基础设施建设等带动性好
			环境影响	0.1	0.09	该区地处西北荒漠地区，矿业开发环境影响有限，矿业开发有助于矿区及周边绿化、格尔木市土地复垦等工作

综合该区资源的市场条件，外部条件，资源的品质，开采技术条件，矿业产值和利润，废石排放强度，带动就业等方面对该区各矿种的开发从整体上进行评价，见表4-77，通过分析，该区铅、锌、镍等矿种市场条件较好，资源开发时矿业产值和利润空间较大，对就业带动较大且废石排放强度低，因此这些矿种为该区重点勘查开发利用矿种，但该区由于未干旱荒漠地区，因此开发时应注重水资源的供给；铁矿由于价格低迷，利润空间相对较小，故铁矿开发前应注重营利性评估，开发时应注意铁矿石的运距成本问题；铜由于在该区除个别矿床外资源的品质相对较差，且该区铜的废石排放强度较高，因此，该区铜资源开发时应充分考虑矿石的品质并充分论证该区铜资源开发时对环境的影响；金、银资源在该区开发时利润空间较大，但由于整体量较少且多为共伴生，故应加强该区金银资源的综合勘查、综合评价、综合开发；钼资源由于在开发时利润空间低，废石排放量大，因此，建议该区减缓钼资源开发，增强钼资源的综合勘查，将其作为储备资源。

4.4.5 典型矿床技术经济概略研究

结合本书构建评价模型及矿床实际情况，选取青海祁漫塔格矿集区夏日哈木镍铜钴矿和祁漫塔格拉陵灶火铁矿作为典型矿床进行技术经济概略研究，评价该区典型矿床开发的技术经济可行性，为该区同类型矿床进行技术经济评价提供参考。

4.4.5.1 青海祁漫塔格夏日哈木镍铜钴矿

开发利用条件总结如下。

A 外部开发利用条件

（1）供水条件：矿区内无水源提供生产用水，只能从35km以外的地下水量较丰富的山前洪积扇中打井取水，然后铺设管道引至矿区提供生产、生活用水，代价比较昂贵，会提高生产成本。供水经过改善后能够满足生产用水。

（2）供电条件：矿区附近没有电网，矿山用电需从乌图美仁乡110kV变电所架设动力专用输电线路引电，距离约70km，同时还需用大功率柴油发电机组应急，成本相对较高。供电可以经过修建供电设施解决。

（3）交通运输条件：矿区距格尔木市184km，北部有格尔木-芒崖的一级公路通过，距格尔木132km处下便道，有简易砂石路到达工区，路距约52km，交通便利。矿山开发时只需对52km的简易砂石路修缮即可。矿床开发时交通运输条件良好。

（4）原材料来源及其他外部条件：由于矿区交通运输条件非常方便，所需各种原材料均可在格尔木市采购。建筑所需的砂石可在当地解决。青海为欠发达地区，格尔木及西宁市周边有大量的农业区，劳动力资源充足。矿区属干寒荒漠区，附近无人居住，同时矿床周边可专门设计建设储存堆放固体废弃物的尾矿库，矿山建设及生产不会对居民造成影响，对生态环境影响也非常有限。青海省政府及格尔木市政府对矿业开发高度重视和大力支持，出台了一系列优惠政策，矿山投资建矿、开发的外部政策条件较好。

表4-77 青海祁漫塔格矿集区各矿种总结

矿种	市场远景	外部条件	该区开发条件	该区平均品位与可供品位比较	矿业产值	原矿利润高低	废石排放强度	税费、就业带动	最终结论
铁	触底反弹	运距长	好	基本持平	大	一般	低	好	较好
铜	较好	较好，注重水	一般	小于	较大	一般	高	较好	一般，共伴生及优质资源开发
铅	好	较好，注重水	好	小于	较大	高	低	较好	较好
锌	好	较好，注重水	较好	大于	大	高	低	好	好
镍、钴	好	较好，注重水	好	大于	大	高	低	好	好
金	一般	较好	好	大于	小	高	高	一般	增强综合勘查、综合评价、综合开发
银	较好	较好	好	大于	小	一般	高	一般	增强综合勘查、综合评价、综合开发
钼	差	较好	好	小于	小	低	高	一般	差

223

B 内部开发利用技术条件

（1）资源储量：根据夏日哈木地质勘查报告，矿区镍总资源量为 106.17 万吨，镍平均品位为 0.67%，伴生钴资源量 3.81 万吨，钴平均品位为 0.027%，伴生铜 21.77 万吨，铜平均品位为 0.166%，规模为超大型矿床。矿床类型为铜镍硫化物矿床，矿区主矿体均产于 I 号镁铁质-超镁铁质岩体中。矿体形态以似层状、透镜状为主，局部呈纯硫化物脉状产出。矿体产状与岩体基本一致，深部沿走向具有向南西侧伏的趋势，侧伏角约 20°，倾向上具有北侧厚度大、品位高，向南逐渐分支分叉，品位降低的变化趋势。

（2）采选：矿山水工环条件均为简单类型，适宜采用露天开采方式进行，结合矿区水工环地质条件及矿体埋深，大致估算开采回采率约为 90%；矿区矿石类型主要为硫化矿，按照矿山选冶试验报告，该区适宜采用以铜为主的滑石-铜镍等可浮-尾矿强化回收镍工艺流程，镍铜钴三种元素的回收率分别为：镍 80.67%、铜 62.14%、钴 75.77%。矿床开发时所产生的废渣、废水、废气及地质灾害都采取了一定的防范治理措施。所以，矿山生产对当地环境影响较小。根据矿山生产规模及相应工艺流程，推算出矿山基建总投资为 35 亿元（含尾矿库）。

（3）市场条件：矿山主要矿种的市场条件总结见表 4-78（详见本书第 4.2 节），矿产品价格根据矿山实际产品情况，采用相应产品价格。

表 4-78　矿山主要矿种市场总结

矿种	供需	价格	市场前景	矿山产品	金属价格/元·t^{-1}	产品价格/元·t^{-1}
铜	国内供小于求	低位徘徊，逐步上涨	较好	20%铜精矿	48000	39300
镍	供应充足	低位徘徊，逐步上涨	较好	镍精矿	87876	52500
钴	国内供不应求	稳定	较好	钴精矿	425000	350000

注：矿产品价格为 2017 年 7 月中国有色金属网公开发布价格。

C 经济评价

（1）主要技术经济指标。

根据本书构建评价模型：

矿山产值：
$$V_{产值} = \sum_1^n (Q \times P \times \eta \times \delta)$$

矿床净值：
$$V_{净值} = \sum_1^n (Q \times (P - S) \times \eta \times \delta) - J - \gamma$$

矿山投资利润率：　　$PR = R/J, R = V_{净值}/t$

矿山静态投资回收期：　　$T = J/R$

式中　Q——推断的资源量，t；

P——合理确定的可能的矿产品的价格，元/t；

S——单位产品生产成本，主要包括采矿成本、选矿成本、管理费用等，元/t；

η——开采回采率，%；

δ——选矿回收率，%；

J——总投资，包括建设投资（不包括生产期更新改造投资）、流动资金、地勘费等；

γ——税费，包括增值税、资源税等；

n——矿种；

t——探获矿山（矿段）服务年限；

PR——投资利润率；

R——年平均利润总额；

T——投资回收期。

（2）估算结果。

估算矿山的经济指标：

矿山潜在价值：$V_{总} = 106.17 \times 10^4 \times 87876 + 21.77 \times 10^4 \times 48000 + 3.81 \times 10^4 \times 425000 = 1199$ 亿元

矿山产值：$V_{产值} = 106.17 \times 10^4 \times 52500 \times 0.9 \times 80.67\% + 21.77 \times 10^4 \times 39300 \times 0.9 \times 62.14\% + 3.81 \times 10^4 \times 350000 \times 0.9 \times 75.77\% = 543.47$ 亿元

矿山税前净值：$V_{净值} = 106.17 \times 10^4 \times (52500 - 30521.6) \times 0.9 \times 80.67\% + 21.77 \times 10^4 \times (39300 - 10000) \times 0.9 \times 62.14\% + 3.81 \times 10^4 \times (350000 - 21789.46) \times 0.9 \times 75.77\% - 35 \times 10^8 = 255.36$ 亿元

矿床净值：$L = 255.36 - 543.47 \times 22\% = 135.8$ 亿元

矿山投资利润率：$PR = 4.85/35 = 13.86\%$

矿山静态投资回收期：$T = 35/4.85 = 7.22$ 年

采用类比的方法，镍矿石资源税按照 2% 提取，投入增值税率 17%，产出增值税率为 17%，根据经验，销项税与进项税差大约为销售收入的 10%，所得税为 25%，城建税、教育附加税等其他约按 10% 计。计算各项税费指标。

矿山基本技术经济指标见表 4-79。

表 4-79　技术经济指标表

序号	项目	单位	指　标	备注
一			地质	
1	资源/储量			
1.1	矿石量	万吨	镍 15846.27；钴 14111.11；铜 13114.46	

续表 4-79

序号	项目	单位	指 标	备注
1.2	品位	%（g/t）	镍平均品位为 0.67%；钴平均品位为 0.027%，铜平均品位为 0.166%	
1.3	金属量	万吨	镍 106.17；钴 3.81；铜 21.77	
二			采矿	
1	矿山规模	t/日	20000	
2	年出矿量	万吨/a	540	
3	服务年限	a	30	
4	开采方式		露天	
5	开拓方案		露天开拓	
6	采矿方法		台阶	
7	开采回采率	%	90	
三			选矿（选冶）	
1	处理能力	t/日	20000	
2	年处理矿量	万吨	540	
3	选矿工艺		以铜为主的滑石—铜镍等可浮—尾矿强化回收镍	
4	产品方案		镍精矿	
5	原矿品位	%	镍平均品位为 0.67；钴平均品位为 0.027，铜平均品位为 0.166	
6	选矿回收率	%	Ni 80.67、Cu 62.14、Co 75.77	
四			基建	
1	基建投入	亿元	35	
五			生产成本（以吨精矿计，含水、电等）	
1	镍	t	30521.60	
2	铜	t	10000	
3	钴	t	21789.46	
六			产品及价格	
1	镍精矿		52500	
2	20%铜精矿		39300	
3	钴		350000	
七			经济效益分析	
1	资源税	万元/a	3882	
2	增值税	万元/a	19409	
3	其他税费	万元/a	19409	
4	利润总额（不含增值税等）	亿元/a	4.85	

序号	项目	单位	指标	备注
5	所得税	亿元/a	1.21	
6	税后净利润	亿元/a	3.64	
7	投资利润率	%	13.86	
8	投资回收期	a	7.22	

青海夏日哈木铜镍钴矿在开发时矿山年产值达到 19.41 亿元/a，获得总利润达到 4.85 亿元/a，投资利润率为 13.86%，投资回收期为 7.22 年，税后净利润 3.64 亿元/a。年产生税收约 5.48 亿元，该矿山投资收益效果好。综合矿山外部条件、内部开发技术条件及经济评价结果，夏日哈木矿床开发具有较高的可行性。

4.4.5.2 祁漫塔格拉陵灶火铁矿

开发利用条件评价如下。

A 外部开发利用条件

（1）交通运输条件：矿区距格茫公路 60km，为砂石公路，可行驶 30t 左右货车，自格茫公路至格尔木 138km 为省道，选厂离矿区 55km，离格茫公路 4.5km。交通方便，满足矿石运输条件。

（2）供水条件：距矿区东 2.5km 左右的拉陵灶火支流有地表流水，雨季最大流量为 2.36m³/s，可满足采矿阶段生产用水。

（3）供电条件：矿区无工业电网，生产、生活用电需自备发电机或修建供电设施解决。

（4）通信：矿床已覆盖电信网，内外联络可用手机联系。

（5）医疗：矿山设兼职卫生员，处理一般常规性疾病，紧急情况时可与格尔木市等医院联系救急。

（6）燃料供应：矿山用油可由格茫公路边已建油库供给，用煤由格尔木市供给。

（7）原材料来源及外部条件：由于矿区交通运输条件非常方便，所需各种原材料均可在格尔木市采购。青海为欠发达地区，格尔木及西宁市周边有大量的农业区，劳动力资源充足。矿区属干寒荒漠区，附近无人居住，同时矿床周边可专门设计建设储存堆放固体废弃物的尾矿库，矿山建设及生产不会对居民造成影响，同时对周边生态环境影响也有限。青海省政府及格尔木市政府对矿业开发高度重视和大力支持，出台了一系列优惠政策，矿山投资建矿、开发的外部条件非常好。综上所述，该铁矿山外部建设条件较好，社会环境宽松。

B　内部开发利用条件

（1）资源储量：根据该矿山的资源储量核实报告，区内铁矿保有 332+333+334 资源量 876.93 万吨，平均品位 47.96%，属小型矿床规模，矿床类型为矽卡岩型铁矿。

（2）采选：矿山开采技术条件较好；矿体多出露地表，主矿体中厚~厚，宜用露天-地下联合开采的方式，矿山开采回采率约为 85%，矿山服务年限为 15 年。矿石主要为磁铁矿，另含有少量磁黄铁矿、黄铁矿、闪锌矿，含硫量很低，硅酸铁很少，矿山矿石属于易选矿石。矿山可采用三段一闭路破碎-磁筒预选抛尾、一段闭路磨矿、一粗二精磁选工艺。通过选矿获得铁精粉品位为 63.5%，回收率为 95.02%。矿床开发时所产生的废渣、废水、废气及地质灾害都采取了一定的防范治理措施，所以矿山生产对当地环境影响较小。矿山总投资为 3.5 亿元（含尾矿库建设）。

（3）市场条件：未来国内仍将长期大量进口铁矿石，但受国际市场影响，国内铁矿石价格仍将低位徘徊，但祁漫塔格地区地处我国西部，铁矿石受运距影响，且替代品较少，该区铁矿石开发对西部建设意义重大。根据当地铁矿生产情况，通过类比，可以得出该区矿床未来主要矿产品为 62% 铁精粉，铁矿产品价格于 2017 年 7 月在中国有色金属网公开价格。该铁矿床距格尔木市距离约 150km，铁矿品位为 47.96%，根据矿山采用的工艺流程，在实地调研与类比同类型矿山基础上得出生产成本为 328 元/t 精矿。

C　经济评价

根据构建评价模型，估算矿山的经济效益：

矿山产值：$V_{产值} = 876.93 \times 10^4 \times 95.02\% \times 85\% \times 561 = 39.74$ 亿元

矿山税前净值：$V_{净值} = 876.93 \times 10^4 \times 95.02\% \times 85\% \times (561 - 334) - 2.5 \times 10^8 = 15.36$ 亿元

矿床净值：$L = 15.36 - 39.74 \times 22\% = 6.62$ 亿元

矿山投资利润率：$PR = 0.44/2.5 = 17.65\%$

矿山静态投资回收期：$T = 2.5/0.44 = 5.68$ 年

采用类比的方法，铁矿石资源税按照 2% 提取，投入增值税率 17%，产出增值税率为 17%，根据经验，销项税与进项税差大约为销售收入的 10%，所得税为 25%，城建税、教育附加税等其他约按 10% 计。计算各项税费指标。

矿山基本技术经济指标见表 4-80。

表 4-80　技术经济指标表

序号	项目	单位	指　标	备注
一			地质	
1	资源/储量			

序号	项目	单位	指　标	备注
1.1	矿石量	万吨	876.93	
1.2	品位	%	47.96	
二			采矿	
1	矿山规模	万吨/a	50	
2	年出矿量	万吨/a	50	
3	服务年限	a	15	
4	开采方式		露天-地下	
5	开拓方案		露天开拓	
6	采矿方法		台阶-留矿全面法采矿	
7	开采回采率	%	85	
三			选矿（选冶）	
1	处理能力	万吨/a	50	
2	年处理矿量	万吨	50	
3	选矿工艺		三段一闭路破碎—磁筒预选抛尾，一段闭路磨矿，一粗二精磁选工艺	
4	产品方案		62%铁精粉	
5	原矿品位	%	47.96	
6	选矿回收率	%	95.02	
四			基建	
1	基建投入（含尾矿库）	亿元	2.5	
五			生产成本（以吨精矿计，含水、电等）	
1	铁	t	446.28	
六			产品及价格	
1	铁精粉		334	
七			经济效益分析	
1	资源税	万元/a	530	
2	增值税	万元/a	2649	
3	其他税费	万元/a	2649	
4	利润总额（不含增值税等）	万元/a	4413	
5	所得税	万元/a	1103	
6	税后净利润	万元/a	3310	
7	投资利润率	%	17.65	
8	投资回收期	a	5.68	

祁漫塔格拉陵灶火铁矿在开发时矿山年产值达到 2.65 亿元/a，获得总利润达到 4413 万元/a，投资利润率为 17.65%，投资回收期为 5.68 年，税后净利润 1103 万元/a，该矿山投资收益效果好。综合矿山外部开发条件、开发利用条件及经济评价结果，可以得出该矿山开发具有较高的可行性。

4.5 风险识别分析

4.5.1 风险识别评估

4.5.1.1 风险识别

针对青海祁漫塔格矿集区，运用理论与实际相结合的方法，在综合已有学术研究成果、专家咨询、野外实地调研的基础上，本研究识别提出了该区矿业开发常见的资源风险、生产风险、市场风险、政策风险、自然生态风险五大风险类型。五大风险类型主要包含资源储量的可靠性、矿石可选性、基础资料的不确定性、矿区基础设施建设、生产成本、生产周期、水资源、矿产品价格、矿产品市场需求、矿产品竞争与可替代、矿业金融政策、矿业财税政策、矿业环保政策、自然灾害、民族地区、自然保护区规划等 16 个风险要素。

A 资源风险

祁漫塔格矿集区的资源风险指的是成矿带矿种、品位、资源储量、开采程度、基础资料等的不确定性带来的偏差对矿产资源开发利用所产生的风险，主要风险存在包括资源储量的可靠性、矿石利用性以及基础资料不确定性三个维度。通过对祁漫塔格矿集区资源现状梳理总结可以得出，祁漫塔格矿集区划分为野马泉、拉陵灶火、卡尔却卡三个工作区，且每个工作区内分布有不同的矿床（矿点），由于该区地质工作程度整体较低，各矿床（矿点）的资源储量、矿石质量以及各单位提供资料的可信度等还存在一定不确定性。而经济、社会效益评估的结果显示，由于跟矿床（矿点）勘探程度、资源潜力、开发程度、可利用性等的不确定性，导致各工作区矿床（矿点）的经济、社会效益也不相同。据此，将资源储量的可靠性、矿石可选性、基础资料不确定性是影响祁漫塔格矿集区矿产资源开发利用的重要风险要素。

B 生产风险

矿产资源开发利用的生产风险会受到诸多要素的影响，但是最关键的风险因子是生产成本的不确定性致使矿集区资源开发利用受到不同程度的风险波及。其中影响生产成本的要素包括基建成本、劳动力成本、矿业政策等。祁漫塔格矿集区地处我国西北高寒荒漠地区，区内基础建设较差、生产周期短、药剂用量高、矿床分散且运距长具体现状（本书第 4.1 节），判断影响生产的主要风险要素为矿区基础设施建设、生产成本、生产周期、水资源，上述风险要素存在一定关联又互相独立，例如水资源的不足会导致企业加强供水建设，进而间接导致成本上升，但独立之处在于该区很多矿床处于干旱荒漠地区，有的矿区水资源处于严重缺失状态，直接导致矿区无法正常生产，因此将水资源应作为独立风险要素区别出来。

C　市场风险

市场风险是矿产资源开发利用中绝对风险要素。由于外部市场条件的不确定性而导致矿业开发利用的不确定性。对于祁漫塔格矿集区而言，因此判断该区市场条件的不确定性主要体现为矿产品价格、市场需求、产品竞争与可替代性三个方面。

D　政策风险

根据矿业政策的具体内涵，即国家或地区针对矿产资源勘查、开发、利用和保护所制定的产业政策。对于青海祁漫塔格矿集区而言，该区处于我国重点开发区，目前区内矿业开发建设时融资渠道、投融资政策支持力度、税收等政策相对较好，有利于矿业开发，但这类政策的延续性及更加严格环保政策的实施对该区的矿业开发都有一定影响。因此，其矿业政策主要涉及矿业金融政策、矿业财税政策、矿业环保政策三大内容。

E　自然生态风险

不合理的矿产资源开发利用，可能会引发地表沉陷、植被破坏、地下水位下降、水土流失和土地沙化等生态问题，严重影响到国土生态安全，直接威胁到当地群众的生产生活，部分地区生态破坏严重甚至生态失衡。对于祁漫塔格矿集区而言，该区矿产资源开发利用存在的自然生态风险主要表现为自然灾害、民族地区以及自然保护区规划三个维度。

结合风险评价指标体系构建原则，本研究构建了祁漫塔格金属矿集区矿产资源开发利用的风险评价指标体系见表4-81。

表 4-81　青海祁漫塔格金属矿集区矿产资源开发风险评价指标体系

目标层	风险类型	风险构成	矿集区实际风险状况
祁漫塔格金属矿集区矿产资源开发	资源风险	资源储量的可靠性	资源储量等级及探明率较低
		矿石的利于性	以铁、铜、铅锌、镍矿为主，但共伴生矿较多，局部矿石难选
		基础资料的不确定性	地质工作程度相对较低，工作单位参差不齐，基础资料可信度存在一定的不确定性
	生产风险	矿区基础设施	区域上基础设施建设较差，同时恶劣条件会导致基础设施建设的投资增大，在防冻、设备投入及备用设备的准备、防渗等方面投入都会加大

续表 4-81

目标层	风险类型	风险构成	矿集区实际风险状况
祁漫塔格金属矿集区矿产资源开发	生产风险	生产成本	该区处于高寒高海拔，运距长，选矿时药剂使用量高，设备运行功率强，成本要比别的地区高
		生产周期	部分矿区海拔高，冰冻期长，生产周期短
		水资源	区内处于高寒荒漠地区，企业生产首先确定水资源供给是否满足生产
	市场风险	矿产品价格	矿区内矿种价格历经多次变动，矿产品价格涨跌现象常有
		矿产品的市场需求	钢材去产能大背景下，铁矿市场供需的变化难以精准预测
		矿产品竞争与可替代	矿集区内产品产业链不长，高规格精粉冶炼不足，且区内矿床（矿点）较多，产品竞争力与可替代性存在风险
	政策风险	矿业金融政策	西部边缘地区，矿业开发落后，融资成本的高低不明确；当地政府对矿业投融资渠道的拓展与投融资机构的设置建设不足
		矿业财税政策	国家和当地政府鼓励该区资源开发；该区位于草原地区，草原补偿费与生态环境恢复治理成本的要求具有一定的差异
		矿业环保政策	该区为环境脆弱区，绿水青山就是金山银山背景下，环保政策收紧对该区矿业开发具有较大影响
	自然生态风险	自然灾害	地震、崩塌、弃渣滑坡和弃渣泥石流发生的频率、级别
		民族地区	该区处于少数民族地区，当地牧民对矿业开发的抵触心理高低需要明确
		自然保护区规划	虽然目前该区不处于自然保护区范围内，但该矿区属于青藏高原生态脆弱地区，为典型的高寒沼泽湿地，具有涵养水源、调蓄洪水以及保护植被等方面的功能和作用，区内如卡尔却卡工作区的部分区域水草丰茂，未来是否会划为保护区存在风险，因此生态功能区规划的调整可能会成为影响因素

4.5.1.2 风险评估

结合本书识别的主要风险因素及本书构建风险定性评估模型（本书第3.3.5节），对区内主要风险因素进行了风险等级定性评估，对各类风险发生可能性大小及造成的损害严重程度进行划分，为后期该区资源开发及管理提供参考。

A 资源储量的可靠性

从2009年的矿山资源储量报告到《青海省2014年矿产资源储量简表》，再到《2015 年储量核实报告修改》的内容来看，就矿集区整体而言，该矿集区的累计探明量和探明率还是偏低，资源储量类型整体以 333 为主，但是由于该区内外部条件的变化（勘探技术、区域经济社会发展、国家战略规划），祁漫塔格矿集区内的矿产资源查明量从整体而言是呈现上升的趋势，其探明率也逐渐提高，此外，随着国家矿产资源整装勘查项目的实施推进，勘探投入在近十年间均呈现上升的趋势，因此可以看出，该矿集区资源储量也会随之发生改变，但是具体会呈现何种趋势有一定的不确定性。此外，对于该矿集区内三个不同的工作区而言，由于资源储量的差异化，不同的工作区其经济社会效益也有所不同，因此资源储量的可靠性是矿集区矿产资源开发利用的基础要素，也是资源风险的构成要素之一。例如，卡尔却卡工作区某铜矿在开发利用前，对资源储量进行核算后得出该矿区存在大量的铜矿资源储量，通过价值估算认为具有可观的开发价值，而在生产开发后发现资源储量不足，而导致开发利用中带来大量亏损。再例如，区域上某金矿项目，前期勘查阶段勘查资源储量非常可观，因此开工建设设计为采矿能力 3 万吨、日处理能力 1000t 的，预计建成后经济收益非常可观，但后期生产时，矿山资源量严重不足，一直处于停产状态，采场采出的矿石只能满足选矿厂 2 个月的处理量，造成严重几亿损失。

结合祁漫塔格矿集区的实际发展状况及实地调研结果，对于该矿集区矿业开发而言，资源储量是矿业生产的最基本的物质基础，其可靠性会直接导致矿山无法生产，造成非常严重损失。根据风险等级模型，危害程度和可能性两个维度交叉，得出资源储量的可靠性风险等级为中等，风险矩阵见表 4-82。

表 4-82　祁漫塔格矿集区资源储量的可靠性风险矩阵

可能性严重度	微小	小	普通	严重	非常严重
几乎肯定会发生（频繁）					
很可能发生（常见）					
可能发生（偶尔）					
不太可能发生（少见）					
几乎不会发生（罕见）				★	

B　矿石的可选性

祁漫塔格矿集区矿种以铁、镍、铜、铅、锌等矿种为主，由于不同矿区内矿种分布、品位、矿石性质各不相同，且区内共伴生矿产资源较多，矿石资源从技术上而言是否可行，可选程度有多高是影响矿产资源开发利用的关键要素之一。例如，野马泉工作区某大型铁矿的矿体产于石炭纪的碳酸盐岩与岩体接触带，矿石矿物主要为磁铁矿，半自形粒状结构，浸染状、局部致密块状构造，脉石矿物有透辉石、绿帘石、石榴子石、方解石。由于矿体向深部的延深有限，受矽卡岩控制，虽然都为接触交代矽卡岩型矿产，但矿物成分却差异很大，多存在矿物共生包裹的情况，且泥质含量较高，矿石较难选，进而影响生产。

通过整理祁漫塔格矿集区大部分矿区开发利用的实际情况及区域矿石特点，得出矿区矿产资源开发利用由于矿石可选性而造成的风险事件是一个少见发生的事件，但是该事件发生后带来的影响除个别矿区外通常可以通过改善工艺流程等技术手段解决，因此其影响为一般。据此，得到的矿石可选性的风险等级见表4-83。

表4-83 祁漫塔格矿集区矿石可选性风险等级

可能性严重度	微小	小	普通	严重	非常严重
几乎肯定会发生（频繁）					
很可能发生（常见）					
可能发生（偶尔）					
不太可能发生（少见）			★		
几乎不会发生（罕见）					

C　基础资料的不确定性

从区域上资料情况来看，由于不同矿区地理位置的限制，其地质资料的收集情况也不尽相同。以拉陵灶火某金属矿为例，由于该工作区自然条件严峻且交通极为落后，因此矿区的地质资料的获取难度非常大，反观野马泉工作内的铁多金属矿，其勘探程度、水文地质特征及地质资料数据状况等较为丰富；卡尔却卡某铜矿虽然在基础资料收集过程中难度较小，内容丰富且详细，但在实际开发利用过程中却因为资源储量的不确定及资源潜在价值的误判带来了生产投资的巨大损失。据此可见，基础资料的丰富翔实程度和可信度都是该矿集区矿产资源开发利用关键风险要素之一。

结合现有的资料来看，目前整个矿集区由于基础资料不确定性导致的风险事故的频率不高，属于少见事件，但是由该风险要素引发的风险损失是较为突出的，一旦存在基础资料失真或者不够详细的问题，可能会造成较大的经济损失。基础资料的不确定性风险等级见表4-84。

表4-84 祁漫塔格矿集区基础资料的不确定性风险等级

可能性严重度	微小	小	普通	严重	非常严重
几乎肯定会发生（频繁）					
很可能发生（常见）					
可能发生（偶尔）					
不太可能发生（少见）				★	
几乎不会发生（罕见）					

D 矿区基础设施

根据项目组提供的资料显示，该矿集区分布在格尔木市内，虽然格尔木市经济发展态势较好，交通、供水供电设施较为完善，但是各工作区与格尔木市的距离均不相同，尤其是三大工作区内不同的矿区分布集中度不高，因此在基础设施建设方面存在很大的风险。例如，拉陵灶火工作区内的许多矿床电力供应基本条件、交通条件较差，矿床开发时上述条件达不到矿床开发的基本条件；同时区内开展基础设施建设时也面临地理位置及该区恶劣条件等问题，自然地理条件的先天限制，致使矿集区基础设施建设的投资增加，在防冻、设备投入及备用设备的准备、防渗等方面投入都需要格外增加投入预算，例如青海都兰某铅锌矿，高原地质条件复杂，地基经水浸泡后下沉严重，厂房出现沉降开裂，需要投入大量资金对此进行维护，对企业造成不必要的损失。

基础设施不完善及基础建设投资高是该矿集区常见的风险要素之一，但是由该风险要素引发的风险事故一般可以通过增加投入预算的方式加以规避，因此形成的风险等级见表4-85。

表4-85 祁漫塔格矿集区矿区基础设施风险等级

可能性严重度	微小	小	普通	严重	非常严重
几乎肯定会发生（频繁）					
很可能发生（常见）			★		
可能发生（偶尔）					
不太可能发生（少见）					
几乎不会发生（罕见）					

E 生产成本

该矿集区处于少数民族地区，经济、文化较为落后，区内除野马泉地区和卡尔却卡一带近年来建成的铁多金属矿山外，其他工、农业生产很少。（1）常住居民普遍较少且居住分散，工作区内地广人稀，综合而言该地区的劳动人口以外来人口为主，参与矿产资源开发利用的本地劳动力成本整体较高；（2）矿山建设除砂、石外，其他物资均需从格尔木购进；而矿集区以铁矿为主，需要大量货运，而部分矿区距离格尔木市较远，其运距较长，致使矿产品生产成本较高；（3）该区处于高寒高海拔地区，选矿时药剂使用量高，成本要高于其他地区；（4）受到矿区所在地理位置和自然环境条件的影响，在该矿集区内需要运行功率较强的设施设备，因此在开发利用中会增加生产成本。

综合整个矿集区开发利用现状，由于区位条件、经济社会发展条件的限制，该矿集区的生产成本较高，但是由该风险引发的损失为企业经济效益降低，据此，得出的风险等级见表4-86。

表 4-86　祁漫塔格矿集区生产成本风险等级

可能性严重度	微小	小	普通	严重	非常严重
几乎肯定会发生（频繁）				★	
很可能发生（常见）					
可能发生（偶尔）					
不太可能发生（少见）					
几乎不会发生（罕见）					

F　生产周期

该矿集区不同的矿区所在的海拔存在明显的差异，且水文地质、气候条件等都不尽相同，于该矿集区而言，生产周期风险源主要来自极端气候天气的影响。从整体上看，祁漫塔格矿集区位于柴达木盆地的西南部，为中纬度高海拔山区，由于受海拔、地形、纬度、大气环流等自然因素的影响，青海形成了独具特色的高原大陆性气候。该区气温地区分布差异大，垂直变化明显，日照时间长，辐射强。全年无霜期 30~90 天，冬季漫长、夏季凉爽。气候具高寒多风少雨、蒸发强烈、昼夜温差悬殊等典型内陆高原干寒的气候特征。这样的气候特征使得该矿区进行矿产资源开发利用时，矿集区能正常运作的工作时间很有限，例如，苍茫崖某铜矿（乌腊德），每年十月至翌年四月为冰冻期，一月份最低气温为 −27.2℃，八月份最高气温为 21.2℃，昼夜温差可达 29℃。历年平均西北风 38%，最高月份占 60%。年平均风速 5m/s，最大风速 22m/s，八级以上的风日数 105 天，多集中在三四月。从整体上看，该矿集区的生产周期主要集中在四月至十月，很多矿区常年低温，年平均工作时间最长约为 200 天，而生产周期短会导致企业生产时无法达到相应设计工作时间，企业产生亏损。例如，卡尔却卡某铜矿，由于海拔高，冰冻期长，导致生产周期短，其生产周期无法支持投资企业的设计周期，造成了一定的经济损失。

综合以上所述，该矿集区的部分矿床生产周期较短，该风险要素是一个偶尔的风险要素，但是由于该风险要素引发的风险事故或风险损失较小，主要造成成本的上升，且该风险要素是一个较容易被识别、容易被规避和控制的风险要素，因此在祁漫塔格矿集区矿产资源开发利用过程中，由生产周期这一风险要素形成的风险矩阵见表 4-87。

G　水资源

矿产资源开发利用中水资源的有无和多少是绝对性限制要素之一。无论是采矿、选矿还是冶炼中，对于矿山企业而言，没有水是绝对无法生存的，若是单一

表 4-87　祁漫塔格矿集区生产周期风险矩阵

可能性严重度	微小	小	普通	严重	非常严重
几乎肯定会发生（频繁）					
很可能发生（常见）		★			
可能发生（偶尔）					
不太可能发生（少见）					
几乎不会发生（罕见）					

的供电设施的不完备，还可以通过架电线的方式解决这一问题，可以通过增加成本的方式进行解决。但是对于祁漫塔格矿集区而言，部分矿区存在水资源严重缺乏，供水紧缺，致使用水成本非常高且不利于整个矿区矿产资源开发生产。例如，拉陵灶火工作区某铜镍矿区，矿区内无水源提供生产用水，只能从 35 公里以外的地下水量较丰富的山前洪积扇中打井取水，然后铺设管道引至矿区提供生产、生活用水，代价比较昂贵。

祁漫塔格矿集区矿产资源开发利用过程中，由于该区地处高寒荒漠干旱地区，水资源条件限制是绝大部分矿区都会面临的风险要素，因此是一个很可能发生的风险源，而且一旦出现水资源紧缺的情况，对于矿山企业而言会造成严重的经济负担和经济损失。据此，得出的水资源风险矩阵见表 4-88。

表 4-88　祁漫塔格矿集区水资源风险矩阵

可能性严重度	微小	小	普通	严重	非常严重
几乎肯定会发生（频繁）					
很可能发生（常见）				★	
可能发生（偶尔）					
不太可能发生（少见）					
几乎不会发生（罕见）					

H　矿产品价格

该矿集区内的主要矿种在近 10 年间，其矿产品价格均有不同程度的变动，且部分矿产品的价格波动非常大，多次出现价格的上升与下跌。因此，本项目组将矿产品价格的波动变化拟为该矿集区矿产资源开发利用市场风险中重要风险要素之一。例如，野马泉铁矿建矿时铁矿价格较高，因此虽然成本高，但也可以承受，后期铁矿价格下跌时，矿山生存面临困境。

对于祁漫塔格矿集区而言，价格波动带来的风险最突出体现为生产成本高于矿产品的售价，但是价格剧烈变动的可能性相对较小，属于可能发生的风险要素，但是一旦价格波动较大，影响的程度较大，因此构成的风险矩阵见表 4-89。

表 4-89　祁漫塔格矿集区矿产品价格风险矩阵

可能性严重度	微小	小	普通	严重	非常严重
几乎肯定会发生（频繁）					
很可能发生（常见）					
可能发生（偶尔）				★	
不太可能发生（少见）					
几乎不会发生（罕见）					

I　矿产品市场需求

根据《2018—2023 年中国矿产品行业市场深度分析及投资战略研究报告》预测，西北地区矿产品行业的发展前景较为乐观，随着西部经济发展的条件完善、发展战略规划的逐步实施，促进西部地区发展生态经济的方针政策已经全面展开。同时，由于东中部地区的矿产资源储量、经济发展模式的转轨，基础矿产资源的需求短时间内不会减少，因此对于祁漫塔格矿集区而言，其市场需求可能会呈现减缓上升的趋势。但是，鉴于祁漫塔格矿集区内矿产资源种类较为丰富，部分矿产品的市场需求趋于平缓，而有色金属、铁等的市场需求依旧很大，但是对于该矿集区铁矿而言，该区的铁矿主要卖给西钢企业，西钢企业能否稳定消费本地区的铁还存在一定的不确定性。2015 年冬至 2016 年春，在国内钢铁行业产能严重过剩，钢材价格持续下跌，在全行业严重亏损的情况下，西钢集团同时还面临资金短缺、气候、事故等因素影响，使企业生产雪上加霜，企业进入近两年最低谷时期。为了扭转形势，西钢集团先后与中铁二局反复协商加大合作以缓解资金压力，取得多方支持后逐步恢复生产规模。2017 年第 1 季度，西钢集团整体呈现"量、价"齐升态势，有效地助推了全市工业的快速增长。2016 年西钢集团全年亏损 4 亿元，同比减亏 5.2 亿元。2017 年第 1 季度亏损 0.5 亿元，同比减亏 1.1 亿元，扭转了深度亏损局面。西钢集团虽然度过了历史的最低谷期，但所有的变化也仅是相对的改善，总体形势还依然严峻，因此对于该矿区而言，矿产品市场需求稳定性方面还存在一定的风险。

根据矿集区内其他矿种及现在的发展趋势来看，矿产品市场需求的风险发生的可能性是存在的，但是一旦发生市场需求急剧变化，其影响的程度较大，因此构成的风险矩阵见表 4-90。

J　矿产品竞争与可替代

祁漫塔格矿集区矿产资源开发利用的矿产品可替代性的风险主要是受该矿集

表 4-90 祁漫塔格矿集区矿产品市场需求风险矩阵

可能性严重度	微小	小	普通	严重	非常严重
几乎肯定会发生（频繁）					
很可能发生（常见）					
可能发生（偶尔）					
不太可能发生（少见）				★	
几乎不会发生（罕见）					

区资源潜力和开发程度的影响。祁漫塔格地处我国西北地区，区内铁等资源整体上供应西宁、格尔木等西北地区建设，具备一定区位优势；矿集区内有大型镍矿-夏日哈木镍矿，该镍矿区的储量丰富，且品位较高，对于国内而言，镍矿资源为相对短缺资源，可替代性较低。但祁漫塔格金属矿集区内矿产生产公司生产产品产业链不长，高规格精粉冶炼不足，因此竞争性相对不足；通过对区内矿山公司的调研统计情况来看，区内各矿山选矿、采矿成本也不尽相同，换言之，对这些不同的矿区公司而言，生产上存在一定的不确定性，成本收益存在一定的风险，其带来的竞争风险也存在。综合而言，该矿集区矿产品竞争与可替代性是一个不太可能会发生的风险，其发生带来的严重程度也比较小，因此形成了表 4-91 所示的风险矩阵。

表 4-91 祁漫塔格矿集区矿产品竞争与可替代风险矩阵

可能性严重度	微小	小	普通	严重	非常严重
几乎肯定会发生（频繁）					
很可能发生（常见）					
可能发生（偶尔）					
不太可能发生（少见）		★			
几乎不会发生（罕见）					

K 矿业金融政策

祁漫塔格矿集区矿产资源开发利用的矿业金融政策主要体现在，市场参与矿产资源开发利用时融资渠道和投融资政策支持力度方面。对于矿集区矿产资源开发利用的金融政策风险主要是融资成本的问题造成的金融风险。由于祁漫塔格矿集区位于西部边缘地区，经济社会发展和矿业开发整体比较落后，因此在矿产资源开发利用的投融资方面，很多投融资主体考虑到上述要素，会在一定程度上降低该地区矿产资源开发的投资力度。但国家和当地政府将该区划为重点开发区，往往在政策上会有一定的优惠政策。由此可见，祁漫塔格矿集区矿产资源开发利用中，虽然产生该风险的可能性较低，一般几乎不太可能发生且影响程度为较小，但是矿业金融政策的不确定性也是风险源之一，据此得出的矿业金融政策风险矩阵见表4-92。

表4-92 祁漫塔格矿集区矿业金融政策风险矩阵

可能性严重度	微小	小	普通	严重	非常严重
几乎肯定会发生（频繁）	中		高		极端
很可能发生（常见）	低				
可能发生（偶尔）					
不太可能发生（少见）					
几乎不会发生（罕见）		★			

L 矿业财税政策

矿集区矿产资源开发利用的财税政策风险，主要是受到当地（青海省格尔木市）政策规划的影响，即对矿业经济发展的支持力度与支持方式。例如，祁漫塔格矿集区部分属于草原地区，其草原补偿费是财税政策风险构成的一个重要组成；环境治理恢复保证金也是该矿集区矿产资源开发面临的财税政策风险的影响因素之一。《青海省矿山环境治理恢复保证金管理办法》规定，按照"谁开发、谁保护，谁破坏、谁治理，谁受益、谁缴纳"的原则，凡在青海省境内从事矿产资源开采活动的采矿权人，均须按照本办法的规定，存储保证金，此外，矿山环境治理恢复保证金的存储标准，按照不低于基本治理费用的原则，根据矿区登记面积、开采方式及其对矿山环境的影响程度确定。

由此可见，祁漫塔格矿集区在矿产资源开发利用时，生态环境恢复治理成本和生态补偿费用的高低是重点关注的风险要素。该区较东部地区矿业生产成本高，但国家与地方对该区矿业开发持鼓励与支持态度，一旦矿业财税政策发生变化，对于矿集区开发方式和开发力度等都会造成不同程度的影响。

结合近年来我国青海矿业发展的财税政策来看，矿业财税政策引发的风险是一个罕见的风险事件，但是影响程度对于企业开发而言属于中等，据此形成的风险矩阵见表4-93。

表4-93 祁漫塔格矿集区矿业财税政策风险矩阵

可能性严重度	微小	小	普通	严重	非常严重
几乎肯定会发生（频繁）					
很可能发生（常见）					
可能发生（偶尔）					
不太可能发生（少见）					
几乎不会发生（罕见）			★		

M 矿业环保政策

祁漫塔格矿集区内矿产资源丰富，其矿业经济的发展是格尔木市乃至整个青海省经济社会发展不可缺少的重要资源，但同时由于该区为环境脆弱区，因此环境保护是高原生态环境保护的关键构成，尤其是在绿水青山就是金山银山的发展背景下，环境保护更为重要。

在矿业环保政策越来越严格的情况下，矿山生产过程中若不注重对环境的保护会一定程度上导致矿山无法生存。例如《中华人民共和国环境保护税法》第五条规定"企业事业单位和其他生产经营者贮存或者处置固体废物不符合国家或者地方环境保护标准的，应当缴纳环境保护税"；再如卡尔却卡地区某矿床生产过程中会破坏区域上的水草，不符合保护生态环境的政策，进而被勒令停止生产。由此可见，对于矿产资源开发利用的环境保护备受关注，矿业环保政策也将成为漫塔格矿集区矿产资源开发利用可能面临的重要风险要素。在保护生态环境越来越受重视的情况下，矿业的环保政策将会越来越严格，而且矿山企业如果不注重环境保护，其损失也比较严重，所以需要重点考虑。因此，形成表4-94所示的风险矩阵。

表4-94   祁漫塔格矿集区矿业环保政策风险矩阵

可能性严重度	微小	小	普通	严重	非常严重
几乎肯定会发生（频繁）					
很可能发生（常见）				★	
可能发生（偶尔）					
不太可能发生（少见）					
几乎不会发生（罕见）					

N 自然灾害

祁漫塔格整装勘查区位于青藏高原，新构造运动活跃，斜坡岩土体结构稳定性差，冻土、盐渍土和黄土等特殊类土发育，以致地质构造、岩土性质、地形地貌、气象水文密切相关的崩塌、滑坡、泥石流、地面塌陷及冻胀沉陷、沙漠风蚀、黄土湿陷和水土流失等自然灾害分布广。具体到矿山，根据实地调研，矿集区内矿床生产时几乎很少见到大规模的崩塌、弃渣滑坡和弃渣泥石流隐患。根据环境地质调查资料，未来进行开采后当矿层浅埋区或断层破碎带附近的采矿冒落裂隙扩展到地表时，会出现地面沉降、地裂缝、塌陷，还可能引起滑坡、崩塌，给采矿活动造成影响；此外，位于矿层浅埋区或断层破碎带附近采矿时，由于矿层顶板冒落裂隙带可能扩展到地面，或者地应力场、地下水流场的改变使断层破碎带导水性增高，使地表水、地下水与矿坑沟通，可能造成坑内透水事故，从而造成塌陷的可能，虽然上述事故可能性非常小，但以上是在矿山开采设计时应该考虑的具体要素。对该矿区矿产资源开发利用的自然灾害的等级大小、可能性的预测评估事实上还存在一定的难度，难以精准把握，与此同时，自然灾害造成的经济、社会效益损失的大小也是该矿集区矿产资源开发利用中面临的关键风险要素。因此，形成表4-95所示的风险矩阵。

表4-95　祁漫塔格矿集区自然灾害风险矩阵

可能性严重度	微小	小	普通	严重	非常严重
几乎肯定会发生（频繁）					
很可能发生（常见）					
可能发生（偶尔）					
不太可能发生（少见）					
几乎不会发生（罕见）				★	

O　民族地区

祁漫塔格矿集区处于少数民族地区，矿集区内主要以藏族、回族和蒙古族等为主，对于该矿集区的矿产资源开发利用风险评估，综合考量当地牧民对矿业开发的态度是非常关键且必要的。通过项目组实地调研经历，发现事实上在该矿集区当地牧民对矿业开发存在一定的抵触心理，偶发群体性事件。本项目组认为，造成该类风险的原因主要包括：（1）由于东中西三部经济社会发展还存在较大的差距，因此在区域协调发展上，西部地区整体存在平衡不充分的问题，而矿产资源开发利用一直从当地廉价获取矿产资源，但未给本地居民带来同等可观的经济利益；（2）少数民族文化也存在着一定的区别，由于矿产资源开发利用会对当地生态造成一定程度上的破坏，尤其是对本土化的资源保护方面，对游牧民族的牧民而言，原始资源禀赋是神圣且珍贵的，不愿意将其开发利用；（3）矿产资源开发利用行为在涉及项目决策、规划和实施的过程中，缺少当地少数民族的参与；（4）在往期的项目建设中，可能存在矿山企业或者当地政府与本地居民交流不顺畅的情况，或者由于前期宣传沟通工作不足，致使当地牧民对矿业开发支持意愿不足。在祁漫塔格矿集区内，以少数民族居民为主，从整体调研情况来看，民族地区的矛盾发生属于偶发性风险，但是该风险一旦发生，会产生严重的后果，因为当地居民的极力反对或是阻挠会引发一系列问题，进而可能导致矿山停产，因此该风险构成的风险矩阵见表4-96。

P　自然保护区规划

虽然目前该矿集区整体不在自然保护区规划范围内，但是由于青海位于我国西部生态脆弱区，同时又是三江源头，其生态功能屏障地位和作用十分突出，因

表 4-96　祁漫塔格矿集区民族地区风险矩阵

可能性严重度	微小	小	普通	严重	非常严重
几乎肯定会发生（频繁）					
很可能发生（常见）					
可能发生（偶尔）				★	
不太可能发生（少见）					
几乎不会发生（罕见）					

此在青海进行矿产资源开发利用时必须首要关注的是自然保护区规划问题。据目前青海自然保护区的发展现状来看，已经形成了涵盖全省三江源区、青海湖流域、祁连山地、柴达木盆地和黄河干流五大地理区域。自 2000 年以来，该省新建国家级和省级保护区 8 处，面积占 16.8 万平方千米。当前，我国拉动内需建设和促进藏区发展政策的同时，环境保护开发的呼声和要求越来越强烈。因此，矿集区内矿床开发时充分考虑保护区的规划是非常有必要的。从目前的整体形势上看，虽然自然保护区规划的变更属于少见的小概率事件，但是一旦某矿区被纳入或者退出自然保护区规划，其影响将直接导致矿山无法生产。因此，构成的风险矩阵见表 4-97。

表 4-97　祁漫塔格矿集区自然保护区规划风险矩阵

可能性严重度	微小	小	普通	严重	非常严重
几乎肯定会发生（频繁）					
很可能发生（常见）					
可能发生（偶尔）					
不太可能发生（少见）					
几乎不会发生（罕见）					★

Q　综合识别分析

通过定性化地描述并结合祁漫塔格矿集区的实际情况，可以对矿集区内矿业开发时需要考虑的主要风险进行风险评级，具体见表 4-98。通过对 16 个风险要素的分析，可以得出：生产成本为各类风险中等级最高的风险，为极高风险，表明该区整体上矿业生产成本较高，在进行矿业活动时，投资决策者必须要充分考虑到当地实际情况，保证在较高生产成本情况下，企业仍能运营盈利，矿床才能开发；风险等级为高风险的要素主要有矿区基础设施、水资源、矿业环保政策、民族地区等，在矿业生产时，需要考虑上述风险并进行详细分析，提出相应的解决措施，以保证矿业项目在未来开发时避免发生不必要的损失；处于一般风险的主要有资源储量的可靠性、矿石的可选性、基础资料的不确定性、生产周期、矿产品价格、矿产品市场需求等，需要因地制宜根据矿床实际情况综合考虑。

表 4-98　祁漫塔格矿集区矿产资源开发利用关键风险要素风险矩阵

风险类型	风险构成	可能性	影响程度	综合影响	综合影响说明
资源风险	资源储量的可靠性	罕见	非常严重		一般风险
	矿石的可选性	少见	普通		一般风险
	基础资料的不确定性	少见	严重		一般风险
生产风险	矿区基础设施	常见	普通		高风险
	生产成本	频繁	严重		极高风险
	生产周期	常见	微小		一般风险
	水资源	常见	严重		高风险
市场风险	矿产品价格	偶尔	严重		一般风险
	矿产品市场需求	少见	严重		一般风险
	矿产品竞争与可替代	少见	小		低风险
政策风险	矿业金融政策	罕见	小		低风险
	矿业财税政策	罕见	普通		一般风险
	矿业环保政策	常见	严重		高风险
自然生态风险	自然灾害	罕见	普通		低风险
	民族地区	偶尔	严重		高风险
	自然保护区规划	罕见	非常严重		一般风险

注：绿色区域为低风险，可忽略；黄色区域为一般风险，采取相应措施不影响项目；橙色区域为高风险，需要改变相应方案来规避这类风险；红色区域代表极高风险，出现这类风险除非有完全的解决措施，否则项目不可行。

4.5.2　风险分析

依托本书上一节中提出的资源风险、生产风险、市场风险、政策风险、自然生态风险五大风险类型 16 个关键性风险要素，探索运用层次分析法与构建相应风险评估模型与评价体系，对该区风险进行定量评估与分析。

4.5.2.1　风险评估模型

A　层次分析法的运用步骤

层次分析法确权主要包括 4 个步骤，其中判断矩阵的构建和单排序及一致性检验较为关键。具体步骤及内容如下所示。

（1）构建阶梯层次结构。层次分析法的结构层次一般由目标层、准则层和方案层（指标层）构成，如图 4-52 所示。

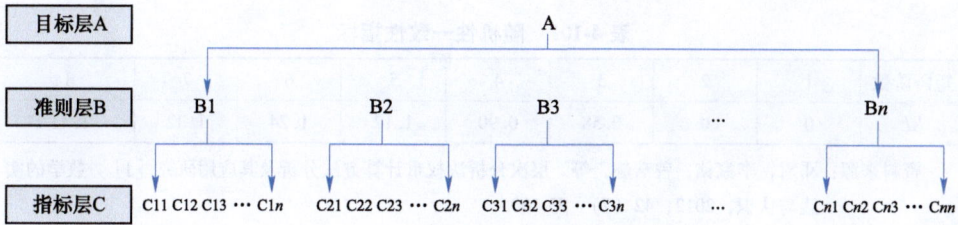

图 4-52　阶梯层次指标体系结构

（2）构建两两比较矩阵。两两比较矩阵是指在相对于上一层次而言各指标之间的相对重要性，一般由专家进行判定，矩阵标度选用 1~9 标度法或 0.1~0.9 标度法。标度量及含义见表 4-99。

表 4-99　层次分析法两两比较矩阵 1~9 标度

标度 b_{ij}	含义	说明
$b_{ij} = B_i/B_j = 1$	同等重要	B_i 与 B_j 相比，两者同等重要
$b_{ij} = B_i/B_j = 3$	稍微重要	B_i 与 B_j 相比，B_i 比 B_j 稍微重要
$b_{ij} = B_i/B_j = 5$	明显重要	B_i 与 B_j 相比，B_i 比 B_j 明显重要
$b_{ij} = B_i/B_j = 7$	非常重要	B_i 与 B_j 相比，B_i 比 B_j 非常重要
$b_{ij} = B_i/B_j = 9$	绝对重要	B_i 与 B_j 相比，B_i 比 B_j 绝对重要
$b_{ij} = B_i/B_j = 2, 4, 6, 8$	中间值	上述相邻判断的中间值
倒数	相反比较	若 $B_i/B_j = b_{ji}$，那么 $b_{ji} = 1/b_{ij}$

根据上述结构层次及对比矩阵，合成 *A-B* 矩阵，见表 4-100。

表 4-100　以 *A-B* 矩阵为例形成的判断矩阵

A	B_1	B_2	B_3	...	B_n
B_1	1	B_{12}	B_{13}	...	B_{1n}
B_2	B_{21}	1	B_{23}	...	B_{2n}
B_3	B_{31}	B_{32}	1	...	B_{3n}
⋮	⋮	⋮	⋮	1	⋮
B_n	B_{n1}	B_{n2}	B_{n3}	...	1

单排序及一致性检验。T. L. Satty 提出用 *CR*（一致性比率）检验矩阵一致性，$CR = CI/RI$，当 $CR < 0.1$ 时，表示矩阵一致性较好。其中，*RI* 为既定的随机性一致性指标，具体见表，$CI = \lambda_{\max} - n/n - 1$（$\lambda_{\max}$ 是矩阵的最大特征值，n 为判断矩阵的行数，也即层次子系统中的指标个数）。

随机性一致性指标见表4-101。

表 4-101　随机性一致性指标

矩阵阶数	1	2	3	4	5	6	7	8
RI	0	0	0.58	0.90	1.12	1.24	1.32	1.41

资料来源：邓雪，李家铭，曾浩健，等.层次分析法权重计算方法分析及其应用研究［J］.数学的实践与认识，2012，42（7）：93-100.

B　模糊综合分析法的运用步骤

模糊综合评价法主要包含 5 个步骤，分别是确定评价指标集即构建评价指标体系、确定指标评价判定集、评价指标赋值确定权重、单因素模糊评价、多因素综合评价，综合评估结果对应第一步的判定评价集，得到最终评价等级。据此步骤构建评价模型如下所示。

（1）确定评价对象指标集。假设评价指标体系共有 m 个指标，则指标集为 $\cup = \{U_1, U_2, U_3, \cdots, U_m\}$，第 i 项评价指标表示为 U_i，其中 $i = 1, 2, 3, \cdots, m$；　　　　　　　　　　　　　　　　　　　　　　　（4-1）

（2）确定指标评价判定集。指标评价判定是指对各指标做出定性初步判定，一般而言包括优秀、良好、一般、差、非常差或者高、中、低的判定等级。假定集合 $\cup$ 对应的评价等级为 V_j，$j = 1, 2, 3, \cdots, m$，那么 n 个指标的评价等级表示为 $V = \{V_1, V_2, V_3, \cdots, V_n\}$；　　　　　　　　　　　　　　　（4-2）

（3）评价指标赋值确定权重。由于各指标的重要性不同，因此指标赋值及确定权重是多因素评价的关键。指标权重的计算方法一般有两种，一是专家赋值法，二是运用层次分析法进行确权。设共有 m 个指标，每个指标的权重为 $a_i (i = 1, 2, 3, \cdots, n)$，$a_i \in [0, 1]$，则权重集为 $A = \{a_1, a_2, a_3, \cdots, a_n\}$，且 $a_1 + a_2 + a_3 + \cdots + a_n = 1$；　　　　　　　　　　　　　　　　（4-3）

（4）单因素模糊评价。运用专家打分法确定各评价因素隶属评价等级程度，从而确定单个因素对于评价几个的隶属关系。假定式（4-1）中第 i 个因素对于式（4-2）中第 j 个评价等级的隶属度为 r_{ij}，那么 U_i 对于 V 的隶属关系为 $R_i = \{r_{i1}, r_{i2}, r_{i3}, \cdots, r_{in}\}$；所有因素对应的 R_i 综合得到从 U 到 V 的模糊综合矩阵。

$$R = (r_{ij}) = \begin{Bmatrix} R_1 \\ R_2 \\ R_3 \\ \vdots \\ R_m \end{Bmatrix} = \begin{bmatrix} r_{11} & r_{12} & r_{13} & \cdots & r_{1n} \\ r_{21} & r_{22} & r_{23} & \cdots & r_{2n} \\ r_{31} & r_{32} & r_{33} & \cdots & r_{3n} \\ \vdots & & & & \\ r_{m1} & r_{m2} & r_{m3} & \cdots & r_{mn} \end{bmatrix} \qquad (4-4)$$

（5）多因素综合评价。多因素综合评价是指用合适的算子将式（4-3）中的 A 与式（4-4）中得到的模糊评价集 R 合成，最终得到综合评价结果向量 B。

$$B = A \circ R = (a_1, a_2, a_3, \cdots, a_n) \circ \begin{bmatrix} r_{11} & r_{12} & r_{13} & \cdots & r_{1n} \\ r_{21} & r_{22} & r_{23} & \cdots & r_{2n} \\ r_{31} & r_{32} & r_{33} & \cdots & r_{3n} \\ \vdots & \vdots & \vdots & \ddots & \vdots \\ r_{m1} & r_{m2} & r_{m3} & \cdots & r_{mn} \end{bmatrix} = (b_1, b_2, b_3, \cdots, b_n)$$

上述式中，"∘"即为算子，算子的确定需要根据具体情况进行确定，一般而言，算子包括 $M(\wedge, \vee)$、$M(\bullet, \vee)$、$M(\wedge, \oplus)$、$M(\bullet, \oplus)$ 四类。

（6）合成算子的选取。$M(\wedge, \vee)$：Zadeh 算子，又称"取大取小算子"，在决策分析中不确定型决策问题的乐观主义准则就是采取的取大取小的方法。在模糊综合评判中，由于取大取小有很好的代数性质，而且算法思路清晰、运算简单、易于掌握，是模糊综合评判的首选方法。运算规则为：$b_j = \bigvee_{i=1}^{n} (a_i \wedge r_{ij})(j = 1, 2, \cdots, m)$。从运算规则可以看出：$a_i$ 是 r_{ij} 的上限，即在合成 U 的评价对任何评判标准 V_j 的隶属度都不能大于 a_i，而且该算法只考虑 r_{ij} 中最大那个起作用的因素，而忽略了其他一些次要因素。可见，这是一种"主因素决定型"的合成方式。用该合成方式，与 b_j 与有关的 R 阵中的数据只有几个，淘汰的信息太多，利用的信息太少，这些对于实际问题的刻画是很不利的。用 Zadeh 算子评判的问题应满足：因素集中的各因素相互独立，各因素状态间不能相互补偿；因素集中单因素的满意度在综合评价中的作用不能超过其权重比例；评价结果受权重影响。$M(\bullet, \vee)$：最大乘积算子，运算规则为：$b_j = \bigvee_{i=1}^{n} (a_i \cdot r_{ij})(j = 1, 2, \cdots, m)$。从运算规则可以看到，对 r_{ij} 乘以小于 1 的权重 a_i，表明 a_i 是在考虑多因素时 r_{ij} 的修正值，直接决定 b_j 的 R 阵中的数据不一定是每列中最大的那个数，它不仅要求 r_{ij} 大，而且也要求所对应的 a_i 也大，可见 a_i 在这里起了权衡因素重要性的作用，在这种合成算子中，与 b_j 有关的 R 阵的数据也只有几个，最终合成中淘汰的信息也很多，可见这是一种"主因素突出型"。该合成算子适应的评判问题应满足：因素集中的各因子是相互独立的，且各因素间不能相互补偿。

$M(\bullet, \oplus)$ 运算规则为：$b_j = \sum_{i=1}^{n} (a_i \cdot r_{ij})(j = 1, 2, \cdots, m)$。可见直接决定 b_j 大小的是 R 阵中的每一个元素 r_{ij} 与权重 a_i，每个因素对评判结果都有一定的贡献，只是轻重不同而已。因此，这是一种"加权平均型"。该合成算子适应的评判问题应满足：因素集中的各因素之间允许以优补劣，相互补偿；当因素集中各因素的权重分布比较平衡时，该评价模型的可信度较高。$M(\wedge, \oplus)$ 运算规则为：$b_j = \sum_{i=1}^{n} \left(a_i \wedge \dfrac{r_{ij}}{\sum_{i=1}^{n} r_{ij}} \right) (j = 1, 2, 3, \cdots, m)$。由运算规则可以看出，用该算子进行评判，首先是将模糊评判矩阵的列向量归一化，再用 a_i 进行限制而得到评判结果，此时，a_i 是 $\dfrac{r_{ij}}{\sum\limits_{i=1}^{n} r_{ij}}$ 的上限，即在合成 U 的评价对任何评判标准的 V_j 隶属度都不能大于 a_i。而且在评判过程中，与"$M(\oplus, \bullet)$"相同每个因素对评判结果都有一定贡献，只是轻重不同。因此又称"均衡平均型"。与"$M(\oplus, \bullet)$"相同，该算子适合评价的问题应满足因素集中的各因素之间允许以优补劣，相互补偿。

C 矿产资源开发利用风险综合指数测算

根据前文计算所得的结果，由公式指标权重系数和综合评价矩阵，$\boldsymbol{M}_i = \boldsymbol{W}_{Bi} \times \boldsymbol{R}_i$（$i = 1, 2, 3, \cdots, 11$）得到三级指标层的综合评价向量，并对结果向量进行量化，量化结果用 N_i 表示。则：$N_i = B_i \times \boldsymbol{V}^T$。

鉴于本文所研究的青海矿产资源开发利用风险是在资源风险概率分析、生产风险分析、市场风险分析和政策风险及生态风险分析的基础上获得的，所以青海矿产资源开发风险综合指数可用资源风险概率指数、生产风险概率指数、市场风险指数、政策风险概率指数及生态风险概率之和来表达，即用以下数学模型来表示：

$$FX = RX + OX + MX + PX + EX$$

在该式中 FX 为青海矿产资源开发风险综合指数；RX 为资源风险概率指数；OX 为生产风险概率指数；MX 为市场风险概率指数；PX 为政策风险概率指数；EX 为生态风险概率指数。其中资源风险概率指数 RX 的综合评估模型为：

$$RX = \sum_{i=1}^{n} W_{ci} N_i$$

式中，W_{ci} 是各要素的权重值；N_i 是评价体系中各要素的加权分值；i 是评价体系中的要素个数。

其他的指数评价模型与以上的计算模型相似。

青海矿产资源开发风险分级标准见表 4-102。

表 4-102　青海矿产资源开发风险分级标准

等级	低风险	较低风险	一般风险	较高风险	高风险
FX	< 2	2 ≤ FX < 4	4 ≤ FX ≤ 6	6 < FX ≤ 8	> 8

资料来源：严美燕. 青海矿产资源开发生态风险评价研究 [D]. 青海大学，2017.

4.5.2.2　风险分析结果

矿集区资源开发利用风险因子权重的确定主要是根据层次分析法的核心-构建两两对比矩阵进行确权。因此，本研究根据构建的评价模型、评价方法及评价步骤，对该矿集区资源开发利用各风险因子赋予权重。层次分析法中使用到的两两比较矩阵确权法主要是依托专家打分法，即根据该领域内有经验的专家学者对该矿集区资源开发利用的风险因子进行两两对比评分，对评估的风险因子进行确权。

A 层次分析法确权

根据得到的数据，本研究首先利用加权平均值法对所得数据进行了处理，得到的最终单排序及综合排序权重见表 4-103。

表 4-103 祁漫塔格金属矿集区资源开发利用风险因子权重

目标层	准则层	指标层	综合权重
祁漫塔格金属矿集区资源开发利用风险评估	资源风险（0.069）	资源储量的可靠性（0.484）	0.033
		矿山的可选性（0.168）	0.012
		基础资料的不确定性（0.349）	0.024
	生产风险（0.307）	矿区基础设施（0.084）	0.026
		生产成本（0.521）	0.160
		生产周期（0.094）	0.029
		水资源（0.301）	0.092
	市场风险（0.131）	矿产品价格（0.652）	0.085
		矿产品市场需求（0.235）	0.031
		矿产品竞争与替代（0.113）	0.015
	政策风险（0.203）	矿业金融政策（0.388）	0.029
		矿业财税政策（0.274）	0.063
		矿业环保政策（0.214）	0.111
	自然生态风险（0.290）	自然灾害（0.158）	0.046
		民族地区（0.548）	0.159
		自然保护区规划（0.294）	0.085

B 模糊综合等级评定

矿集区资源开发利用风险评估与经济效益评估、社会效益评估不同，风险评估的因子都是不确定因素，一般而言，在评估过程中是没有明确的参照依据的，只能根据该矿集区的实际发展情况结合评估因子的内外部条件进行综合分析，在综合分析现状的基础上确定模糊综合矩阵。在本研究中首先根据模糊综合评价对整体矿集区进行综合评估，依托整体资源开发利用环境进行模糊综合评价，然后根据最大隶属度原则对该矿集区内的其他典型矿区进行分类评估。

根据模糊综合评价法的内容及有关步骤，首先是运用专家打分法确定各评价因素隶属评价等级程度，从而确定单个因素对于评价等级的隶属关系。风险评估的等级划定与其他的评估不同，具有专门的规定，即一般而言风险评估等级为低、较低、一般、较高、高五级。结合评价过程，本研究选取了 20 名代表的评估意见，将所有因素对应的评价等级综合后得到的模糊综合矩阵见表 4-104。

表 4-104　祁漫塔格矿集区资源开发利用单一风险因素模糊综合表

风险评价模糊因素	低	较低	一般	较高	高
资源储量的可靠性	0.4	0.35	0.15	0.05	0.05
矿山的可选性	0.25	0.3	0.4	0.05	0
基础资料的不确定性	0.2	0.25	0.4	0.15	0
矿区基础设施	0.05	0.15	0.6	0.1	0.1
生产成本	0	0.05	0.15	0.7	0.1
生产周期	0	0.1	0.05	0.75	0.1
水资源	0.05	0.05	0.05	0.7	0.15
矿产品价格	0.25	0.25	0.3	0.15	0.05
矿产品市场需求	0.15	0.2	0.45	0.1	0.1
矿产品竞争与替代	0.1	0.1	0.7	0.05	0.05
矿业金融政策	0.1	0.3	0.5	0.1	0
矿业财税政策	0.05	0.2	0.55	0.15	0.05
矿业环保政策	0.05	0.05	0.1	0.75	0.05
自然灾害	0.1	0.5	0.35	0.05	0
民族地区	0.1	0.1	0.25	0.4	0.15
自然保护区规划	0.1	0.15	0.4	0.3	0.05

根据模糊综合评价的步骤，在得到了单因素模糊综合矩阵之后，再进行多因素综合评价。最终得到综合评价结果向量。根据提出的各算子的定义及运算公式，本研究将选用"加权平均型"算子，因为该算子得出的评价模型可信度较高，且每一个因素的权重都对其产生了影响。根据前文得到的评判矩阵为：

$$R = \begin{bmatrix} 0.4, & 0.35, & 0.15, & 0.05, & 0.05 \\ 0.25, & 0.3, & 0.4, & 0.05, & 0 \\ 0.2, & 0.25, & 0.4, & 0.15, & 0 \\ 0.05, & 0.15, & 0.6, & 0.1, & 0.1 \\ 0, & 0.05, & 0.15, & 0.7, & 0.1 \\ 0, & 0.1, & 0.05, & 0.75, & 0.1 \\ 0.05, & 0.05, & 0.05, & 0.7, & 0.15 \\ 0.25, & 0.25, & 0.3, & 0.15, & 0.05 \\ 0.15, & 0.2, & 0.45, & 0.1, & 0.1 \\ 0.1, & 0.1, & 0.7, & 0.05, & 0.05 \\ 0.1, & 0.3, & 0.5, & 0.1, & 0 \\ 0.05, & 0.2, & 0.55, & 0.15, & 0.05 \\ 0.05, & 0.05, & 0.1, & 0.75, & 0.05 \\ 0.1, & 0.5, & 0.35, & 0.05, & 0 \\ 0.1, & 0.1, & 0.25, & 0.4, & 0.15 \\ 0.1, & 0.15, & 0.4, & 0.3, & 0.05 \end{bmatrix}$$

$A = (0.033, 0.012, 0.024, 0.026, 0.160, 0.029, 0.092, 0.085, 0.031, 0.015,$
$0.029, 0.063, 0.111, 0.046, 0.159, 0.085)(A$ 为权系数），则 $B = A \circ R =$
$(0.06, 0.06, 0.56, 0.31, 0)$，根据最大隶属度原则，整体风险向量量化按照
0.56 对应值进行计算。

C 风险综合指数测算

根据上述评价模型，计算得到资源风险概率指数为 0.37，生产风险概率指数
为 1.76，市场风险概率指数为 0.73，政策风险概率指数为 1.08，自然生态风险
概率指数为 1.46，综合得到祁漫塔格矿集区矿产资源开发利用的风险指数为
5.39。根据指数区间，处于一般风险区。

D 风险评估结果

通过模型方法测算，得到的祁漫塔格矿集区矿产资源开发利用的综合风险指
数为 5.39，处于一般风险等级区间内。其中，资源风险指数为 0.37，生产风险
指数为 1.76，市场风险指数为 0.73，政策风险指数为 1.08，自然生态风险指数
为 1.46。从五大风险类型的指数上看，其指数差距并不是很大，说明在该矿集区
矿产资源开发利用中，风险损失不会完全由单一风险构成。通过横向对比各指数
来看，综合排序为生产风险、自然生态风险、政策风险、市场风险、资源风险。

4.5.2.3 各工作区的风险识别与分析

由于祁漫塔格矿集区整体面积较大，区内矿床数目较多且较分散，因此，不
同区位的风险也不相同，本次研究对划定的野马泉、卡尔却卡、拉陵灶火三个工
作区分别进行风险的识别与分析。

A 野马泉工作区

野马泉工作区内以铁多金属矿（见表 4-105）为主，主要包括肯德可克铁矿
区、牛苦头矿区多金属矿、玛沁大湾铅锌矿、它温查汉铁多金属矿、茫崖镇虎头
崖多金属矿等。野马泉工作区内矿产储量较高，成矿条件较好，该区矿产资源开
发利用带来的经济效益、社会效益较高。

表 4-105 野马泉工作区资源开发利用风险因子权重

目标层	准则层	指标层	综合权重
野马泉工作区矿产资源开发利用风险评估	资源风险（0.067）	资源储量的可靠性（0.528）	0.035
		矿山的可选性（0.140）	0.009
		基础资料的不确定性（0.333）	0.022
	生产风险（0.405）	矿区基础设施（0.248）	0.100
		生产成本（0.495）	0.201
		生产周期（0.094）	0.038
		水资源（0.163）	0.066

目标层	准则层	指标层	综合权重
野马泉工作区矿产资源开发利用风险评估	市场风险（0.230）	矿产品价格（0.614）	0.141
		矿产品市场需求（0.268）	0.062
		矿产品竞争与替代（0.117）	0.027
	政策风险（0.165）	矿业金融政策（0.177）	0.029
		矿业财税政策（0.321）	0.053
		矿业环保政策（0.502）	0.083
	自然生态风险（0.132）	自然灾害（0.177）	0.023
		民族地区（0.554）	0.073
		自然保护区规划（0.269）	0.036

a　层次分析法确权

从权重排序上看，野马泉工作区矿产资源开发利用中，生产风险权重较高，其次是市场风险、政策风险，其中资源风险所占权重较小。在具体风险指标的综合权重中，生产成本风险、矿产品价格风险、矿区基础设施以及矿业环保政策风险等所占比重较高。相较于整个矿集区而言，民族地区风险权重略低。

b　模糊综合等级评定

野马泉工作区的模糊综合等级评定与整个矿集区的风险要素综合评定方法与内容一样，但是在各要素等级评定过程中，不同的评分代表给出了不同的等级评定，其评级依据主要是结合野马泉工作区的实际状况进行评估。单一风险因素模糊综合表见表 4-106。

表 4-106　祁漫塔格矿集区资源开发利用单一风险因素模糊综合表

风险评价模糊因素	低	较低	一般	较高	高
资源储量的可靠性	0.25	0.1	0.3	0.3	0.05
矿山的可选性	0.2	0.2	0.45	0.1	0.05
基础资料的不确定性	0.2	0.25	0.4	0.1	0.05
矿区基础设施	0.1	0.15	0.55	0.1	0.1
生产成本	0	0.05	0.1	0.65	0.2
生产周期	0	0.1	0.2	0.55	0.15
水资源	0	0.05	0.15	0.6	0.2
矿产品价格	0.05	0.1	0.35	0.3	0.2
矿产品市场需求	0.2	0.4	0.15	0.15	0.1
矿产品竞争与替代	0.1	0.5	0.25	0.1	0.05
矿业金融政策	0.1	0.3	0.5	0.1	0
矿业财税政策	0.1	0.2	0.45	0.2	0.05

续表 4-106

风险评价模糊因素	低	较低	一般	较高	高
矿业环保政策	0.1	0.1	0.25	0.4	0.15
自然灾害	0.1	0.35	0.4	0.1	0.05
民族地区	0.15	0.2	0.35	0.15	0.15
自然保护区规划	0.55	0.3	0.15	0	0

鉴于矿集区的多因素模糊综合矩阵已经构建,野马泉工作区多因素模糊综合矩阵与之相近,因此在本节不再进行赘述,根据评判矩阵结果,得到的向量量化为 0.56。

c　风险综合指数测算

根据层次分析法得到的权重以及模糊综合评价得到的分值,根据风险指数测度计算公式,计算得到野马泉工作区的资源、生产、市场、政策及自然生态指数分别为 0.38、2.48、1.43、0.87、0.66。综合得到野马泉工作区风险指数为 5.82,处于较低风险区。

d　风险评估结果

野马泉工作区的综合风险指数为 5.82,处于一般风险等级区间。在五大风险类型中,野马泉工作区矿产资源开发利用的风险高低排序依次为生产风险、市场风险、政策风险、自然生态风险以及资源风险。其中以生产成本、铁矿价格、市场需求、资源储量可靠性、矿区基础设施以及水资源等为高风险要素。

B　拉陵灶火工作区

拉陵灶火工作区内夏日哈木镍矿为典型代表,包括那陵郭勒河东铁矿、拉陵高里河下游多金属矿、乌腊德地区铁铜矿、东大滩金锑矿等共计 9 个矿区。根据拉陵灶火工作区的地质勘查资料以及矿床生产状况,本研究依托模型对该工作区进行了风险评估,评估过程及结果如下。

a　层次分析法确权

运用层次分析法对拉陵灶火工作区矿产资源开发,利用风险因子进行确权后,结果见表 4-107。

表 4-107　拉陵灶火工作区资源开发利用风险因子权重

目标层	准则层	指标层	综合权重
野马泉工作区矿产资源开发利用风险评估	资源风险（0.084）	资源储量的可靠性（0.311）	0.026
		矿山的可选性（0.493）	0.041
		基础资料的不确定性（0.196）	0.016
	生产风险（0.375）	矿区基础设施（0.122）	0.046
		生产成本（0.322）	0.121
		生产周期（0.100）	0.037
		水资源（0.456）	0.171

续表 4-107

目标层	准则层	指标层	综合权重
野马泉工作区矿产资源开发利用风险评估	市场风险（0.228）	矿产品价格（0.665）	0.152
		矿产品市场需求（0.245）	0.056
		矿产品竞争与替代（0.090）	0.021
	政策风险（0.173）	矿业金融政策（0.598）	0.104
		矿业财税政策（0.140）	0.024
		矿业环保政策（0.261）	0.045
	自然生态风险（0.139）	自然灾害（0.227）	0.031
		民族地区（0.453）	0.063
		自然保护区规划（0.320）	0.045

从权重排序上看，拉陵灶火工作区矿产资源开发利用与野马泉工作区相同，生产风险权重较高，其次是市场风险、政策风险、自然生态风险，资源风险所占权重最小。在具体风险指标的综合权重中，水资源风险、矿产品价格风险、矿业金融政策以及生产成本等所占比重最高。相较于整个矿集区而言，民族地区和矿业环保政策的风险权重略低，相较于野马泉工作区而言，其水资源风险及矿业金融政策风险权重较为突出。

b 模糊综合等级评定

拉陵灶火工作区的模糊综合等级评定依据也是结合拉陵灶火工作区的实际状况进行评估。

拉陵灶火工作区资源开发利用单一风险因素模糊综合表见表 4-108。

表 4-108 拉陵灶火工作区资源开发利用单一风险因素模糊综合表

风险评价模糊因素	低	较低	一般	较高	高
资源储量的可靠性	0.35	0.15	0.45	0.05	0
矿山的可选性	0.1	0.1	0.6	0.2	0
基础资料的不确定性	0.3	0.3	0.4	0	0
矿区基础设施	0.1	0.1	0.55	0.15	0.1
生产成本	0.05	0.1	0.1	0.55	0.2
生产周期	0	0.1	0.1	0.6	0.2
水资源	0	0	0.1	0.8	0.1
矿产品价格	0.05	0.05	0.15	0.65	0.1
矿产品市场需求	0.2	0.4	0.15	0.15	0.1
矿产品竞争与替代	0.25	0.4	0.35	0	0
矿业金融政策	0.1	0.1	0.15	0.4	0.25
矿业财税政策	0.1	0.2	0.45	0.2	0.05
矿业环保政策	0.05	0	0.2	0.7	0.05

风险评价模糊因素	低	较低	一般	较高	高
自然灾害	0.15	0.2	0.45	0.15	0.05
民族地区	0.2	0.25	0.3	0.15	0.1
自然保护区规划	0.4	0.1	0.4	0.05	0.05

鉴于矿集区的多因素模糊综合矩阵已经构建，拉陵灶火工作区多因素模糊综合矩阵与之相近，因此在本节不再进行赘述，根据评判矩阵结果，得到的向量量化为 0.56。

c 风险综合指数测算

根据层次分析法得到的权重、模糊综合评价得到的分值以及根据风险指数测度计算公式，计算得到拉陵灶火工作区的资源、生产、市场、政策及自然生态指数分别为 0.36、1.80、1.02、1.04、0.60。综合得到拉陵灶火工作区风险指数为 4.81，处于一般风险区。

d 风险评估结果

拉陵灶火工作区的综合风险指数为 4.81，处于一般风险区间。拉陵灶火工作区矿产资源开发利用风险中，高风险要素主要包括水资源、金融风险、镍矿价格风险、生产成本等。

C 卡尔却卡工作区

卡尔却卡工作区内主要以铁矿、铜矿、铅矿及锌矿为主。其中包括格尔木市乌兰拜兴铁多金属矿、格尔木市别里赛北铁矿、格尔木市扎日玛日那西铁矿、格尔木市索拉吉尔铜矿、格尔木市玛沁大湾铅锌矿等。相较于其他两个工作区，该工作区的整体生态环境较好，但是受到气候条件限制较大，部分分散矿区其基础设施条件非常有限，尤其是交通和供电供水等。

a 层次分析法确权

根据提出的风险评价指标体系，在专家打分的基础上运用层次分析法计算各风险指标权重见表 4-109。

表 4-109 卡尔却卡工作区资源开发利用风险因子权重

目标层	准则层	指标层	综合权重
野马泉工作区矿产资源开发利用风险评估	资源风险（0.083）	资源储量的可靠性（0.493）	0.041
		矿山的可选性（0.311）	0.026
		基础资料的不确定性（0.196）	0.016
	生产风险（0.188）	矿区基础设施（0.105）	0.012
		生产成本（0.464）	0.055
		生产周期（0.297）	0.035
		水资源（0.134）	0.016

续表 4-109

目标层	准则层	指标层	综合权重
野马泉工作区矿产资源开发利用风险评估	市场风险（0.070）	矿产品价格（0.614）	0.043
		矿产品市场需求（0.268）	0.019
		矿产品竞争与替代（0.117）	0.008
	政策风险（0.357）	矿业金融政策（0.173）	0.062
		矿业财税政策（0.284）	0.101
		矿业环保政策（0.544）	0.194
	自然生态风险（0.302）	自然灾害（0.178）	0.054
		民族地区（0.482）	0.145
		自然保护区规划（0.341）	0.103

从权重排序上看，卡尔却卡工作区矿产资源开发利用与其他两个工作区有所不同，政策风险权重最高，其次是自然生态风险、生产风险、资源风险，市场风险所占权重最小。在具体风险指标的综合权重中，环保政策风险、自然保护区规划风险、民族地区风险尤为突出，其次是生产成本、生产周期、资源储量可靠性等所占一定比重。相较于野马泉和拉陵灶火工作区而言，市场风险所占权重不高。

b 模糊综合等级评定

根据评分代表对卡尔却卡工作区矿产资源开发利用单一风险要素评价，得到卡尔却卡工作区资源开发利用单一风险因素模糊综合表，见表 4-110。

表 4-110 卡尔却卡工作区资源开发利用单一风险因素模糊综合表

风险评价模糊因素	低	较低	一般	较高	高
资源储量的可靠性	0.35	0.15	0.45	0.05	0
矿山的可选性	0.1	0.1	0.6	0.2	0
基础资料的不确定性	0.3	0.3	0.4	0	0
矿区基础设施	0.1	0.1	0.55	0.15	0.1
生产成本	0.05	0.1	0.1	0.55	0.2
生产周期	0	0.1	0.1	0.6	0.2
水资源	0	0	0.1	0.8	0.1
矿产品价格	0.05	0.05	0.15	0.65	0.1
矿产品市场需求	0.2	0.4	0.15	0.15	0.1
矿产品竞争与替代	0.25	0.4	0.35	0	0
矿业金融政策	0.1	0.1	0.15	0.4	0.25
矿业财税政策	0.1	0.2	0.45	0.2	0.05
矿业环保政策	0.05	0	0.2	0.7	0.05
自然灾害	0.15	0.1	0.45	0.15	0.1
民族地区	0.2	0.25	0.3	0.15	0.1
自然保护区规划	0.4	0.1	0.4	0.05	0.05

鉴于矿集区的多因素模糊综合矩阵已经构建，拉陵灶火工作区多因素模糊综合矩阵与之相近，因此在本节不再进行赘述，根据评判矩阵结果，得到的向量量化为 0.56。

c 风险综合指数测算

根据层次分析法得到的权重以及模糊综合评价得到的分值，根据风险指数计算公式，计算得到卡尔却卡工作区的资源、生产、市场、政策及自然生态指数分别为 0.45、0.80、0.31、2.70、2.05，综合风险指数为 6.31，处于较高风险区。

d 风险评估结果

卡尔却卡工作区的综合风险指数为 6.31，处于较高风险区间。卡尔却卡工作区矿产资源开发利用的高风险要素相较于其他两个工作区而言，有明显的不同，高风险要素主要是环保政策、自然保护区规划、民族地区、生产成本、生产周期、资源储量可靠性等，从数量上而言，该工作区的高风险要素较多；从内容上看，与其他工作区显著不同的是该工作区内的市场风险不显著，而环保政策风险与自然保护区规划存在的潜在风险与该区的自然生态现状相吻合。

4.5.3 风险评估结论

为更加直观呈现风险等级和关键要素，综合分析结果，绘制了祁漫塔格矿集区矿产资源开发利用风险评估汇总表，见表4-111。

表 4-111 祁漫塔格矿集区及工作区矿产资源开发利用风险评估汇总表

地点	资源风险指数	生产风险指数	市场风险指数	政策风险指数	自然生态风险指数	综合风险指数	风险等级	高风险要素
祁漫塔格矿集区整体	0.37	1.76	0.73	1.08	1.46	5.39	一般	生产成本、基础设施、水资源、矿业环保政策、民族地区
野马泉工作区	0.38	2.48	1.43	0.87	0.66	5.82	一般	生产成本、铁矿价格、市场需求、资源储量可靠性、基础设施、民族地区
拉陵灶火工作区	0.36	1.80	1.02	1.04	0.60	4.81	一般	水资源、生产成本、基础设施
卡尔却卡工作区	0.45	0.80	0.31	2.70	2.05	6.31	较高	环保政策、自然保护区规划、民族地区、生产成本、生产周期、资源储量可靠性、基础设施

根据上述风险等级及关键性要素分析，本研究认为可以得出以下结论。

（1）祁漫塔格矿集区矿产资源开发利用的整体风险为一般。三个工作区的风险等级按照从低到高的排序依次为拉陵灶火工作区、野马泉工作区、卡尔却卡工作区。其中，拉陵灶火与野马泉工作区均为一般风险，卡尔却卡工作区矿产资源开发利用风险较高。因此，在矿产资源开发利用过程中，要格外关注其关键风险要素的影响。

（2）影响祁漫塔格矿集区矿产资源开发利用的关键性风险要素主要是生产成本、基础设施、水资源、矿业环保政策、民族地区等。其中，野马泉工作区的关键性风险要素主要是生产成本、铁矿价格、市场需求、资源储量可靠性、基础设施、民族地区等；拉陵灶火工作区的关键性风险要素主要是水资源、生产成本、基础设施等；卡尔却卡工作区的关键性风险要素主要是环保政策、自然保护区规划、民族地区、生产成本、生产周期、资源储量可靠性、基础设施等。

（3）根据上述关键性要素分析显示，利用 AHP-模糊综合评价模型得出的结果与风险矩阵定性描述结果较为一致，互相印证，表明定型评估模型定量综合评价模型具有一定实用性。

4.6　区域竞争力分析

综合青海祁漫塔格矿集区的外部条件、主要矿种的市场情况、开发利用技术、经济社会效益、潜在风险等因素，运用 SWOT 分析法对矿集区的区域竞争力进行综合分析。

4.6.1　矿集区区域竞争力综合分析

指标确定与内外部条件分析如下。

4.6.1.1　内部条件分析

结合祁漫塔格矿集区特点，该区资源开发时可能会影响到该区资源竞争力的内部条件指标主要有区域矿产资源总资源/储量、矿床规模及集中度、矿产资源潜力、矿产资源可利用性、整体生产成本、整体经济社会效益、区域矿产开发可行性、区域科技水平、人员素质及管理水平、矿产品情况等指标，结合本书4.1、4.2、4.3、4.4调查评价结果，总结各指标的优势与劣势，同时，根据各指标在本矿产资源基地的重要程度，对上述指标赋以不同的权重，赋权重采用专家论证法对各指标权重进行确权，得到各指标的权重。赋权重之后，再结合矿集区实际情况、各指标的优势与劣势对各指标赋值，赋值标准见表4-112。将赋值与权重相乘得到最终加权分值。

表 4-112　指标赋值标准

分值	−5	−3	−1	0	1	3	5
贡献	极差	差	较差	平均	较好	良好	优秀

4.6.1.2 外部环境分析

该区资源开发时可能会影响到资源竞争力的外部环境指标主要有宏观经济发展、区域资源紧缺程度、外部运输、区域规划及政策、生态环境影响、矿山生产建设条件、民族与稳定、主要矿种矿产品市场情况等指标。指标赋权重及赋值方法与内部条件分析相同。最终该区 SWOT 优劣势情况见表 4-113。

4.6.1.3 SWOT 战略分析选择

分析内部条件及外部环境的各指标要素，可以得出矿集区资源开发时外部环境最大的优势为区域规划及政策相对较好，矿集区整体上处于干旱荒漠地区，矿集区内矿床整体上开发对环境影响相对较小；主要劣势为区内交通相对不便，矿产资源开发时运距普遍较长，区域整体气候恶劣，区内矿山生产建设条件较差。矿集区资源开发时内部条件最大的优势为区域上矿产资源资源/储量规模大，成矿潜力好，整体上矿产资源相对易采；主要劣势为区内除夏日哈木、四角羊牛苦头等少数矿床外，多数矿床以小型矿床居多，且矿床较分散，整体上矿产资源开发时生产成本较高。

分别将所有内部条件、外部环境的因素的加权分数相加，得到内部条件、外部环境各自总分值。结合得到的总分值，进行 SWOT 投图，如图 4-53 所示，祁漫塔格矿集区位于多元经营战略（ST 战略）区域，表明该区内部条件（资源储量、成矿潜力等）较好，但外部（外部建设条件、气候恶劣等）有威胁，因此需要充分发挥内部优势尽量避免外部劣势影响，注重创造好的外部开发环境条件，分散降低区域资源开发时的风险，以提高该区的发展竞争力。

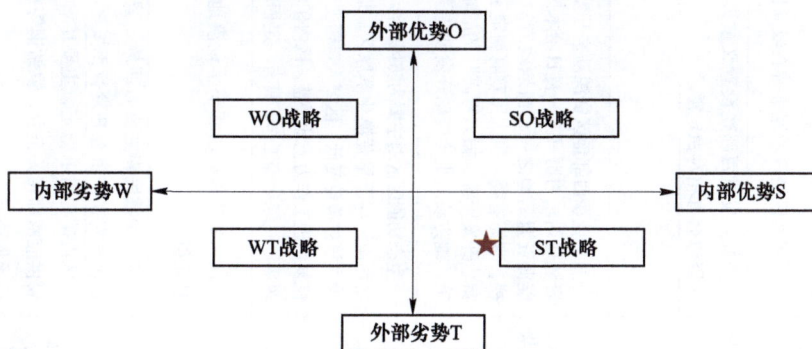

图 4-53 祁漫塔格矿集区 SWOT 战略选择投图

4.6.1.4 区域发展规划对策建议

结合矿集区的 SWOT 指标优劣势分析，本文总结了未来该区矿产资源发展规划的对策建议，以期为矿产资源基地后期开发规划提供参考。

（1）提高区域勘查程度，扩大有效资源储量供给。青海祁漫塔格矿集区经历

表4-113 青海祁漫塔格矿集区SWOT分析情况

SWOT分析	因素	优势	劣势	权重	赋值	加权分数
外部环境因素	宏观经济发展	西部地区经济增速维持在较高区间	国内整体经济增速放缓，经济运行保持在合理区间	0.1	1	0.1
	区域资源紧缺程度	资源开发对西部地区建设意义重大，西部地区建设对该区资源有相对稳定需求	需求增速下降，长远需求大幅增长可能性不高	0.1	1	0.1
	外部运输	—	运距长，运至格尔木距离100~400km，多为公路运输；部分地区交通不方便	0.15	-3	-0.45
	区域规划及政策	国家重视西部地区资源勘查开发，第三轮《全国矿产资源规划》将野马泉—夏日哈木区域规划为全国103个能源资源基地之一；当地政府对矿产资源开发十分重视，青海省委、省人民政府制定了"改革开放、治穷致富、开发资源、振兴青海"的战略方针和一系列优惠政策，地方政府也为资源开发创造了较为宽松的政策	—	0.1	3	0.3
	生态环境影响	生态功能区区划主要为防风固沙功能区，地处柴达木盆地西南缘半干旱荒漠化草原区，地形坡度小，水系分布少，植被覆盖度低，区域人口密度低，矿山开发主要进行矿区防风固沙及绿化等工作，具有一定程度环境正效益	区域内少部分地区有被划入生态保护区的风险	0.15	1	0.15
	矿山生产建设条件	区内矿床地处西北干旱荒漠地区，矿山建设土地较易获得	人烟稀少，水电等供应成本相对较高；地处高寒高海拔地区，气候恶劣，每年生产天数相较内地较短，约为200天	0.15	-3	-0.45
	民族与稳定	区内少数民族主要为回族，蒙古族，藏族，区内少数民族对矿产资源开发暂无抵触心理	矿业开发处于民族地区，需对区内牧民等少数民族进行安抚，补偿等工作	0.1	-1	-0.1
	主要矿种矿产品市场情况	区内矿种需求相对稳定，主要供应西部资源相关企业，镍钴铜等矿种为国家紧缺矿种，市场形势势好	矿业开发时需考虑矿产品价格波动风险，铁矿等价格相对低迷	0.15	0	0
综合得分			-0.35			

续表 4-113

SWOT分析	因素	优势	劣势	权重	赋值	加权分数
内部条件因素	矿产资源总量及资源/储量	整个区域资源丰富，资源储量整体规模较大	资源/储量级别探明程度相对低，多以333级别为主	0.25	3	0.25
	矿床规模及集中度	仅夏日哈木、四角羊牛苦头等矿床为大型矿床	以小型矿床居多，且区域上矿床分布较分散	0.1	-1	-0.1
	矿产资源潜力	经历了多期、多阶段演化过程，区内成矿作用动力学复杂的地球动力学和成矿作用的特点，具有多期性和多样性，成矿潜力巨大	—	0.1	3	0.3
	矿产资源可利用性	铁主要为磁铁矿，铜铅锌镍为硫化矿，整体埋深浅，开采条件好	矿石品位一般，多为矽卡岩型矿产，常为共伴生	0.15	1	0.15
	整体生产成本	—	综合生产成本较高	0.05	-3	-0.15
	整体经济社会效益	经济社会效益较大	部分矿床或矿种的利润率较低，开发风险大	0.1	1	0.1
	区域矿产开发可行性	区内夏日哈木、四角羊牛苦头等少数大型矿山收益较好，可行性高	多数规模较小矿床收益率不高	0.1	0	0
	科技水平	—	采选冶技术相对落后，三率水平较低	0.05	-1	-0.05
	人员素质及管理水平	—	地处偏远西部，采选冶人才相对匮乏，区域管理水平整体较低	0.05	-1	-0.05
	矿产品情况	—	产品品级结构以铁精矿、铜精矿、镍精矿等初级产品为主，矿产资源不具备差断性	0.05	-1	-0.05
综合得分						0.4

了多期、多阶段复杂的地球动力学和成矿作用动力学演化过程，致使区内成矿作用具有多期性和多样性的特点，该区成矿带成矿条件和矿床保存条件较好，成矿潜力巨大，具备找到超大型矿床的良好潜力。虽然该区目前整体已查明资源储量规模较大，但各矿种的查明率还较低（铁查明率约23%，铜查明率约22%，铅锌查明率约30%，镍、钴、金的找矿刚刚起步），资源储量级别多以333级别为主。建议加大财政支持力度，针对该区镍、铅、锌、铁等优势矿种成立矿产资源勘查专项基金，进一步提高区域勘查程度，提高找到的资源储量级别，扩大有效资源储量的规模和供给，推动公益性基础地质工作与商业矿产勘查开发有机衔接，进一步增强该区资源储量丰富的内部优势，为该区资源开发提供更好的物质保证。

（2）加强基础设施建设，为区域矿产资源开发提供便利条件。结合区内已存在青藏铁路、青藏公路、青新公路、格尔木—芒崖公路等主要道路交通，合理统一规划该区通往矿山道路建设，在通往矿床（矿化点）较多的重点开发区，制定相应政策，鼓励政府与矿山企业共同修建道路；加强区内水文地质勘查工作，寻找质优量足的、可供矿区生产阶段用水水源；合理统一规划矿山企业共同修建企业供电电力网线，降低用电建设成本；结合区内资源特点，布局建设以镍矿为主，铁、铅、锌、铜矿为辅的规模化、集约化的矿产资源勘探、开发、冶炼、加工产业集群，改变该区以输出初级矿产品为主的现状，提升区内输出矿产品品级，增强区域矿产品竞争力。

（3）提高区域矿山生产科技水平，增强综合利用水平，降低企业生产成本。区域上推广适于该区特点的开发利用技术，鼓励矿山企业技术创新，增强矿山企业的生产活力，通过提升技术水平降低成本，增强该区矿产资源开发的竞争力。青海祁漫塔格矿集区矿床多为共伴生矿，区内企业实际生产时整体工艺比较落后，多数矿山生产时以处理易选矿石为主，选矿综合利用率较低，应当加强对选冶试验研究，重视新技术的研发和共伴生元素的综合利用，提高伴生有用元素的利用水平，例如针对区域上广泛存在的拉陵高里铁铜矿矿石类型，研究推荐运用先磁后浮原则工艺，弱磁粗选—磁筛精选选铁，磁选尾矿再经过"一粗二精二扫"浮选选铜工艺流程，既能提高铁的收率，又能经济综合回收铜，提高企业收益；结合该区整体处于干旱荒漠地区水蒸发量较大，生产用水成本较大特点，在区内矿山推广尾矿干排工艺，不仅有利于提高选厂回水使用率，降低用水成本，同时还能更好地满足环保及安全生产的要求。

（4）加强区位综合研究，注重区内资源分类化、规模化开发。结合铁矿受运距影响大、该区铁矿整体运距普遍较远的资源分布特点，通过合理规划区圈定铁矿资源开发集中区，鼓励铁矿开发采取规模化、集约化方式开发，重点开发野马泉、卡尔却卡等大型铁矿床，并结合附近已存的格库铁路对集中区生产出的铁矿产品配以铁路运输，最大限度地降低运距对铁矿开发的影响，区内运距较远、规模较小铁矿暂缓开发，通过规模化集约化方式降低生产成本；加强对区内镍、铅、锌等利润率高、对运距要求不高的矿种资源勘查开发，针对上述矿种资源分布情况，在资源集中区建设统一的规模化选厂（如夏日哈木矿区建设镍选厂、四角羊牛苦头地区建设铅锌选厂等），对周边镍铅锌等资源进行集中处理，降低生产成本，提高产品竞争力；注重对铜、金矿资源综合勘查、综合评价、综合开发。

4.6.2 各工作区区域竞争力分析

按照第 4.6.1 节中的评价步骤，本研究分别对野马泉、卡尔却卡、拉陵灶火三个工作区的区域竞争力进行分析汇总，对比三个工作区的优劣势，并提出相应对策建议。

4.6.2.1 野马泉工作区

对野马泉工作区内外部条件各指标进行评价分析，得出该区资源开发时外部环境最大的优势为区域规划及政策相对较好，矿集区整体上处于干旱荒漠地区，矿集区内矿床整体上开发对环境影响相对较小；主要劣势为该区主要矿种为铁矿，矿产资源开发时运距较长运费较高，区域整体气候恶劣，区内矿山生产建设条件较差。资源开发时内部条件最大的优势为区域上矿产资源资源/储量规模大，成矿潜力好；主要劣势为区内主要矿种为铁矿，整体上矿产资源开发时生产成本较高。

野马泉工作区 SWOT 战略选择位于多元经营战略（ST 战略）区如图 4-54 所示，表明该区未来资源开发时需要采取一系列措施充分发挥内部优势尽量避免外部劣势对其影响，注重创造好的外部开发环境条件，分散降低区域资源开发时的风险，以提高该区的发展竞争力。在未来该区资源开发时，需要增强区内勘查工作，进一步增强该区资源储量的规模；注重该区野马泉、肯德可克等铁矿集中区铁矿的规模化、集约化开发；注重通往尕林格地区（周边四角羊牛苦头、野马泉、卡尔却卡等）集中统一的道路电力设施建设，降低建设成本；注重该区铁路运输的规划，降低运距对该区铁矿资源开发的影响；加强该区与铁矿共伴生铜铅锌等资源的综合利用与回收，推广尾矿干排工艺，降低企业生产成本，提高企业经济效益，野马泉工作区 SWOT 分析情况见表 4-114。

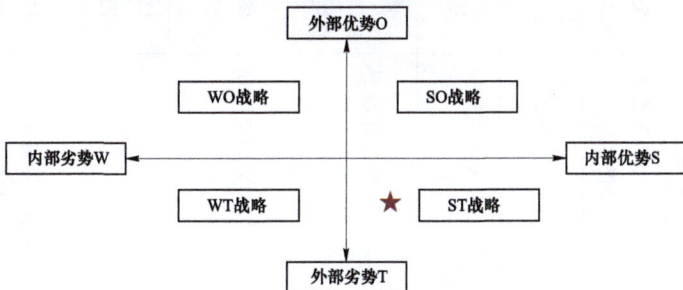

图 4-54 野马泉工作区 SWOT 战略选择投图

表 4-114 野马泉工作区 SWOT 分析情况

SWOT 分析	因素	优 势	劣 势	权重	赋值	加权分数
外部环境因素	宏观经济发展	西部地区经济增速维持在较高区间	国内整体经济增速放缓，经济运行保持在合理区间	0.1	1	0.1
	区域资源紧缺程度	资源开发对西部建设意义重大，西部地区建设对该区资源会有相对稳定需求	需求增速下降，长远需求大幅增长可能性不高	0.1	1	0.1
	外部运输	—	运距长，至格尔木距离 300km 左右，多为公路运输	0.15	-3	-0.45
	区域规划及政策	国家及地方均重视西部地区资源勘查开发	—	0.1	3	0.3
	生态环境影响	不处于自然资源保护区；区域上整体处于柴达木盆地西南缘半干旱荒漠化草原区，地形坡度低，矿山开采对自然生态影响有限	植被覆盖度小、	0.15	3	0.45
	矿山生产建设条件	区内矿床多数地处西北干旱荒漠地区，矿山建设土地较易获得	人烟稀少，水电等供应成本相对较高；气候恶劣，每年生产天数较短，约为 200 天	0.15	-3	-0.45
	民族与稳定	区内少数民族主要为回族、蒙古族、藏族，区内少数民族对矿产资源开发暂无抵触心理	矿业开发处于民族地区，需对区内牧民等少数民族进行安抚、补偿等工作	0.1	-1	-0.1
	主要矿种市场情况	区内矿种需求稳定，主要矿产相关企业主要供应西部相关企业	矿业开发时需考虑矿产品价格波动风险，铁矿等价格相对低迷	0.15	-1	-0.15
综合得分						-0.2

续表 4-114

SWOT分析	因素	优势	劣势	权重	赋值	加权分数
内部条件因素	矿产资源总资源储量	工作区资源丰富，整体规模较大	资源/储量级别探明程度相对低，多以333级别为主	0.25	1	0.25
	矿床规模及集中度	仅四角羊苦头等矿床为大型矿床	以小型矿床居多，且矿床较分散	0.1	-1	-0.1
	矿产资源潜力	区域成矿潜力较好	—	0.1	3	0.3
	矿产资源可利用性	铁主要为磁铁矿，铜铅锌为硫化矿，整体埋深浅，开采条件好	矿石品位一般，多为矽卡岩型矿产，常为共伴生，矿石加工特点一般	0.15	0	0
	整体生产成本	—	综合生产成本较高	0.05	-3	-0.15
	整体经济社会效益	经济社会效益较大	部分矿床或矿种的利润率较低，开发风险大	0.1	1	0.1
	区域矿产开发可行性	区内少数大型矿山收益较好，可行性高	多数矿床收益情况不高	0.1	0	0
	科技水平	—	采选冶技术、生态保护及恢复治理技术整体相对落后	0.05	-1	-0.05
	人员素质及管理水平	—	地处西部，采选冶人才相对匮乏，工人素质相对低	0.05	-1	-0.05
	矿产品情况	—	产品品级结构以初级产品为主，矿产资源不具备差异性	0.05	-1	-0.05
综合得分						0.25

4.6.2.2 卡尔却卡工作区

对卡尔却卡工作区内外部条件各指标进行评价分析，得出该区资源开发时外部环境最大的优势为区域规划及政策相对较好，区内主要矿种为铜矿，铜市场相对稳定；主要劣势为该区交通不便，气候恶劣，区内矿山生产建设条件较差，且主要矿床所处地区为草地，野生动植物较多，生态环境脆弱，有被划为自然保护区潜在风险，矿山生产环保压力大。资源开发时内部条件最大的优势为成矿潜力好，矿种主要为铜矿，矿石类型为铜硫化矿，整体埋深浅，开采条件好；主要劣势为区内矿石资源储量相对较少，整体上矿产资源开发时生产成本较高。

卡尔却卡工作区 SWOT 战略选择位于防御型战略（WT 战略）区，如图 4-55 所示，表明该区资源开发的竞争力不足，资源开发时外部环境条件和内部条件均较差，需要重点考虑该区的生态环境保护工作。卡尔却卡区多数矿床所处地区土地类型主要为草地，区域上该区处于高寒高海拔生态脆弱区，区内野生动植物较多，地表水流丰富，故该区资源的开发。首要考虑的为该区自然生态环境保护，其次为资源的开发。加强该区矿床开发的可行性评价与环境影响评价，在保证资源的开发不会影响该区生态的前提下开发矿产资源，将资源开发与环保有机结合起来；制定相应勘查开发政策，加强该区绿色勘查绿色开发工作，扩大该区资源储量，将该区资源作为储备资源，卡尔却卡工作区 SWOT 分析情况见表 4-115。

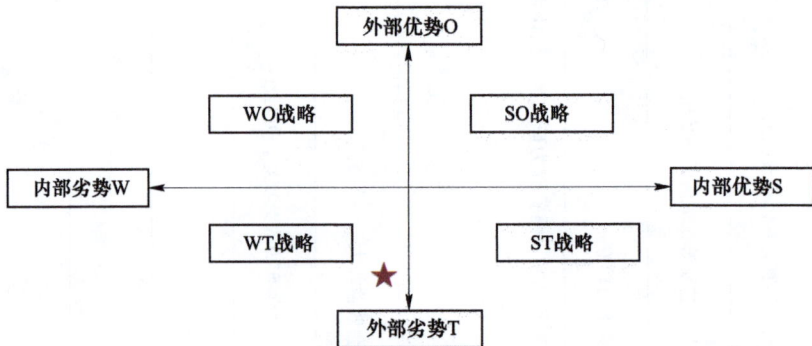

图 4-55 卡尔却卡工作区 SWOT 战略选择投图

4.6.2.3 拉陵灶火工作区

对拉陵灶火工作区内外部条件各指标进行评价分析，得出该区资源开发时外部环境最大的优势为区域规划及政策相对较好，区内主要矿种为镍钴矿，为我国紧缺型矿种，矿集区整体上处于干旱荒漠地区，矿集区内矿床整体上开发对环境影响相对较小；主要劣势为区域整体气候恶劣，区内矿山生产建设条件较差，水资源的供给相对不足。资源开发时内部条件最大的优势为区域上成矿潜力好，已发现矿产资源储量规模大，主要矿种的矿床规模，矿床相对集中，整体埋深浅，

表 4-115 卡尔却卡工作区 SWOT 分析情况

SWOT 分析	因素	优　势	劣　势	权重	赋值	加权分数
外部环境因素	宏观经济发展	西部地区经济增速维持在较高区间	国内整体经济增速放缓，经济运行保持在合理区间	0.1	1	0.1
	区域资源紧缺程度	资源开发对西部建设意义重大，西部地区建设对该区资源会有相对稳定需求	需求增速下降，长远需求大幅增长可能性不高	0.1	1	0.1
	外部运输	—	运距长，至格尔木距离 400km 左右，多为公路运输，交通极不方便	0.15	−3	−0.45
	区域规划及政策	国家及地方均重视西部地区资源勘查开发	—	0.1	3	0.3
	生态环境影响	—	矿集区内部分地区有被划入生态保护区的风险	0.15	−1	−0.15
	矿山生产建设条件	区内矿山建设土地较易获得	人烟稀少，水电等供应成本相对较高；气候恶劣，每年生产天数较短，约为 200 天	0.15	−3	−0.45
	民族与稳定	区内少数民族主要为回族、蒙古族、藏族，区内少数民族对矿产资源开发无抵触心理	矿业开发处于民族地区，需对区内牧民等少数民族进行安抚、补偿等工作	0.1	−1	−0.1
	主要矿种矿产品市场情况	区内矿种主要为铜，需求稳定	—	0.15	1	0.15
综合得分						−0.5

续表 4-115

SWOT分析	因素	优势	劣势	权重	赋值	加权分数
内部条件因素	矿产资源总资源储量	—	工作区资源规模一般，资源/储量级别探明程度相对低，多以333级别为主	0.25	0	0
	矿床规模及集中度	—	以小型矿床居多，且矿床较分散	0.1	-1	-0.1
	矿产资源潜力	区域成矿潜力较好	—	0.1	3	0.3
	矿产资源可利用性	主要为铜矿，矿石类型为铜硫化矿，整体埋深浅，开采条件好	—	0.15	1	0.15
	整体生产成本	—	综合生产成本较高	0.05	-3	-0.15
	整体经济社会效益	经济社会效益一般	—	0.1	0	0
	区域矿产开发可行性	—	部分矿床或矿种的利润率较低，开发风险大	0.1	-1	-0.1
	科技水平	—	多数矿床收益情况不高，采选冶技术相对落后	0.05	-1	-0.05
	人员素质及管理水平	—	地处西部，采选冶人才相对匮乏，工人素质较低	0.05	-1	-0.05
	矿产品情况	—	产品品级结构以初级产品为主，矿产资源不具备差断性	0.05	-1	-0.05
综合得分						-0.1

开采条件好；主要劣势为区内整体上矿产资源开发时生产成本较高，矿产品以精矿产品为主，产品结构相对较低。

拉陵灶火工作区 SWOT 战略选择位于增长型战略（SO 战略）区，如图 4-56 所示，表明该区资源开发时外部环境条件和内部条件均较好，可以结合该区规划对该区矿产资源大力开发。在开发该区资源时需要进一步增强区内勘查工作，扩大区内资源储量规模；加强区内水文地质勘查工作（例如在小灶火洪积扇开展供水水文地质勘查工作，加大对夏日哈木镍矿开发的水资源供给），寻找质优量足的、可供矿区生产阶段用水水源，同时在矿山推广尾矿干排工艺，从开源和节流两个方面解决水资源缺失对该区矿山资源开发的限制；以夏日哈木超大型镍钴铜矿为核心，规划建设以镍矿为主，铁、铜、钴矿为辅的规模化、集约化的矿产资源加工冶炼产业集群，进一步提高该区产品品级结构，增强区域竞争力，拉陵灶火工作区 SWOT 分析情况见表 4-116。

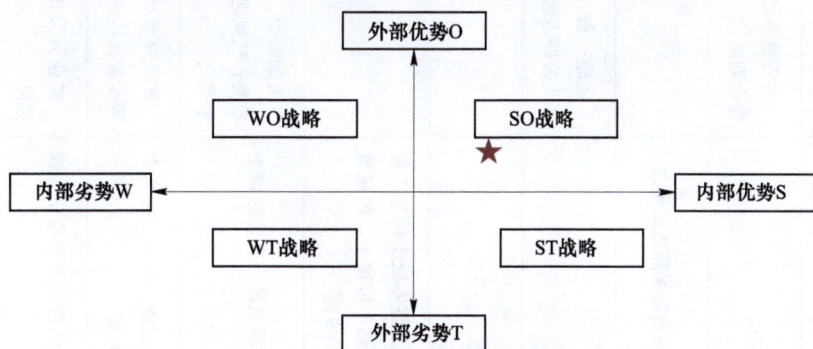

图 4-56　拉陵灶火工作区 SWOT 战略选择投图

4.6.3　竞争力分析总结

综合分析青海祁漫塔格矿集区及矿集区内三个工作区的竞争力，可以得出，祁漫塔格矿集区整体资源开发竞争力较好，略高于行业平均水平，该区资源开发适于采取多元经营的发展战略。该矿集区资源开发时最大的优势为区域规划及矿业开发政策相对较好，该区整体上矿产资源资源/储量规模大，成矿潜力好，矿集区整体上处于干旱荒漠地区，矿集区内矿床整体上开发对环境影响相对较小。主要劣势为区内交通相对不便，运距普遍较长，区域整体气候恶劣，矿山生产建设条件较差，除夏日哈木、四角羊牛苦头等少数矿床外，多数矿床以小型矿床居多，且矿床较分散，整体上矿产资源开发时生产成本较高。未来该区资源开发时，需要充分发挥内部优势尽量避免外部劣势影响，注重创造好的外部开发环境条件，降低区域资源开发时的风险。

在青海祁漫塔格矿集区划分的三个工作区中，矿产资源开发竞争力从高到低

表 4-116 拉陵灶火工作区 SWOT 分析情况

SWOT 分析	因素	优势	劣势	权重	赋值	加权分数
外部环境因素	宏观经济发展	西部地区经济增速维持在较高区间	国内整体经济增速放缓，经济运行保持在合理区间	0.1	1	0.1
	区域资源紧缺程度	资源开发对西部建设及国家镍钴资源保障意义重大	—	0.1	3	0.3
	外部运输	—	运距一般，至格尔木距离 150km 左右，多为公路运输	0.15	-1	-0.15
	区域规划及政策	国家及地方均重视西部地区资源勘查开发	—	0.1	3	0.3
	生态环境影响	不处于自然资源保护区；区域上整体处于柴达木盆地西南缘半干旱荒漠化草原区，地形坡度小、植被覆盖度低，矿山开采对自然生态影响有限	—	0.15	3	0.45
	矿山生产建设条件	区内矿床多数地处西北干旱荒漠地区，矿山建设土地较易获得	人烟稀少，劳动力电力等供应成本相对较高；气候恶劣，干旱地区水资源获得成本较高	0.15	-3	-0.45
	民族与稳定	区内少数民族主要为回族、蒙古族、藏族，数民族对矿产资源开发无抵触心理	矿业开发处于民族地区，需对区内牧民等少数民族进行安抚、补偿等工作	0.1	-1	-0.1
	主要矿种矿产品市场情况	区内矿产种需求稳定，主要矿产种的市场形势稳定，镍钴铜等为紧缺矿种	矿业开发时需考虑矿产品价格波动的风险	0.15	1	0.15
综合得分						0.6

续表 4-116

SWOT 分析	因素	优 势	劣 势	权重	赋值	加权分数
内部条件因素	矿产资源总资源/储量	拉陵灶火工作区资源丰富，整体资源储量规模较大	—	0.25	3	0.75
	矿床规模及集中度	夏日哈木为超大型铜镍矿	周边分散少量规模较小铁矿	0.1	1	0.1
	矿产资源潜力	区域成矿潜力较好	—	0.1	1	0.1
	矿产资源可利用性	主要矿种为镍矿，整体埋深浅，开采条件好	矿石品位较好，与钴铜等共伴生，需注重综合利用	0.15	1	0.15
	整体生产成本	—	综合生产成本较高	0.05	−3	−0.15
	整体经济社会效益	经济社会效益较大	—	0.1	1	0.1
	区域矿产开发可行性	区内夏日哈木矿山收益较好，可行性高	其余矿床矿床收益情况一般	0.1	1	0.1
	科技水平	夏日哈木矿床产品为镍精矿，产品结构相对较低		0.05	−1	−0.05
	人员素质及管理水平	—	地处西部，采选冶人才相对匮乏，工人素质较低	0.05	−1	−0.05
	矿产品情况	—	产品品级结构以初级产品为主，矿产资源不具备垄断性	0.05	−1	−0.05
综合得分						1

依次为拉陵灶火工作区—野马泉工作区—卡尔却卡工作区，表明该矿集区未来应重点开发拉陵灶火工作区与野马泉工作区，卡尔却卡工作区应当以环境保护为重点。青海祁漫塔格矿集区矿产资源开发竞争力分析见表4-117。

表4-117　青海祁漫塔格矿集区矿产资源开发竞争力分析

区域	区域发展战略	区域资源开发竞争力	主要对策建议
青海祁漫塔格矿集区	ST战略	较好	提高区域勘查程度，扩大有效资源储量供给；加强基础设施建设，为区域矿产资源开发提供便利条件；提高区域矿山生产科技水平及综合利用水平；加强区位综合研究，注重区内资源分类化、规模化开发
野马泉工作区	ST战略	较好	增强区内勘查工作，进一步增强该区资源储量的规模；注重该区野马泉、肯德可克等铁矿集中区铁矿的规模化、集约化开发；注重通往尕林格地区集中统一的道路电力设施建设，降低建设成本；注重该区铁路运输的规划，降低运距对该区铁矿资源开发的影响；加强该区与铁矿共伴生铜铅锌等资源的综合利用与回收，推广尾矿干排工艺，降低企业生产成本，提高企业经济效益
卡尔却卡工作区	WT战略	较差	加强该区矿床开发的可行性评价与环境影响评价；在保证资源开发不会影响该区生态的前提下开发矿产资源；制定相应勘查开发政策，增强该区绿色勘查绿色开发工作
拉陵灶火工作区	SO战略	良好	加强区内水文地质勘查工作，寻找质优量足的、可供矿区生产阶段用水水源，同时在矿山推广尾矿干排工艺，从开源和节流两个方面解决水资源缺失对该区矿山资源开发的限制；以夏日哈木超大型镍钴铜矿为核心，规划建设以镍矿为主，铁、铜、钴矿为辅的规模化、集约化的矿产资源加工冶炼产业集群，进一步提高该区产品品级结构，增强该区区域竞争力

4.7　结　　论

　　青海祁漫塔格矿集区主要矿种为铁、镍、铅、锌、铜、钴等，区内矿产资源丰富，资源储量规模巨大。该区经历了多期、多阶段复杂的地球动力学和成矿作用动力学演化过程，区域上成矿条件和矿床保存条件较好，成矿潜力巨大，主要矿床类型以矽卡岩型、岩浆型、沉积变质型和热液脉型等为主，矿床除夏日哈木、野马泉、四角羊牛苦头等大型矿床外，其余以中小型矿床居多，且矿床分布较分散，多为共伴生矿。区内主要矿床的开采地质条件良好，矿石以原生硫化矿为主，矿石选冶加工技术条件良好。青海祁漫塔格矿集区区内矿床大部分位于干旱荒漠地区，矿产资源开发对环境影响一般，区域环境承载力较强。区内主要矿种铁、镍、铅、锌、铜等的市场条件相对较好，其中镍、钴等为国家紧缺矿种，对国家资源安全保障具有重要意义。区内资源开发时，已查明全部资源的潜在总值可达2993亿元，潜在矿业产值达1291亿元，潜在净值达328.04亿元，资源开发的经济效益较好。资源开发的社会效益综合评分为92.64分，表明该矿产资源基地的开发利用对该地区的能源资源保障、社会经济、社会发展具有较高的促进作用。祁漫塔格矿集区矿产资源开发利用过程中，关键性风险要素主要是生产成本、基础设施、水资源、矿业环保政策、民族地区等，在矿产资源开发时需要重点考虑分析上述风险要素。

祁漫塔格矿集区整体资源开发竞争力较好，略高于行业平均水平，该区资源开发适于采取多元经营的发展战略。

5　矿产资源基地技术经济评价总结

矿产资源基地技术经济评价总结如下：

（1）进一步完善综合地质调查制度，形成相应调查评价标准。矿产资源基地技术经济评价是新形势下地质工作转型发展的一项重要内容，是"三位一体"综合地质调查工作的重要组成部分，当前并没有专门的技术标准对其进行规范，使得具有重要意义的研究工作不能起到应有的作用。因此，建议尽快制定一套相应的标准规范明确矿产资源基地技术经济评价的内容和标准。主要内容应包括：外部开发条件调查评价、开发利用技术调查评价、市场条件调查评价、经济社会效益评价、区域风险识别与分析、矿产资源基地竞争力分析及建议等。

（2）加强不同单位、不同专业间的协作，构建技术经济评价综合型团队。矿产资源基地技术经济评价涉及地质、环境、采矿、选矿（冶金）、矿产经济等多个专业，在工作时需要组成一个多专业的综合型团队共同完成。建议构建涉及地质、环境、采矿、选矿（冶金）、矿产经济等多个专业的综合型团队，在进行矿产资源基地技术经济评价工作时，不同专业（单位）人员互相协作、共同合作完成，充分发挥各自的优势，提高调查评价工作的专业性和可信度。在工作实施过程中，多个单位共同协作完成时，应确定其中一个为主导单位，主导单位应负责与有关参与单位共同协商，使各部分工作相互衔接、标准统一、无重复、无漏项，并负责总体方案优化，参与单位应按主导单位的要求，保证质量和进度。

（3）完善技术经济评价预算标准。目前，我国地质行业并没有专门的技术经济评价预算标准，矿产资源基地技术经济评价预算标准主要参考传统矿产地质调查预算标准，从实物工作量中匹配经费，由于调查内容与地质调查有一定区别，预算经费往往难以满足实际工作需要，亟须结合试点项目调整和制定相应预算标准。建议尽快制定与矿产资源基地技术经济评价相匹配的预算标准，支撑地质调查工作。

（4）注重宏观层面评价，坚持点面结合原则。矿产资源基地技术经济评价主要面向整个资源基地的评价，因此，要注重资源基地的宏观经济社会效益、资源效益、对当地及国家经济发展的贡献、区域资源开发发展竞争力等评价，同时，还应当对典型矿床开展常规的可行性评价工作，既注重整体的效益评估又注重局部开发的可行性，实现点面结合。此外，技术经济评价工作还应坚持生态保护原则、资源综合勘查综合评价综合利用原则、市场导向原则等。生态保护原则是将环境因素考虑在内，并作为资源合理开发的一个前置性要素，根据资源基地内各矿山所处地区地域、生态条件，充分考虑资源开发可能产生的环境影响等，尽可能选择对环境扰动小或无扰动的开发利用方法、技术工艺、设备和药剂，使得矿山的开发切实符合环境保护的原则；资源综合勘查综合评价综合利用原则是对于存在共（伴）生矿产资源的矿产地（矿床），应对其进行综合评价，提高共（伴）生矿产资源的综合利用效率；市场导向原则是应充分了解国家的资源政策需求及资源的市场情况，和市场紧密结合在一起，充分了解矿产资源的市场现状和发展趋势，使得评价结果更加可靠，减少开发投资风险，适应社会主义市场经济发展的需要。

（5）综合运用多种技术手段方法开展评估。在开展矿产资源基地技术经济评价工作时，为保证工作的质量和效率，应综合运用资料收集与数字化、遥感解译、地面调查、选冶试验研究、专家研讨、定性研究与定量分析结合等多种方法进行评估。

附　　录

附录1　固体矿产勘查概略研究规范

本书列举自然资源部公布的行业标准《固体矿产勘查概略研究规范》（DZ/T 0336—2020），可为矿产资源基地技术经济评价及区内典型矿山评价提供参考和借鉴。

1　范围

本标准规定了固体矿产勘查工作中概略研究的目的任务、基本原则、基本要求、基本内容、报告编写等。

本标准适用于固体矿产勘查可行性评价工作，是开展固体矿产勘查概略研究及其成果验收的依据，也是固体矿产勘查监督管理的技术依据之一。

2　规范性引用文件

下列文件对于本文件的应用是必不可少的。凡是注日期的引用文件，仅注日期的版本适用于本文件。凡是不注日期的引用文件，其最新版本（包括所有的修改单）适用于本文件。

GB/T 13908　固体矿产地质勘查规范总则

GB/T 17766　固体矿产资源储量分类

GB/T 25283　矿产资源综合勘查评价规范

GB/T 33444　固体矿产勘查工作规范

3　目的任务

通过了解分析矿产勘查项目的地质、采矿、加工选冶、基础设施、经济、市场、法律、环境、社区和政策等因素，初步拟定矿产资源开发技术经济参数，对项目的技术可行性和经济合理性进行简略研究，为是否开展下一步工作提供依据。

4　基本原则

4.1　遵循法律法规、产业政策，贯彻生态环境保护要求。

4.2 执行有关管理规定和技术标准要求。

4.3 根据不同勘查阶段选择适宜的评价方法。

4.4 结合勘查区内部及外部建设条件，合理选取技术经济参数。

4.5 坚持资源综合勘查、综合评价、综合开发、综合利用。

5　基本要求

5.1 地质勘查工作应达到 GB/T 13908、GB/T 33444 规定的普查及以上程度。

5.2 全面了解勘查区的自然地理、内外部建设条件、经济社会现状、周边资源开发利用情况，以及有关法律、政策等。

5.3 普查阶段通常采用静态评价方法，详查、勘探阶段一般采用动态评价方法。

5.4 应根据勘查工作成果及勘查区实际情况合理选取评价参数，现有成果及相关资料不能满足参数选取要求时，可通过类比方式确定。

5.5 采用类比方式的，应选择与勘查区主矿产及矿石类型一致，开采技术条件、矿石加工选冶技术性能等具有可类比性的矿山（勘查区），拟定开采方式、产品方案及技术经济参数等。

5.6 概略研究工作应由具有相应能力的矿产地质、水文地质、工程地质、环境地质、采矿、选矿、技术经济等专业人员共同完成。

5.7 勘查项目有工业指标论证报告的，可直接引用或借鉴工业指标论证成果。

6　基本内容

6.1　市场形势分析评价

简述矿产品国内外市场供需状况及趋势、可能的销售渠道和价格走势等。

6.2　内部建设条件评价

6.2.1　地质资源条件

包括勘查工作程度、矿体特征、矿石矿物组成、矿石质量、主矿产及共生伴生矿产资源储量等。

6.2.2　开采技术条件

依据水文地质工程地质环境地质工作成果，评价对矿山开采技术经济条件的影响。普查阶段无相关工作成果时，可收集有关资料类比评价。

6.2.3　矿石加工选冶技术条件

根据矿石加工选冶技术性能试验研究成果，拟定矿石加工选冶工艺流程、产品方案，确定产品产率、产品质量、选矿回收率等。无试验研究成果的，可通过类比分析矿石的可选性，拟定工艺流程、产品方案及相关技术参数。选矿厂建设投资和成本费用等可采用扩大指标法确定。

6.3　外部建设条件评价

包括勘查区位置、自然地理及交通条件，供水水源（方向）、供电、通信、原材料、燃料以及劳动力供应、当地经济社会发展现状等。分析上述因素是否满足资源开发的需要，以及对未来矿山建设投资和生产成本费用的影响。

6.4 生态环境影响分析

了解并说明勘查区是否存在自然保护地、生态保护红线、水源地等，分析判断勘查区资源勘查开发活动对生态环境的影响。类比拟定生态环境恢复治理方案及有关费用。

6.5 资源开发其他影响因素分析

分析法律法规、产业政策、社会影响因素等，了解永久基本农田、城镇开发边界及重要建（构）筑物等分布情况，评述对资源勘查开发的影响。

6.6 采矿系统模拟

在内外部建设条件评价、生态环境影响分析、资源开发其他影响因素分析的基础上，类比拟定未来矿山可能的开采方式、采矿方法、开拓方案、矿山建设规模及服务年限，开采回采率、贫化率（废石混入率）等。估算未来矿山开发的采矿系统建设投资和采矿成本费用。

6.7 经济效益评价

6.7.1 产品销售价格确定

6.7.1.1 应考虑价格信息资料的时效性及适用性。

6.7.1.2 产品计价方式应与产品标准（或市场通用）计价原则一致，或能够通过产品标准（或市场通用）明确符合产品方案的计价原则。

6.7.1.3 对价格较低的产品，采用其他地区公开市场价格扣除运费方式确定当地市场价格时，应关注运费的敏感性，以判断该方式的适用性。

6.7.1.4 通常可采用价格算术平均值确定销售价格，结合矿山服务年限及价格变化幅度，分析预测未来的价格变动趋势。对价格波动不大的产品，可采用近3~5年的市场平均价格；对价格波动较大的产品，可采用近5~8年的市场平均价格。产品销售价格是否含税的计算口径应一致。

6.7.2 评价内容

普查阶段通常采用静态评价方法，评价指标主要包括利润总额、投资利润率、投资回收期等。详查、勘探阶段一般采用动态评价方法，评价指标主要包括财务净现值、财务内部收益率等。

6.7.3 计算公式

6.7.3.1 利润总额

$$V = \sum_{1}^{n} \frac{(P \times \gamma - c) \times Q \times K}{(1 - \rho)} - J - t \qquad (1)$$

式中　V——利润总额，元；

P——精矿销售价格，元/t；

γ——精矿产率；%；

c——原矿成本费用，主要包括采矿成本、选矿成本、管理费用、营业费用、财务费用、摊销费用、生态环境恢复治理费用等，元/t；

Q——资源储量（矿石量），t；

K——开采回采率，%；

ρ——贫化率，%；

J——总投资，包括建设投资（不包括生产期更新改造投资）、流动资金等；

t——税费，包括增值税及附加、资源税等；

n——矿种。

6.7.3.2　投资利润率

$$PR = \frac{R}{J} \tag{2}$$

$$R = \frac{V}{a} \tag{3}$$

式中　PR——投资利润率；

　　　R——年平均利润总额；

　　　a——矿山服务年限。

6.7.3.3　投资回收期

$$T = \frac{J}{R} \tag{4}$$

式中　T——投资回收期。

6.7.3.4　财务净现值

$$FNPV = \sum_{t=1}^{n} (Ci - Co)_t (1 + i_c)^{-t} \tag{5}$$

式中　$FNPV$——财务净现值；

　　　Ci——现金流入量；

　　　Co——现金流出量；

　　　i_c——设定的折现率；

　　　n——计算期年数。

当 $FNPV \geq 0$ 项目可行。

6.7.3.5　财务内部收益率

$$\sum_{t=1}^{n} (Ci - Co)_t (1 + FIRR)^{-t} = 0 \tag{6}$$

式中　$FIRR$——项目财务内部收益率；

　　　$(Ci-Co)_t$——第 t 年的净现金流量。

6.8　不确定性分析

6.8.1　盈亏平衡分析

6.8.1.1　$BEP_{生产能力利用率}$

$$BEP_{生产能力利用率} = \frac{J_1}{R_1 - C_{可变} - t_{年}} \times 100\% \tag{7}$$

式中　$BEP_{生产能力利用率}$——矿山生产能力利用率盈亏平衡点,%；

J_1——年固定总成本费用，万元/a；

R_1——年产品销售收入，万元/a；

$C_{可变}$——年可变成本费用，万元/a；

$t_{年}$——年税费，包括增值税及附加、资源税等。

6.8.1.2　$BEP_{产量}$

$$BEP_{产量} = \frac{J_1}{P - c_1 - t_1} \times 100\% \tag{8}$$

式中　$BEP_{产量}$——矿山年产量盈亏平衡点，t；

P——精矿销售价格，元/t；

c_1——单位精矿可变成本费用，$c_1 = \dfrac{c}{\gamma}$，元/t；

t_1——单位产品税费，包括增值税及附加、资源税等。

6.8.1.3　$BEP_{产品售价}$

$$BEP_{产品售价} = \frac{J_1}{O} + c_1 + t_1 \tag{9}$$

式中　$BEP_{产品售价}$——矿山产品售价盈亏平衡点，元/t；

O——设计生产能力。

6.8.2　敏感性分析

测定某个不确定因素的敏感性分析公式为

$$S_{AF} = \frac{\Delta A/A}{\Delta F/F} \tag{10}$$

式中　S_{AF}——评价指标 A 对于不确定性因素 F 的敏感度系数；

$\Delta F/F$——不确定因素 F 的变化率（如矿产品价格，ΔF 为产品价格变动后的值减去变动前的值，F 为矿产品价格变动前的值）；

$\Delta A/A$——不确定因素 F 发生 ΔF 变化时，评价指标 A 的相应变化率（如当产品价格变动 ΔF 时，矿山投资总利润额变化差 ΔA 与价格变动前的比值）。

6.9　风险评价

6.9.1　评述勘查区未来资源开发在政策法规、经济社会、市场、生态环境等方

面及建设生产可能存在的风险，重点分析说明影响程度较高的风险因素。

6.9.2 普查阶段应重点说明资源量不确定性的风险及可能带来的影响。

6.10　综合分析

综合分析市场形势、勘查区内外部建设条件、生态环境影响、矿产资源开发其他影响因素等，初步评价下一步工作的可行性，并为资源量类型划分提供依据。

7　报告编写

7.1　概略研究内容可作为地质报告的一部分，必要时也可单独编制概略研究报告。

7.2　作为地质报告一部分时，题目、摘要、研究概况、声明、附图、附表、附件、参考文献等可视情况与地质报告相关章节合并，地质资源条件、开采技术条件、矿石加工选冶技术条件等章节可从略。

7.3　普查阶段概略研究报告编写提纲见附录 A，详查、勘探阶段概略研究报告编写提纲见附录 B。

附 录 A

（资料性附录）

普查阶段概略研究报告编写提纲

××省（市、自治区）××县（市、区、旗或矿田、煤田）
××矿区（矿段、勘查区）××矿普查概略研究报告

A.1 摘要

简述勘查单位、勘查工作时间，勘查区位置、面积、勘查程度、资源量，主要成果、存在的主要问题及建议。一般控制在 400 字以内。

A.2 研究概况

A.2.1 目的任务

阐述概略研究的主要目的及任务。

A.2.2 研究单位与人员工作背景及工作过程

说明报告编写单位相关工作背景，主要研究人员的从业经历等。描述工作时间和工作过程。

A.2.3 研究依据及方法

报告编写依据的相关规定、技术标准，研究方法及其合理性。

A.2.4 基础资料评价

说明参考引用的历史数据和其他信息（如历年来的地质勘查报告、矿石加工选冶试验研究报告、开采技术条件研究成果和自然地理、经济社会现状及有关类比资料等）的来源，评价其可靠性。

A.2.5 矿业权情况

说明发证机关、发证时间、勘查许可证编号、探矿权人、勘查项目名称、拐点坐标、面积及有效期限等。

A.2.6 地质工作情况

简述本次及以往地质工作情况，投入工作量、质量，以及取得的地质资料。

A.3 市场形势分析

国内外××矿（指主矿产及共生伴生矿产）资源市场状况。

简述矿产品在国内外市场的供需状况及趋势、可能的销售渠道和价格等，并说明价格的确定依据和合理性。

A.4　内部建设条件

A.4.1　地质资源条件

A.4.1.1　勘查区地质

简述勘查区地层、构造、岩浆岩发育情况等。

A.4.1.2　矿床地质

说明勘查工作程度，矿体规模、产状、形态、厚度及品位变化情况等矿体特征。

A.4.2　开采技术条件

A.4.2.1　水文地质条件

描述勘查区地形地貌、气象水文特征等；简述区域水文地质条件、勘查区所处水文地质单元特征，简述勘查区水文地质条件、水文地质勘查类型。

A.4.2.2　工程地质条件

描述矿体围岩的岩性特征、结构类型等内容；简述勘查区内可能影响工程地质条件的各类地质因素，可能出现的主要工程地质问题，以及勘查区的工程地质勘查类型。

A.4.2.3　环境地质条件

描述勘查区环境现状，具备类比条件时，简述未来矿山开发可能产生的环境地质问题。

A.4.3　采矿系统模拟

在内外部建设条件、环境影响分析、矿产资源开发影响因素论证的基础上，遵循法律法规、管理规定、产业政策和有关技术标准，贯彻生态环境保护和安全生产要求，通过类比同类型矿山，大致拟定勘查区矿产资源未来可能的开采方式、生产规模、服务年限、开采回采率、贫化率（废石混入率）等，估算采矿项目建设投资和采矿成本费用。

A.4.4　矿石加工选冶技术条件

通过类比或依据矿石加工选冶试验研究成果，分析矿石的可选性，大致拟定选矿工艺流程、产品方案、产品产率、选矿回收率、产品质量等。类比估算选矿厂建设投资和选矿成本费用等。

A.5　外部建设条件

A.5.1　自然地理

简述勘查区地理位置、地形地貌，勘查区所处地区的气象、水文，以及地震动峰值加速度等。

A.5.2 勘查区基础设施情况

简述经济社会发展现状、矿产资源开发情况、供水水源（方向）、供电、交通、通信、原材料、燃料以及劳动力供应等。

A.5.3 外部建设条件分析

大致分析勘查区外部条件是否能够满足矿产资源开发的需要，以及对未来矿山建设投资和生产成本费用的影响。

A.6 生态环境影响分析

简述勘查区是否存在自然保护地、生态保护红线、水源地等，大致判断勘查区资源勘查开发活动对生态环境的影响。通过类比，大致估算矿山地质环境治理恢复费用。

A.7 勘查区资源开发影响因素

分析法律法规、产业政策、社会影响因素等，大致了解永久基本农田、城镇开发边界及重要建（构）筑物等分布情况，简述对资源勘查开发的影响。

A.8 总投资和运营成本估算

A.8.1 投资构成和投资估算

根据内外部建设条件、环境影响分析、勘查区矿产资源开发影响因素等，类比同类型矿山，大致估算总投资。

A.8.2 生产成本费用估算

根据拟定的生产工艺和产品方案，类比同类型矿山，大致估算相应的成本费用。

A.9 经济、社会效益分析

A.9.1 经济效益分析

A.9.1.1 经济指标估算

通常采用静态经济评价方法，估算未来矿山开发的利润总额、年利润、投资利润率、投资回收期等相关经济指标，可参照表A-1。

A.9.1.2 盈利能力分析

对项目的投资效果指标和盈利能力进行简略评价，根据评价结果，说明矿床有无进一步的投资机会、能否进行下一步勘查；无进一步投资价值的，应提出终止工作的建议。

A.9.2 社会效益分析

结合当地实际情况，简要评述资源开发在促进区域经济社会发展、社会稳定、就业及改善基础设施等方面的作用和意义。

A.9.3　主要技术经济指标汇总

根据勘查区实际情况填写主要技术经济指标（见表 A-1），类比同类型矿山的应在备注中标明。

表 A-1　主要技术经济指标表

序号	项目	单位	指标	备注
一	地质资源			
1	资源量			
1.1	矿石量	万吨		
1.2	品位	%（g/t）		
1.3	金属量（矿物量）	t（kg）		
二	采矿			
1	拟定生产规模	t/a		
2	服务年限	a		
3	开采方式			
4	拟定采矿方法			
5	开采回采率	%		
6	贫化率（废石混入率）	%		
三	选矿（选冶）			
1	产品方案			
2	选矿回收率	%		
3	精矿产率	%		
四	投资			
1	项目总投资	万元		
1.1	建设投资（含设备投资）	万元		
1.2	流动资金	万元		
1.3	其他	万元		
五	原矿成本费用			
1	单位矿石成本费用	元/t		
1.1	采矿成本	元/t		
1.2	选矿（选冶）成本	元/t		
2	管理费用	元/t		
3	摊销费	元/t		
3.1	地质勘查费	元		
3.2	矿业权出让收益	元		

续表 A-1

序号	项目	单位	指标	备注
3.3	其他	元/t		
4	营业费用	元/t		
5	财务费用	元/t		
6	环境治理恢复费用	元/t		
7	其他	元/t		
8	总原矿成本费用	元/t		
六	经济指标			
1	产品销售价格	元/t		
2	税费	万元		
2.1	资源税	万元		
2.2	增值税（销项税与进项税差）及附加	万元		
3	利润总额	万元		
4	年利润	万元		
5	投资利润率	%		
6	投资回收期	a		
7	投资利税率	%		
8	所得税	万元		
9	税后净利润	万元		
10	其他经济效果指标			

A.10 风险识别分析

识别并分析勘查区未来资源开发可能面临的风险，重点说明资源量的不确定性及可能带来的影响。

A.11 结论

综合分析市场形势、勘查区内外部建设条件、生态环境影响、矿产资源开发其他影响因素等，简略评价下一步工作的可行性，并按 GB/T 17766、GB/T 25283 要求为资源量类型划分提供依据。

A.12 声明

A.13 附图

A.13.1 勘查区交通位置图（也可作为报告正文绪论部分的插图）

A.13.2 勘查区地形地质图

A.13.3　有代表性的勘查线剖面图（有时可与资源储量估算剖面图合并）

A.13.4　资源量估算图

A.13.5　其他附图

A.14　附表（资源量估算汇总表等）

A.15　附件（矿业权权属证明材料、有关资质证明、类比矿山的有关资料等）

A.16　参考文献

附 录 B

（资料性附录）

详查、勘探阶段概略研究报告编写提纲

××省（市、自治区）××县（市、区、旗或矿田、煤田）××矿区（矿段、勘查区、井田）××矿详查（勘探）概略研究报告

B.1 摘要

简述勘查单位、勘查工作时间，勘查区位置、面积、勘查程度、资源量，主要成果、存在的主要问题及建议。一般控制在 400 字以内。

B.2 研究概况

B.2.1 目的任务
阐述概略研究的主要目的及任务。

B.2.2 研究单位与人员工作背景及工作过程
说明报告编写单位相关工作背景，主要研究人员的从业经历等。描述工作时间和工作过程。

B.2.3 研究依据及方法
报告编写依据的相关规定、技术标准，研究方法及其合理性。

B.2.4 基础资料评价
说明参考引用的历史数据和其他信息（如历年来的地质勘查报告、矿石加工选冶试验研究报告、开采技术条件研究成果和自然地理、经济社会现状及有关类比资料等）的来源，评价其可靠性。

B.2.5 矿业权情况
说明发证机关、发证时间、勘查许可证编号、探矿权人、勘查项目名称、拐点坐标、面积及有效期限等。

B.2.6 地质工作情况
简述本次及以往地质工作情况，投入工作量、质量，以及取得的地质资料。

B.3 市场形势分析

国内外××矿（指主矿产及共生伴生矿产）资源市场状况。

简述矿产品在国内外市场的供需状况及趋势、可能的销售渠道和价格等，并说明价格的确定依据和合理性。

B.4 内部建设条件

B.4.1 地质资源条件

B.4.1.1　勘查区地质

简述勘查区地层、构造、岩浆岩发育情况等。

B.4.1.2　矿床地质

说明勘查工作程度，矿体规模、产状、形态、厚度及品位变化情况等矿体特征。

B.4.2　开采技术条件

B.4.2.1　水文地质条件

简述勘查区地形地貌、气象水文特征等；简述地下水的补给、径流、排泄条件及水质特征，地下水、地表水与矿床的补排关系；简述含（隔）水层的岩性、厚度、产状、分布、埋藏条件，含水层的富水性，矿体顶、底板隔水层的稳定性等内容及水文地质勘查类型。

B.4.2.2　工程地质条件

简述矿体围岩的岩性特征、结构类型、近矿围岩强度、结构面的发育情况等内容；总结勘查区内可能影响工程地质条件的各类地质因素，可能出现的主要工程地质问题，说明勘查区的工程地质勘查类型。

B.4.2.3　环境地质条件

描述勘查区环境现状，简述矿产资源开发可能产生的地表变形，诱发的地质灾害，以及对地下水、地表水、生态环境产生的影响等，说明勘查区的地质环境质量。

B.4.3　采矿系统模拟

在内外部建设条件、环境影响分析、矿产资源开发影响因素论证的基础上，遵循法律法规、管理规定、产业政策和有关技术标准，贯彻生态环境保护和安全生产要求，根据勘查工作成果及勘查区实际情况，通过类比同类型矿山，初步拟定矿产资源未来可能的开采方式、开拓方案、采矿方法、生产规模、服务年限、开采回采率、贫化率（废石混入率）等，估算采矿项目建设投资和采矿成本费用。

B.4.4　矿石加工选冶技术条件

B.4.4.1　矿石加工选冶技术条件

通常应依据矿石加工选冶试验研究成果，分析矿石的可选性，初步拟定选矿工艺流程、产品方案、产品产率、选矿回收率、产品质量等。可采用扩大指标法估算选矿厂建设投资和选矿成本费用等。

B.4.4.2　废弃物及尾矿处理

类比同类型矿山（或依据试验结果），推荐废弃物（废水、废石、废渣等）及尾矿处理工艺。对有毒、有害、危险废弃物，说明可能的处理方案及依据，并估算相应的成本费用。

B.5 外部建设条件

B.5.1 自然地理

简述勘查区地理位置、地形地貌，勘查区所处地区的气象、水文，以及地震动峰值加速度等。

B.5.2 勘查区基础设施情况

简述经济社会发展现状、矿产资源开发情况、供水水源（方向）、供电、交通、通信、原材料、燃料以及劳动力供应等。

B.5.3 外部建设条件分析

分析勘查区的外部条件是否能够满足矿产资源开发的需要，以及对未来矿山建设投资和生产成本费用的影响。

B.6 生态环境影响分析

说明勘查区是否存在自然保护地、生态保护红线、水源地等，初步判断勘查区资源勘查开发活动对生态环境的影响。通过类比，估算矿山地质环境治理恢复费用。

B.7 勘查区资源开发影响因素

分析法律法规、产业政策、社会影响因素等，了解永久基本农田、城镇开发边界及重要建（构）筑物等分布情况，评述对资源勘查开发的影响。

B.8 总投资和运营成本估算

B.8.1 投资构成和投资估算

根据内外部建设条件、环境影响分析、勘查区矿产资源开发影响因素等，类比同类型矿山或采用扩大指标法，估算各项投资。

B.8.2 生产成本费用估算

根据拟定的生产工艺和产品方案，估算相应的成本费用。

B.9 经济、社会效益分析

B.9.1 经济效益分析
B.9.1.1 经济指标估算

估算矿山开发的利润总额、年利润、投资利润率、投资回收期以及财务净现值、财务内部收益率等相关经济指标，可参照表 B-1。

B.9.1.2 盈利能力分析

对项目的投资效果指标和盈利能力进行初步评价，根据评价结果，提出下一步工作建议。

B.9.2　社会效益分析

结合当地实际情况，评述资源开发在促进区域经济社会发展、社会稳定、就业及改善基础设施等方面的作用和意义。

B.9.3　主要技术经济指标汇总

应根据矿山实际情况填写主要技术经济指标（见表 B-1），类比同类型矿山的应在备注中标明。

表 B-1　主要技术经济指标表

序号	项目	单位	指标	备注
一	地质资源			
1	资源量			
1.1	矿石量	万吨		
1.2	品位	%（g/t）		
1.3	金属量（矿物量）	t（kg）		
二	采矿			
1	生产规模	t/a		
2	服务年限	a		
3	开采方式			
4	采矿方法			
5	开采回采率	%		
6	贫化率（废石混入率）	%		
三	选矿（选冶）			
1	产品方案			
2	选矿回收率	%		
3	精矿产率	%		
4	选矿工艺			
5	精矿产品年产量	t		
四	投资			
1	项目总投资	万元		
1.1	建设投资（含设备投资）	万元		
1.2	流动资金	万元		
1.3	建设期利息	万元		
1.4	其他	万元		
五	原矿成本费用			
1	单位矿石成本费用	元/t		

续表 B-1

序号	项目	单位	指标	备注
1.1	采矿成本	元/t		
1.2	选矿（选冶）成本	元/t		
2	管理费用	元/t		
3	摊销费	元/t		
3.1	地质勘查费	元		
3.2	矿业权出让收益	元		
3.3	其他	元/t		
4	营业费用	元/t		
5	财务费用	元/t		
6	环境治理恢复费用	元/t		
7	其他	元/t		
8	总原矿成本费用	元/t		
六	经济指标			
1	产品销售价格	元/t		
2	税费	万元		
2.1	资源税	万元		
2.2	增值税（销项税与进项税差）及附加	万元		
3	利润总额	万元		
4	年利润	万元		
5	投资利润率	%		
6	投资回收期	a		
7	投资利税率	%		
8	所得税	万元		
9	税后净利润	万元		
10	财务净现值			
11	财务内部收益率	%		
12	其他经济效果指标			
七	盈亏平衡点			
八	敏感性分析			

B.10 风险识别分析

识别并分析勘查区未来资源开发可能面临的风险，重点说明影响程度较高的风险因素。

B.11　结论

综合分析市场形势、勘查区内外部建设条件、生态环境影响、矿产资源开发其他影响因素等，初步评价下一步工作的可行性，并按 GB/T 17766、GB/T 25283 要求为资源量类型划分提供依据。

B.12　声明

B.13　附图

B.13.1　勘查区交通位置图（也可作为报告正文绪论部分的插图）

B.13.2　勘查区地形地质图

B.13.3　有代表性的勘查线剖面图（有时可与资源储量估算剖面图合并）

B.13.4　资源储量估算图

B.13.5　其他附图

B.14　附表（资源量估算汇总表等）

B.15　附件（矿业权权属证明材料、有关资质证明、类比矿山的有关资料等）

B.16　参考文献

附录 2 固体矿产选冶试验样品配制规范

本书列举自然资源部公布的行业标准《固体矿产选冶试验样品配制规范》（DZ/T 0372—2021），可为矿产资源基地技术经济评价可利用性评价样品配制提供参考和借鉴。

1 范围

本文件规定了固体矿产选冶试验样品配制的术语、基本要求、配样步骤及方法、配样记录等。
本文件适用于固体非能源矿产选冶试验代表性样品的配制。

2 规范性引用文件

下列文件中的内容通过文中的规范性引用而构成本文件必不可少的条款。其中，注日期的引用文件，仅该日期对应的版本适用于本文件；不注日期的引用文件，其最新版本（包括所有的修改单）适用于本文件。
GB/T 13908　固体矿产地质勘查规范总则
GB/T 25283　矿产资源综合勘查评价规范
GB/T 33444　固体矿产勘查工作规范

3 术语和定义

下列术语和定义适用于本文件。

3.1 配样 sample proportioning
根据矿石选冶工艺技术要求，将采集的样品按照合理的方案、程序、手段配制出充分代表研究对象（矿床、矿段或矿体等，下同）矿石性质的样品的过程。

3.2 废石混入率 waste in-ore rate
矿样中废石所占的质量分数。

3.3 编号样品 serial number samples
按照确定的编号规则，被赋予特定编号的矿石样品。

3.4 试验正样 testing samples
按照试验要求配制出的用于选冶试验的样品。

3.5 试验副样 duplicate testing samples
与试验正样一同制备的、具有同样代表性的备用样品。

3.6 有用组分 valuable components
经过选矿能够回收利用的，或虽不能够单独出产品（精矿）但可以富集于精矿中计价的组分。

4　总体要求

4.1　化学成分

配制样品的有用组分、有害组分品位应能代表研究对象，样品配制过程中避免引入污染。

4.2　矿物组成

配制样品中矿物组成应能代表研究对象。

4.3　矿物粒度形态特征

配制样品中主要矿物和其他矿物粒度组成、形态特征应能代表研究对象。

4.4　岩石性质与矿石结构构造特征

样品中不应含有不符合矿床中岩石矿物特征的组分，样品与研究对象中矿石结构构造特征保持一致。

5　配样步骤及方法

5.1　准备工作

5.1.1　查阅地质报告和采样说明书，了解研究对象的矿石质量及矿物组成、围岩性质等。对照检查样品编号与样品的基本信息，重点了解每个编号样品所代表的资源储量，计算每个编号样品代表的资源储量占全部编号样品总资源储量的比例。其计算公式见式（1）。

$$r_i = \frac{Q_i}{Q_{总}} \tag{1}$$

式中　r_i——编号样品 i 代表的资源储量占总资源储量的比例，%；

　　　Q_i——编号样品 i 代表的资源储量，t；

　　　$Q_{总}$——全部编号样品代表的总资源储量，t。

5.1.2　检查编号样品、近矿围岩及夹石与采样说明书载明信息的一致性，以及样品包装的破损和外来污染情况。

5.2　制定配样方案

5.2.1　确定配制样品质量

5.2.1.1　配制样品质量应符合选冶试验程度要求。

5.2.1.2　应结合矿石工业类型、矿物组成、矿石入选品位、粒度、选矿方法、工艺流程、设备规格等实际情况确定配样质量，同时留足试验副样。

5.2.1.3　配制样品总质量、试验正样质量及试验副样质量的关系应满足式（2）。

$$W_{总} = W + W_{副} \tag{2}$$

式中　$W_{总}$——配制样品总质量，kg；

W——试验正样质量，kg；

$W_{副}$——试验副样质量，kg。

5.2.2 选择配样方案

5.2.2.1 为优化矿山生产所进行的选冶试验，其配样方案应与合同要求相一致。

5.2.2.2 以评价矿石质量为目的的矿石选冶试验，可采用不含采矿贫化的配样方案。这种情况下，各编号样品配入质量应与其代表的资源储量成正比。配样质量应符合式（3）。

$$W_i = W_{总} \times r_i \tag{3}$$

式中　W_i——编号样品 i 配入质量，kg。

5.2.2.3 作为矿床技术经济评价或矿山建设设计依据的选冶试验，应采用含采矿贫化率的配样方案。这种情况下，应结合采矿贫化实际配入一定数量的近矿围岩或夹石。各编号样品配入质量应符合式（4）~式(6)。

$$W_i = W_{总} \times (1 - \rho_{平均}) \times r_i + G_i \tag{4}$$

$$G_i = W_{总} \times \rho_i \times r_i \tag{5}$$

$$\rho_{平均} = \sum_{i=1}^{n} (r_i \times \rho_i) \tag{6}$$

式中　W_i——考虑围岩配入时编号样品 i 配入质量，kg；

ρ_i——编号样品 i 所代表的废石混入率，%；

$\rho_{平均}$——平均废石混入率，%；

G_i——编号样品 i 所代表的围岩混入量，kg；

n——参与配样的编号样品数。

5.3 样品制备

5.3.1 样品制备应在专门的空间中进行，不应受风雨及外来灰尘的影响，避免样品污染，必要时应有防尘、除尘措施。每次工作前后，应将相关设备、工具、场地清理干净。

5.3.2 应制定合理的制样流程，确定破碎、混匀、缩分等作业程序。

5.3.3 破碎与筛分

5.3.3.1 脆性样品破碎前应进行预先筛分；样品中细粒较少时，可不进行预先筛分。破碎后应进行检查筛分，不合格的粗粒样品应返回破碎作业。

5.3.3.2 不同编号样品应根据实际进行破碎、筛分、取样和检测，若检测结果与采样说明书相差较大，应补充或重新采集样品。

5.3.4 混匀

混匀作业宜优先采用机械混匀，人工混匀时应保证足够的混匀作业次数，作业方法可参照附录 A。

5.3.5 缩分

5.3.5.1 宜优先采用机械缩分，人工缩分时可参照附录 A。

5.3.5.2 缩分出的样品应保证样品质量与其粒度关系符合切乔特经验公式，见式（7）。

$$Q = k \times d^2 \tag{7}$$

式中　Q——最低可靠质量，kg；

　　　k——样品加工系数，根据岩矿样品特性经试验确定，一般介于 0.02~0.5 之间，k 值选取可参照附录 A.3；

　　　d——样品的最大颗粒直径，mm。

5.4　样品检验

5.4.1　样品均匀性检验

5.4.1.1 通常可通过检查样品中主组分含量，判断样品的均匀性。

5.4.1.2 判断矿石样品的混匀效果可采用方差分析法、不均匀性标准偏差法、t 检验法、极差分析法、平均值一致性检验法等方法检验，参见附录 A.4。

5.4.2 对配制样品取样分析，检查化学成分、矿物组成、矿物粒度特征、岩石性质等代表性。如果样品代表性检验不合格，应查找问题，重新配样。

5.4.3 均匀性检验方法准确度和灵敏度一般不应低于预定测试方法和设备的准确度和灵敏度，通常随机抽取不少于 10 个样品进行验证。

5.5　样品存放

5.5.1 制备好的试验样品（试验正样和试验副样）应在适宜环境中存放，避免在储存过程中氧化变质、混入杂质等。

5.5.2 试验正样与试验副样应分别标记，分开保存。

5.5.3 试验副样保存时间应符合约定。

6　配样记录

6.1 收到样品后应按来样标签逐项核对，并将收样人、收样时间、矿种、采样地点、样品编号、包装情况、质量等登记在原始记录本上。

6.2 应记录制样人，配样方案和流程，制样时间，采用的破碎、混匀、缩分方法，样品检验结果，设备型号，试验正副样等相关信息。

附 录 A
（规范性）
技术方法

A.1 混匀

A.1.1 机械混匀

机械混匀是利用相关设备将样品混合，使样品中的每一部分性质均匀的过程。其工作原理是运用机械设备使样品机械的翻动、搅拌、翻滚，最终使样品达到均匀，常见混匀设备有机械筒形混匀器、双锥混匀器、V 形混匀器等。

A.1.2 人工混匀

A.1.2.1 堆锥法

适用于大量物料的混匀。利用工具将样品反复堆锥。操作时，样品应从锥顶部中心给入，使样品能从锥顶大致等量地流向四周。铲取矿石时，应沿锥底四周逐渐转移铲样的位置。反复堆锥 5~7 次。

A.1.2.2 圆锥法

按照堆锥法堆成第一个圆锥后，由中心向四周耙（或铲取）成环形料堆，再沿环周铲样，堆成新的圆锥，重复操作 5~7 次。

A.1.2.3 翻滚法

适于少量细粒物料的混匀。将试样置于漆布（胶布、油布等）上，轮流地提起布的每一角或相对的两角，使试样翻滚达到混匀。通常试样翻滚 15 次以上。

A.2 缩分

A.2.1 机械缩分

机械缩分是运用机械缩分器以切割试样的方式从试样中取出一部分或若干部分，机械缩分可采用定质量缩分或定比缩分两种方式。常用机械缩分器包括：定比缩分器（如旋转容器缩分机、旋转圆锥缩分机、回旋式缩分器等）和定量缩分器（如转换溜槽式、切割式缩分机等）。

A.2.2 人工缩分

A.2.2.1 堆锥四分法

将样品混匀并堆成圆锥后，再用薄板切入矿堆一定深度，旋转薄板将矿堆展成平截头圆锥，压成饼状，然后用十字板（或分样板）通过中心点分隔为四份，取互为对角的部分合并为一份。按照此步骤重复循环取样直至符合所需质量为止。

A.2.2.2 二分器法

适于细粒物料或砂矿试样缩分。按 GB 474 要求进行缩分。

A. 2. 2. 3　方格法

将样品混匀后摊平为一薄层,划分为若干等大的方格,然后用工具按照相应规则逐格取样。缩分时方格划分要均匀,每个方格要取完。

A. 2. 2. 4　环割法

将堆锥法、圆锥法混匀的试样,耙(或铲取)成圆环,沿环周依次连续割取小份试样。割取时每一个单份试样均应取自环周上相对的两处,铲样时应从上到下、从外到里铲到底。

A. 3　切乔特公式 k 值的选取

对矿石样品而言,影响 k 值大小的因素有:

a)矿石中有用矿物分布的均匀程度,分布越不均匀, k 值越大;

b)矿石中有用矿物颗粒的嵌布粒度,嵌布粒度越粗, k 值越大;

c)矿石中有用矿物密度越大, k 值越大;

d)矿石中有用组分的含量越低(如贵金属矿石), k 值越大。

某一具体样品的 k 值可借助于类比法或通过试验来确定。通常实践中可参照表 A-1 和表 A-2 选取。

表 A-1　矿石的均匀性与 k 值的选取

均匀性级别	矿石和精矿种类		
	有色金属	铁	锰
极均匀	0.06		
均匀	0.10	0.025	0.1
中等均匀	0.15	0.05	0.1
不均匀	0.20	0.1	0.1

表 A-2　金矿石性质与 k 值的关系

矿石性质	k 值
Ⅰ:以微粒金(<0.01mm)为主的极均匀矿石	0.20
Ⅱ:含中等颗粒金(<0.6mm)的不均匀矿石	0.40
Ⅲ:含粗颗粒金(>0.6mm)的极不均匀矿石	0.8~1.0

A. 4　样品检验方法

A. 4. 1　方差分析法

随机抽取 10 个以上样品,对每个样品重复化学分析 2 次以上(此公式是每个样品测量次数相同 $n_1 = n_2 = \cdots = n$),按式(A-1)和式(A-2)计算组间离差平方和 Q_1 、组内离差平方和 Q_2 。

组间离差平方和：

$$Q_1 = n \sum_{i=1}^{m} (\bar{x}_i - \bar{x})^2 \qquad (A\text{-}1)$$

组内离差平方和：

$$Q_2 = \sum_{i=1}^{m} \sum_{j=1}^{n} (x_{ij} - \bar{x}_i)^2 \qquad (A\text{-}2)$$

组间自由度：

$$\nu_1 = m - 1 \qquad (A\text{-}3)$$

组内自由度：

$$\nu_2 = m(n - 1) \qquad (A\text{-}4)$$

式中 Q_1——组间离差平方和；

       Q_2——组内离差平方和；

       ν_1——组间自由度；

       ν_2——组内自由度；

       n——每组被检验证样均匀性测定的次数；

       m——被检验证样的总组数；

       x_{ij}——第 i 组第 j 次测定的结果；

       $\bar{x}_i$——第 i 组测定结果的平均值，$\bar{x}_i = \dfrac{1}{n} \sum_{j=1}^{n} x_{ij}$，$i = 1, 2, 3, \cdots, m$；$j =$

1，2，3，$\cdots$，m，每组被检验证样测定次数的序号；$\bar{x} = \dfrac{1}{m} \sum_{i=1}^{m} \bar{x}_i$，

总平均值。

按式（A-5）计算 F 统计量：

$$F = (Q_1/\nu_1)/(Q_2/\nu_2) \qquad (A\text{-}5)$$

F 统计量求出后，由显著度 α（取 0.01 或 0.05，一般采用 0.05，则置信概率为 $P = 1-\alpha = 0.95 = 95\%$）、分子自由度 ν_1、分母自由度 ν_2，查 F 检验法临界值（详见 GB/T 15000.5—1994），得临界值 F_a，然后加以判断。

若 $F \leqslant F_a$，则验证样内和验证样间无显著差异，均匀性检验合格；若 $F > F_a$，则验证样内和验证样间有显著差异，均匀性检验不合格。

A.4.2 不均匀性标准偏差法

如果标准偏差目标值 σ 为已知，则验证样之间不均匀性的标准偏差 S_s 可用式（A-6）进行计算：

$$S_s = \sqrt{\left(\frac{Q_1}{\nu_1} - \frac{Q_2}{\nu_2} \right) / n} \qquad (A\text{-}6)$$

因目标值 σ 为已知，若计算得到的 $S_s \leqslant 0.3\sigma$，则在本能力验证计划中所使

用的验证样是均匀的，反之，验证样不均匀。

A.4.3　t 检验法

如果在制备好的验证样中，抽取 m 个验证样进行均匀性检验，则也可使用 t 检验法。

从 m 个验证样中随机抽取一个，重复测定 n 次，一般 $n \geqslant 10$，其平均值为 $\bar{x}_1$，经统计标准偏差为 S_1。然后，对余下的 $m-1$ 个验证样各测定一次，即 $(m-1)$ 次，平均值为 $\bar{x}_2$，标准偏差经统计计算为 S_2，上述测定是在完全相同的条件下进行的，所以属于等精度测量，统计量 t 值由式（A-7）计算：

$$t = [\bar{x}_1 - \bar{x}_2] / [S_D] \tag{A-7}$$

式中，S_D 是两个平均值 $\bar{x}_1$ 与 $\bar{x}_2$ 之差的标准偏差，它可通过并合标准偏差 $S_并$ 最后由 S_1 和 S_2 以及相应的测定次数（n_1，n_2）、自由度（f_1，f_2）等求出。

$$S_D = S_并 \sqrt{\frac{n_1 + n_2}{n_1 n_2}} \tag{A-8}$$

式中，n_1 为 $\bar{x}_1$ 的测试次数 $n_1 = n$；n_2 为 $\bar{x}_2$ 的测试次数 $n_2 = m-1$；$S_并$ 为并合标准偏差，由式（A-9）计算：

$$S_并 = \sqrt{\frac{f_1 S_1^2 + f_2 S_2^2}{f_1 + f_2}} \tag{A-9}$$

式中，S_1 为 n 次测试的标准差（均值为 $\bar{x}_1$）；S_2 为 $(m-1)$ 次测试的标准差（均值为 $\bar{x}_2$）；自由度 $f_1 = n_1 - 1 = n-1$；$f_2 = n_2 - 1 = (m-1) - 1$；$f = f_1 + f_2 = n-1+m-2 = m+n-3$。将式（A-8）代入式（A-7）则：

$$S_D = \sqrt{\frac{(n-1)S_1^2 + (m-2)S_2^2}{m+n-3}} \sqrt{\frac{m+n-1}{n(m-1)}} \tag{A-10}$$

从式（A-10）即可由已知的 S_1、S_2、n 和 m 等值求出 S_D 值，再由 $\bar{x}_1$ 和 $\bar{x}_2$，根据式（A-7）求出统计量 t 之值。最后，由显著度 α（一般采用 0.05，则置信概率 $P = 1-\alpha = 95\%$）和自由度 $f = m+n-3$，查 t 分布的临界值 $t_{\alpha,f}$ 表获得 $t_{\alpha,f}$ 值来进行判断。若 $t \leqslant t_{\alpha,f}$，则所检验证样是均匀的；反之，若 $t > t_{\alpha,f}$，则所检验证样是不均匀的。

A.4.4　极差检验法

随机抽取 m 个验证样，对每个验证样在相同条件下，重复测量了 n 次，则允许的均值极差为：

$$R_0 = A \times \bar{r} \tag{A-11}$$

式中，A 是与 m、n 以及显著水平 α 有关的常数，可查极差法检验 A 值表；$\bar{r}$ 是验证样组内极差的平均值。

$$\bar{r} = \frac{1}{m}(r_1 + r_2 + \cdots + r_m) = \frac{1}{m} \sum_{i=1}^{m} r_i \tag{A-12}$$

式中，r_i 是第 i 组（个）验证样 n 次重复测定中最大值与最小值之差，即第 i 组或第 i 个（化学分析适用）验证样的极差。

每个验证样都进行 n 次重复测定都有一个平均值，m 个验证样有 m 个平均值，其中的最大平均值减去最小平均值称之为验证样的均值极差 R，求出 R 值并与 R_0 值进行比较。若 $R \leqslant R_0$，则验证样经检验是均匀的。若 $R > R_0$，则验证样经检验是不均匀的。

A.4.5 平均值一致性检验法

如果抽取验证样的数量为 m 个（适宜于化学分析验证样），重复测定 n 次，于是获得了 m 组数据，任取其中的两组数据来进行比较，假设这两组数据的平均值分别为 $\bar{x}_1$ 和 $\bar{x}_2$，这两组数据的标准偏差分别是 S_1 和 S_2，$\bar{x}_1$ 与 $\bar{x}_2$ 遵从 t 分布则所检验样是均匀的，否则验证样为不均匀。

$$|\bar{x}_1 - \bar{x}_2| \leqslant \sqrt{\left(\frac{t_1 S_1}{\sqrt{n_1}}\right)^2 + \left(\frac{t_2 S_2}{\sqrt{n_2}}\right)^2} \qquad \text{(A-13)}$$

式中，n_1 与 n_2 可以相等，也可以不相等。t_1 和 t_2 之值可根据显著度 α（一般 $\alpha = 0.05$）和自由度 $f_1 = n_1 - 1$，$f_2 = n_2 - 1$，可由 t 分布临界值表查得。

附录 3　矿产资源基地综合地质调查技术要求

本书引用了中国地质调查局郑州矿产综合利用研究所编制的《矿产资源基地综合地质调查技术要求》（送审稿），以期为矿产资源基地技术经济评价提供参考和借鉴。

1　范围

本标准规定了矿产资源基地综合地质调查工作预研究与设计编制、矿产资源条件调查、开发利用条件调查、地质环境条件调查、资源潜力评价、开发利用条件评价、环境影响评价、资源环境综合评价、成果编制与提交等方面的技术要求。

本标准适用于矿产资源基地的综合地质调查工作。

2　规范性引用文件

下列文件对于本标准的应用是必不可少的。凡是注日期的引用文件，仅注日期的版本适用于本标准。凡是不注日期的引用文件，其最新版本（包括所有的修改单）适用于本标准。

GB/T 23561.1—2009　煤和岩石物理力学性质测定方法　第 1 部分：采样一般规定

GB/T 25283—2010　矿产资源综合勘查评价规范

GB/T 33444—2016　固体矿产勘查工作规范

DZ/T 0130.13—2006　地质矿产实验室测试质量管理规范　第 13 部分：矿石加工选冶性能试验

DZ/T 0151—2015　区域地质调查中遥感技术规定（1：50000）

DZ/T 0223—2011　矿山地质环境保护与恢复治理方案编制规范

DZ/T 0282—2015　水文地质调查规范（1：50000）

HJ/T 166—2004　土壤环境监测技术规范

HJ/T 495—2009　水质采样方案设计技术规定

DD 2004—2002　区域环境地质调查总则（试行）

DD 2006—2006　数字地质图空间数据库

DD 2011—2005　矿产资源遥感调查技术要求

DD 2014—2005　矿山地质环境调查评价规范

3　术语和定义

下列术语和定义适用于本标准。

3.1 矿产资源基地 mineral resource base

矿产资源大规模集中赋存区和矿物原材料大规模集中生产区，是直接进行资源勘查开采，并与冶炼加工、工业制造、生活消费等密切关联的技术经济区域，是一个独特的地质资源—技术经济—生态环境单元。

3.2 资源基地综合调查 comprehensive survey for resource base

针对矿产资源基地开展资源现状与潜力、地质环境条件、开发利用条件"三位一体"的调查评价工作。采用合理的地质、物探、化探、遥感、地质环境、经济评价等调查评价方法和手段，查明矿产资源基地资源现状、成矿地质条件、地质环境条件、开发利用条件等，评价资源潜力、开发利用可行性、矿业开发对环境的影响，基于资源环境效益最大化原则，提出资源基地勘查开发优化布局建议。

3.3 小流域 waterthred

通常是指二、三级支流以下以分水岭和下游河道出口断面为界集水区，是相对独立和封闭存在的自然汇水区域。本标准特指矿床（矿山）集中分布的小流域，是环境地质调查和影响评价的重点区。

3.4 地质环境本底 geological environment baseline

矿产资源基地所在区域未经矿业活动扰动的初始自然环境特征值。

3.5 矿产资源可利用性 availability of mineral resources

在现有技术经济条件下，按相关行业标准要求的质量指标，矿产资源的有用组分可被采选（冶）的难易程度，包括矿石可采性、矿石可选性、矿石可冶性。

3.6 矿石可采性 ore minability

依据矿体（床）赋存的工程地质条件、地质环境条件和水文地质条件等，在现有技术经济条件约束下，按相关行业标准要求的质量指标，矿体可被采出的难易程度。

3.7 矿石可选性 ore dressability

在当前技术经济环境条件下，按相关行业标准要求的质量指标，矿石中可能利用的各种矿物成分在选矿过程中相互分选以及与脉石分选的难易程度。

3.8 矿石可冶性 metal or its compound extractability from ore

在当前技术经济环境条件下，按相关行业标准要求的质量指标，矿石或者精矿中的各有价组分在冶炼过程中可被相互分离并被提取出的难易程度。

3.9 资源环境综合评价 geologically，environmentally and techno-economically comprehensive evaluation

以矿产资源基地为评价单元，以大型矿产资源基地建设为目标，综合考虑矿产资源的地质、技术、经济、环境等要素，涵盖资源潜力、开发条件和环境影响的"三位一体"多要素评价。

4　总则

4.1　目的任务

4.1.1　目的

　　大致查明矿产资源基地资源地质条件、开发利用条件和地质环境条件，评价资源潜力、开发利用可行性和环境影响；解决重大资源环境问题，提升地质调查工作服务资源安全、环境保护、经济社会发展、生态文明建设的能力，为绿色矿业发展提供基础数据和科学支撑。

4.1.2　任务

4.1.2.1　调查区内矿产资源分布及禀赋特征，分析成矿地质条件，总结成矿规律，评价资源潜力。

4.1.2.2　调查评价区内矿产资源开发利用现状和条件以及综合利用水平。

4.1.2.3　调查区内地质环境本底及现状，分析影响因素，评价矿业开发对环境的影响。

4.1.2.4　开展资源环境综合评价，提出矿产资源基地绿色矿业发展规划布局建议。

4.1.2.5　建立矿产地质条件、开发利用条件和地质环境条件调查原始资料和成果资料数据库。

4.1.2.6　针对战略新兴矿产、深部资源、煤铀兼探和油铀兼探等开展专项调查，针对重大地质资源环境等问题开展专题研究。

4.2　部署原则

4.2.1　以矿产资源基地为对象，突出国家战略性矿产和重要矿产、战略性新兴矿产，以重点调查区为单元，综合部署和同步实施资源条件、开发利用条件、地质环境条件调查和评价，分别按照相应技术要求开展工作并提交成果。

4.2.2　以问题和需求为导向，重视科学技术创新，以解决制约资源基地绿色发展所面临的资源环境理论和技术问题为目标部署专题研究工作。

4.2.3　分层次部署。按照基地层次（1∶250000）和重点工作区层次（1∶50000）两个层次部署工作。

4.2.4　突出优势、重点矿种或矿种组合，围绕资源基地内已知大型矿床、找矿远景区、整装勘查区等开展综合地质矿产调查。

4.2.5　坚持编调结合原则，按图幅部署，填平补齐。重视预研究与成果集成。

4.3　工作程序

遵循预研究、设计编制、野外调查、综合评价及专题研究、成果编制、成果提交等步骤实施，工作流程见图1。

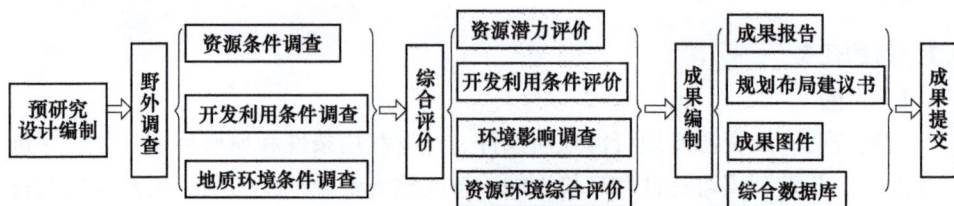

图1　工作流程图

4.4　基本要求

4.4.1　坚持以科技创新为引领和支撑，科学技术创新引领综合地质调查，强调新技术新方法的运用。坚持绿色调查，最大限度减少调查工作对环境的影响。

4.4.2　重视预研究，充分收集利用已有资料，从新的视点，应用新理论、新方法进行"二次开发"，提出制约资源基地绿色发展的重大资源环境问题，以获得对原有资源环境问题的新认识，提升研究水平。

4.4.3　基地层次（1：250000）调查主要开展编调结合的工作；重点工作区（1：50000）层次主要围绕已知大型矿床开展典型矿床研究和矿产资源条件、开发利用条件和地质环境条件调查工作。

4.4.4　重点工作区（1：50000）工作合理划分重点调查区和一般调查区，不机械地按网格平均布置工作。矿产地质专项填图工作按照1：50000矿产地质调查工作指南（试行）执行。重点工作区环境调查重点围绕小流域开展，在重点调查区可部署1：25000或更大比例尺的调查工作，其他地段以收集、稀疏路线调查和综合编图为主，图幅内整体工作精度达到1：50000比例要求。重点工作区开发利用条件调查主要围绕矿山（矿床）进行。

4.4.5　以需求和问题为导向，强调资源潜力评价、开发利用条件评价、环境影响评价以及综合评价。

4.4.6　综合调查与专题研究相结合，调查与编图相结合，调查与数据库建设和数据更新相结合。

4.4.7　推进成果转化应用和社会化服务。

4.5　矿产资源基地及调查内容分类

矿产资源基地及调查内容见表1。

表 1　矿产资源基地及调查内容分类

基地类型	勘查程度	开发程度	调查内容		
			资源潜力	开发利用	地质环境
矿产资源开发基地	区域调查和勘查工作程度高，重点区域的区调、矿调等工作已基本覆盖，其他区域工作还需填平补齐	有一个以上大型（或超大型）在开发矿山，形成了较为成熟的矿产开发产业链，矿业经济较为发达，占区域国民经济比重较大	1：50000专项地质调查为主，强调已知矿床深边部潜力评价	开展基地1：250000开发利用条件调查，重点矿山开发利用条件调查，评价矿山综合利用潜力以及社会经济效益	针对矿产资源开发集中区开展中大比例尺（精度不低于1：50000）的矿山地质环境调查工作，查明矿山地质环境条件现状和评价环境影响
矿产资源勘查基地	区域调查和勘查工作程度较高，重点区域的区调、矿调仍需填平补齐，部分地区开展过地质环境方面的调查，部分矿床开展过开发利用条件评价	具有一个以上大中型（含中型）以上矿床规模的找矿前景区，具备一定的开发配套条件，矿业经济发展潜力较大	1：50000矿产地质调查为主，物化探填平补齐	开展基地1：250000开发利用条件调查，重点矿床的开发利用条件评价，为开展下一步工作提供依据	开展基地1：250000地质环境调查工作，了解基地地质环境条件，初步查明大型以上矿床地质环境条件现状
矿产资源后备基地	区域调查和勘查工作程度稍低，重点区域的区调、矿调仍需填平补齐，地质环境方面的调查较少，部分矿床开展过开发利用条件评价	指已查明的矿产资源，具有中型（含中型）以上矿床规模，找矿前景好，暂时没有正规生产矿山和在建矿山，配套条件尚不成熟	1：50000矿产地质调查为主，强调综合检查	开展1：250000基地开发利用要素调查，了解资源种类、数量、质量及开发利用条件，估算资源潜在价值，以及开发利用的可能性	开展基地1：250000地质环境调查工作，了解基地地质环境条件，初步查明大型以上矿床地质环境现状

矿产资源开发基地：存在当技术经济条件下可利用的、已获得采矿权或已完成通过储委评审的勘探工作的大型-超大型矿床的矿集区。矿床勘查程度符合规范要求，矿山开采规模应为大型，供给的矿产品规模大或具有决定性的作用。

矿产资源勘查基地：在矿产地质工作的基础上，对所提出的有找矿前景的远景区、找矿靶区，择优进行普查，查明的矿产资源具有大中型（含中型）以上矿床规模的找矿前景，可部署进行详查、勘探工作的地区。

矿产资源后备基地：是指已查明的矿产资源，具有中型（含中型）以上矿床规模，找矿前景好，当前技术经济条件或环境条件暂不宜开采的，没有正规生产矿山和在建矿山的地区。在此基础上可与附近其他矿产资源后备基地或不同矿种矿产资源基地，共同组成规模更大的矿产资源复合基地。

5 预研究与设计编制

5.1 目的任务

全面收集、整理和综合分析调查区以往各类资料，初步分析矿产资源基地资源条件、开发利用条件和地质环境条件，明确工作部署、技术路线、工作方法和技术要求，编制矿产资源基地综合地质调查工作设计。

5.2 工作内容

5.2.1 全面收集、整理和综合分析调查区以往各类资料。

5.2.2 分析研究矿产资源基地资源条件、开发利用条件和地质环境条件，编制工作程度图、构造建造草图、地质环境条件草图和工作部署图等基础图件。

5.2.3 确定调查评价工作重点内容，划分重点调查区、一般调查区及调查评价细分区块，明确工作部署、技术路线、工作方法和技术要求。

5.2.4 梳理提出制约地质找矿、地质环境的重大问题，明确专题研究内容。

5.2.5 编制矿产资源基地综合地质调查工作设计。

5.3 基本要求

5.3.1 应充分收集以往各类资料，深入开展预研究工作，进行必要的野外踏勘。

5.3.2 设计编制应符合任务要求，做到内容完整、文字精练、重点突出、附图附表附件清晰齐全。

5.3.3 设计编制提纲见附录 A。

5.4 技术要求

5.4.1 资料收集

5.4.1.1 自然地理与社会经济

a）基地行政区划、自然地理、交通、气候、水文、自然灾害、自然资源、生态资源、各类保护区及相关规划等资料；

b）社会经济现状及国家和地方发展规划等资料。

5.4.1.2 基础地质

a）各类地质调查成果资料；

b）地质图、矿产地质图、构造纲要图、岩相古地理图、建造构造图等资料；

c）各类实测地质剖面图等资料；

d）实际材料图及野外记录本（卡）等资料；

e）岩矿鉴定、岩矿分析、古生物鉴定及地质体测年或同位素测年等成果资料。

5.4.1.3 地球物理

各种比例尺重力、磁法、电法、地震、放射性测量等物探方法所获得的成果资料、原始数据，区域及工作区物性资料。

5.4.1.4　地球化学

各种比例尺水系沉积物测量、土壤测量、岩石测量、土壤汞量测量、自然重砂测量等成果资料及原始数据。

5.4.1.5　遥感

多时段、不同空间分辨率，不同频谱的航空、卫星遥感数据及其解译成果，岩矿波谱测量等其他遥感资料等。

5.4.1.6　科学研究

a）矿产资源潜力评价、区域成矿规律和典型矿床研究等成果资料；

b）涉及工作区及邻区的专题报告、专著及论文等资料。

5.4.1.7　地质资源条件

a）矿业权设置情况等资料；

b）工作区及邻区矿产资源调查评价成果资料及相关原始地质资料；

c）已有矿床、矿（化）点地质预查、普查、详查、勘探成果资料。

5.4.1.8　开发利用条件

a）基地内矿产勘查开发利用资料、经济社会资料、土地利用现状、矿山基本情况数据；

b）基地内矿种及国内外类似矿种开发利用技术状况；

c）基地内矿产品等级、价格及矿产品市场情况。

5.4.1.9　地质环境条件

a）工作区水文地质、环境地质、工程地质、地质灾害、土地质量、地质遗迹、自然保护区、生态红线及其他环境保护相关资料；

b）国内外类似自然条件下同类型矿山勘查开发对环境影响评价方面资料。

5.4.2　综合整理分析

5.4.2.1　对搜集到的各类资料进行分析整理，分析建造构造与成矿的关系，初步确定主攻矿种、矿床类型，划分建造构造类型。

5.4.2.2　分析研究调查区成矿地质条件、成矿规律和典型矿床特征，初步建立成矿模式和找矿预测模型。

5.4.2.3　分析与成矿有关的建造构造类型及特征，初步确定填图单元，编制建造构造草图、成矿规律草图等相关图件。

5.4.2.4　分析区内矿产资源特征、矿业开发条件、综合利用水平、社会经济条件，初步确定典型评价矿床与评价方法，编制开发利用要素草图。

5.4.2.5　分析研究调查区地质环境条件，分析与矿业活动有关的地质环境问题类型与分布规律，初步确定调查单元，编制地质环境条件分区草图等相关图件。

5.4.2.6 梳理提出关键资源环境问题和技术方法问题，提出专题研究内容。

5.4.2.7 确定本次综合地质调查重点调查区、技术路线、工作内容和预期成果等。

5.4.3 野外踏勘

5.4.3.1 考察了解工作区构造单元、地质建造构造、典型矿床、蚀变带和自然景观特征；了解物化探工作条件及人文干扰情况，对室内收集的有关资料进行必要的野外验证；对关键地段、有代表性地质、矿化现象的岩矿标本，进行必要的岩矿鉴定或快速分析测试。

5.4.3.2 了解工作区自然地理、社会经济、矿产资源特征和政策法规，对室内收集的开发利用要素等相关资料进行必要的野外核查。

5.4.3.3 了解工作区水文地质单元、地质环境分区，了解自然保护区、风景名胜区、集中供水水源地、基本农田和地质遗迹等环境敏感区分布，对遥感及相关资料进行必要的野外验证，了解矿业活动集中活动区可能存在的矿山地质环境问题类型，在关键地段采集样品，明确特征环境污染因子。

5.4.3.4 调查访问，了解地方对综合地质调查的需求。

5.4.3.5 核实地质资料的齐全度和可靠性；资源储量的动态，即发现、评价勘探情况与进展；主要控矿因素和矿床规模；远景情况；矿床资源条件（矿床形态、产状、地质构造的复杂程度等）；综合勘探情况；高级别储量的比例及分布；国民经济发展规划和工业布局的需求程度等技术指标。

5.4.4 编制图件

设计附图包括：工作程度图、构造建造草图、地质环境条件草图、工作部署图、开发利用条件草图、矿业企业与矿业权分布图等。

6 矿产资源条件调查

6.1 目的任务

概略查明基地矿产资源条件；大致查明基地成矿地质条件和矿产资源特征，分析控矿因素，揭示成矿规律，圈定找矿靶区，实现找矿新发现，为评价资源潜力和预测找矿前景提供基础资料；创新基地成矿理论和矿产地质调查技术方法，重点调查和解决基地内重大矿产资源问题，为资源基地勘查开发的可持续发展提供基础支撑。

6.2 工作内容

6.2.1 基地矿产资源条件调查

6.2.1.1 收集基地矿产资源种类、类型、数量、分布、规模、资源禀赋等基本矿产地质特征资料。

6.2.1.2 收集基地地质背景特征、地球物理特征、地球化学特征，研究基地成矿地质条件资料。

6.2.1.3 调查已知/新发现矿床（点）的特征等，了解基地成矿地质背景、成矿规律等。

6.2.2　矿产地质专项调查

6.2.2.1 围绕主攻矿床类型，开展典型矿床研究，大致查明矿床成因类型、控矿因素、找矿标志，建立成矿模型和找矿预测模型，总结成矿规律。

6.2.2.2 围绕已知大型矿床和所在矿带，可部署多个标准图幅 1：50000 或更大比例尺矿产地质专项调查工作，解决基地重大矿产地质问题。

　　a）大致查明与成矿有关的地层、岩浆岩、变质岩等建造，构造和矿化蚀变等地质要素分布、特征和演化规律，为异常解译、成矿规律研究、圈定找矿靶区和潜力评价提供地质资料。

　　b）大致查明重点区地球物理、地球化学和遥感等特征，圈定各类异常，开展异常解译，研究其与地质体、构造、蚀变带的耦合关系，为分析成矿地质条件、解决重大地质问题、圈定找矿靶区和潜力评价提供资料。

　　c）开展矿产综合调查，对区内已有矿产地、矿点/矿化点进行全面研究和调查，对新发现的异常进行分层次查证和评价，提交找矿靶区。

　　d）对区内的重大地质或找矿问题，开展适当的钻探验证，了解矿（化）体以及与成矿有关建造、构造的分布和延伸，验证地质、地球物理和地球化学研究的综合认识，评价重要异常和找矿靶区。

6.2.2.3 针对重大的矿产地质问题，开展专题研究，创新成矿理论认识和调查方法。

6.2.2.4 开展典型矿产矿集区大比例尺矿产地质调查，结合典型矿床勘查资料，建立典型矿床找矿模型，并开展深部找矿预测，获取深部矿产地质信息。

6.2.3 基地配套资源调查。调查基地内主要矿种配套资源，包括配套的其他矿种、水资源等资源现状。

6.3　技术要求

6.3.1 以基地为单元，开展矿产地信息采集和路线地质综合调查。采集矿产地、矿（化）点地质特征、矿石质量、成因类型、找矿标志、勘查程度、开发利用情况等应尽量涵盖附录 B 中矿产资源条件条目下的所有调查项信息，填制矿产信息卡片。

6.3.2 针对区内重要成矿建造、控矿构造、典型矿床等，部署开展综合地质调查路线及剖面调查工作。

6.3.3 编制全区 1：250000 矿产地质图等系列图件。

6.3.4 在重点工作区，开展以矿产地质专项填图工作为主的 1∶50000 矿产地质调查。技术要求执行《1∶50000 矿产地质调查工作指南（试行）》。

7 开发利用条件调查

7.1 目的任务

调查勘查开发利用现状及综合利用水平，开展典型矿山（床）岩石力学（参照 GB/T 23561.1—2009 执行）、选冶性能等试验，基本查明矿石可利用性特征，大致查明基地资源开发利用条件。

7.2 工作内容

7.2.1 开采地质条件调查

调查基地内水文地质、工程地质、环境地质、矿体整体埋深等基本特征，大致查明区内影响开采的条件。

7.2.2 矿石加工条件调查

7.2.2.1 调查基地内已开发矿山的矿石性质、选冶工艺流程、关键装备、"三率"指标、能耗和生产成本，查明影响综合利用水平的矿物禀赋、技术工艺等因素，基本查明主要矿产的可利用特性。

7.2.2.2 调查基地内未开发矿床的矿石性质、可选（冶）性指标。

7.2.2.3 针对复杂共伴生矿产、新矿石类型，查明矿石矿物性质、综合利用潜力，提出适宜的选冶工艺。

7.2.2.4 大致查明矿产开发利用的水消耗量和产生的"三废"情况。

7.2.3 矿山外部条件调查

7.2.3.1 调查资源基地所在区域的自然地理、社会经济发展、基础设施（水电、交通、通信等）、人口分布、资源的市场条件、产业结构和国家及当地相关的政策、法律、规划、矿产资源开发周边环境（自然保护区、风景名胜区、军事管理区、高压线路、铁路等）等，大致查明资源基地的外部开发条件。

7.2.3.2 调查已生产矿山的基建、管理、生产等成本情况等内容。

7.3 技术要求

7.3.1 开发利用条件调查内容应满足开发利用评价的需要。

7.3.2 应充分收集和利用已有的基础资料，并保证资料的正规性、可靠性和适宜性，必要时可针对资料进行实地验证。

7.3.3 样品采集技术要求

7.3.3.1 已开发矿山，应在采场采集岩矿鉴定样品，样品的采集应具有代表性。未开发矿床（点），优先选择岩芯样品。

7.3.3.2 选冶性能测试样品采集原则参照 GB/T 25283—2010 执行。

7.3.4　矿石加工条件技术要求

典型矿床选冶技术方案应通过流程试验来确定，参照 DZ/T 0130.13—2006 执行。废弃物利用方案应结合当地水文气象和经济社会发展条件，通过试验确定。

7.3.5　编制全区 1∶250000 矿山开发利用现状图、开发利用要素图等系列图件。

8　地质环境条件调查

8.1　目的任务

概略查明基地的地质环境条件，分析矿业活动影响区矿山地质环境问题类型、分布和影响现状，重点调查矿业活动与地质环境的相互作用和影响，创新地质环境调查理论与方法，为矿山地质环境问题发育规律研究、矿业活动地质环境影响评价提供基础资料。

8.2　工作内容

8.2.1　基地地质环境调查（1∶250000）

8.2.1.1　了解调查区气象、水文、水系、地形地貌、地层岩性、构造、土地利用、地质灾害、生态环境、地方病、地下水、已开展矿山环境治理情况等。

8.2.1.2　了解调查区水文地质条件，大致查明重点矿床分布区地下水类型、赋存分布条件、水化学特征及其运动规律。

8.2.1.3　了解调查区岩体结构及风化特征、土体岩性类型及结构特征等工程地质特征。

8.2.1.4　了解调查区生态红线、自然保护区、风景名胜区、集中供水水源地、基本农田、特色土地资源、地质遗迹等环境敏感区分布范围，以及与矿业活动区的空间位置关系。

8.2.1.5　了解调查区存在的主要环境地质问题（沙（石）漠化、盐渍化、岩溶、地质灾害、地方病、环境污染（水、土壤、大气等）、土地资源破坏等）。

8.2.2　重点工作区地质环境调查（1∶50000）

8.2.2.1　以矿集区所在小流域为调查单元，开展矿山地质环境本底调查和现状调查。

8.2.2.2　矿山地质环境本底调查主要了解矿业活动前地形地貌景观、土地利用、植被分布、地质灾害分布、水土环境质量等内容。

8.2.2.3　矿山地质环境现状调查主要大致查明矿业活动引起的地质灾害（崩塌、滑坡、泥石流、地面塌陷、地裂缝）、资源损毁（地貌景观破坏、含水层破坏和土地资源损毁）、环境污染（水、土壤、大气等）等。

8.2.2.4 针对典型的地质环境问题，开展专题研究。

8.3 技术要求

8.3.1 区域地质环境调查参照 DD 2004—2002 执行，重点工作区矿山地质环境调查参照 DD 2014—2005 执行，水文地质调查参照 DZ/T 0282—2015 执行。

8.3.2 重点工作区选择应兼顾地质环境区、矿种、规模、开发阶段及开发方式的差异，能反映调查内存在的主要地质环境问题，具有较好的普适性和代表性。土壤环境监测参照 HJ/T 166—2004 执行，水质采样参照 HJ/T 495—2009 执行。

8.3.3 编制全区 1∶250000 地质环境条件及分区图等系列图件；编制小流域 1∶50000 地质环境条件图等系列图件。

9 资源潜力评价

9.1 目的任务

以资源基地为研究对象，在总结区域成矿规律、建立区内典型矿床成矿模式和找矿模型的基础上，应用综合地质信息预测方法，圈定预测区，估算资源量，优选找矿靶区，为下一步工作部署提供规划建议。

9.2 评价内容

基地资源潜力评价从两个层次开展，其一为资源基地潜力评价（1∶250000），其二为重点调查区潜力评价（1∶50000），最终成果以基地成果形式进行表达。

9.2.1 建立典型矿床的成矿模式和找矿模型。

9.2.2 分析区域成矿地质特征，总结区域预测要素、编制综合地质、物化探、遥感、自然重砂等信息矿产预测要素图、建立区域找矿预测模型。

9.2.3 根据不同矿种开展成矿预测，加强深部矿产资源潜力评价与找矿预测，圈定预测区、估算预测资源量。

9.2.4 优选找矿靶区、编制矿产预测图。

9.3 技术要求

9.3.1 以成矿系统、成矿系列、"三位一体"成矿作用等找矿理论技术方法为指导，按照主攻矿种的成矿作用单元确定最小预测区，开展多矿种的潜力评价。

9.3.2 重点调查区潜力评价要求应达到 1∶50000 精度，执行《1∶50000 矿产地质调查工作指南（试行）》。

9.3.3 重点调查区以外的地区，根据已有资料情况，适当补充矿产检查工作，以满足开展基地潜力评价要求。

9.3.4　全区视基地大小选择 1：250000～1：500000 比例尺编制成矿预测图。

10　开发利用条件评价

10.1　目的任务

基于综合调查内容，评价基地资源开发利用的可行性及社会经济效益，划分基地矿产资源可利用性等级，评价重点矿山（床）的"三率"水平和综合利用潜力，为提高矿产资源开发利用水平提供技术支撑，为矿山资源开发利用及规划布局提供参考。

10.2　评价内容

10.2.1　评价开采地质条件，确定开采难易程度，划分可采性等级。

10.2.2　评价矿石加工条件，确定矿石可选性难易程度，评估"三率"水平和综合利用潜力，划分可选性和综合利用潜力等级。

10.2.3　评价矿山建设外部条件，包括水、电、交通、市场需求和政策法规等，确定外部条件适宜性。

10.2.4　评价基地开发的经济效益和社会效益，包括资源潜在总值、潜在矿业产值、平均成本、区域 GDP 贡献度、增加就业情况、税收等指标。

10.3　技术要求

10.3.1　资源可采性等级判定依据应综合考虑水文地质、工程地质、地质环境等因素。

10.3.2　资源可选性等级判定依据应综合考虑原矿品位、精矿品位、精矿有害元素含量、共伴生元素综合回收等因素。

10.3.3　"三率"指标评价应参考全国同样矿种和类似矿床的"三率"指标，矿产可利用指标应通过矿石的性能测试结果或类比研究试验进行确定。

10.3.4　矿山建设外部条件评价可通过类比法与国内外类似的基地（矿山）进行对比分析。

10.3.5　编制 1：250000 矿产可采性、可选性和综合利用水平等级分布图，编制 1：250000 开发利用条件分区图。

11　环境影响评价

11.1　目的任务

基于地质环境调查，评价矿山地质环境现状和矿业活动对区域地质环境的影响程度，以及地质灾害发生程度，并预测其发展变化趋势，为政府实施矿山地质环境监管、规划矿产勘查开发布局，矿山企业制定矿山地质环境保护与土地复垦方案提供支撑。

11.2 评价内容

11.2.1 基地层次环境影响评价（1∶250000）

11.2.1.1 对基地主要开展矿山地质环境现状评价，包括单因子和综合评价，评价基地范围内矿山地质环境影响类型、分布范围和影响程度，并进行地质环境分区和评述。

11.2.1.2 对不同地质环境区、不同矿种和规模、不同开发阶段及开发方式产生的矿山地质环境问题类型、发育和分布规律、影响程度进行对比分析，筛选重点评价区和评价指标。

11.2.1.3 编制基地地质环境质量分级图件。

11.2.2 重点工作区层次环境影响评价（1∶50000）

11.2.2.1 对典型矿集区所在小流域开展矿山地质环境质量现状评价和预测评价。

11.2.2.2 矿山地质环境现状评价内容同基地层次，相应地增加评价精度。

11.2.2.3 矿山地质环境影响预测评价，根据评价区内矿业活动特点、地质环境条件，选择能反映环境质量状况的特征因子，预测评价矿山地质环境质量的时空演化规律。

11.2.2.4 编制矿山地质环境影响预测变化趋势图。

11.2.2.5 提出基地和矿集区所在小流域矿业开发利用规划建议、矿山地质环境保护和恢复治理建议。

11.3 技术要求

11.3.1 矿山地质环境质量现状评价参照 DD 2014—2005 和 DD 2004—2002，环境影响预测评价参照环境影响评价相关导则方法。

11.3.2 矿山地质环境影响评价包括区域和典型矿集区地质环境尺度，应遵循客观、公正、科学地反映地质环境尺度差异的原则，划分为大小不一的正方形网格作为评价单元，具体划分方法应综合考虑各评价因子在区域上分布的复杂程度和计算速度、存储容量等。

11.3.3 评价指标体系是由若干个单项评价指标组成的有机整体，应反映地质环境评价与预测的目标和要求，而且要全面、合理、科学和实用，并能为有关人员和部门所接受。

11.3.4 评价工作应借助 GIS 管理基础和图形数据、划分评价单元、处理评价结果和成图。

12 资源环境综合评价

12.1 目的任务

以资源环境综合效益最大化为原则，对基地资源潜力、开发利用条件、环境影响进行一体化评价，并提出勘查开发等级分区，为优化资源基地矿业勘查开发布局提出对策建议，为实现绿色矿业发展提供重要支撑。

12.2　评价内容

12.2.1 在资源潜力评价、开发利用条件评价、环境影响评价的基础上，梳理矿产资源勘查开发相关影响因素，筛选关键性指标，建立综合评价模型。

12.2.2 在矿产资源条件分区、开发利用条件分区、地质环境条件分区基础上，通过综合评价模型，划分综合评价分区。

12.2.3 基于综合评价分区结果，划分勘查开发利用等级，优选勘查开发有利地区。

12.2.4 提出勘查开发布局、环境保护措施等建议。

12.3　技术要求

12.3.1 通过静态估算典型矿床经济价值，结合环境约束条件，开展重要矿床经济、社会、环境效益评价。

12.3.2 评价区块的划分。以成矿区带划分为基础，结合地质，物化，化探，遥感和矿产勘查信息，综合考虑矿业权设置资料，进行评价区块划分。

12.3.3 区块评价（评估）按三级指标开展，各级指标按权重计入。地质资源条件、开发利用条件和地质环境条件作为一级评价指标。现有资源条件和潜在资源条件作为地质资源条件的二级指标，矿山建设外部条件、矿石开采地质条件、矿石加工条件和经济社会效益作为开发利用条件的二级指标，地质灾害发生程度、潜在污染程度、环境恢复难度和环境有利条件作为地质环境条件的二级指标。各二级指标下设三级指标（详见附录B）。各区域可根据区域特点删减或增加三级指标，同一调查区的三级指标数量和名称应保持一致。

12.3.4 三级指标的取值按 10 分制，取值原则参见附录 B 的备注。

12.3.5 各级指标的权重可以征询同行专家意见取均值获得，专家应在业内具有高级职称以上，专家数量应不少于 30 人。未能获得专家意见的，可以按附录中的建议值量化各级指标权重。

12.3.6 一级指标加权后测算出评价区块的资源环境综合指标值。每个调查区应给出所有评价区块资源环境综合指标值的优劣顺序，优者为下一步普查工作的优先部署区域。整个调查区可以按照指标值划分为优先部署区、一般部署区、不宜部署区。

12.3.7 根据基地内的资源条件、开发利用条件、生态环境条件，确定基地内不同矿种，不同规模矿床开发利用产品、结构，确定最适合的最低开采规模和最高开采规模，评价资源综合开发利用效益。

12.3.8 编制资源环境综合评价图，应涵盖资源条件预测结果、开发利用条件和环境影响评价内容。

12.3.9 在资源环境综合评价图的基础上编制基地勘查开发布局建议图。

13　成果编制与提交

13.1　报告编写

13.1.1 成果报告包括编制矿产资源基地综合地质调查报告和矿产资源基地勘查开发优化布局对策建议书。

13.1.2 矿产资源基地综合地质调查报告是对工作区资源现状和潜力、矿业开发的地质环境影响和开发利用条件等认识的总结，是基地绿色矿业发展的重要依据。基地勘查开发优化布局对策建议书是对矿产资源基地综合地质调查成果的高度凝练总结和对今后勘查开发工作的建议。

13.1.3 报告应全面、系统、客观地反映项目的工作情况和工作成果，做到原始数据资料准确无误，研究分析简明扼要，结论依据可靠。内容应全面、重点突出、论据充分，文图表相吻合。力求文字简练、流畅，各章节观点统一协调。

13.1.4 附图、附表、附件应齐全。

13.1.5 矿产资源基地综合地质调查报告的主要内容及格式见附录C。

13.1.6 基地勘查开发优化布局对策建议书主要内容及格式见附录D。

13.2　图件编制

13.2.1　基本要求

13.2.1.1 图件应体现科学性、针对性、适用性，适应"用户"需要，图面标注规范、简洁易懂。

13.2.1.2 按照1∶50000标准图幅部署的工作内容按标准图幅编制相应图件，图件编制要求参照《1∶50000矿产地质调查工作指南（试行）》。

13.2.1.3 地质环境条件调查、评价图件编制参考 DD 2004—2002 和 DD 2014—2005。

13.2.1.4 以上标准或者规范未涉及的部分可自行设计。

13.2.2　图件内容

13.2.2.1 矿产分布图，矿产预测图，在矿产地质图和构造建造图的基础上，反映构造建造、矿产、地球物理、地球化学和遥感等综合异常等信息，反映找矿靶区的类别及空间范围、预测资源量等。

13.2.2.2 地质环境条件和问题图，根据调查区区域地质、矿产、水文、环境条件，结合影响和控制矿山地质环境问题及其分区的自然因素编制，以镶表的形式列出不同分区的地质环境条件差异。

13.2.2.3 开发利用条件调查与评价图件，矿山开发利用现状图、开发利用要素图、矿产可采性、可选性和综合利用水平等级分布图、开发利用条件分区图，图件的编制应结合基地资源利用特点，外部基础设施等综合调查评价结果。

13.2.2.4 资源勘查开发规划布局图。

13.3　数据库建设

13.3.1　数据库建设内容

13.3.1.1　原始资料数据库

包括工作底图数据、野外数据、测试数据及资料文档等：

a）工作底图数据；

b）野外数据包括遥感解译、矿产地质专项填图、地质环境调查、开发利用条件调查、物探、化探、综合检查及钻探采集的相关数据；

c）实际材料图；

d）测试数据包括各类测试数据及其数据质量分析数据；

e）资料文档包括收集到的各类区域地质、矿产地质、地质环境、物探、化探、遥感、矿产勘查与开发、经济社会等数据。

13.3.1.2　成果资料数据库

资源现状与潜力方面包括编稿原图、矿产地质图、地质剖面图、矿产预测图、物化遥成果图、钻孔柱状图、专题研究图等各类图件和空间数据库；典型矿床成矿模式图、区域矿产预测要素图等潜力评价系列图件，预测区圈定及资源量估算、找矿靶区优选与分类和综合潜力分析等相关数据；矿产地质图说明书、成果报告、专题研究报告等；元数据。

开发利用方面包括矿山开发利用现状图、开发利用要素图、矿石可采性、可选性和综合利用水平等级分布图、开发利用条件分区图；成果报告、专题研究报告等；元数据。

地质环境方面包括编稿原图、地质环境条件分区图、矿山地质环境问题分布图、水文地质剖面图、典型矿床所在小流域土壤污染物（重金属等）污染程度评价图、矿山地质环境影响现状评价图、物化遥感成果图、钻孔柱状图、专题研究图等各类图件和空间数据库；

环境影响现状评价和预测评价相关数据与系列图件；成果报告、专题研究报告等；元数据。

综合评价方面包括绿色矿业勘查开发优化布局建议图及成果报告。

13.3.2　基本要求

13.3.2.1 数据库建设贯穿矿产地质调查全过程，数据库建库流程与具体工作流程一致。

13.3.2.2 不同工作阶段的数据库建设应在相应阶段完成，以确保数据的一致性和继承性。

13.3.2.3 数据库建库标准参照 DD 2006—2006 执行，元数据库按照 DD 2006—2005 执行。

13.3.2.4 数据库建库应采用数字地质调查系统及其他相关软件。

13.3.2.5 原始资料数据库验收与野外验收同步，成果数据库与成果报告验收同步，验收内容包括数据内容和数据质量。

13.4 成果提交

13.4.1 应提交成果报告和勘查开发布局对策建议书。

13.4.2 提交基地矿产预测图，地质环境条件图，技术经济要素图，开发利用条件分区图，矿业勘查开发规划布局图，以及相应附表、附件和数据库。

13.4.3 资料汇交按照自然资源部、中国地质调查局相关规范规定执行。

附　录　A
（资料性附录）
矿产资源基地综合地质调查设计编写格式及主要内容

第一章　项目基本情况

　　第一节　项目承担单位、负责人、起止时间等情况

　　第二节　项目预算申报、批复情况

　　第三节　项目绩效目标

　　　　一、总体绩效目标

　　　　二、年度绩效目标

　　第四节　位置交通、自然经济地理及景观概况

第二章　项目以往工作情况

　　第一节　项目工作背景

　　　　一、成矿地质背景

　　　　二、地质环境背景

　　　　三、开发利用背景

　　第二节　以往工作程度及工作评述

　　　　一、地质资源

　　　　二、地质环境

　　　　三、开发利用

　　第三节　存在问题分析

第三章　项目目标任务

　　第一节　项目目标任务

　　　　一、总体目标任务

　　　　二、年度目标任务

　　第二节　工作内容、实物工作量

　　　　一、工作内容

　　　　二、实物工作量

　　第三节　预期成果

　　　　一、年度预期成果

　　　　二、最终成果

　　　　三、服务对象

第四章　技术路线、方法及有关要求

　　第一节　技术路线

　　　　一、总体技术路线

附　录　B
（资料性附录）
矿产资源基地资源环境综合评价指标及数据采集表

表 B-1　矿产资源基地资源环境综合评价指标表

一级指标	二级指标	三级指标	评价等级	备注
地质资源条件	现有资源条件	查明资源量	大、中、小	
		大中型矿床数量	多（≥3个）、少（1~2个）、无	
		矿石品位	高、中、低	
	潜在资源条件	成矿地质条件	好、一般、不理想	
		预测资源量	大、一般、差	
		预测资源品位	高、中、低	
		矿点数量	多（≥3个）、少（1~2个）、无	
开发利用条件	矿山建设外部条件	相关政策	鼓励、一般、限制	
		地区产业规划	鼓励、一般、限制	
		水	好、一般、差	
		电	好、一般、差	
		交通	好、一般、差	
		社区环境	好、一般、差	
		市场条件	好、一般、差	
		相关产业配套	好、一般、差	
	矿床开采地质条件	矿体埋藏情况	浅（≤200m）、中（200~1000m）、深（≥1000m）	
		水文地质	好、一般、差	
		工程地质	好、一般、差	
		环境地质	好、一般、差	
		开采方式	露天、露天—井下、井下	
		开采难度	易开采、可开采、难开采	
		开采回采率	高、中、低	
	矿石加工条件	矿石性质	好、一般、差	
		选冶难度	易选、中等、难选	
		选冶综合回收率	高、中、低	
		综合利用潜力	高、中、低	
	经济社会效益	经济效益	好、一般、差	
		社会效益	好、一般、差	

一级指标	二级指标	三级指标	评价等级	备注
地质环境条件	地质灾害发生程度	崩塌	小、中、大	
		滑坡	小、中、大	
		泥石流	小、中、大	
		地面裂缝	小、中、大	
		地面沉降	小、中、大	
		土地沙漠化	弱、中、强	
		土壤盐碱化	弱、中、强	
	潜在污染程度	水污染酸碱度	强酸、弱酸、中、弱碱、强碱	
		土污染酸碱度	强酸、弱酸、中、弱碱、强碱	
		水重金属单项污染指数	小、中、大	
		水重金属综合污染合污指数	小、中、大	
		土壤重金属单项污染指数	小、中、大	
		土壤金属综合污染合污指数	小、中、大	
		大气 PM2.5 污染	轻度、中度、重度	
		大气粉尘污染	轻度、中度、重度	
	环境恢复难度	地形地貌变化	轻度、中度、重度	
		土地利用类型变化	好、无变化、差	
		含水层破坏	轻度、中度、重度	
		重金属修复	易、中、难	
		酸性水修复	易、中、难	

填表说明：

1. 三级指标的评价结果：表中三级指标直接有对标结果的，直接给出；表中无对标数值的，对比对象按国家有关标准确定等级；无国家标准的，按行业同地区同矿种均值做基准，同地区数据难以取得的，按行业近五年均值做对标，优于中间值指标20%以上的，为好，劣于中间值指标10%的，为差，处于中间的为中等。

2. 三级指标的最终取值原则：可按正向由好变差分别赋值 [8，10]，[6，8]，[0，6]。五个级别的按正向由好变差依次赋值 [8，10]、[6，8]、[4，6]、[2，4]、[0，2]。按专家打分结果有具体数的，去掉最高分和最低分后取均值；专家只给出定性结果无具体数的，取相应区间均值。

表 B-2 资源环境综合评价一级指标权重建议表

区域特点	地质资源条件	开发利用条件	地质环境条件
荒漠、戈壁等植被稀少区域	0.5	0.3	0.2
草原等植被浓密区	0.5	0.25	0.25
水源地、邻近生态保护区等环境严保区	0.4	0.25	0.35

表 B-3　资源环境综合评价二、三级指标权重建议表

二级指标		三级指标	
名称	建议权重	名称	建议权重
现有资源条件	0.3	查明资源量	0.3
		大型矿床数量	0.2
		矿石品位	0.3
		矿体形态复杂程度	0.1
		矿体埋藏情况	0.1
潜在资源条件	0.7	成矿地质条件	0.2
		预测资源量	0.3
		矿体形态复杂程度	0.1
		预测资源品位	0.2
		矿点数量	0.1
		综合异常数	0.1
矿山建设外部条件	0.15	矿产资源政策及相关规划	0.1
		社会经济及基础设施现状	0.1
		水利条件	0.2
		电力条件	0.1
		交通条件	0.1
		人力资源条件	0.05
		社区环境	0.05
		市场条件	0.2
		相关产业配套	0.1
矿床开采地质条件	0.3	水文地质条件	0.1
		工程地质条件	0.2
		环境地质条件	0.1
		地形及场地条件	0.1
		开采方式	0.1
		开采难度	0.1
		开采回采率	0.3
矿石加工技术条件	0.4	原矿性质	0.1
		选冶难度	0.1
		选冶综合回收率	0.3
		选矿工艺可操作性	0.1
		选矿工艺先进性	0.1
		选矿工艺节能环保性	0.1
		共（伴）生矿产综合利用潜力	0.2
经济社会效益	0.15	经济效益	0.5
		社会效益	0.5

二级指标		三级指标	
名称	建议权重	名称	建议权重
地质灾害发生程度	0.25	崩塌	0.1
		滑坡	0.2
		泥石流	0.2
		地面裂缝	0.1
		地面沉降	0.2
		土地沙漠化	0.1
		土壤盐碱化	0.1
潜在污染程度	0.3	水污染酸碱度	0.1
		土污染酸碱度	0.1
		水重金属单项污染指数	0.1
		水重金属综合污染综合指数	0.1
		土壤重金属单项污染指数	0.2
		土壤重金属综合污染综合指数	0.2
		大气 PM2.5 污染	0.1
		大气粉尘污染	0.1
环境恢复难度	0.25	地貌变化	0.1
		土地利用类型变化	0.2
		含水层破坏	0.2
		重金属修复	0.3
		酸性水修复	0.2
环境有利条件	0.2	空间可利用性	0.6
		改善地质环境	0.4

表 B-4 现有资源条件数据采集及评价表

序号	矿区/矿山/区块名称	矿种	查明资源量		大型及以上矿床数量		矿石品位		矿体形态复杂程度	矿体埋藏情况	
			数量/万吨	评价等级	数量/个	评价等级	%	评价等级	简单、中等、复杂	埋深/m	评价等级
1											
2											
⋮											

表 B-5 潜在资源条件数据采集及评价表

序号	矿区/矿床/区块名称	主要矿种名称	预测资源量		预测资源品位		矿点数量		综合异常数		成矿地质条件等级
			数量/万吨	评价等级	%	评价等级	个数	评价等级	个数	评价等级	
1											
2											
⋮											

表 B-6　矿山"三率"实地调查表

1. 矿山企业基本情况					
矿山名称			采矿许可证号		
开采矿种		矿山生产建设规模	□大型 □中型 □小型 □小矿	开采方式	
建矿时间		投产时间		剩余生产年限/年	

2. 矿山储量情况						
矿石工业类型				矿床工业类型		
矿产名称	矿产组合	有价元素/化合物	地质品位	统计对象及单位		
					累计查明资源储量 / 年动用资源储量 / 年损失资源储量 / 年末保有资源储量	

3. 矿山开采技术条件								
主要矿体编号	矿体走向长度/m	矿体倾角/(°)	矿体厚度/m	矿体赋存深度/m	矿体稳固性	围岩稳固性	矿床水文地质条件	动用储量 / 回采率/%

4. 矿山采矿情况							
开拓方式	设计生产能力/万吨	设计资源利用率/%	设计采矿贫化率/%	设计开采回采率/%	设计出矿品位/%	主矿种最低工业品位/%	采矿年平均耗电量/千瓦时·t⁻¹原矿 / 采矿年平均耗水量/t·t⁻¹原矿
年份	年实际出矿量/万吨	年实际采矿量/万吨	实际开采回采率/%	主矿种实际出矿品位/%	实际采矿贫化率/%	掘采比/米·万吨⁻¹	露天剥采比/t·t⁻¹
采矿方法名称	年实际出矿量/万吨	年实际采矿量/万吨	主矿种出矿品位/%	采矿损失率/%	采矿贫化率/%		

5. 矿山选矿情况						
选矿厂名称	设计年选矿能力/万吨	设计主矿种入选品位/%	最大入磨粒度/mm	磨矿细度	年外购矿石量/万吨	年入选矿石量/万吨
年份	主矿种入选矿石量/万吨	主矿种入选品位/%	主矿种选矿回收率/%	选矿耗水量/t·t⁻¹原矿	选矿耗新水量/t·t⁻¹原矿	选矿耗电量/千瓦时·t⁻¹原矿 / 磨矿介质损耗/kg·t⁻¹原矿

续表 B-6

共伴生/化合物名称及单位			年入选品位								
选矿产品名称	选矿方法	产率/%	选矿回收率/%	主计价元素/化合物		可利用元素/化合物1		可利用元素/化合物2		可利用元素/化合物3	可利用元素/化合物4
				名称及单位	品位/%	名称及单位	品位/%	名称及单位	品位/%	名称及单位 / 品位/%	名称及单位 / 品位/%

6. 尾矿、废水、废石处置与利用情况

年份	尾矿产率/%	尾矿年排放量/万吨	尾矿品位/%	尾矿年利用量/万吨	尾矿年利用产值/万元	选矿废水年排放量/万吨	回水利用率/%	回水利用产值/万元

年份	废石年排放量/万吨	废石累计积存量/万吨	废石年利用量/万吨	废石利用产值/万元	矿坑涌水年排放量/万吨	矿坑涌水利用率/%	矿坑涌水利用产值/万元

尾矿库设计库容/万立方米	截至上年底尾矿累计积存量/万吨	截至上年底剩余库容/万立方米	尾矿处置方式	尾矿运输方式	尾矿利用方式

7. 矿山经济指标

年工业总产值/万元		年工业增加值/万元						
出售产品名称	主计价元素/化合物名称	品级	年初库存量/万吨	年自用量/万吨	年销售量/万吨	年末库存量/万吨	年平均销售价格/元·t⁻¹	销售收入/万元
							国内 / 国外	

8. 新技术新工艺情况

简要介绍新技术新工艺名称、原理、主要技术参数、适用范围和解决的主要问题、已取得的效益，技术应用现状和典型用户，技术推广前景，并附上工艺流程图。

9. 需要解决的技术问题（可不填）

资源利用存在问题	
覆盖储量	
解决问题需要的技术、设备	
解决问题后可带来的经济效益	

填表说明：

1. 矿山名称、采矿许可证证号、开采矿种、开采方式：根据《采矿许可证》填写。

2. 矿山生产建设规模：根据采矿证生产能力选择：大型、中型、小型、小矿。

3. 矿石工业类型：填写矿山开采主矿种的矿石工业类型。

4. 矿床工业类型：根据矿床的成因类型、工业意义、经济价值及其代表性、矿石的矿物或元素建造、矿床的形态、产状及其与构造关系和围岩性质等因素所划分的矿床类型，如铜矿工业类型：斑岩型铜矿、矽卡岩型铜矿、层状铜矿、含铜块状硫化物矿床、铜-镍硫化物矿床及含铜石英脉型矿床等。

5. 矿产名称：按《矿产名称、统计对象及资源储量单位》第三列"矿产名称"选择。

6. 矿产组合：分为单一矿产、主要矿产、同体共生矿产和伴生矿产、异体共生矿产和伴生矿产。

7. 有价元素：矿山开采矿石中对应矿产中的有用组分名称。

8. 平均品位：矿山地质储量报告中所查明的对应矿产矿石资源储量所对应的矿床（矿体）的平均品位。

9. 统计对象名称及单位：按《矿产名称、统计对象及资源储量单位》（附录一）填写。1 表示填写金属量（矿物量、化合物量）相对应的统计对象名称及单位、储量；2 表示填写矿石量相对应的统计对象名称及单位、储量。

10. 累计查明资源储量、年动用资源储量、年损失资源储量、年末保有资源储量：根据储量年报、储量变动台账填写。

11. 设计资源利用率：企业在编写开发利用方案中设计对资源的总体的利用率。具体为批准的设计或开发利用方案中"设计采出资源量"与"采矿权范围内合计资源量"的比值，填报数值范围为 0~100。

12. 设计生产能力、设计开采回采率、设计采矿贫化率、主矿种最低工业品位、主矿种设计出矿品位：根据最终批准的设计或开发利用方案填写。

13. 采矿年平均耗电量、采矿年平均耗水量：是指每采出一吨原矿工业耗电、耗水量，根据矿山实际生产数据填写。

14. 年实际出矿量、年实际采矿量：根据生产台账填写 2015 年度出矿量、采矿量。

15. 实际开采回采率：指当年全矿实际实现的回采率指标值。根据矿山企业台账填写，填写数据范围为 0~100。

16. 主矿种实际出矿品位：是指出矿量中主矿种元素或组分所占比例，也即矿山回采后从采场放出矿石的平均品位。实际采矿贫化率：矿山开采过程中实际存在的贫化率。根据矿山企业台账填写，填报数据范围 0~100。

17. 掘采比/露天剥采比：指地下开采的矿山每采出一万吨矿石需要掘进巷道的延米数。矿床露天开采时，剥离的废石（上覆岩层、层间夹石）量与采出矿石量的比值。

18. 采矿方法名称：是指采矿所采用的巷道布置方式、掘进程序和回采工艺过程的总称。填写实际采用的主要采矿方法，有几种填几种，可加行。

19. 年实际出矿量、年实际采矿量：根据生产台账填写 2015 年度对应采矿方法的实际出矿量、采矿量。

20. 主矿种实际出矿品位：根据矿山企业台账填写对应采矿方法所得主矿种实际出矿品位。

21. 选矿厂名称/序号：填报采矿权人为处理从本采矿权许可证划定矿区范围开采矿石所建立的选矿厂名称或序号，多于一个选矿厂的应分别填写。

22. 设计年选矿能力、设计主矿种入选品位：填报矿山设计最终确定的年度选矿生产量、主矿种的入选品位。

23. 年外购矿石量、年入选矿石量：选矿厂 2015 年自其他矿山购入的矿石总量、选矿厂 2015 度选矿生产所处理的矿石量。

24. 主矿种入选矿石量、主矿种入选品位：2015 年内矿山生产台账载明的选矿厂选矿生产所处理的矿石量、原矿品位。

25. 主矿种选矿回收率：2015 年度内矿山生产台账载明的主有用组分的年平均选矿回收率，主有用元素分布在多个产品的填报多个产品回收率之和，填报数据范围 0~100。

26. 选矿产品名称：选矿获得的产品名称，如铁精粉、铜精粉等。

27. 选矿方法及代码：获得对应选矿产品所需的选矿方法。

表 B-7　基地（拟建矿山）产出消耗预测表

序号	拟建矿山名称	预测生产规模/万吨	预测服务年限/a	有用元素	精矿产率/%	精矿当量产率/%	废石			尾矿			耗水量		
							排放强度	年排放量/万吨	排放总量/万吨	排放强度	年排放量/万吨	排放总量/万吨	耗水量/t·t⁻¹原矿	年耗水量/万吨	耗水总量/万吨
1															
2															
⋮															

注：废石和尾矿排放强度依据三率数据库数据同矿种均值。

表 B-8　基地（拟建矿山）"三率"指标预测表

序号	拟建矿山名称	预测开采方式	预测开采回采率/%	主矿种	预测主矿种选矿回收率/%	预测综合利用率/%
1						
2						
⋮						

表 B-9　基地（拟建矿山）未开发矿床矿石性质-可选性评价表

序号	拟建矿山或矿区名称	矿石类型	主要矿物组成及嵌布特征，分选理论回收率预测	建议选矿原则工艺流程	预测分选指标	影响可选性指标的主要矿石性质因素（主要矿物）	可选性等级情况（易、一般、难）	共伴生综合利用水平及开发利用建议
1								
2								
⋮								

表 B-10 矿山建设环境影响预估数据采集表

序号	区块名称	固废排放影响														水影响					
		拟建矿山规模/万吨	废石排放强度/t·t^{-1}精矿	废石排放量/t	废石排放预计占地面积	尾矿排放强度/t·t^{-1}精矿	尾矿排放量/t	尾矿排放预计占地面积	容许面积	地貌影响	土地变化	植被影响	土壤酸碱度	水酸碱度	粉尘	水消耗/t·t^{-1}精矿	年耗水/t	地表江河湖水供给量/t·a^{-1}	地下水供给/t·a^{-1}	含水层破坏程度	水域影响

表 B-11 地质灾害评估数据采集表

序号	区块名称	工程地质状况	水文地质状况	崩塌发生频次/次·a^{-1}	滑坡频次/次·a^{-1}	泥石流频次/次·a^{-1}	地面沉降速度/m·a^{-1}	土地沙漠化/亩·a^{-1}	地裂缝概率/%

附 录 C
（资料性附录）
矿产资源基地综合地质调查报告编写格式及主要内容

第一章　绪言

第一节　工作目的和任务

第二节　位置交通、自然经济地理及景观概况

第三节　以往工作评述

一、地质资源

二、地质环境

三、开发利用

第四节　本次综合地质调查工作情况

一、基本工作情况（简要叙述项目实施过程）

二、完成的主要实物工作量及经费情况（工作量调整、变更的应具体说明依据与原因）

三、本次工作取得的主要成果

四、报告编写情况（编写人员及分工等）

第二章　矿产资源条件

第一节　地质特征

一、建造构造特征

二、地球物理特征

三、地球化学特征

第二节　矿产特征

一、矿产及分布特征

二、典型矿床特征

三、矿产检查

四、区域成矿规律

第三章　开发利用条件

第一节　资源基地技术经济特点

一、自然条件分析（地理、资源种类、灾害等）

二、资源形势分析（矿业权设置、矿山企业概况等）

三、社会条件分析（人口分布、产业结构、水电交通等）

第二节　开发利用条件

一、开采地质条件

二、矿石加工条件（矿石成分、伴生组分及选冶工艺难易）

二、矿产开发利用条件及环境影响评价

三、资源环境综合评价

四、专题研究成果

第二节　规划部署建议

第三节　存在问题

附图

实际材料图、矿产预测图、环境影响预测图、开发利用条件分区图、勘查开发规划布局图，及其他有关的专题研究图件

附件

专题研究报告

附表

附 录 D

（资料性附录）

矿产资源基地勘查开发布局对策建议编写格式及主要内容

第一章 基地概况

　　第一节 位置交通、自然经济地理及景观概况

　　第二节 自然资源特征

　　　　一、矿产资源

　　　　二、水资源

　　　　三、土地资源

　　　　四、植物资源

　　　　五、动物资源

　　　　六、旅游资源

　　第三节 社会经济特征

　　　　一、人文特征

　　　　二、产业结构

第二章 矿产资源条件与潜力

　　第一节 成矿地质条件

　　第二节 地质工作程度

　　第三节 现有资源条件

　　第四节 潜在资源条件

　　第五节 开采地质条件

　　第六节 矿产资源条件分区

第三章 地质环境条件与影响

　　第一节 地质环境背景条件

　　第二节 地质环境问题与地质灾害

　　第三节 人类工程活动强度

　　第四节 矿业开发对环境的影响

　　第五节 地质环境条件分区

第四章 开发利用条件与潜力

　　第一节 基础设施

　　第二节 矿产资源开发利用现状

　　第三节 矿产资源综合利用水平及利用潜力

　　第四节 社会经济条件

　　第五节 开发利用条件分区

第五章　勘查开发布局分区
　　第一节　分区要素
　　第二节　分区标准
　　第三节　分区结果
第六章　结论与建议
附图
　　矿产资源条件分区图、地质环境条件分区图、综合利用水平分区图、开发利用条件分区图、勘查开发优化布局图
附件
附表

本附录参考资料

［1］MT/T 1151 煤炭工业矿井工程建设项目可行性研究报告编制标准
［2］YS/T 3003 黄金工业项目可行性研究报告编制规范
［3］建标［2011］186 号　建设项目评价术语标准
［4］国家发展改革委、建设部　建设项目经济评价方法与参数（第三版）
［5］中国国际工程咨询公司　投资项目可行性研究指南

参 考 文 献

［1］GB/T 17766. 固体矿产资源/储量分类［S］. 1999.

［2］GB/T 13908. 固体矿产地质勘查规范总则［S］. 2002.

［3］GB/T 25283. 矿产资源综合勘查评价规范［S］. 2010.

［4］DZ/T 0033. 固体矿产勘查/矿山闭坑地质报告编写规范［S］. 2002.

［5］国土资源部. 固体矿产概略研究规范［S］（公开征求意见稿）. 2017.

［6］中国地质调查局. 矿产资源基地综合地质调查技术要求（试行）. 2017.

［7］中国地质科学院郑州矿产综合利用研究所. 青海祁漫塔格金属矿集区综合地质调查［R］. 郑州：中国地质科学院郑州矿产综合利用研究所，2018.

［8］中国地质科学院郑州矿产综合利用研究所. 全国重要矿山"三率"综合调查与评价［R］. 郑州：中国地质科学院郑州矿产综合利用研究所，2011.

［9］杨卉芃，冯安生，等. 国外非能源矿产［M］. 北京：冶金工业出版社，2017.

［10］陈建宏，王文才，李富平，等. 矿产资源经济学［M］. 长沙：中南大学出版社，2001.

［11］李万亨，傅鸣珂，杨昌明，等. 矿产经济与管理［M］. 武汉：中国地质大学出版社，2011.

［12］青海省国土资源厅. 青海省 2014 年矿产资源储量简表［R］. 西宁：青海省国土资源厅，2015.

［13］王文，吕晓岚，姚震，等. 区域矿产资源开发利用技术经济综合评价［M］. 北京：地质出版社，2016.

［14］中国地质调查局. 1∶50000 矿产地质调查工作指南（试行）（S）. 北京：中国地质调查局，2015.

［15］（美）达摩达兰（Damodaran）. 投资估价［M］. 北京：清华大学出版社，2004.

［16］张亮，李世祥，罗桥. 矿产资源基地经济效益评估方法思考——以青海祁漫塔格矿集区为例［J］. 矿产保护与利用，2018（1）：31-41.

［17］李世祥，罗桥，赵恒勤，等. 矿产资源基地开发社会效益评估方法探讨［J］. 矿产保护与利用，2018（4）：28-33.

［18］李锦兰，王波，熊保成. SWOT 分析在矿产资源规划中的应用［J］. 技术方法研究，2006（5）：91-95.

［19］林家彬. 中国矿产资源管理报告［M］. 北京：社会科学文献出版社，2011.

［20］贾芝锡. 矿产资源经济学［M］. 北京：地震出版社，1992.

［21］国土资源部，发展改革委，科技部，等. 找矿突破战略行动纲要（2011-2020 年）［J］. 地质装备，2012，13（5）：39-44.

［22］杨福田，等. 矿产资源综合开发利用评价体系［J］. 中国地质矿产经济研究院，1990.

［23］谭秀民，张亮，冯安生. 关于大型矿产资源基地综合地质调查的思考［J］. 矿产保护与利用，2017，4：11-15.

［24］韩生福，李熙鑫，曾广文，等. 青海省矿产资源勘查开发接替选区研究［M］. 北京：地震出版社，2012.

［25］傅中平，梁圣然. 矿管法规与矿业管理［M］. 北京：地质出版社，1999.

[26] 姚振文．浅析我国采矿技术的现状及发展趋势［J］．工业技术，2016，35：136．

[27] 赵卫强，孟晴．国内外矿山开采沉陷研究的历史及发展趋势［J］．北京工业职业技术学院学报，2010，1：12-15．

[28] 王福鑫．地下金属矿山开采技术发展趋势探索［J］．世界有色金属，2018，8：57-59．

[29] 魏正大．浅述露天采矿技术发展现状及前景［J］．世界有色金属，2018，9：51-53．

[30] 刘军华，陈俊，林俊领．金属矿山选矿技术发展方向［J］．世界有色金属，2018，4：67-69．

[31] 李兵．非金属矿选矿工艺技术现状［J］．有色金属文摘，2015，30（2）：20-21．

[32] 陈雯．贫细杂难选铁矿石选矿技术进展［J］．金属矿山，2010，（5）：55-59．

[33] 邢立亭，徐征和，王青．矿产资源开发利用与规划［M］．北京：冶金工业出版社，2008．

[34] 张学君，赵祺彬，赵军伟，等．地质调查项目矿产综合利用研究评述［J］．矿产保护与利用，2011（5）：13-18．

[35] 胡永达，张福良，方一平，等．重塑我国矿产资源勘查开发格局的初步思考［J］．中国矿业，2013，22（9）：89-92．

[36] 曹文虎．青海省矿产资源开发与产业发展战略研究［M］．北京：地质出版社，2004．

[37] 张福良．试论矿产资源开发秩序评价指标的建立与应用［J］．中国矿业，2009，18（1）：19-21．

[38] 余际从，刘慧芳，雷蕾，等．矿产资源开发社会效益综合评价方法研究［J］．资源与产业，2013，15（3）：62-67．

[39] 关凤峻．矿产资源综合开发利用评价理论与方法［M］．北京：地震出版社，1992．

[40] 赵军伟，赵恒勤，冯安生．加强标准化促进矿产综合利用［J］．中国矿业，2011，20（8）：26-28．

[41] 李建武．青海南部矿产资源接替区技术经济与社会效益评价［D］．中国地质大学（北京），2008．

[42] 麦笑宇，曹佳宏，余永富．矿产资源开发利用评价技术研究展望［C］∥2001 中国钢铁年会论文集（上卷）．2001：44-46．

[43] 赵军伟，郭敏，赵恒勤．矿产资源开发利用效率评价构想［J］．中国矿业，2012，21（8）：60-63．

[44] 张福良，胡郅虹．矿产资源开发整合工作回顾与新形势下的深化建议［J］．资源与产业，2009，11（2）：75-78．

[45] 朱瑞兵．矿产资源开发综合利用经济效益评价研究［D］．中国地质大学（北京），2012．

[46] 李建武，鹿爱莉，贾亚会．矿产资源开发项目社会评价指标体系研究［J］．中国国土资源经济，2008，21（12）：35-36．

[47] 顾海宁，张婉怡，张勇志．矿产资源的合理开发利用［M］．重庆：重庆大学出版社，1994．

[48] 杨福田．矿产开发的资源效益评价方法初探［J］．中国国土资源经济，1990（12）：15-18．

[49] 韩生福，等．青海省矿产资源勘查开发战略研究［M］．北京：地质出版社，2012．

[50] 侯振才．提高我国矿产开发中的资源效益与经济效益的对策建议［J］．中国地质，1996

（9）：20-22.

［51］隗合明，余明刚，周军，等. 矿产资源与生态环境资源同步开发探讨［J］. 中国地质灾害与防治学报，2004，15（3）：73-77.

［52］夏青，梁钰. 面向循环经济的矿产资源开发利用模式［J］. 自然资源学报，2006，21（2）：288-292.

［53］王登红，王瑞江，付小方，等. 对能源金属矿产资源基地调查评价基本问题的探讨——以四川甲基卡大型锂矿基地为例［J］. 地球学报，2016，37（4）：471-480.

［54］张福良，胡郐虹，尹仲年. 矿产资源开发整合理论和模式初探［J］. 金属矿山，2009（9）：51-53.

［55］任杰. 海外矿产资源项目投资风险评估与实物期权研究［D］. 中国地质大学（北京），2014.

［56］谭永山. 境外矿产资源地质勘探及投资风险评估［J］. 世界有色金属，2017（1）：96-97.

［57］芦蓉蓉. 基于隶属度转换的矿山风险评价及安全策略研究［D］. 河北工程大学，2010.

［58］严美燕. 青海矿产资源开发生态风险评价研究［D］. 青海大学，2017.

［59］耿林，彭润民，刘晓玲. 青海矿产资源可持续开发利用战略对策研究［J］. 青海师范大学学报（自科版），2006（2）：93-96.

［60］王春秀. 矿业权市场及矿业权价值评估研究［D］. 昆明理工大学，2003.

［61］李松青. 基于实物期权理论的矿业权价值评估研究［D］. 中南大学，2009.

［62］张亮，冯安生. 国内外概略研究现状对比及建议［J］. 中国国土资源经济，2017，11：10-14.

［63］李建武. 矿业与西部地区经济结构和社会发展关系研究［J］. 中国国土资源经济，2008，22（1）：15-17.

［64］冷强，李余生，王燕. 矿产投资项目的社会综合评价分析［J］. 现代商贸工业，2009（4）：23-24.

［65］都沁军，董腾云，冯兰刚. 矿产资源开发环境压力的评价指标体系构建［J］. 统计与决策，2010（10）：56-58.

［66］孙少锋，冯邦彦. 本土基金在行业开放背景下的SWOT分析［J］. 河南金融管理干部学院学报，2003，（1）：52-55.

［67］刘冀生. 企业经营战略［M］. 北京：清华大学出版社，1996.

［68］顾天辉，杨立峰，张文昌. 企业战略管理［M］. 北京：科学出版社，2004.

［69］成金华. 矿产资源规划的理论与方法［M］. 北京：中国环境科学出版社，2002.

［70］RUPPRECHT, S. Establishing the feasibility of your proposed mining venture［J］. Platinum Adding Value，2004：243-248.

［71］Rozman L. VALMIN code update［N］. AusIMM Bulletin，2015- 01-13（1）：1-2.

［72］Hu Kui. Relation between classification for reserves/resources andexploration stages［J］. Geology and Exploration . 2002.

［73］Yang Jiangong. Management of Chinese mineral resource reserveconnecting with international standards［J］. Geology and Exploration . 2001.